学思录

张熙惟　著

山东大学出版社

图书在版编目(CIP)数据

学思录/张熙惟著. —济南:山东大学出版社,2016. 5
ISBN 978-7-5607-5275-4

Ⅰ. ①学…
Ⅱ. ①张…
Ⅲ. ①中国历史－文集
Ⅳ. ① K207－53

中国版本图书馆 CIP 数据核字(2015)第 100467 号

责任编辑:陈海军
封面设计:张　荔

出版发行:山东大学出版社
社　址　山东省济南市山大南路 20 号
邮　编　250100
电　话　市场部(0531)88364466
经　销:山东省新华书店
印　刷:济南华林彩印有限公司
规　格:720 毫米×1000 毫米　1/16
18. 5 印张　340 千字
版　次:2016 年 5 月第 1 版
印　次:2016 年 5 月第 1 次印刷
定　价:39. 00 元

目 录

上篇 宋元史探骊

中篇 运河文化论要

下篇 山东区域文化钩玄

引　言

论为学，古往今来，其说繁矣。论读书治学，林林总总，其说亦难缕述焉。余尝论人生追求与学问曰：人生为何？追求为何？学问又为何？对此每个人都会作出不同的回答。我的理解认识是，人生为追求，追求为学问，人生矢志不渝地追求便为大学问、大境界矣。

一个人要立足于社会，有所成就，即必须不断学习，孜孜有所追求。学习是追求的基础，学问便是追求的目的。追求缘自学习，学问缘自追求。学习本是包括人在内的一切动物与生俱来的一种本能，但人们的学习，却有学与不学、善学与不善学、学好与学不好、主动学与被动学等差异。故此，先哲有云："学为《论语》之第一字，为人生之第一事也。"学习的内涵是什么？汉代学者许慎《说文解字》云："学，觉悟也。"《辞源》云："学，乃仿效也。"学习便是通过读书与实践，接受书本知识与感性知识。故先哲又云："求知求能谓之学。"一个人的聪明才智是在不断学习的过程中积累培养出来的。宋代著名教育家朱熹即说过："人而不学，则无以知其所当知之理，无以能其所当为之事；学而不习，则虽知其理，能其事，然亦生涩危殆，而不能以自安。习而不时，虽曰习之而其功夫间断，一暴十寒，终不足以成其习之功矣。"清代学术大师顾炎武积数十年之功力，写下了一部垂之千古的学术巨著《日知录》，其初衷就是身体力行孔子所说的"日知其无，月无忘其所能，可谓好学也矣"。故孔子云："好学近乎知，力行近乎仁。"治学的基础又首在读书。宋代学者郑耕老便说过："立身以力学为先，力学以读书为本。"清代学者阮元也说过："立志宜思真品格，读书须尽苦功夫。"治学者非立志苦读不可。

学习为学问之津梁，学问为学习之鹄的。学习是一个不断反复实践的过程，而学问更是一个不断追求的过程。何为学问？不能则学，不知则问，这就是学问。学为闻见，主要是接受社会感性知识与书本知识；习为思索，主要是巩固升华所获得的知识为己所身体力行。故孔子曰："学而不思则罔，思而不学则殆。"学习与追求又是一个循序渐进的过程，故《礼记》提出了"博学之、审问之、慎思之、明辨之、笃行之"的为学之道。循序而渐进，熟读而精思。尊德性而道学问，致广大而尽精微。持之以恒地笃守践履学而思、思而信、信而行的为学之则，必定春华秋实，取得成就。古人为学，尤其强调“居敬、穷理”之道。居敬就是专心致志，穷理就是深入钻研。因虑所知，由学而能。朱熹所论读书为学之道即认为：居敬持志，为读书之本；循序致精，为读书之法。敬在虚心涵泳，态度端正，精神专一，持之以恒；志在循序渐进，熟读精思，目标明确，志向远大。

然而由学习而为学问，也要掌握其要领。余之体会大要有二：一曰悟，二曰修炼。先哲有云：“知者始于悟。”又云：“学贵心悟。”善学者，往往闻一语而悟其他。朱熹即说过：“学何以有？至觉悟处。”人心必有明焉，必有悟焉。博阅熟读，自当有悟。学问贵在学习追求，更贵在感悟践履。学问既在心悟，又要勤加修炼。明代学者薛瑄《读书录》云：“知之修炼，谓之圣人。”故历来学术大师们强调，为学之道，所贵修炼。清代学者李光地云：“人不去修炼，不过是一皮囊与草木。朽腐一经，修炼便可成圣贤。”故为学致知之要，又在于勤行修炼。宋代著名学者欧阳修即云：“努力图树立，庶几终有成。”徽音所指虽各有不同，但勤修苦练却是共识。

然而人生追求不同，学问自是各异，人生学问固有其境界矣。即如我国著名学者王国维集缀宋代名家词句所论人生学问之“三境界”云：古今成大事业、大学问者，必经三种之境界：“昨夜西风凋碧树，独上高楼，望尽天涯路”，此第一境界也；“衣带渐宽终不悔，为伊消得人憔悴”，此第二境界也；“众里寻他千百度，蓦然回首，那人却在灯火阑珊处”，此第三境界也。

余于读书治学，底止传道授业，匪求闻达。虽笃守甘坐冷板凳之训，然光阴逝，读不多；亦怀向十年磨剑之愿，无奈霜刃未试。惟存学思之一鳞半爪，麇集韦编，斑驳丛杂，浅陋贻笑，意在海内斯文教以正之焉。

上

篇

宋元史探骊

宋代的衙前之役及差役的性质

宋代的衙前役，是承袭五代十国时期的称呼而作为差役之一的。大概最晚在后唐时期已有“衙前”的称呼[①]，大抵五代后期这个名称已广泛使用[②]，但作为差役则主要施行于北宋至南宋初。史学界对宋代差役已有较多涉猎并取得许多重要成果，但对各类差役的具体实施等却尚欠发掘。尤其是谈宋代差役者无不论及衙前，可是都略而不详，更无专文讨论衙前之役，由此导致许多问题的讨论因不具体而存歧见，如差役性质的争论就是一例。故本文拟对宋代衙前作进一步阐述，同时试以衙前为例，对宋代差役的性质及相关的问题稍加讨论。

一、各种衙前差役

今人论宋代赋役，有“赋重役重”或“赋重役轻”之说。但这些论见都把差役排除在外。而论及差役者，又有“差役非劳役”或“差役非负担”诸说。孰是孰非，笔者认为只有通过深入具体的讨论，才有助于问题的阐明。

衙前作为差役，或为宋代“重难之役”，对此当时人已有较多的论述。如素享“为民请命”之誉的“清官”包拯，即前后几次上书，要求改革衙前之差，以免百姓愁苦。他在要求改革陕西盐法的奏章中就谈到，任衙前者“嗟怨之声，盈于道路”。“衙前应付重难之役，例皆破荡，其逃亡非命者，比比皆是。”[③]此后的司马光，在熙宁变法中极力反对王安石的免役法，他虽主张罢雇役、行差役，但也极言衙前之患，称其为老百姓的沉重负担。[④] 或谓这些议论是空泛的，不足以清楚揭示衙前的性质，那么下面让我们看一下衙前的各种差使，问题或许就清楚得多了。

关于衙前的应役范围，《宋史·食货志》有一个简明的概括：以衙前“主官物”。事实上，若仅从“主官物”的角度来说，其他乡村差役如里正、户长、乡书手

---

① 参见聂崇岐：《宋史丛考》上册《宋役法述》，中华书局1980年版，第1～69页。

② 参见王溥：《五代会要》。

③ 包拯：《孝肃包公奏议·言陕西盐法》。

④ 参见司马光：《温国文正司马公文集·乞罢免役状》。

之类，实际也是“以督课赋税”这类官物为职责范围的，其他州县役更是如此。因此，相较而言，衙前实际上是当时一个服役范围较广、职任繁杂的差役，可以举出以下诸端：

例一，押送漕粮。这是宋代一项经常而大量的差役。宋政府的各地税粮转运，特别是东南六路和京畿诸路送往京城的税粮主要是通过漕运，而漕船押纲常常派差衙前。宋政府庞大的经济开支，尤其是中央政府官员和皇室的费用，都主要依靠各路的税赋。据统计，每年仅漕运到开封的粟米就达五六百万石。在漕运季节，每日有数千艘漕船往来运河。而在漕运役中，除大量的船工被役之外，押纲衙前就是极重的差役，所以《宋史·食货志》有“创漕船，役牙(衙)前”之说。

例二，搬运盐席。宋政府实行盐、酒、茶等物品的专卖禁榷制度。这类商品的生产、储藏、转运、销售完全由政府控制。其中盐的转运一项，除因一部分实行“钞盐制”“收算制”“分州制”等由盐商运销外，大量的还是“官般〔搬〕官卖”，即差役“兵士、车牛及逐〔诸〕州衙前等，般〔搬〕运盐席往诸州，官自置场出卖”[①]。官府规定衙前搬运盐席，其负担一般按衙前的家业钱计算，每一贯家业钱须搬运盐两席。据《宋史》记载，当时每席盐为 116 斤，折合今制 73 公斤，若以法定有家业 200 贯者即差充衙前的话，则该民户就至少要认搬盐近 30 吨。这样的负担，无论对家业大小的农户来说，都是难以承受的负担。实际情况可能不会如此严重，但包拯所说“虽家业已竭，而盐数未足”[②]的话，应该是大体反映当时实际状况的。

例三，送纳钱物。这类差役，主要是官府差派衙前搬运货物到沿边州军，以供沿边州府驻军的军费开支。或者是差派衙前将地方征敛的钱物上送京师。往沿边州军的物资运输，除遣衙前送纳外，还有“支移”之法，即官府强迫农民到离家乡几百里甚至上千里的地方缴纳两税，成为当时农民的又一沉重负担(对此笔者拟专文讨论)。后来政府取消“支移”，改由农民缴纳“地里脚钱”，故衙前往沿边送纳的差役逐渐减少。特别是后来沿边驻军的费用改由主要使用本地区税收课利的办法，衙前送纳之差更有所减少。但往京城送纳的差使，仍有增无减，且极为苛酷。如宋神宗即位后阅内藏库奏折，发现有外州遣派衙前一人专纳金七钱者。[③] 这可能是个极端的事例，但也反映了当时衙前的送纳之苦。

例四，主典库务。当时官府的仓、库、场、务，多差派衙前予以掌管。主典库务的役患亦不小。如掌管官仓，不仅负责保卫，同时亦管出纳；主持场务，不仅

① 包拯：《孝肃包公奏议·言陕西盐法》。

② 包拯：《孝肃包公奏议·言陕西盐法》。

③ 参见徐松：《宋会要辑稿·食货》六五之三。

负责经营，还要保证课税，因此常常有亏折赔付之负担。如相州利城军铁冶，曾差派衙前主持，岁纳铁课。后来“山林渐远，所费浸大，输纳不前，虽增衙前六人，亦败家业者相继”①。山东淄州的铁冶也由衙前主持，同样发生类似情况。

例五，采购物货。各级官府所需物品，常常分摊给农户采办。如京师土木兴建或者州县所需公用之物，多由衙前采办。如史载：官府修建所需木材，“不产州军，须至差衙前分买”②。再如文献记载，“自来诸州军不以远近，并于磁、相般〔搬〕请生铁，差占衙前”③。

例六，驿馆厨传之役。在驿馆任厨传之役者，唐代称“驿将”，宋代又有“专付”的名称，但主要还是要由衙前来负担此类杂役。主持驿馆厨传，不仅要承担往来官员的供给所需，而且往往遭受另外的勒索，包括官员随从的额外敲诈。包拯即讲，各地信使往来，“凡经过驿顿，并先次取索羊、面、鸭、鱼、兔之属，广设酒肴……动经旬日……其余呼索之物，仍不在数”④。苏辙也在其奏疏中特别谈到衙前“有公使厨宅之苦”⑤。宋政府皇祐四年十二月曾规定：“诸州衙前在缘边应役者，止令主管官物，毋使公厨茶酒”⑥，否则以违制坐之。但诏令的威力却远不及官吏们的贪势，此种勒索并未因朝廷的禁令而有多大改观，故熙宁二年十一月二十八日中书省的奏章中仍说：“梓、遂州等处，自来公使厨库，牙(衙)前倍费钱物，最为侵刻。”⑦

例七，主持官庄。宋代官田的经营，也常常由衙前承担，并要保证租额。如信州官庄有地四百顷，官府派差役前借官牛耕种，定额输税，不得亏欠。⑧

凡此种种，不胜枚举。虽然在当时，差役与徭役有较大区别，宋政府也规定了各类差役与徭役分别由不同户等的农户负担，但在实际操作中，两者并无明确的界限。所以马端临说：“差役之名，盖后世以其困苦卑贱同于徭役而称之。”⑨王朝政权对广大民众的人身劳役，自秦汉以来就非常苛重。宋代差役的源头可上溯至秦汉，并集历代差役之大成而为苦役。⑩ 朱熹就说过：“古者刻剥之法，本朝俱备。”⑪从上举衙前的各种役差来看，的确可以说“其困苦卑贱同于

① 韩琦：《韩魏公集·家传集》。

② 包拯：《孝肃包公奏议·论放欠》。

③ 欧阳修：《欧阳文忠公文集·乞条制都作院》。

④ 包拯：《孝肃包公奏议·请绝三番取索》。

⑤ 苏辙：《栾城集·再言役法札子》。

⑥ 徐松：《宋会要辑稿·职官》四八之九八。

⑦ 徐松：《宋会要辑稿·食货》六五之四。

⑧ 参见范纯仁：《范忠宣集·韩降墓志铭》。

⑨ 马端临：《文献通考·职役考》。

⑩ 参见李剑农：《宋元明经济史稿》，三联书店1957年版，第214～276页。

⑪ 黎靖德：《朱子语类》卷一一〇。

徭役”。押送漕粮、供物、纲茶之类，不仅受风雨途遥之苦，且受覆舟侵盗之害；搬运席盐，“破荡家业，比比皆是”①；送纳则或“赔备钱物，或致破产”②；主典库务不仅有“失陷官物”③之累，还要“多所赔费，有至破家者”④。驿馆厨传更是受“三番取索”“恣意诛求”之害，“其费数倍”⑤；经营官庄也往往“输税而破产”⑥。这些记载说明“民苦患衙前役”并非个别事例、个别历史现象，而是宋代普遍的社会现实。

二、衙前之制的变更

宋初课役尚无定制，或循旧制，或私役民户，或得占州县课役户，为此宋政府曾颁布一些禁役令。如太祖建隆三年颁布诏制曰：“不得占州县课役户，及诸州不得役道路居民为递夫”；“乾德五年，又禁诸州职官私占役户供课”；并规定“量轻重给役”等。⑦ 这些诏令的主要用意在于纠正前代遗留之弊政，而并非对劳动人民的恩惠。同样，差役衙前这时亦无一定规制，其中如押纲漕运等，此时还并非衙前固定之差。如荆湖、江浙、淮南诸州，每岁上供钱帛擎运押纲之差，或遣牙吏，或遣民户。⑧ 纲茶擎运亦是如此。⑨ 大抵到真宗年间，仅就押纲之差来说，既有“率以侨居人充”者⑩，也有差“部民”者⑪，又有差军士及衙前将吏者⑫，还有役差“户下小客”者⑬，等等。尽管这时衙前差役尚无一定规制，但衙前来源基本上已归为两途：轮差和招雇。

招雇衙前，主要是官府招雇城乡居民为衙前，或称“长名衙前”，意为长充衙前之役，因此又有“投充长名衙前”之称。后来还有强制差役充长名衙前者，为此皇祐年间宋政府特别下诏令，“禁役乡户为长名衙前”⑭。

---

① 包拯：《孝肃包公奏议·言陕西盐法》。
② 徐松：《宋会要辑稿·食货》四二之一一。
③ 徐松：《宋会要辑稿·食货》六五之八。
④ 马端临：《文献通考·职役考》。
⑤ 包拯：《孝肃包公奏议·请罢巡驿内官》。
⑥ 范纯仁：《范忠宣集·韩降墓志铭》。
⑦ 马端临：《文献通考·职役考》。
⑧ 参见李焘：《续资治通鉴长编》卷二四，“大平兴国八年九月”条。
⑨ 参见李焘：《续资治通鉴长编》卷四五，“咸平二年七月”条。
⑩ 马端临：《文献通考·职役考》。
⑪ 参见李焘：《续资治通鉴长编》卷六五，“景德四年五月”条。
⑫ 参见徐松：《宋会要辑稿·食货》四二之一〇。
⑬ 参见徐松：《宋会要辑稿·食货》六四之一九。
⑭ 马端临：《文献通考·职役考》。

轮差衙前，到神宗熙宁年间王安石变法之前有两个重要变化：一是变里正衙前为乡户衙前；二是部分改革乡户衙前。里正和衙前本为两类差役，但宋政府后来之所以籍里正为衙前，原因是官府认为任里正“号为脂膏”，而任衙前则为“重难之役”[①]，因此规定里正任满后更任衙前，以求苦乐相均。但这样一来，却引起部分人的不满，并想方设法逃避衙前之差，即如知并州韩琦所言，“规图万端，以苟脱沟壑之患”[②]。由此，宋朝廷中部分官员要求改革衙前的呼声也越来越高。如知制诰韩降就请行“乡户五则之法”，知制诰蔡襄则请以产钱多少以定役之重轻。[③] 于是宋政府通过两途来解决衙前问题：第一，扩大招募长名衙前数量，削减轮差衙前，以减轻乡村上户派差衙前的负担，即马端临所说：“稍宽里正衙前之法，乃命募充。”[④]长名衙前自宋初以来在衙前数量中本不占多大比重，此后却逐渐增多，后来几占各类衙前总量之半。所以苏辙曾谈到：“熙宁以前，诸路衙前多有长名人数。只如西川全系长名，故衙前一役不及乡户。淮南、两浙长名大半以上，其余路分长名亦不减半。”[⑤]第二，罢里正衙前为乡户衙前，并行乡户五则之法，“即凡差乡户衙前，视资产多寡置籍分为五则，又第其役轻重放此”[⑥]，以此来均平乡村上户的衙前负担。

但乡户衙前的改革办法仍没有完全解决乡村上户即地主阶级负役的问题，故宋朝廷官员中不断有人上书朝廷，极论乡户衙前之弊，如谏官司马光即上书认为：“置乡户衙前以来，民益困乏，不敢营生。富者反不如贫者，贫者不敢求富。日削月朘，有减无增，以此为富民之术，不亦疏乎？”[⑦]同知谏院吴充也说：“乡役之中，衙前为重”，“至有家资已竭而逋负未除，子孙既殁而邻保犹逮，是以民间规避重役。土地不敢多耕而避户等，骨肉不敢义聚而惮人丁。甚者嫁母离亲，以求兄弟异籍，风俗日坏”。[⑧] 当然，这些议论类同前此论里正衙前之弊者，或说是站在乡村上户立场上，代表那部分苦于衙前负担的地主阶层来说话的。但事实上也透露出了乡村下户承担衙前的困苦。由此，募人应役的主张和尝试便纷纷而出。如最后推翻王安石募役法的司马光，这时即最先提出了“衙前当募人为之”[⑨]的主张。同时东南转运使李复圭在江浙地区亦罢乡户衙前，令出钱

① 韩琦：《韩魏公集》之《家传集》。

② 韩琦：《韩魏公集》之《家传集》。

③ 参见马端临：《文献通考·职役考》。

④ 马端临：《文献通考·职役考》。

⑤ 苏辙：《栾城集·再言役法札子》。

⑥ 《宋史·食货志》。

⑦ 司马光：《温国文正司马公文集·衙前札子》。

⑧ 徐松：《宋会要辑稿·食货》六五之二。

⑨ 司马光：《温国文正司马公文集·论财利疏》。

助长名衙前的承募。[1] 再如知明州钱公辅、通判越州张诜也都在本地区试行出钱募役。[2] 这些局部地区的衙前役改革，实际也成为日后王安石变法推行免役法的先行尝试。

而熙宁年间王安石变法时，着力推行免役法，则是对宋代差役之法的最大、最深刻的一次改革。免役法总的精神是求均平负役、资役相当。其中规定出钱免役、以雇代差之法的实施，则乡村上户不复有轮差衙前的负担。免乡户轮差而为招募，则衙前之役一变而为“投名衙前”，故当时有“投名衙前半天下”[3]之说。投名亦称“投充”，由于衙前应役是自己投充，因此宋官府对这些人的待遇不同于先前的里正衙前或乡户衙前，而是支付雇钱，募人充役。变差派为雇募，无疑是历史的进步。当然也有“请愿报名，不请雇钱”[4]的个别事例，则另当别论。

随着宋朝统治集团内部的斗争，司马光执政，罢熙宁新法，废免役而复差役，但王安石变法期间施行的办法并未全部废除。衙前役仍用差、雇两法，并以雇为主。其实司马光自己也是主张“衙前先募人投充长名，召募不足，然后差乡村人户”[5]的。哲宗元祐元年三月十九日也诏令：“诸路州衙前，依朝旨一月限满。已差乡户后，如有人情愿投充者，亦许逐于收系替放差到乡户衙前归农。仍以家力最低小之人先次替放。其乡户衙前若内有虽未年满投充长名衙前者亦听。”[6]此后，更进一步缩减轮差。元祐三年二月诏令：“衙前差乡户处，速募人抵替。”当年六月又重申：“乡户衙前役满，未有人替者，依募法支雇食钱。如愿投雇者听，仍免本户身役。不愿投募者，速召人替。”[7]元祐六年十一月，还一并改革投名衙前待遇，规定投名衙前所历重难后，可以七折买扑场务。[8] 这说明宋政府要满足足够的衙前差役，除差一部分乡户衙前外，不得不扩大投名衙前的数额，尽量改善招募衙前的待遇。即使是差役乡户衙前，这时也变更前法，或支雇食钱，或给“酬奖”。此后，衙前役的差、雇再无大的变更。

衙前制的这些变更，可以说主要目的在于解决乡户轮差衙前之役，同时也是解决乡村上户即地主阶层服役的问题。长名衙前、投名衙前的比重越来越大，也就清楚地说明了衙前负担由乡村上户往乡村下户转移的事实。因为在衙

---

① 参见《宋史·李复圭传》。
② 参见《宋史·钱公辅传》《张诜传》。
③ 徐松：《宋会要辑稿·食货》六五之八。
④ 梁克家：《淳熙三山志·州县役人》。
⑤ 司马光：《温国文正司马公文集·衙前札子》。
⑥ 徐松：《宋会要辑稿·食货》一三之二三。
⑦ 徐松：《宋会要辑稿·食货》一三之三一。
⑧ 参见《宋史·食货志》。

前役之差雇不减少的前提下，乡村上户服役的减轻，亦必然是乡村贫下户服役的加重。

三、差充衙前成分的分析

在有关宋代差役性质的讨论中，或者认为包括衙前在内的各种州县役之差并非城乡民户的负担，而是宋政府赋予地主阶级剥削劳动人民的特权，是职而非役。笔者认为，若从宋代州县役和乡役的具体情况来看，这样的结论未免太笼统。若不分差役的各种具体情形说差役是特权，或者反过来笼统地认为差役统统为下层民众的负担，都未免持之偏颇。若认为差役对乡村上户是特权，对乡村下户是负担，此种认识在原则上是没有疑问的，但问题在于应弄清上户和下户负担差役的比重，尤其是在各类具体差役中的比重，否则将会以此概彼，模糊不同差役的实质，也就难以确切说明差役的性质。

首先来分析，在实际差役中，究竟是由哪些民户来承担衙前之役呢？

先就各类衙前来说。延续五代十国时期的各类吏职衙前的差派，只是维持在宋初一段时间内，而此后的衙前役中，里正衙前和乡户衙前只占各类衙前的一部分，占多数的还是长名衙前和投名衙前，特别在北宋中期以后更是如此。其中，里正衙前到仁宗景祐年间，已在全国绝大多数地区停差。乡户衙前主要的也只实行了十余年（即嘉祐年间到熙宁前后）。熙丰以后的乡差衙前实际上已类同于熙宁以前的乡户衙前了。而官府招雇的长名衙前、投充的投名衙前等，史籍记载他们中多数人是“浮浪之人，家产单薄”[①]者。不否认这里面确有地方上的流氓恶少（但从阶级属性上也不能把他们划为地主阶级），或者至少在投名衙前中有部分地主阶层，但绝大多数应是城乡无业者或有微业薄产的贫下户无疑。其次从仁宗天圣五年的诏令中所说“百姓仍除二税、衙前差役外，与免户下三年诸杂差役”[②]等情况来分析，任衙前役的主要为乡村贫下户无疑。此外，既然乡村上户已有差役轮差，那么招募衙前自然也就主要由乡村下户来承担了。

下面着重分析一下里正衙前与乡户衙前的情形，因为这部分衙前情形最复杂，亦最容易使人产生误解。由于宋政府的政策规定，里正衙前、乡户衙前须由乡村上三等户或乡村高资者充，似乎此类衙前应属地主阶级承担无疑。其实政府的规定与当时的实际执行是有很大差距的。从宋朝廷的愿望来说，由有物力财产者充任衙前，才可能因主持差役损失官物而能包纳赔偿。那么为什么大量

---

① 马端临：《文献通考·职役考》。

② 徐松：《宋会要辑稿·食货》六五之二五。

记载却是因赔纳不起而破产呢？究其原因，问题恐怕主要在于负役者资役不相当，即户等与役差有相当悬殊。其实这种情况欧阳修就已经明确说过：官府"往往将第三、第四等人差充第一等色役。亦有主户少处，差稍有家活客户充役勾当"[①]。而造成此种状况的原因，主要就是地主阶级的逃役、避役与嫁役。这方面的记载颇多，兹不赘述，这正好从一个侧面证明衙前役的性质到底是什么。或者认为，官府差役大体上是按户等的，这当然是事实，但问题在于差役承担者的法定户等是否与实际资产相符？关于宋代户等划分的财产标准和划分户等的情况是个牵扯面很广的问题，俟专文讨论。这里仅就与衙前有关的情形予以辨明。宋代一般是按五等版籍差役的，即如张方平所说："州县赋役，各有五等户版籍，常所据用。"[②]但五等版籍的攒造因时因地，定等标准却是有很大差异的，这与当时对城郭十等户差科的情况类似。欧阳修就说："当定户之时，系其官吏能否。有只将堪任差配人户定为十等者，有将城邑之民不问穷苦孤老尽充十等者，有只将主户定为十等者，有并客户亦定十等者。"[③]显然，如此定等科差，"役之不均"也就必然是社会的现实问题。

同样，里正衙前和乡户衙前的派差，实际上与宋官府规定的应差户等也是有很大差距的。先看估产定等。宋代划分户等的标准，或据土地，或据家业，或据人丁，或据税钱，或据种子，等等不一。而据产业钱划分户等似占优势，但定户等的办法却相当苛薄。即如张方平所说："臣闻诸路，其间刻薄吏点阅民田、庐舍、牛具、畜产、桑枣杂木以定户等。"[④]郑獬也说：定差之时，"应是在家之物，以至鸡犬、箕帚、匕筋已来，一钱之直，苟可以充二百贯，即定差作衙前"[⑤]。再看实际应役的户等。包拯谈到："家业少有百贯者须充衙前，应付重难之役分。"[⑥]按当时地价每亩二贯换算成土地，如此农户全部才只有土地 50 亩左右，仅属自耕农、半自耕农阶层。韩琦讲到，因里正衙前役，至有孀母改嫁、亲族分居、弃田与人、非命求死等几种情况。[⑦] 这其中除一部分或是地主所为外，至如孀母改嫁、非命求死等情况，实属力微产薄之贫下户无疑。欧阳修直接谈到，有第三、第四等人户充第一等差役者，即自耕农或富裕自耕农充一等衙前役者。苏辙也讲到上户免衙前役，"则下户充役"[⑧]的情况。至于司马光所说乡村民户蓄二年

---

① 欧阳修：《欧阳文忠公文集·义勇指挥使代贫民差役奏状》。

② 张方平：《乐全集·论天下州县新添置弓手事宜》。

③ 欧阳修：《欧阳文忠公文集·乞免浮客及下等人户差科札子》。

④ 张方平：《乐全集·论免役钱札子》。

⑤ 郑獬：《郧溪集·论安州差役状》。

⑥ 包拯：《孝肃包公奏议·请罢里正差衙前》。

⑦ 参见《宋史·食货志》。

⑧ 徐松：《宋会要辑稿·食货》六五之二五。

之粮、十匹之帛为衙前的情况，则显然这类民户也仅属自耕农或富裕自耕农家庭。其实同是第一等户，家产情况亦相差甚远。苏辙即说："同是第一等，而家业钱数与本等人户大段相远"[①]，"民田有多至百顷者，少至三顷者，皆为第一等"[②]。从上述情况看，宋政府规定产业200贯者充衙前的政策实际上仅是一纸具文。因此，对当时衙前轮差主要由乡村第三、第四、第五等下户承担的情况，不能作过低估计。衙前役的受害者显然也是以自耕农为主体的乡村下户。若把士大夫们"言衙前伤农"的言论统统看成是为地主阶级喊冤叫屈，未免言过其实。

此外，有史家论宋代差役是地主阶级的特权，还有以下几个论据，同样是值得商榷的。

第一，或认为宋代的差役法规定了州县役人有各种各样的升迁制度，应役人可以从中得到一官半职。如"年劳补官法"，又称"出职"。[③] 殊不知，在实际情形中，一般役人是得不到升迁机会的。按照宋官府规定的几项升迁条件看，能够得到升迁的必须是"自来不曾犯徒刑，家业及二百千已上"[④]，或经历重难"满三期，罪不至徒"[⑤]等。已如所述，应役人往往一次重遣便倾家荡产，哪里还会满三期重难，哪里还有二百贯家业。宋政府用"迁转职名"来招诱永充衙前，恰恰说明出职既不容易也不是大量的。退一步说，即使能出职，在当时官僚机构臃肿、上下冗官"一位未缺，十人竞逐"[⑥]的情况下，又能有多少役人跻身于官僚阶层呢？与此相反，倒是有不少官员贬充衙前的例子。所谓"品官犯脏，情理乖当。但千钱以上，皆配隶衙前"[⑦]。如供奉官王汉英因擅用官米"决杖配隶蔡州牙(衙)前"[⑧]；著作佐郎龙士元因诬告其侄罪，"决杖配商州衙前"[⑨]；大理评事林倓因隐漏前任赃罪，"除名配商州衙前"；大理评事宋克正擅拿官粮入己，"除名配商州衙前"[⑩]；阁门副使郭承祐因盗金银什物"除名配岳州衙前"[⑪]。如此事例，与其说这也是给他们的特权，不如说是对他们的惩罚而加之与的人身劳役更为恰当。

---

① 徐松：《宋会要辑稿·食货》一三之二八。

② 徐松：《宋会要辑稿·食货》六五之六。

③ 赵升：《朝野类要·年劳》。

④ 徐松：《宋会要辑稿·职官》五之四〇。

⑤ 马端临：《文献通考·职役考》。

⑥ 宋祁：《景文集·上三冗三费疏》。

⑦ 李焘：《续资治通鉴长编》卷八五，"大中祥符八年六月"条。

⑧ 李焘：《续资治通鉴长编》卷八，"乾德五年正月"条。

⑨ 徐松：《宋会要辑稿·刑法》五之四一。

⑩ 徐松：《宋会要辑稿·刑法》五之四。

⑪ 徐松：《宋会要辑稿·刑法》六之一二。

第二，或认为任衙前者有了"重难分数"以后，可以买扑酒场坊务等，可以发家致富，因而充任衙前成为"肥缺"。其实这也是只看到了个别的、表面的一些事例或现象而已。虽然按规定衙前主持重难事务者可以买扑一些场务，自营以收其利，殊不知这些场务大都是不赢利了以后才允以扑买的①，并且扑买的条件也相当苛刻，如要以产业作押，要预纳一年课利等。欧阳修就说到这样一些情形："近转运司擘画，将课利稍多者四十九处并已官自开沽，其余衙前百姓买扑者皆是利薄之处。其衙前公人差遣重难，百倍往日。而酬奖场务，有利处官已夺之。其现今利薄场务，又更有边远折纳赔填之费，亏欠课领，破家业被鞭扑，不堪其苦。"②可以说这实事求是地反映了当时的实际状况。不否认这其中有人或经营得方而获利，但多数却是"失利不偿所费"③。

通过以上分析，我们可以得出以下认识：由于地主阶级想方设法逃避差役，最终衙前役实际主要落到了以自耕农为主体的乡村下户身上并成为他们的沉重负担。

四、衙前役性质分析

贯穿于整个封建社会的封建劳役剥削，随着人民群众的反徭役斗争，虽在不断缩小减轻，但其残余却一直延续到封建社会的灭亡。在这样一个总的社会历史条件下，衙前役也就必然是封建传统劳役制下的差役。因此笔者的基本认识如下：

第一，从衙前的应役范围中可以看出，衙前役主要的还是无偿劳动，是封建赋役剥削。在宋朝"冗官""冗兵""冗费"的局面之下，宋政权要扭转财政收支"入不敷出"的局面，主要采取了两条途径：一是扩大赋役剥削和尽量缩小各种开支。因之在差役方面，一方面要维持各种各样的派差，另一方面又尽量扩大差役中不支雇钱的部分，尽量缩小支雇钱的部分。差役变差为雇，又差雇并行，正是宋政府于此种窘境下的产物，其目的也主要在于缓和日趋严重的各种社会矛盾，尤其是阶级矛盾。

第二，从衙前的负担成分来看，只有小部分地主阶层承担衙前役，大部分是乡村贫下户负担。把服衙前役统统看成是封建国家赋予地主阶级的特权，说他们执行着封建国家机器的职能，即镇压劳动人民的肮脏勾当，这实在是一种误解，至少也是偏见。更不能把衙前之苦的文献记载看成是历史上反常的记录。

---

① 参见徐松：《宋会要辑稿·食货》二〇之九。

② 欧阳修：《欧阳文忠公文集·乞免蒿头酒户课利札子》。

③ 《宋史·食货志》。

实事求是地说，这类记载有夸张但不失实。与其说衙前是职，不如说是役更为确切。

第三，衙前作为劳役之一，作为乡村贫下户的沉重负担，严重挫伤了农民的生产积极性，积极性衙前役也就成为生产发展的障碍。这其中的主要表现就在于因赔费折纳，必然造成广大自耕农阶层的破产，以致逃亡非命，造成劳动生产力的减少。为了避役，农民不敢"益田畴，葺闾舍"，以保持较小的生产规模。这样一来，"欲望农人之加多，旷土之加辟，岂可得乎？"[①]司马光曾到乡村访问过，也知道衙前之役的恶劣影响，说"见农民生具之微而问其故，皆言不敢为也"[②]。这显然是妨碍生产发展的。当时因衙前伤农的议论颇多，无论此类议论是站在哪个阶层的利益上，衙前役成为生产发展的障碍而不是有利于生产发展却是不容怀疑的。这就说明宋代差役相当一部分是作为封建劳役制的残余，而成为阻碍社会生产力发展的重要因素之一。

第四，或认为王安石变法期间的衙前役改革比较彻底、成功，由此说免役法的实行而罢乡户衙前，是解决了地主阶级的负役问题，因而免役法主要成为有利于地主阶级的改革。其实这只是事物的一个方面。另一方面，差役雇人充当，衙前承募被限制在乡村三等以上税户之内，实际上也解脱了以前贫下户服役的负担，有利于解放劳动力并促进生产的发展。正如当时议论者所说，实施新法主要还是使民众"得免横费，无笞责之忧，且终身不事官府以趋南亩"[③]。若说免役钱曾加重农民负担的话，那么至少服差役的农民纳钱代役、摆脱劳役剥削是一个历史的进步。免役法规定原来的免役户出钱助役，也就相对减轻了乡村下户农民的负担，这不能不说有积极意义。在衙前役方面，罢废新法的司马光等人不得不保留王安石变法期间的一些办法，这反过来证明了免役法在当时的积极意义。所以仅以衙前为例，我们也不能全盘否定免役法，全盘否定王安石变法。

（原载《山东大学文科论文集刊》1982年第1期）

---

① 徐松：《宋会要辑稿·食货》六五之一。

② 司马光：《温国文正司马公文集·衙前札子》。

③ 李焘：《续资治通鉴长编》卷二二七，"熙宁四年正月"条。

从赋役制度论宋代的户口问题

宋代的户口，据现存文献记载，大多是户多口少，户与口不成比例，因此历来被称作一个谜。为解开此谜，求得一个比较准确的户口数字，进而科学地评估宋代社会经济的发展水平，中外史学界曾进行过多方面的研究，然迄今仍有一些值得进一步探讨的问题。本文拟就决定宋代户口统计的主要因素，户口统计、户口数字与宋代赋役制度的关联等问题，从赋役制的角度提出一些不成熟的看法，祈望能对进一步探讨宋代户口问题有所裨益。

一、决定户口统计的主要因素

马克思曾指出："被压迫阶级的存在就是每一个以阶级对抗为基础的社会的必要条件。"①封建的政治压迫和经济剥削必然建立在王朝政权所能控制的占人口多数的劳动人民之上。这一点，可以说宋朝统治者是比较清楚的："民数，为国之本。"②"春秋赋租，军国用度所出。"③因而宋政府十分注重作为控制人口手段之一的户口统计。

宋朝建国伊始，就确定了"三年一责户口之籍"的制度，并建立起相应的户籍，以周知"户口之众寡"④，也以此作为地方官的主要职责，即所谓"命刺史、县令必以户口版籍为急"⑤，强调"亲民之官莫若守令，户口登耗之责，守令之先务也"⑥。大中祥符二年，还颁布了州县官招徕户口旌赏条制。宋朝政府之所以如此重视户口问题，正因为官府所掌握的户口多寡，直接成为王朝政权赖以存在的政治、经济基础。例如：

---

① 《马克思恩格斯全集》第 4 卷，人民出版社 1965 年版，第 197 页。

② 王应麟：《玉海·户口》。

③ 李焘：《续资治通鉴长编》卷二四，"太平兴国八年八月"条。

④ 李焘：《续资治通鉴长编》卷一八，"太平兴国六年六月"条。

⑤ 李焘：《续资治通鉴长编》卷五，"乾德二年正月"条。

⑥ 徐松：《宋会要辑稿·食货》一二之六。

赋役征收。马克思说过："赋税是政府机器的经济的基础。"[①]户口多寡因此就直接与官府的赋役征收联系在一起。而官府征税派役皆与户口的控制和人口统计密切相关。宋代著名学者张方平对此说得明白：本朝经国之制，"以两税输谷帛，以丁口供力役"[②]。户部侍郎吴择仁也说："户口版籍，实赋税力役之所自出，民事之先务也。"[③]

升降州县。太祖建隆初年就规定："据诸道所具版籍之数，升降天下县望。以四千户以上为望，三千户以上为紧，二千户以上为上，千户以上为中，不满千户为中下。仍请三年一贡户口之籍，别定升降。"[④]并据此奖惩官吏，规定"能招增户口者，县即升等，仍加其俸缗"[⑤]。南宋政权在稳定其统治之后，也很快建立起"以户口复业登耗重为升黜"[⑥]的州县等级升降制度。因此，确定州县等级势必要求各级官府注重户口统计。

赈济灾荒。北宋官员陈襄说：户口之实，不论"差役起夫，水旱赈济，皆可按籍而知，诚非小补"[⑦]。因此，有宋一代，一直不遗余力地申严户口登记，其中用意之一就是为"异时荒政之备"[⑧]。

籍选民兵。宋初以来，实行"城里保伍"的保甲制，籍选民兵维持地方治安，有时也作为禁军的补充。而乡兵的选拔实行"择选制"，即按丁口多寡选派。如陕西弓箭手便是三丁选一。北宋中期实行保甲法，也规定每户两丁以上出一人为保丁。这些也都要求官府必须掌握可靠的户口统计数字。

实施榷卖。宋代对盐、酒、茶、矾等产品实行专卖制度，以图专利。此种专利获得之多少，也直接取决于政府掌握的人口多少。因为榷卖之制在当时实际上是一种强制抑配。如食盐，据《宋朝要录》载：民间食盐，州县吏量口赋之，蚕盐以版籍度而授之。再如酒，亦是"量户大小令酤"[⑨]。

由以上列举，便说明掌握准确可靠的户口数字，的确是关系宋王朝长治久安的大问题，涉及宋政权政治、经济利益的方方面面。

这其中，与宋朝户口统计关系最密切的，也是宋政权最关心的还是赋役。因为"赋税是官僚、军队、教士和宫廷的生活源泉，一句话，它是行政权整个机构

---

① 《马克思恩格斯选集》第3卷，人民出版社1972年版，第315页。

② 张方平：《乐全集·论率钱募役事》。

③ 徐松：《宋会要辑稿·食货》一二之三。

④ 李焘：《续资治通鉴长编》卷一，"乾德二年九月"条。

⑤ 李焘：《续资治通鉴长编》卷七五，"大中祥符四年正月"条。

⑥ 徐松：《宋会要辑稿·食货》一二之六。

⑦ 陈襄：《州县提纲·户口保伍》。

⑧ 徐松：《宋会要辑稿·食货》一二之七。

⑨ 《宋·食货志》。

的生活源泉。强有力的政府和繁重的赋税是一回事"[①]。为了保证赋税征收和徭役摊派，从中央到地方，宋政权设立了一整套专门管理户口、赋税的官职和机构。如中央设三司使，通管盐铁、度支和户部，其中户部即专"掌天下户口税赋之籍"[②]。路设都转运使，"掌经度一路财赋，而察其登耗有无，以足上供及郡县之费"[③]。州设通判，有刑、财之权，实际亦主要监督掌管财政。县令总治民政，"凡户口、赋役、钱谷、赈济、给纳之事皆掌之。以时造户版及催理二税"[④]。同时建立一套相应的监察制度："县令课绩，知通考之。知州课绩，监司考之。"[⑤]又编制、完善各类户口、赋役版籍，专门设立"掌勾覆中外帐籍"的审计性机构比部，后设专门措置账法格式的"提举帐司"和"帐法所"等。[⑥] 这些举措表明宋朝统治者充分认识到了控制足够数量的户口是实现其统治的"必要条件"，也是赋役征派的根本保证。

因此，宋政权也十分注重户口版籍和赋役版籍的攒造编制。宋代的户口版籍和赋役版籍的名称，在文献上有不同的记载，名称也有数十种，如户口版籍就有"五等丁产簿""产业簿""户帐""砧基簿"以及"丁籍""丁帐""保甲册""结甲册"等称呼。赋役版籍则有"税帐""二税管额帐""夏秋税帐""户钞""税钞"等名称。其中有些名称的账籍已很难弄清其实际内容和作用。因此，这也导致学界对某些账籍名称、内容及其作用的不同解读。如学界通常把五等版籍作为宋代的基本户籍，但也有观点认为，宋代的户籍就是丁籍。还有人认为，划分五等版籍的标准是各户财产的多少，与户丁多少完全无关。或者干脆笼统地称之为"版籍"。

特别是各类账籍中的人口登记对象，是全部人口还是全部男口？抑或只计丁口，不计女口？对此争论也最多，观点差异很大。或认为，宋代户籍制最突出的特点是没有任何明确和一贯的官方规定及缺乏统一性。此说不无道理。但是，深究造成此种状况的主要原因，却应该看到，正是由于征派赋役是官府统计户口的主要动机，因此统计人户的办法、对象自然就因时因地而有变化。

从宋代赋役制的角度来看，户口统计的账籍主要有两类：一类是民产账，以五等版簿为代表；另一类是丁口账，以丁籍为代表。而这两类版籍从编造办法、登载内容到使用功能都是有区别的，所以也就直接影响宋代的户口统计和户口数字的记载。下面予以进一步辨析。

---

① 《马克思恩格斯选集》第1卷，人民出版社1972年版，第681页。

② 《宋史·职官志》。

③ 《宋史·职官志》。

④ 《宋史·职官志》。

⑤ 徐松：《宋会要辑稿·食货》一二之四。

⑥ 参见《宋史·职官志》。

二、计户定征与户的统计

宋代赋役制主要承袭唐两税法，“计户定征”与“量田输税”是其基本内容，五等版簿则是其主要账籍。

但是，自从日本历史学家加藤繁提出宋代在太宗至道元年以前没有完全的户籍这一说法以后，直到最近，国内史学界仍有人著文重申这一点，认为到太宗至道年间，宋朝全国统一的户籍制度才告正式形成，这就是五等版簿。如果这一说法成立，就不禁使人要问，从北宋建国到至道元年相距已有36年之久，甚至距宋朝统一全国也已有十七八年的时间，那么，在这段时间里如果没有户籍、没有户口凭据的话，宋政府是根据什么来征收赋税、摊派徭役的呢？或者说在至道以前没有统一的户籍制，那么不统一的户籍制度又是什么呢？对此，有必要首先弄清五等版簿究竟确立于何时。

宋代赋役制基于唐两税法，或直接承袭五代之制，因而各类版籍亦主要沿用或稍微变更于前代成法，所以文献中记载的“故有常典”“国初循旧制”“仍旧制”等，大概就是指的这种状况。例如，太祖建隆二年闰三月，“诏申明周显德三年之令，课民种植，每县定民籍为五等”[①]。应该说这就是宋代最早的五等版簿。两年之后，宋政府又诏令整顿版籍制度，“诏天下造版籍及户贴、户钞”[②]。虽然诏令中没有说明版籍的具体内容，但从户账、户贴、户钞的规定来看，宋朝新的户籍制度此时应该已经基本成形。至少可以认为，建隆二年前的五等民籍已经在北方中原地区形成定制，五等版簿制也已经确立。此后只是随着全国的统一，扩大使用地区、使用范围而已。否则，如果说到至道年间才有户籍和户等制，那么在至道以前文献记载的如下史实又该怎样解释呢？如：“三年一责户口之籍”；开宝元年诏“天下县令佐，检苗定税，部役差夫，钤辖征科”[③]；开宝七年令农师指明“某户现有阙丁”[④]；开宝九年“遣太常丞魏咸于开封府诸县定三等人户税额”[⑤]；太平兴国二年令诸州供闰年图[⑥]；榷酒“量户大小令酤”[⑦]；“每岁以人丁物力定差，第一等户充里正，第二等户充户长”[⑧]等等。若没有户籍、户等制，这

---

① 李焘：《续资治通鉴长编》卷二。

② 王应麟：《玉海·建隆版籍》。

③ 李焘：《续资治通鉴长编》卷九，“开宝元年十一月”条。

④ 徐松：《宋会要辑稿·食货》一之一六。

⑤ 李焘：《续资治通鉴长编》卷一七，“开宝九年正月”条。

⑥ 参见李焘：《续资治通鉴长编》卷一八，“太平兴国二年闰七月”条。又，五等版簿也称“闰年图”。

⑦ 李焘：《续资治通鉴长编》卷三五，“淳化五年四月”条。

⑧ 李焘：《续资治通鉴长编》卷三五，“淳化五年三月”条。

些岂不全是废话？

认为到太宗至道年间才有了完全的户籍，才形成了五等版簿，主要根据应是宋政府至道元年六月的一道诏令："诏重造州县二税版籍，颁其式于天下。凡一县所管几户、夏秋二税、苗亩桑功、正税及缘科物，用大纸作长卷，排行实写，为帐一本，送州覆校定，以州印印缝，于长吏厅侧置库，作版柜藏贮封锁。自今每岁二税将起纳前，并令本县先如式造帐一本送州。"[①]显然这里指的是税账编造而非制定户籍，因为五等版簿一般是每三年攒造一次，而只有"二税帐""桑功帐"等才是每年编造一次。其实，这里已明确说明是重造，并非始造。这说明前此二税版籍早已存在，现在不过是完善和统一格式而已。实际上这道诏令之后，宋政府仍颁布过不少严格完善各类赋役版籍的诏令。

五等版簿的主要作用，最初是课民种植的。大约从建隆末年便用以催科征赋[②]，后再据之以科配。宋代科配有多种，如和买绢即多是按户等"抑配人户"[③]。支移也按户等，规定"以税赋户籍在第一等、(第)二等者支移三百里，第三等、第四等二百里，第五等一百里"[④]。另外差役也按户等，但宋初似乎还并非按五等差役。如太平兴国五年(《文献通考》作"三年")二月，京西转运使程能上言："诸道州府民事徭役者未常分等，虑有不均。欲望下诸路转运司差官定位九等……"[⑤]以前学界常引这条材料来怀疑宋代是否有过九等户籍，或者引用说明这时还没有确立五等户籍。实际上，程能这里只是建议按九等差役，并没有说按九等赋税、科配。而九等差役法实施没有，史载阙如，大概没有实行。后来却是以五等版簿科差。正如张方平所说："州县赋役，各有五等户版籍，常所据用。"[⑥]北宋中期免役法实行后，除部分差役仍按户等轮差外，其余则按户等缴纳免役钱。正因为五等版簿是由课民种植而成为具有赋税、科配、差役等多种功用的重要凭据，所以便成为宋朝主要的户籍制度。

然而从唐两税法以来，"以资产为宗，不以丁身为本"毕竟是大势所趋，"计户定征，量田输税"也成为宋代赋税剥削的主要方式、基本内容。反映在宋代的户籍制上，五等版簿的编造也就注重了家业物力的登记，在户口上也就注重了户的统计，而人口的统计则越来越简单化。例如，五等版簿因为登记的主要是家业地产，所以又叫"产业簿""民产簿"等。划分户等，"或以税钱贯百，或以地

① 李焘：《续资治通鉴长编》卷三八，"至道元年六月"条。

② 参见徐松：《宋会要辑稿·食货》六九之一六。

③ 包拯：《孝肃包公奏议·论江西和买绢》。

④ 马端临：《文献通考·田赋考》。

⑤ 李焘：《续资治通鉴长编》卷二一，"太平兴国五年二月"条。

⑥ 张方平：《乐全集·论天下州县最新添置弓手事宜》。

之顷亩，或以家之积财，或以田之受种”[①]。在人口登记方面，建隆二年初定五等民籍的诏令中，规定“男女十七以上，人种韭一畦”。由此可以推知，这时的人口登记，至少是十七岁以上的男女人口都要登记入册。到建隆四年（本年十二月改元乾德）规定诸州上报的户账中，则说明“丁口男夫二十为丁，六十为老，女口不须通勘”[②]。可知这时是只计男口，排除女口了。大约此后五等版簿中的人口登记，便只计男口。如仁宗明道二年诏令：“天下闰年造五等版簿，自今先录户产、丁推及所更色役。”[③]仁宗末年的赦令中又重申：“造簿委令佐，责户长、三大户录人户丁口、税产、物力为五等。”[④]这里说的丁口是否包括全部男口，还找不到确切的材料予以说明，或认为是应纳税的男口，那么就应该是指成丁了。

及至纳税，州县则据五等版簿编造税账。税账内容主要是包括一县所管户数、二税数额、苗亩桑功正税以及其他杂科。北宋税账只登记户若干，南宋则同时登计丁口。另北宋形势户立有“形势版籍”，规定“每年一造形势门内税数文帐”，并由“通判专掌其租税”。[⑤] 南宋则规定平户、形势户同编入统一税账，其形势户赋税“每名朱书形势字以别之”[⑥]。

因为五等版簿注重产业物力登记，主要统计的是户，而户数和家产在几年中变化不会很大，尽管宋政府规定“三年一责户口之籍”，又“以闰为限”[⑦]，但在实际执行中往往并非如此。如淳化四年，就令“再闰一造”[⑧]。天圣年间则诏令“诸州县凡遇闰年所贡实行簿，今后更不写造供申”[⑨]。十年以后，因有人上疏说赋税登耗之数无从钩考，才复令“再闰一造”[⑩]。景祐元年补充规定，造簿若碰上灾伤之年，亦“权住攒造”，“候丰稔依旧施行”。[⑪] 庆历年间恢复旧制。然州县往往“旋行改造年限”[⑫]，通常是“三年五年一造产业簿”[⑬]。南宋初甚至弃而不用。这是因为，除五等版簿外，宋政府同时设立了丁籍为其利用，即便是据五等版簿

---

① 李焘：《续资治通鉴长编》卷三七六，“元祐元年四月”条；徐松：《宋会要辑稿·食货》一三之二四。

② 李焘：《续资治通鉴长编》卷四，“乾德元年十月”条。

③ 李焘：《续资治通鉴长编》卷一一三，“明道二年十月”条。

④ 李焘：《续资治通鉴长编》卷二五四，“熙宁七年六月”条。

⑤ 徐松：《宋会要辑稿·食货》七〇之一至二。

⑥ 谢深甫：《庆元条法事类·租税帐》。

⑦ 李焘：《续资治通鉴长编》卷一八，“太平兴国二年闰七月”条。

⑧ 徐松：《宋会要辑稿·职官》一四之二〇。

⑨ 徐松：《宋会要辑稿·食货》一一之一二。又，因主要根据五等簿来征收赋税、摊派差徭等，故有时又叫“实行版籍”。

⑩ 《宋史·食货志》。

⑪ 徐松：《宋会要辑稿·食货》六九之一八。

⑫ 徐松：《宋会要辑稿·食货》一四之五。

⑬ 徐松：《宋会要辑稿·食货》一四之九。

征税造成一些漏洞,宋政府仍能据丁籍补回损失,最终能保证其整体赋役利益。

三、岁输身丁与口的统计

丁籍又有"丁口簿""丁帐"等名称,从宋代赋役制度来说,是与五等版簿同等重要的赋役版籍。从户籍制度来说,也是主要的户籍之一。而在实际赋役征收中,丁籍与五等版簿是互为补充的。

丁籍尽管是重要的户籍之一,但学界对丁籍的认识却不尽相同。或认为,"丁帐"每年编造一次,目的在于记明丁数,亦并载成丁以外的人口,其职能相当于户账。[①] 而有不同意见却认为,"丁帐"可能与五等户籍同时每三年编造一次,"丁帐"之设是为了征收丁税,并不等于户账,只是登计各户的丁数而不包括其他人口。[②] 这些观点中都讲到了丁口与户口统计相关联,但认识却相反。因此,从赋役制的角度应如何看待这些问题呢?

已如上述,宋代赋役制度源于唐两税法,虽然强调"计户定征,量田输税"的基本原则,但唐末五代以来的种种杂敛之则如身丁负担也承袭下来了,其中丁赋、丁徭对广大劳动人民来说,或并不轻于田赋正税。对宋政府来说,以家业物力为主的五等版簿和以人丁为本的丁籍的设立同等重要,都是宋朝财政收入来源的重要凭证。如丁税,即"丁口之赋,百姓岁输身丁钱米是也"[③],北宋一般也称"丁身钱",南宋多叫"身丁钱",就是沿袭下来的五代苛法之一。其纳税办法,或计丁出米,或计丁出钱,或出绢、豆、药物、箭杆等杂物。丁税征收,北宋只科纳成丁,南宋则未成丁也行科派,称之为"挂丁钱",或叫"腹撑丁"。[④] 有些地区甚至以丁纳赋,"籍其丁口,使一丁受种,七斗以为税额",而"不问田之多少"。[⑤] "州县按籍举催,虽一夫不可幸免。"[⑥]再如征派夫役,可以说是宋政府初置丁籍的主要用意。太祖初年诏"京畿十六县重括丁籍"。开宝四年七月,又"令河南府及京东河北四十七军州,各委本州判官互往另部,同令佐点阅丁口,俱列于籍,以备明年河堤之役"[⑦]。此外,丁籍也有据之籍选民兵等作用。所以,宋政府

① 参见[日]加藤繁著,吴杰译:《中国经济史考证》第2卷《宋代的人口统计》,商务印务馆1973年版,第307页。

② 参见苏基朗:《宋代户口登计制分析》,《中国史研究动态》1983年第11期。

③ 《宋史·食货志》。

④ 参见徐松:《宋会要辑稿·食货》一二之一九、一二之一二。

⑤ 徐松:《宋会要辑稿·食货》一二之一二。

⑥ 徐松:《宋会要辑稿·食货》一二之一六。

⑦ 李焘:《续资治通鉴长编》卷一二,"开宝四年七月"条。

特别强调丁口统计的重要性，规定“仔细通检，不计主户、牛客、小客，尽底通抄”[①]。还不断颁布如“诸县差本村三大户长就门通抄”“勒村耆大户就门抄上人丁”等敕令。[②] 南宋编制丁籍更为严格，规定“州委官，县委主簿，专掌其事，监司、太守常切检点。如有脱落，许人户越诉，当行官吏，以违制论”[③]。这些正是为了从制度上保证官府财政利益的需要。

但由于人口数量一直处于变动之中，所以从北宋起，就确立了丁籍每年一修的制度。如从宋初起，文献中就有“诸州每岁春秋丁帐”“诸州每年申奏丁口文帐”“岁计丁口”等说法。南宋时规定“诸州县岁终攒造丁帐，三年推排物力”，被称为“国家之令典”。[④] 同时也不能否认，由于吏治腐败，因循守旧，丁口籍账不以时“申闻销落”的情况亦严重存在，这就会造成丁口统计方面的不实，为此宋政府也不断采取补救措施，以求掌握准确的丁口数。

从丁籍的主要作用来看，征收身丁米钱，都是指成丁，若税未成丁和老丁，并把他们登记入册，则属违制。征摊夫役、籍选民兵也规定由成丁负担。因此，作为赋役根据时，丁籍登记一般也仅限成丁。由此可以大略推知，丁籍主要是登记成丁的户口统计，并非登载统计全部人口，与户账、五等版簿亦有很大的区别。

此外，丁籍还有一些重要的补充形式，如保甲簿。宋初以来，就实施保伍之法，编制保伍籍，登载全部男口。神宗熙宁变法时期，把保伍法正规化、制度化，实行保甲法，编制保甲簿。最初的用意，保甲簿不过是用以维持地方治安、训练义勇民兵的丁口册，后来却变成催科派役的赋役簿。王应麟就说：“自以保甲催科，而民始大困。”[⑤]到南宋，更实行“结甲输税”，编制“结甲册”，规定“每三十户结为一甲，自书本户的实丁口，递相委保”[⑥]。并将此法推而广之，实行结甲借贷、结甲佃耕、结甲修水利等等。[⑦] 但在户口统计方面，这些甲册通常只登计户以及各户的丁口。因此在州县上报中央的户口数字中，这些数字连同五等版簿的户、口数字，也就成为根据。

---

① 徐松：《宋会要辑稿·食货》六九之七八。

② 徐松：《宋会要辑稿·食货》六九之一八。

③ 徐松：《宋会要辑稿·食货》一一之二〇

④ 真德秀：《真西山文集·申将王棠镌降事》。

⑤ 王应麟：《玉海·开宝形势版簿》。

⑥ 徐松：《宋会要辑稿·食货》一二之一三。

⑦ 参见徐松：《宋会要辑稿·食货》七之四九、三之一〇、八之一七。

四、几点认识

由以上简略分析，可以得出这样几点认识：

第一，宋朝统治者出于维护其封建政治统治和经济剥削的目的，常注重户口统计，而保证赋役征派成为宋朝政府统计户口的决定性因素。因此，宋代赋役制度的特点也就决定了户籍制度以及户口统计制度的特点，这就是以五等版簿和丁籍作为主要的户籍。五等版簿主要统计民户产业物力，以作为计户定征的根据，因而主要是户数的登计；丁籍主要是岁输身丁的根据，因而主要是丁口的登计。

第二，五等版簿通常是三年攒造一次，丁籍每年编制一次，因此州县税账中登记的户数、丁数以及逐级上报的户数、口数，可确认来源于这两类账籍的户、口统计。由于这两类账籍是不同时间、不同途径编制，户和丁口是不同时间的统计结果(即便是相同时间，统计方法也不相同)，所以也可确认汇总到宋朝户部并留存至今的几部宋史要籍中的户、口数字之间，一般不存在必然的比例关系。如《宋会要》记载的一些户口数字：

表1　《宋会要》记载的一些户口数字

年代	户数	口数
熙宁二年	14414043	23068235
熙宁五年	15091560	21867852
熙宁八年	15684529	23807165
熙宁十年	14245270	30807211
元祐元年	17957092	40072606
元祐三年	18289375	32163012
元祐六年	18655093	41492311
绍圣元年	19120921	48566243
绍圣四年	19435570	43411606

这些数字从年代上说有连续性，一般间隔三年，正符合“三年一责户籍”的制度。从户数上看，除熙宁十年以外，逐年都是上升的。但从口数上看，波动却很大，与户数的增长比例统一不起来。如何解释这种现象呢？笔者认为这些数字正来源于五等版簿的户数统计和丁籍中的丁口统计。

第三，从五等版簿和丁籍的编造来看，制度设计并不十分严格，尤其是在地方官吏的执行中，漏洞更多，因而影响宋代户口数字准确统计的因素还是不少的。例如虚户，就有两类情形：一是诡名子户，也叫“诡名挟户”，即“每一正户率有十余小户”[①]，或“一家不下析为三二十户”[②]。更甚者有一户析为四五十户、六七十户的。[③] 二是诡户，造成“税存户亡”。再如漏口，也很严重，有时有些地区能达到总口数的1/3。这些都会严重影响户口统计的准确性。而之所以造成这种状况，也主要还是由于赋役制度决定的。

第四，从整体情况来看，由于宋代户口统计受赋役制度的制约，任何严重的虚户和漏口都会影响到中央和地方的利益，因此，地方官府对户和丁口的统计以及上报的数字，基本上是可信的，不会离事实太远。而且从真宗时起，还确定了户口赋入“岁较其数，具上史馆”[④]的制度，所以据现存几部宋史史籍中存留的户、丁口数字，仍旧可以对宋代社会经济发展和生产力发展水平作出基本的估价。

（原载《山东大学文科论文集刊》1985年第2期）

---

① 陈襄：《州县提纲·关并诡户》。

② 徐松：《宋会要辑稿·食货》六之四三。

③ 参见徐松：《宋会要辑稿·食货》一四之四七。

④ 李焘：《续资治通鉴长编》卷六六，“景德四年七月”条。

宋代折变制探析

折变是宋代实施的一项重要财政制度，在两宋经济领域中占据重要地位。但长期以来在有关的论著中，折变制仅被作为宋朝政府扩大对劳动人民剥削的一项苛法来看待，而对其具体内容、表现形式、社会实质以及宋代实行这一制度的社会历史条件等，则缺乏全面系统的阐释和评价。为此，本文钩沉有关史料，就折变制的上述几方面问题作一初步探讨。

一、折变的含义及实施范围

关于宋代折变制的具体含义，《宋史·食货志》有一扼要说明：宋制岁赋，其入有常物，而一时所须则变而取之，使其直轻重相当，谓之"折变"。据此，史学界或把折变简单解释为宋朝临时采取的一项扩大剥削的加税方式，而没有揭示两宋折变制所包含的经济与社会内涵。折变制在宋代具体的实施过程中，分别有"折纳""折科""折收""折支""纽折""科折""抵折""折色""折输""折充""复折""纽纳""权输""科变""户折""衮折""约折""折价""折支"等不同称谓，其实施范围相当广泛，实际上并不仅限于"一时所须"的岁赋一项。由此在不同情形的折变中，其具体含义、内容、形式和意义也不尽相同。下面从宋代财政收入和财政支出两个主要方面对折变制的具体含义和内容略作阐释。

先看宋朝财政收入中的折变。同前代王朝大体相仿，宋朝财政收入的主要来源仍是赋役收入，而在宋代各类赋役征收中，常见有下列诸项折变：

(1)田赋折变。宋代继承唐中期以来的两税法，田赋制度实行两税制，即"夏税秋苗"，是指向全部主户(即有常产的税户)征收土地税的主要赋税制度，其赋色征收多是按税户一定量的田产物力，夏季征纳绢帛、麦谷和缗钱等物，秋季征收本色斛斗。但在实际征税中，宋政府允准各地"承例折变"[1]，因而赋税的品种、数额、时限等，不同的地区差别就甚大。如从宋初起，川蜀地区所输两税

---

[1] 徐松：《宋会要辑稿·食货》七〇之八。

就皆以匹帛折纳。又"蜀之茶园，皆民两税地，不殖五谷，惟宜种茶，赋税一例折输"[①]。其他诸项税色，若愿以茶色折纳者亦听，当时叫作"折色茶"。其次如淮南地区税户，"岁输税愿折茶者，亦折为茶，谓之'折税'"[②]。后来以茶折税之制又变通为"以茶代税而无茶者，许输他物"[③]，进一步扩大了折变范围。另有如沿海煮海为盐者，名"亭户"或"灶户"，按规定可蠲免各种科敷杂役，唯二税例须缴纳。而亭户二税即准以盐折纳，或"折纳金帛"[④]。仁宗时期，亭户二税折盐制度化，政府颁布有"皇祐专法"予以保证实施。自后直至南宋时期，亭户所纳二税，"并是依皇祐专法，以盐折纳入官"[⑤]。其他民户二税折纳亦为常制。

(2)杂科折变。自唐末五代以来，官府于两税以外加征诸项钱物，谓之"杂钱税"，名目有"农具钱""牛皮钱""盐钱""曲钱""鞋钱""麻皮钱"等，一般为岁随夏秋两税折变缴纳。宋政府沿袭其中多项，统向税户征收，名曰"杂科"，亦称"沿纳"或"杂变"。杂科折征物色多为绸绢、斛斗，其他"变折杂科，率为定例"[⑥]。如常平钱，本意为征纳粮斛以平准粮价或赈济灾荒之用，但后来却变为杂科，到北宋中期宋官府即普遍折纳粮、银、绢、丝、绸、布等，他种杂科亦多如是者。

(3)蚕盐、丁盐钱、丁绢折变。因袭五代与后唐之制，宋政府在广大农村实行食盐按户配售制，规定配售食盐，折收夏税绢，称"蚕盐之制"。仁宗庆历年以后，变通为"岁计丁口，官散蚕盐，每丁给盐一斗，输钱百六十有六，谓之'丁盐钱'。皇祐中，许民以绸绢依时值折纳，谓之'丁绢'"[⑦]。丁盐钱、丁绢至南宋时期则进一步规定折纳本色，或复折纳现钱，或折征土产绸绢等。

(4)人丁税折变。宋因旧制，亦向在籍编丁征收身丁米、身丁钱等人头税，诸项税额初定为"一户，三丁纳本色绢，二丁折纳现钱"，后即"听从民便，或纳本色，或纳现钱"[⑧]，或折纳他物。如南宋廉州民户所纳身丁米，就允准每丁折纳三箩盐。

(5)官田租折变。宋代官田有"职田""官庄"等名目，佃户田租即准折变缴纳。如，始设于真宗咸平初年用作差遣官吏在职补贴的职田租，本规定佃田户随二税一起缴纳本色，但各地官府在收租时，多随例折征现钱。又如福州官庄，其田租自仁宗天圣年间起，即令佃户依州价折纳铜、铁钱各半的货币租。至高

① 《宋史·食货志》。
② 马端临：《文献通考·征榷考》。
③ 马端临：《文献通考·征榷考》。
④ 司义祖整理：《宋大诏令集·川陕酒税盐井诸色课利勿折金帛诏》。
⑤ 徐松：《宋会要辑稿·食货》二六之二。
⑥ 张方平：《乐全集·一事请减均畿县赋税》。
⑦ 马端临：《文献通考·户口考》。
⑧ 徐松：《宋会要辑稿·食货》一二之一二。

宗初年,则令"应天下系官田,令有司依乡例纽纳佃租"[①],田租折变统一化、制度化。

(6)和买、和市折变。和买又称"和预买",本为春季民困之际,官府向贫困民户借贷官钱,许令夏秋季随税偿纳绸绢的制度。但和买自太宗以后,贷钱多按比例折支他物,而偿值输纳又多折收现钱。如袁州和买绸绢,即令以盐准折。和市亦是如此,如真宗大中祥符年间,京东、河北诸州县即令"以大小麦折纳预请和市绢钱"[②],此后和市便多折变。

(7)科率折变。科率或称"科敷""科配",与前列杂科不同,多为无固定时间、品种与数额的临时性赋税。又有如官府令各州县随风土所宜及民产厚薄而率买物品的,也属科率之列。从宋初起,政府虽对科率规定较严,但各种名目的敷配却一直存在,且多令折变。如有些州府所需繁碎应用之物,便多从正税中变科,或于正税之外巧立其他名目折征。南宋时则又新创所谓"出剩"之法,即各州县每当民户送纳折帛钱时,于规定的折变中再行折变,如将折绸、折绢、折绵"尽令折钱,却于出产绸绢处低价收买,以取出剩"[③]等。其他如"蕲州盐曲钱折纳木炭以供铸钱"[④],"衡州茶陵县岁以税米折纳船材,运至潭州造船"[⑤],"东平马监修缮棚井百物,皆科折于民"[⑥],建宁府令人户"合纳糙米内折科糯米……应付酒务支用"[⑦],汴河与黄河沿岸地区以各种税色科折修河梢芟等等更是名目繁多。甚至罚金赎罪也行折变。如仁宗时范仲淹所建言的,凡罪人赎罪,"其铜每斤纳钱一贯二百文足,亦许以粟帛依时价折纳其钱"[⑧]。

(8)商税折变。宋代商税主要为征收过税和住税两大类,税额分别为2%和3%,但征收中常令折变,或以实物折纳,或以货物抵当。至有人户扑买的盐、酒场务,也令按比例"折变送纳绸绢"[⑨]等。

(9)力役、职役折变。自宋初起,各种力役多为现役。仁宗以后,始有输钱代役,名"免役钱"。继后,职役中的里正、押司、录事等,亦准输钱免役。另如赋税支移,可输"地里脚钱"以代役。其他名目的折役则有如淮南的"折役米",庐、舒等州的"折役茶"等。至神宗变法时,始在全国推行免役法,征收免役钱。免

---

① 马端临:《文献通考·田赋考》。

② 徐松:《宋会要辑稿·食货》三七之六。

③ 徐松:《宋会要辑稿·食货》七〇之三九。

④ 李焘:《续资治通鉴长编》卷一〇二,"天圣二年十二月"条。

⑤ 徐松:《宋会要辑稿·食货》七〇之一四。

⑥ 李焘:《续资治通鉴长编》卷二〇五,"熙宁七年二月"条。

⑦ 徐松:《宋会要辑稿·食货》七〇之九八。

⑧ 李焘:《续资治通鉴长编》卷一四三,"庆历三年九月"条。

⑨ 徐松:《宋会要辑稿·食货》七之一〇。

役钱的征收实质上就是各种力役的折变。

以上所举，都是当时各种常见的赋役折变，亦有其他岁赋折纳，恕不备举。下面我们再从宋代财政支出方面看一下当时实施的各种折变：

(1)官俸折变。宋朝政府财政支出中的主项之一官俸即实行“折支制”。如从宋初起，俸禄发放皆一分实钱、二分折支。折支部分，或实物，或复折现钱。但折现钱则扣折二分发放，即以 4/5 的比例支付。折实物则或茶烟酒，或绢帛，太宗时还规定折支杂物，英宗时规定并半折绢。自北宋中期起，始一般规定为一半现钱、一半折支，并对部分差遣官给予优待。如刑部、大理寺等执法部门，规定少卿、郎中以上官员所得料钱，特支 2/3 的现钱，员外郎以下全支现钱。又如维持地方治安的巡检、县尉等官员的月俸全支现钱，不实行折支法。而对有些官员的俸给，则或有相反的规定，如医官等，从仁宗时即令其俸禄依例折支。

(2)请给钱折变。请给钱是宋代对戍兵和下级领兵将领发放的津贴补助，此类支出亦行折支。如川陕地区通行铁钱，宋政府规定，凡屯驻这些地区的军队请给，应支铜钱一文者，折给铁钱五文，后增为折发铁钱十文。徽宗时期，熙河兰湟等路戍兵以大麦、糙米折发精米。高宗时对将帅士兵赐帛，每匹折支钱三千。高宗末年规定，诸司百官所有月支券食钱，统一银、会品搭支给，“以十分为率，六分折银，四分会子。军，五分折银，三分见缗，二分会子”①。孝宗时则规定将帅士兵的禄粟支给为一半本色、一半折钱，并明令不准减折或零碎折支。

(3)其他折支。太宗时所置折中仓，许商人输粟，优其价折支茶盐。河北行便籴之法，听民输粟边州，官府支钱，部分“折以象牙、香药”，或输藁入官者，亦依此例“给八分缗钱，二分象牙、香药”。② 河东地区每年所买粟谷，亦多折支。始自太宗时期的预买绢，初官府多折支杂物，后改折支现钱。神宗时为应付西部边防所买马匹钱，多令以茶折值，或折支银、绸、绢等。通州榷买亭户盐，每盐一石支钱五百文，实则多以绢、布、茶、斛一斗折支。其他如有司市买杂物，也多以茶折支，三司购置所需之物，或折支茶，或以他物酬值等。总之，宋朝财政支出中的折变相当普遍。

从以上列举中，可知折变制是宋代财政领域的一项重要制度，其含义不仅是指各项税赋折纳，还包括种种力役折征；不仅限于政府的财政收入，还实施于财政支出诸方面；也不仅是“一时所须”的权宜性科折，更多的是作为制度化的经久之举。因此，折变虽非宋朝政府的独创和发明，但作为一项重要的财政制度全面推行则始自宋朝，这从一个侧面反映了宋代经济社会所发生的深刻变化。

---

① 李心传：《建炎以来系年要录》卷一八九，“绍兴三十一年三月”条。

② 马端临：《文献通考·田赋考》。

二、折变的主要形式及特点

宋代折变的具体内容，有折绢、折绸、折布、折绵、折丝帛、折罗、折米、折谷、折麦、折茶、折盐、折酒、折丁、折刍、折藁、折木、折钱、折引、折会、折银、折各种杂物等。概括其主要形式，可分为以物折物、以物折钱、以钱折物、以钱折钱和辗转纽折等五类，再进一步举例阐释如下：

第一，以物折物。这是宋代折变中常见的折变形式，如民户所纳二税，除规定的物色外，一般允许不同地区折纳当地的土产物品。上引川蜀地区所输二税，即令以匹帛折纳；淮南地区民多种茶，即准以茶折输二税。非本地所产者，则准以他物折充。如孝宗淳熙年间，太平州秋税布、豆两项，以本州不产，允依例以他物折纳。平江府夏税绢，也以该府不育蚕，例准折纳他物。二税中的夏税秋苗且可互相准折，如太宗至道时，京畿诸县所欠秋税，并令折纳夏麦。又真宗大中祥符五年畿县民乏二麦，许以秋稼折纳。景德初年陕西秋赋，则准以刍折纳。另蔡州秋赋，许以糯、粳折谷粟。仁宗天圣三年河北、京东秋赋，还令折纳修河梢芟。至于二税以外的杂科物物折变，情形就更为多样。如真宗时期近畿诸郡沿纳杂科，或折丝帛，或折绸绢。高宗时期杂科，或以小麦折稻米，或以稻米折小麦，或以绢绸折罗，或以绢绸折米斛，或以米斛折草斛，或以不同品种的稻米互折，或以米、绢折盐，盐折米、绢等等，几乎到了无物不折的地步。其他物物折变，情形亦多繁杂。

第二，以物折钱。从宋初起，沿五代之制，官府向民户征收牛皮税，规定民田七顷，纳牛皮一张、角一对、筋四两。太祖建隆四年七月令折钱一贯五百文缴纳。后改定按田租二百石纳牛革一张的标准缴纳牛皮税，仍令折钱输纳。由此，以物折钱的折变逐渐扩展到政府财政收支的各个领域，其中夏税绢帛等物即多令折钱征收。至南宋时期，夏税折科名目不一，但主要是变折钱会或银两。如“两浙州县合纳绵、䌷、税绢、茶绢、杂钱、白米六色，皆以市价折钱”①。而秋赋在北宋时期，多缴纳或折纳本色，到南宋也多折钱征收。其中又常见职田租或民典官田租的折钱，甚至还有预借田赋的折钱等。在以物折钱的折变中，既折有铜钱、铁钱等现缗，也折有交子、会子等楮币，还折有金银。如南宋初，广南西路雷、化诸州，民间纳苗，多令折银。浙江部分交通不便地区，所税物帛也许以银折纳。在宋政府的财政支出中，也多据物值折支银、会。如广西转运司官员俸钱、诸军料钱便多折支银两。多数折钱情形是钱、引各半。理宗时期，则一度

① 马端临：《文献通考·市籴考》。

规定全部折楮币。

第三,以钱折物。此类形式的折变也始于宋初。如北宋初年福、歙诸州所纳夏税钱,即令二千五百文折纳绢一匹。太宗时期陕西诸州夏税钱也令折纳麦、谷诸物。特别是随着宋财政中"钱荒"现象的日渐严重,以钱折物愈见普遍。从真宗咸平年间起,农户所贷官钱,皆令秋季以实物折偿。广西邕州民户所纳夏税钱、布钱、麻皮钱、马价钱等,皆准折纳米斗。河北秋税杂草钱,也令折纳小豆或白米。两浙的丁盐钱从仁宗皇祐年间开始,即令以绸绢折纳,名曰"丁绢"。湖州等地身丁钱,到徽宗时期全部折输绸绢。南宋初年下户所纳畸零税钱、丁钱之类,亦令折输稻米。此外还有江浙地区的折帛钱又复折为绸、绢、绵缴纳。成都府诸路"支移脚钱"以及官俸料钱,皆折变为实物。

第四,以钱折钱。此类形式的折变又主要包括三种形式:其一是铁钱折为铜钱或银。如北宋时期主要使用铁钱的川陕地区,即多见此种形式的折变。南宋虽有铁钱流通,但罕见折变。其二是缗钱折为银或金。由于银在宋代广大地区与法币铜钱、铁钱和楮币皆作为交易中的通货使用,因此在铁课、铜课中折为银课的比重越来越大,银钱折变亦随之兴起。如太宗太平兴国时期川蜀地区民租输钱者,即令折输银及绢。仁宗时期规定商人搬买茶,每一百贯现钱,四十贯须折纳金银。身丁钱也折征银。到南宋时期,折银就更加普遍,其中折帛钱、经总制钱折银是常见的普遍折征。其他如税钱折银或折金,皆没有年份和地区的限制。其三是缗钱折变为楮币。自北宋川蜀地区首先发明并使用纸币交子以后,宋政府即准许民户税钱者可折纳交子。南宋时期,由于各类楮币大量发行流通,钱楮折变就更普遍,甚或"用楮券折银"[①]。

第五,辗转纽折。此类形式的折变在两宋时期虽不普遍,亦非合法,但却一直存在。如仁宗时期包拯曾讲到陈州官府先将蚕盐折为现钱,再将现钱折成小麦,复令民户将小麦折纳现钱的典型事例。徽宗时期也有官员谈到个别州县折变赋税时有的将绢一匹折钱若干,又将钱折麦若干的情形。南宋初年,辗转折变曾有扩大的趋势。如见于高宗赦文中所说的情形:"诸路税赋,应支移折变,官司往往反复纽折。如合纳现钱,小估价值令输细绢,却以细绢之值折纳丝绵,又将所折丝绵却〔令〕纳现钱之类。"[②]自高宗以后,反复折变虽仍存在,但数量上显为减少。

从以上诸形式的折变中,我们可以得出宋代折变的几个主要特点:第一,物物折变在诸形式的折变中占有一定比例,这基本上反映了宋代国家财政实物中心制的基本特征,其与宋代在封建租佃制关系制约下以实物地租为主要形态的

① 《宋史·冷应征传》。

② 徐松:《宋会要辑稿·食货》七〇之二九。

社会经济发展总趋势是基本吻合的。第二,据物折钱的折变形式又是大量而普遍的,且有上升的趋势,尤其是南方比北方、南宋比北宋、经济发达地区比相对落后的地区更为明显。这是宋代折变中值得注意的一个突出特点。折变中的大量折钱,尤其是如职田租、官田租的折钱,虽然当时尚处于从产品地租向货币地租的转化中,但却是"以商业、城市工业、一般商品生产从而货币流通有了比较明显发展为前提"①,无疑会进一步促进工商业的继续发展,促进商品货币经济的发展。第三,诸种形式的折变又是建立在宋代市场经济普遍发展的基础之上的。从北宋时期乡村民户"粜麦粜谷以充折变",到南宋时期各州郡"多将夏税秋苗大率高价估折,却于他州买绢以充上供之数"②等情形中,可以看出折变与市场经济的进一步联系,从而直接反映着宋代商品货币经济发展的新趋势。第四,折变仍然受到当时社会经济发展总水平的制约。诸折变形式中的物物相折或以钱折物,就说明了宋代商品货币经济发展水平还不是太高。在商品货币关系发展中,经济的和政治的因素互相交织在一起,反映了宋政府在财政方面对社会经济发展的强权干预,说明了封建政权既顺应社会经济发展又阻碍其发展的双重作用,对此应作出恰当的评价。

三、折变的实质及社会意义

折变制既作为关系国计民生的经济制度实施于宋代诸财政领域,必然对宋代财政经济产生重要作用,同时也与广大民众发生密切的利害关系。只有认真研究这些关系,才能正确揭示折变的实质,评价其社会意义,说明这一制度为何自宋历元、明至清而不废。

折变之所以被宋政府作为赋税征收方式,就是因为"赋税是政府机器的经济的基础","是行政权整个机构的生活源泉"。③ 如前所述,宋朝财政收入的主要来源即赋役征收。太宗至道末年,钱、谷、绢、紬、绵、茶等税收已达 7000 多万,真宗天禧末年达到 1.5 亿多。为了保证财政收入,虽然各项赋役征收并非如包拯所说"所纳并从折变"④,但折变制的推行无疑是保障宋政府各项赋役征收的重要措施之一。同时随着财政收入的增加,宋政府的财政支出也与日俱增,到真宗时,财政支出已主要靠"经度茶、盐、酒税以充岁用"⑤。自仁宗以后,

① 《列宁全集》第 3 卷,人民出版社 1984 年版,第 331 页。

② 徐松:《宋会要辑稿・食货》一〇之三四。

③ 《马克思恩格斯选集》第 1、3 卷,人民出版社 1972 年版,第 315、681 页。

④ 包拯:《包拯集・论冗官财用等》。

⑤ 《宋史・食货志》。

更是“经费浸广”“费无艺极”，如江淮地区岁运粮600余万石至京城，“仅能充期月之用”。因此，实施财政支出方面的折变制，也是保障和维持庞大财政开销的重要措施。如太宗至道末年，全国总收入缗钱2000多万，而仅每三年一次的郊祀之用即费钱500余万，这部分开支，政府便“大半以金银、绫绮、绢䌷平其值给之”[①]。特别是宋朝实施强化专制主义中央集权的政治制度，在官制上实行“名与实分，官与职殊”的虚实并立的双重官僚体制，造成叠床架屋的官僚机构和庞冗的官僚队伍，使朝廷官员激增至仁宗时的2万多人；同时，又因豢养着一支庞大的军队“由中制外”，使军队数量也从宋初的20多万增至仁宗时的125万，促成军政开支的急剧增长，前所列举的官俸、军队请给钱的折支，便是基于保证财政开支的重要措置。另，从宋初以来，在货币流通领域存在的货币短缺现象（即所谓“钱荒之患”）又日甚一日，引发朝廷内外有识之士的极大关心，南宋初年还发生了是“物贵而钱少”还是“钱多而物少”的一场争论。所以，实施折变亦即成为宋政府解决官私“乏钱”、朝廷“乏用”、民户“重困”的应急之制，故折变在保障宋政府财政收入、维持军政支出需要、消除财政积弊等方面起着重要的作用。

那么，旨在保障宋朝财政利益的折变制是否就因此成为一项扩大对劳动人民剥削的苛法呢？也不能遽下此论。在评价折变制与民之利害关系时，首先必须明了宋政府实施折变的几项基本原则，即：

（1）听从民便。如赋税折变，规定一般要根据各地具体情况，在民户自愿、各从其便的情况下实行折纳。变折的物色、数额，要在起纳前半年（后改为九十日）揭榜晓示。故在宋政府令民户折纳赋税的诏敕中，多加有“并从民便”“听从民便”“取其情愿”“并从民愿”等字样。便民之制的含义除了方便民户从宜折纳易办税色外，还包含输税时给民户以方便之意。高宗时即规定，凡民户输税因路途远或难于缴纳者，允其折变易输物色输纳。例如舒州税输米麦，因“地居山僻，艰于运行”，遂令“依市值折价钱起，内愿纳本色者听”[②]。又如福州长溪县“去州绝远，路艰峻岭，海涉惊涛，民户输苗，跋涉艰阻”，就“悉令民户就县折纳价钱，以民户折纳之钱解于州”[③]。

（2）折变平估。平估又称“时估”，也叫“市价”，如四川两税钱折帛，即规定依在每月三旬时估价折纳。神宗时亦规定，凡折纳斛斗，并取当时市场价，张榜公布折变额，许人户情愿折纳，由此凡两税、杂料、杂钱等“折纳斛斗，用纳月实价”的原则即确定下来，称为“熙宁法”。至南宋时期，进一步规定凡折变物皆以纳月上旬时估中价折纳，若纳现钱，则随钱引市价，称作“街市钱引”。宁宗时补

① 《宋史·食货志》。

② 徐松：《宋会要辑稿·食货》六八之一九。

③ 徐松：《宋会要辑稿·食货》七〇之三〇。

充规定，凡折纳杂色麻、麦、粟、豆、油、布、木炭之类，按季估定时价，防止因时价变动过大而损害纳税户利益。物物折变时，还规定有“抵斗交量法”，即一斗折一斗的规定。若折变物与原输纳物之值差距过大时，仍视二物之值准纳，不得用抵斗之例。

(3)优恤下户。仁宗天圣二年五月诏开封府，诸县征收赋税时，并许第三等以下户就便将易得税色斛斗折变缴纳，以蠲贫困。自此，折变以优恤贫困下户的原则确定下来并推行全国。至南宋初年，因绢价暴增，官府即令“上户输绢，下户输钱”。又如绍兴初年南康军因兵火耕种失时，所赋二税亦令“上户送纳本色，下户依市价折纳现钱”。优恤下户的又一含义，是准许下户的畸零税额从便折纳。盖因乡村下户的畸零赋税，若非亲自送纳官府，便由经营包揽代纳赋税的“揽纳人”送纳，但揽人多借此盘剥纳税下户，往往“每硕于人户处讨米一硕六斗五升或一硕七斗”，由此加重税户负担。加之官府本有赋税时的“合零就整法”，即民户纳税有零至一寸一钱者，亦取一尺一两，米有零至一勺一抄者，亦收一升之数，这对贫困下户来说，又加一重负担。为此，实施折变制后，凡“绸不满半匹，绢不满一匹者，计丈尺输其值”，二税畸零之数也并折纳现钱，这就消除了揽纳、合零就整弊端。

因此，折变制又是在国家财政实物中心制的制约之下，力图消除病民、困民诸弊端的一项便民、利民之举。事实上，在许多时期，折变并不完全是官府的硬性规定，而是出于纳税户的自愿。

当然，在实施折变过程中，民户负担加重的事实也不能完全否认。虽然宋政府一再申明坚守“折纳二税，并依时价”的原则，但仍有“名曰‘时估’，实非随时；名曰‘中价’，其实失中；名曰‘依法’，其实侮法”的“非法折变”发生①，致使民户负担加重。此种情形主要是由于折变中折价与实价、估价与市价(或时价)相背离而造成的。如徽宗时期，京东路折纳赋税，官府不问各州县之实价、市价，而按一路中市价最贱者折纳，造成多数地区估价与市价偏离，无形中增大税额。但折变使民户负担加重的多数原因，实则不在折变制本身，而是由于掌权官吏营私舞弊、欺上瞒下或借公济私造成的。如折变中，所谓“非法折变，暗增数目”，或“循袭旧例，额外征求”，或暗做手脚而辗转折变等等，皆属于此。这些不正当的违背法规的变折，无疑会加重纳税户的负担。

对此，宋政府在实施折变制的同时，也采取了严格限制非法折变的一系列措施，其中最主要的措施就是实行折变中的监察制度。折变的最高决策权在中央，主要由三司或户部决定折变事项。如真宗大中祥符六年规定：凡诸州府所

---

① 徐松：《宋会要辑稿·食货》九之一二。

需繁碎之物的折变，由三司视情况裁准。又徽宗政和二年诏，诸输纳折变物，由户部坐条申明行下。而各地在实施具体折变时，则由监司和台谏负直接的监督责任，规定凡有折变去处，各由监司守臣严加约束，若有故违，按劾闻奏。具体到一州一县，或由转运司检察，或由提点刑狱司督察，或由提举司觉察，或令监司互察。若漕臣违法掊民，由提刑司奏劾，若提刑司失职，则由御史台弹劾，以此形成上下左右的监察制约机制，保障折变制的顺利实施，杜绝弊端产生。另外实行许民户越诉的制度，即若有抑配折科或非法折变时，许民户诣转运司诉，或"实封投状越诉"，由台谏、监司按劾奏明。接受词状的官司若敢稽违，其当职官吏则按违制条科罪，由按察官弹劾闻奏，予以重贬。尽管这些措施不能根绝折变中的诸弊端产生，但对"违法创行暴敛"的不法官吏，仍有一定程度的遏制作用。真宗天禧四年，河北转运使黄昭益、李放等人因折纳过重受到降职贬官的处分。神宗熙宁六年，知真州江宽、知宿州陈称、知舒州石牧之、知寿州鞠真卿等皆因违法折纳，"大估价钱，亏损百姓"，受到"展磨勘一年"的处分，知海州胡擯则受罚铜的处分。南宋时那些违法折变的官吏，除受劾奏处分外，还要被刻其事于石，公布于众。

而在有些时候，宋政府也有条件地限制折变，如遇旱涝灾蝗年份，民力艰难之际，则规定不得折变。若许折变，则又是作为赈灾济贫的措施予以实施的。如真宗天禧初年，河北、陕西发生灾害，即令民户以布帛折税，以济民困。哲宗绍圣四年，京畿地区秋苗不稔，民户所赋粮草不易输纳，便允准以钱折纳。同时折变也是解决民户赋税逋欠的重要制度。如夏税逋欠即允以秋赋折纳，或灾年逋欠许以丰年折输，或积年逋欠准以从便折科等。故在这些规定执行得比较好的情况下，折变并非扩大对民户剥削的苛法，而是作为轻徭薄赋政策来实施的，一定程度上又有着减轻税户负担的作用。

综上所述，折变制在两宋时期广泛推行，根源于当时社会经济的全面发展。一方面，宋代农业的发展、经济作物的大量种植和商业性农业的发展、商业市场的扩大和商品货币经济的发展以及手工业的发展，为折变制的广泛实施奠定了必要的物质基础。另一方面，折变制的推行客观上又促进了社会经济的发展。折变形式的多样化，尤其是折钱趋势的发展，对促进宋代传统的农业经济和商品货币经济、农村经济与城镇经济以及地区经济间的相互渗透，起到了一定的刺激作用，对促进宋代国家财政由实物中心制向货币中心制的转变，并连锁促进宋代国家与社会的经济关系由直接的实物和力役关系向依赖于商品生产和流通的新关系转化等方面，无疑也有着重要的作用，其实质则是对千余年来旧的封建经济体制的浸透融蚀。折变也并非仅仅是宋朝的赋税方式，而是宋政府所采取的比较灵活的经济政策的具体实施，是一项重要的财政制度。尤其是自北宋起，宋政府曾长期受着财政拮据、钱荒、钱重物轻或物重钱轻等财政痼疾的困扰，折变的推行便成为宋政府用来医治财政痼疾的丹剂良药。在充分肯定宋朝赋役剥削的同时，也应看到折变的推行有着补阙国家财政收支、解决财政困难、维护社会安定以及蠲贫赈灾、优恤贫困等社会意义。至于折变加重民户负担等弊端的产生，多数情形并不在于折变制本身，而主要是制度执行过程中的人为因素，由此也给我们留下有借鉴意义的历史思索。

（原载《中国史研究》1992 年第 1 期）

宋代商品经营资本的发展及其历史地位

在中国数千年的历史发展过程中，传统农业经济的发展曾带来工商经济的几度繁荣和昌盛，较早地出现了如司马迁《史记》中所记载的临淄、陶、睢阳、邯郸、洛阳、成都等一批相当繁华的商业城市，并呈现出“天下熙熙，皆为利来；天下攘攘，皆为利往”“富商大贾周流天下”①那种商人资本异常活跃、获得较大发展的情景。但是，中国古代商业资本发展的主流却是长期作为封建自然经济的附庸而存在。客观地评价中国封建社会时期商业资本的历史发展过程及其历史地位，对深入研究我国古代社会经济的整体发展水平，探讨封建市场经济的发展特点，以及讨论中国资本主义萌芽等问题，都是十分必要的。为此，本文依据马克思在《资本论》中论述的“商业资本分为两个形式或亚种，即商品经营资本和货币经营资本”②的分析方法，在学界研究的基础上，着重对宋代商品经营资本发展的历史动因、基本构成、运作方式、社会作用及其时代局限性等问题作进一步的论析。货币经营资本的考察则俟另文。

一

宋代社会经济的整体发展水平较之前代有了较为显著提高，表现出中国封建社会由前期向后期转变的若干新特征，商品货币经济和商业资本发展亦有诸方面表现，学界多有论述。但是，宋代商业资本尤其是商品经营资本发展的直接动因和历史条件是什么，则鲜有论说，或述之未详。笔者认为，宋代商品经营资本之所以获得长足发展，其经济基础主要基于以下四个方面：

第一，商业性农业经济比例的扩大和农副产品商品化程度的提高。在消除了封建割据、初步实现统一的局面之下，宋代农业经济随着垦田面积的扩大、水利事业的兴修、生产工具的进步与改良、优良品种的引进和推广、粪肥的使用以及精耕细作式经营方式的采用等，单位面积产量有了显著的提高，形成了如两

① 《史记·货殖列传》。

② 《马克思恩格斯全集》第 25 卷，人民出版社 1974 年版，第 297 页。

浙地区那样能够提供较多商品粮的生产基地，从而使商业性农业经营比例扩大。对此，漆侠先生在《宋代经济史》一书中有翔实的论述，此不赘举。

商业性农业的发展促进了经济作物的广泛种植，形成了桑蚕、棉花、茶果、花卉、蔬菜、药物以及林木等经济作物种植区，极大地提高了农副产品的商品化程度。因此，“日益专业化的种种农业区域（和农业系统），不仅引起农产品和工业品之间的交换，而且也引起各种农产品之间的交换”①。关于农副产品的商品化趋势以及由此引起的市场交换扩大，在当时各地区、各行业中都有突出的表现。如平江府太湖洞庭山地区，“多种柑橘桑麻，糊口之物，尽仰商贩”②。杭州富阳地区桑蚕业发达，但地狭人稠，农户自己所种粮食，“仅支半岁，半岁所食，悉仰客贩”③。歙州农户则多“以茗、漆、纸、木行江西，仰其米自给”④。铜陵“丁家洲阔三百里，只种萝卜卖至金陵”⑤。他如川陕、两淮、江浙、福建等地的茶农，亦主要是“采茶货卖，以充衣食”⑥。

此外，是各地农户家庭畜牧产品商品化比例的增加。如耕牛已成为当时从南方贩运至北方的一项重要商品。广西路是产牛最多的地区，北方乏牛地区即多自湘广，由商人至民间市之以给用。甚至其时也已出现养猪专业户。洪迈在《夷坚志》中就曾记载：江陵有一农户世以养猪为业，其喂养的“商品猪”皆由一个居住在五十里外的村侩包销，“贩往外地出售”⑦。

第二，民营手工业比例的扩大和手工业产品商品化程度的提高。宋代手工业同前代一样，仍分官、民两大类。官手工业作坊的产品因主要供应皇室、官府和军队等需用，很少作为商品进入市场。而在私营手工业中，除了与农业相结合的农副业生产以外，当时已大量出现与农业生产相脱离的城乡个体手工业经营者和手工业作坊，有的还进行规模经营，被时人称为“富工”。这些作坊的产品自然是作为商品进入流通领域，在市场上出售，故手工业产品的商品化程度亦比前代有显著提高。如纺织业中就形成了一批独立的从农业中分离出来的纺织业作坊，这在宋代文献中有“机户”“织户”“锦户”“绫户”“绸户”和“机织户”等称谓。梓州即有“机织户数千家”⑧。婺州金华县城“民以织作为生，号称‘衣

---

① 《列宁全集》第3卷，人民出版社1984年版，第18～19页。

② 庄季裕：《鸡肋编》卷中。

③ 程泌：《洺水集·壬申富阳劝农》。

④ 罗愿：《新安志·风俗》。

⑤ 杨万里：《诚斋集·从丁家洲避风从小港出荻港大江》。

⑥ 吕陶：《净德集·奏具置场买茶旋行出卖远方不便事状》。

⑦ 洪迈：《夷坚支志》甲集卷五。

⑧ 徐松：《宋会要辑稿·食货》六四之二三。

被天下'"[①]。

其他手工行业,如苏州就有大批织席户,"织席最良,给用四方"[②]。成都府城南居民多以造纸为业,为纸坊户。遂州遂宁则多"糖霜户",该地区制糖业为宋代之冠。诸如此类,皆反映着手工业产品市场的扩大。

第三,城镇商业的繁荣和各区域市场之间联系的增强。宋代城市较前代有了明显的发展。据不完全统计,当时人口数达 10 万户以上的大中城市已增加到 40 多个,并涌现出像北宋东京、南宋临安等堪称当时世界一流的国际性大都市,同时这些城市又是商业繁荣的大商埠。这在《梦粱录》《都城纪胜》《西湖老人繁胜录》《武林旧事》等文献中有较翔实的记载,毋庸多引。

这一时期,市镇也获得了较快发展,成为新兴的商业市场。据统计,北宋市镇的数量至少在 1900 个以上,南宋的市镇也在 1300 个以上。其中有些市镇的商业规模已超过某些州县城。如仅从宋政府征收的商税额来看,京东路密州信阳镇商税额为 10576 贯,超过京东诸县城中商税最高额安丘县城的 6474 贯,莱州海仓镇的商税额更超过莱州城 1 倍以上,反映宋代市镇商业经济得到了较快的发展。

同时,在各地区还分布着数量更多的乡村集市、庙市等初级商业市场,形成与城镇市场紧密联系的广阔市场网络,从而为商品经营资本提供了更宽阔的活动舞台。

第四,城乡居民消费水平的日渐提高。随着城市数量的增多和规模的扩大,宋代城市人口的较快增长成为普遍趋势。如汴州在唐代人口只有 50 多万,到宋太宗时已号称百万,到北宋中期更达 150 万左右,百年间翻了三番。苏州也是号称"十万人家",被视为"江南巨擘"。鄂州城因人口增加,发展较快,被称为"江南大都会"。由于城市人口的增加,促进了市场消费需求的增长。仅以宋首都开封为例,居民的粮食需求除去每年江淮、湖浙运抵的数百万石米粮以外,平时各地粮贩入城贩卖的"商品粮"即数以千万计。据《东京梦华录》,当时每天一大清早,各地来卖麦面米粮的粮贩,"用太平车或驴马驮之,从城外守门入城货卖,至天明不绝"[③]。在苏州的粮食市场上,史籍中提到的"安吉斛""平江斛"等米商尤为活跃。

即便是在乡镇,随着各种植专业户、养殖户、专项器物制作户以及各类手工业个体户的迅速增加,也使他们与市场紧密地联系起来,刺激着其消费需求的

---

① 刘敞:《公是集·先考益州府君行状》。

② 范成大:《吴郡志·县记》。

③ 孟元老:《东京梦华录·天晓诸人入市》。

增长。马克思曾说过："没有生产，就没有消费；但是，没有消费，也就没有生产。"[①]而连接生产与消费的，正是活跃在当时大大小小市场上的商品经营资本。市场经济的发展，也就为商品经营资本的积聚和发展奠定了坚实的基础。

二

宋人从经营形式上将宋代商品经营资本分为行商和坐贾两大类，即所谓"行者为商，坐者为贾，凡开店铺及贩卖者皆是"[②]。而今人或根据其所经营的商品将其分为奢侈品和海外贸易中的商人资本、专卖商品贸易中的商人资本以及民生用品贸易中的商人资本等三大类。笔者认为，要阐明宋代商人资本的性质，评价其历史地位和社会作用，最重要的应是考察其经营主体，并揭示其自身特点。

宋代商品经营资本的基本构成较前代更为复杂，大体上可分为以下诸阶层：(1)官员和胥吏；(2)皇室和国戚；(3)士人和乡绅；(4)寺庙僧尼；(5)乡村农户；(6)乡镇个体手工业者；(7)行商和坐贾；(8)城镇市民；(9)浮游流亡人户；(10)其他人户等。

官吏经商，历代有之，到宋代更为普遍。当时不仅有大官僚经商，也有小官吏经商。不仅在职者经营，致仕退休者也经营。如王安石所说："今官大者往往交贿遗，营资产，以负贪污之毁。官小者贩鬻乞丐，无所不为。"[③]甚至连那些以入粟捐纳得官的人，也要借助其官号来经商牟利。对此，宋政府曾下令"禁止市井营利之家，不得以官号揭榜门肆"[④]。宋代官吏经商日成风气，追其根源，实因宋初因袭前代弊政而未加有效限制。史载："自五代用兵，多姑息藩镇，颇恣部下贩鬻。宋初，功臣犹习旧事。"[⑤]且至一发而不可收拾，或假借职权经商，或以公入私，或遣部属、仆人经营，或纵家人、子弟买卖等。对此，学界已有专文论述，此不赘述。

值得注意的是，宋代的皇亲国戚、宗室子弟也都加入经商行列，"逐什百之利，为懋迁之计，与商贾皂隶为伍"[⑥]。此风之盛，甚至波及尚未取得功名的在学士子。史载，南宋杭州城内的"行朝士子，多鬻酒醋为生"[⑦]。"蜀士嗜利，多引商

---

① 《马克思恩格斯选集》第2卷，人民出版社1972年版，第9页。

② 黄震：《黄氏日抄·词诉约束》。

③ 王安石：《临川文集·上仁宗皇帝言事书》。

④ 徐松：《宋会要辑稿·刑法》二之八八。

⑤ 《宋史·张永德传》。

⑥ 徐松：《宋会要辑稿·帝系》六之一三。

⑦ 张知甫：《张氏可书》。

货押船，致留滞关津”[①]，连赴考的日期也耽误了。

宋代僧侣经济势力很大，其上层僧侣常“多聚货泉”[②]，有的甚至“富钱数万”。他们多通过商品经营增殖财富。如“广南风俗，市井坐估，多僧人为之，率皆致富”[③]。而京城开封的道士、尼姑也一起卷入商品市场的涡流之中，有的卖蜜煎，有的“卖绣作、领抹、花朵、珠翠头面、生色销金花样襆头帽子、特髻冠子、条线之类”[④]。连相国寺的和尚也冲破戒律，开设卖猪肉的烧猪院。僧人惠明还成了一位善做大肉佳肴的名厨师。

然而，在上述商品经营资本中，亦官亦商，官商结合，或凭借特权，或倚仗某种垄断，其弊端是十分清楚的，其寄生性与封建依附性也是相当突出的，不仅不会促进商品市场的正常发展，而且对商品市场经济带来许多负面影响。如果说他们参与商品经营有一定积极作用的话，那也仅是在一定程度上改变着社会上“重农贱商”的传统观念，有利于商人地位的提高。

因此，在探讨宋代商品经营资本的构成时，笔者认为最重要的是考察由于农村家庭手工业与原料生产的分离而出现的农民向商业的转化，以及由于手工业生产规模扩大和手工业者蜕变为商人这些突出的社会现象。大量的史料说明，在宋代商品经济迅速发展的历史条件下，越来越多的农民和手工业者向商品经营资本转化，亦成为宋代商品经营资本发展的突出特点。

由于商业利润的吸引，从北宋初年起，就有大批农民弃农经商。“子欲富矣，何用为富？农不若工，工不若贾”的观念因此流行开来，“民乐负贩”“去为商贾”[⑤]的也就日渐增多。从北宋至南宋，农民经商更为普遍。知岳州范寅敷即说：“本州农民，自来兼作商旅。”[⑥]朱熹提到当时南方乡村多有“营运店业兴盛之家”和“有些小店业、买卖微细”[⑦]之户。据估计，前者多为乡绅地主兼营商业，或者是脱离农业的商业户，后者则可能是兼营或专营商业的一般民户。甚至家业钱“二十千之家，必庸贩以自资，然后能糊口”[⑧]。

至于手工业者兼营商业或完全转化为商品经营资本的就更为普遍了，其中成为富商大贾者亦不乏其人。如北宋开封有“许大郎者，京师人，世以鬻面为业，然仅能自赡。至此老颇留意营理，增磨坊三坊，买驴三四十头，市麦于外邑，

---

① 《宋史·选举志》。

② 夏竦：《文庄集·抑仙释奏》。

③ 庄季裕：《鸡肋编》卷中。

④ 孟元老：《东京梦华录·相国寺万姓交易》。

⑤ 苏轼：《东坡七集·奏议集》卷一。

⑥ 徐松：《宋会要辑稿·食货》六九之五〇。

⑦ 朱熹：《朱文公文集·别集》卷一〇。

⑧ 杨士奇：《历代名臣奏议·仁民》。

贪多务得，无时少缓，如是十数年，家道日以昌盛，骎骎致富矣”①。南宋杭州城内，“有专以打造金箱及铺翠销金为业者，不下数百家，列之市肆，藏之箧盖，通贩往来者往往至数千人”②。像磨户许大郎和那些金银手工匠人兼营或完全转化为商人而成为商品经营资本的，就完全是在商品经济发展条件下，在商品市场上形成的独立资本。他们将“会促使生产越来越具有以交换价值为目的的性质，促使产品越来越转化为商品”。而从封建生产方式向资本主义生产方式过渡的“真正革命化的道路”，就是“生产者变成商人和资本家”③。因此，在探讨中国资本主义萌芽等问题时，宋代商品经营资本的发展所表露出的许多新特点是值得注意的。

同时，由于商品市场的扩大和进入流通领域的商品量的增加，也促使宋代商品经营资本越来越发展为规模经营。就数量来讲，宋代的商品经营资本还多以中小商人居主要地位，但也越来越多地涌现“营运本钱动辄万数”的大商人。北宋开封为“富商大贾所聚”，“资产百万者至多，十万而上比比皆是”。④ 这也许是夸大的说法，但其时许多商铺的规模和交易量的确很大。有些酒店既有正店，又下设分店，称作“脚店”。有些饭店能拥有 50 余炉，雇工达一二百人。有些金银彩帛交易之铺，其规模更大，“动即千万，骇人闻见”⑤。南宋临安珠子市的交易，“动以万数”。临安商人吴氏，“以蠙珠为业，累资数百万”，号称“珠子吴员外”。⑥ 在其他商品经营中，亦能看到不少类似的例子。如邢州张氏，以贩布“起富，资十千万，邢人呼为‘布张家’”⑦。“鄂州富商武邦宁，启大肆货缣帛，交易豪盛，为一郡之甲。”⑧从晋、绛至邢州间的大布商，一次可市布 5000 匹。有一富商裴氏委托他人贩卖货物，两次付钱 40 万贯。越州萧山有一商人，每年收入几千万贯。

商品经营资本的扩大，为“商人直接支配生产”提供了物质基础，也就成为“促使封建生产方式向资本主义方式过渡的一个主要因素”⑨。这是宋代商品经营资本发展的又一特点。

---

① 洪迈：《夷坚志》戊卷七《许大朗》。

② 徐松：《宋会要辑稿·刑法》二之一三九。

③ 《马克思恩格斯全集》第 25 卷，人民出版社 1974 年版，第 365 页。

④ 李焘：《续资治通鉴长编》卷八五，“大中祥符八年十一月”条。

⑤ 孟元老：《东京梦华录·东角楼街巷》。

⑥ 叶绍翁：《四朝闻见录》丙集。

⑦ 洪迈：《夷坚志》癸集卷五。

⑧ 洪迈：《夷坚志》辛集卷七。

⑨ 《马克思恩格斯全集》第 25 卷，人民出版社 1974 年版，第 372～373 页。

三

宋人把当时商品经营资本者的经营活动称为“营运”，也叫“居物逐利”。其具体经营方式则较为多样化，概括起来大体有长短途贩运、产销一体化经营、行商坐贾联营、批发零售结合以及包买包卖或预买预卖等基本类型。

贩运经营在当时的商品市场上占据重要地位，许多商品经营资本即因此致富。贩运经营又可分为国内长短途贩运和海外长途贩运。国内贩运主要是南北方之间的，也有区域之间的，距离、规模不等。时人李昭玘曾说：“某闻富商大贾，陆驾大车，川浮巨舶，南穷瓯越，北极胡漠。”①在南北贩运交易中，米谷占有相当部分，商品粮比重有明显增加。当时从事粮米贩运的叫“米客”，亦称“米船”。米船在内河的运载量可达一二千石。如“零陵市户吕绚以二百万造一巨舟”，往来各地进行经营，可见其经营规模之大。真宗景德年间三司言：“富商大贾，自江淮贱市粳稻，转至京师，坐邀厚利。”②其他贩运纺织品、耕牛、药品、果品的，规模也都很可观。尤其是贩运禁榷物品，获利就更大。如有鄱阳人阎某以贩盐致富，“家资巨亿”。贩茶者更获利不赀，有的“转致于西北，以至散于夷狄，其利又特厚”③。

海上长途贩运主要集中在东南沿海地区，最负盛名的有闽商、浙商等。如泉州商人杨氏，“为海贾十余年，致资二万万”④。温州巨商张愿，“世为海贾，往来数千里，未尝失利”⑤。泉州大商人蒲氏，经营海外贸易达 30 年，每年贩运额达 1000 余万贯，而获利五分。另有建康巨商杨二郎，“数贩南海，往来十有余年，累资千万”⑥。

其他经营形式如产销一体化、包买包卖或预买预卖等，主要集中在手工产品行业和部分经济作物种植、养殖行业中。如荆湖路诸州县商人，“多在城外置买些地土，种植茶株，自造茶货，更无引目，收私茶相兼转搬入城，与里外铺户私相交易，或自开张铺席，影带出卖”⑦。又如湖北路辰、沅、靖、峡诸州以及荆南、江陵等产金地区，“皆商人淘采之地”⑧，即由商人直接投资生产，并组织产品销

---

① 李昭玘：《乐静集》卷一一。

② 李焘：《续资治通鉴长编》卷六三，“景德三年五月”条。

③ 马端临：《文献通考・征榷考》。

④ 洪迈：《夷坚志》丁集卷一五。

⑤ 潘永因：《宋稗类钞》卷一。

⑥ 潘永因：《宋稗类钞》卷七。

⑦ 徐松：《宋会要辑稿・食货》三二之一二。

⑧ 《宋史・食货志》。

售。再如“临川市民王明，居廛间贩易，资蓄微丰，置城西空地为菜圃，雇健仆吴六种植培灌，又以其余者俾鬻之”①。

而且在许多行业，商品经营资本采取包买包卖的方式，直接参与生产过程。如“抚州民陈泰，以贩布起家，每岁辄出捐本钱，贷崇仁、乐安、金溪诸织户，达于吉之属邑，各有驵主其事。至六月，自往敛索萃蓄，秋乃归，如是久矣”②。另杭州富商吴山开丝绵铺，收买和出卖丝绵。其经营方式也是先收买农家或家庭手工业者的丝绵，然后将收下的丝绵原料发卖给城内机户，再收买其产品，从而超越了一般商品经营的性质，而是直接支配“机户”，控制其生产。他如在福建路一带的荔枝种植业中，常由“商人计林断之以立券”，包卖种户的荔枝，贩销到全国各地乃至国外。由于此种形式获利大，“商人贩益广”③。在川茶实行官榷以前，茶商也是通过向种茶园户“放定钱”的方式，预付资金，包买茶货。

以批发零售、坐贾行商联营的方式经营商品的商人资本，则主要靠在城镇中设立店铺，进行店铺经营，“坐列贩卖”④。如开封、临安等大中城市，即多有金银铺、彩帛铺、医药铺、香药铺以及与市民日常生活密切相关的酒楼、饭店、食品店、茶肆、水果店、米店等。在地方州县城中甚至市镇上，也活跃着这样一批经营资本。如徽州歙县商人李氏，在湖北汉川县城经营米铺，七年后积资数千万缗。

宋代商品经营资本的营运活动，对当时的生产与消费产生了重要影响，并显现出超越前代的一些新特点。进行长途贩运的商人，承担着贸迁有无、调剂余缺、联系城乡、联接生产与消费的作用。如两浙、江南等路的稻米靠商人运销外地，荆湖、川陕地区的茶货，闽广、两湖地区的甘蔗及糖制品也靠商人运销出境。北宋京城居民的粮食供给即大部分靠商人贩运所至。南宋杭州每月所需的数十万斤海鲜水产，也全由商人从明、越、温、台诸州贩运至城内，再由数百家店铺出售，供应消费。而富商大贾远涉重洋，经营海外贸易，则客观上促进了中外经济、文化交流。如中国商人就把粮食、生活用品、矿产品、土特产品运至高丽等地。泉州商人徐戬曾专为高丽在杭州雕印佛经，然后运去。江南商人李文通也把近600卷书籍贩运至高丽。高丽人所用的丝织品大都由商人从山东、闽浙一带贩运而至。同时，海商把国外的产品贩运至国内销售，丰富了国内人民的物质与精神消费生活。

尤其是商品经营资本以包买商的身份，以包买包卖的方式，使商业经营直

---

① 洪迈：《夷坚甲志》卷五。

② 洪迈：《夷坚支志》甲集卷一。

③ 蔡襄：《荔枝谱》。

④ 张方平：《乐全集·畿赋》。

接渗透到生产领域，从而进一步对商品生产起着刺激和推动作用，“促使产品越来越转化为商品”。商人资本与生产者之间通过预付资金包购包销产品的关系，已越来越表现为商品货币关系，也是首先在宋代出现的一种新型经济关系，显然有利于社会经济发展，具有积极的历史意义，是历史的进步。

但在自然经济仍占主导地位的宋代，商品经营资本的发展及其所能发挥的作用又有很大的局限性，主要有如下几方面的表现：

第一，受当时客观物质条件的限制，国内外市场虽有不同程度的扩大，但绝大多数商人的活动范围，仍以区域市场或地方市场为主，跨地区、跨国的经营活动仍属极少数大商人资本。城乡市场又以集贸市场为主，活动于这类市场上的主要是中小商人，其中小商小贩占有相当的比例。

第二，宋代农工产品的商品化程度比之前代虽有明显提高，但进入市场流通的商品种类、数量等都还是有限的。因此，当时的商人主要还是经营生活消费品，生产资料的运销还属少数，且规模一般也不大。在广大城镇市场上，服务商基本上仍以中小资本占主导地位。

第三，商品经营资本本身的消费方式也有着较大历史局限性。相当一部分商人在赚了钱以后，即把资本投向土地。正如北宋人李新所说：他们“累千金之得，以求田问舍”[①]。南宋海商张勰从事海外贸易，“其货日臻”，后即在婺州城外购买了大量田地。还有的竞相奢侈，把资本耗费在穷奢极欲的生活中。有的则用钱来买官。这样，商品经营资本就逐渐同官僚、地主结合，而向封建势力方面转化，成为在宋代社会经济结构中官僚、地主、富商三位一体的重要势力，成为宋朝赖以维护王朝统治的阶级基础。因此，商品经营资本所能发挥的积极作用也就十分有限了。

第四，宋代商品经营资本的发展仍然受着传统观念和封建政权力量的制约。尽管当时社会已改变了视商业为末业的观念，商人被允许参加科举考试，其子弟可入官学读书，但商人仍不惜巨资买官以跻身仕途，在经营中甚至将花钱买来的官号作为招牌，又恰恰说明其地位的提高是有限的，商人并未成为独立的政治力量。同时，宋政府也在法规、税收等方面限制商人的发展。如至道元年九月，宋真宗谕令严禁海商由私路贩运，金部员外郎王涣建言说：“取私路贩海者不过小商，以干鱼为货。其大商自苏、杭取海路顺风至淮、楚间，物货既丰，收税复数倍。若设法禁小商，则大商亦不行矣。”[②]又如在车服制度方面，商人也受到种种限制。太宗太平兴国七年，翰林学士承旨李昉即建议说：“近年工

① 李新：《跨鳌集・上王提刑书》。

② 徐松：《宋会要辑稿・职官》四四之三。

商、庶人乘檐子，或用四人、八人，今请禁断，听乘车。兜子，舁不得过二人。”①

要而言之，在宋代商品市场经济获得突出发展的历史条件下，商品经营资本亦得以较快积聚与增殖，并对当时的经济生活有多方面的影响，大大促进着腐蚀旧生产方式的新因素的成长。但另一方面，在当时城乡经济结构特别是农村经济结构尚无解体迹象的情况下，商品经营资本所能发挥的历史作用又是有限的，而且其作用又常常被融合到巩固旧的经济结构之中去。这又正如马克思在《资本论》中所论述的：商业资本“对旧生产方式究竟在多大程度上起着解体作用，这首先取决于这些生产方式的坚固性和内部结构”②。因此，在中国古代商业资本发展史上，宋代商品经营资本明显地表现出商业资本由封建社会前期向后期转变的过渡性质。

（原载《文史哲》1996年第6期）

① 徐松：《宋会要辑稿·舆服》四之五。

② 马克思：《资本论》第3卷，人民出版社1968年版，第370页。

宋代河夫役研究

马克思在《资本论》中曾指出：徭役劳动（或称为“役”）是最简单和最原始的地租形式，也是反映人身依附关系的一种强制劳动的野蛮形式。在中国古代，历代王朝的力役之征便是强加于广大劳动者身上的沉重负担。但是，随着社会经济的发展和历史的进步，历代的力役征发无论是在形式上，还是在内容上，都发生了若干变化，反过来又对历代社会的各方面产生深刻影响，故学界多注重对历代赋役制度加以研究。

历史上，从孟子所说的古有“力役之征”，直至汉唐时期的徭役征发，其名称、形式、内容皆繁杂多变。到唐、五代时期，就有“正役”“杂徭”“夫役”“匠役”“番役”“色役”“职役”“差役”“差徭”等名称的劳役征发。宋承前制，直接的徭役征发仍然是很繁重的，其中河夫役便是宋代最重要的力役之一。

河夫役在宋代有广义和狭义之分。狭义的河夫役是指专门征发用以修筑黄河堤、堵塞黄河决口以及服务于沿黄诸杂务之役，被差人夫称为“黄河夫”。广义的河夫役则是指整治修浚包括黄河在内的各主要河道之役，被差人夫又有“汴夫”“沟河夫”等称。本文所称河夫役指后者。

河夫役在宋代徭役征发中，因最频繁、大量和征发制度严密而颇具典型性和代表性。有关宋代一般夫役的征发，学界已多有论述，但许多问题尚缺乏深入的研究和阐述，即如河夫役迄今尚未见专文论述。为此，本文欲在学界现有研究的基础上，对宋代河夫役作进一步的探讨。

一、浚修河道与夫役征发

宋王朝从建国伊始，即以其所面临的特定历史环境及政治、经济等原因，而十分重视治理河道，兴修水利，所谓“天下利害，系于水为深”[①]。

如政治上，“太祖起兵间，有天下，惩唐季、五代藩镇之祸，蓄兵京师，以成强

① 《宋大诏令集·置在京都水监罢三司河渠司诏》。

干弱枝之势，故于兵食为重”[①]。经济上，“汴都仰给漕运，故河渠最为急务”[②]。开封京城当时主要靠汴河、黄河、惠民河与广济河以通漕运。太宗太平兴国六年规定：汴河岁运江淮米600万石、菽100万石；黄河岁运粟50万石、菽30万石；惠民河岁运粟40万石、菽20万石；广济河岁运粟12万石。治河对宋朝国防亦利害相关。仁宗时，河决商胡，北道艰食，直接威胁着宋北部边防的安危，故宋政府把治理河渠列为朝廷大政。时人张方平即说：“国依兵而立，兵以食为命，食以漕运为本，漕运以河渠为主。”[③]

而在诸主要河道中，黄河、汴河的治理最为宋政府所重视。由于黄河含泥沙量较大，淤患时有发生，黄河堤的溃决冲溢几乎连年不断。尤其需要指出的是，河患在宋代之所以日渐加重，除自然原因之外，常常是人为造成的。如大名府黄河堤旁，就有“豪民峙刍茭图利，诱奸人潜穴堤防，岁仍决溢”[④]。亦有河防官吏因循行事，甚或私减功料以肥己而致河患不断。如汴河工役，因“主者因循，堤防不固，但挑沙拥岸址。或河流泛滥，即中流复填淤矣”[⑤]。惠民河沿岸，也因官吏“不谨堤防，每岁决坏”[⑥]。为此，宋政府定立制度加以约束。如太祖乾德二年，即“诏民治遥堤，以御冲注之患”。乾德五年又规定了“遣使行视，发畿甸丁夫缮治，自是岁以为常”[⑦]的制度。汴河在仁宗皇祐初年也规定了“每年一开浚”[⑧]的制度。

随着宋政府对河道重视治理、定期派官员按视、发丁夫缮治等制度的确立，河夫役也就成为官府对各地（尤其是沿河地区）经常调发的主要力役之一。

据史料记载统计，在北宋一个半多世纪中，有1/3多的年份发生黄河决溢、毁堤、冲注等“河患”，为此宋政府调发丁夫以及兵卒加以修塞，征调丁夫在万人以上的河工就有40余次。甚者用丁夫在数万、数十万。如开宝八年河决濮州郭龙村，官府遂发丁夫数万修之。同年，河又决澶州顿丘县，又发丁夫数万修之。景德四年河决澶州王八埽，发兵夫治之，费工10余万。庆历八年河决澶州商胡埽，调发6路100余州军兵夫10.4万余人塞之。至和二年开澶州六塔河，征发民夫30万。嘉祐三年凿浚永济河，役工60余万。熙宁、元丰年间，塞澶州

① 《宋史·食货志》。

② 李焘：《续资治通鉴长编》卷一，“建隆元年正月”条。

③ 张方平：《乐全集·论京师军储事》。并参见李焘：《续资治通鉴长编》卷二六九，“熙宁八年十月”条。

④ 《宋史·赵昌言传》。

⑤ 《宋史·谢德权传》。

⑥ 李焘：《续资治通鉴长编》卷七二，“大中祥符二年十月庚寅”条。

⑦ 徐松：《宋会要辑稿·方域》一四之三。

⑧ 李焘：《续资治通鉴长编》卷一七一，“皇祐三年九月丙子”条。

曹村河决口，差雇民夫50万、兵卒10万余，凡用工190万余。

再如浚治汴河所动用的人力也常在万人、数万人、数十万人。如大中祥符八年，诏浚治汴河，征发宿、亳等州民为役，计用工86万人次。嘉祐六年开修汴河，计役工186.4万人。熙宁四年修汴河，日役夫4万余。元丰中，回河故道，凡役夫30万余。

其他河道的浚治，所征调的夫役也常数以千、万计或数十万计。如至道二年，诏发诸州丁夫数万开白沟河。天圣十年，郓州、齐州调发须城、历城等8县丁夫3万人疏浚济水故道。熙宁六年，从淮东路等地调发丁夫开凿真州黄池河，役夫70万。

因此，宋代河夫役不仅调发频繁，而且调夫数额常常较大，成为此一时期河夫役征发的显著特点。

在河夫役调发中，按入役时间和服役内容不同，河夫调发又可分为河堤夫、河料夫、沟河夫和杂役河夫等几类。

其一，河堤夫，又分为春夫和急夫两种，即时人晁说之所说"岁有常役则调春夫，非春时则调急夫"[①]。春夫，也称"年例春夫"，以每年春季征发而得名。春夫役主要是整修河堤，加固堤防。差调春夫定制于太祖乾德五年，入役时间定于每年的春初农闲之时。具体时间一般为正月下旬入役，二月中旬毕役，役期通常为一个月。不过在实际中，非时调发的情形还是很多的。有时则因调发非时而严重妨碍农户的春耕生产。急夫与春夫不同，多为非时调发。一般认为急夫的调发最早在开宝五年，即宋建国12年后才开始的。事实上，在此以前早有调发。如建隆元年、乾德四年填塞决河，都征发士卒、丁夫治之。由于急夫供役紧急，丁夫的调发一般规定在沿河50里以内的州县，若拘役50里以外州县的丁夫，则须向朝廷特别禀明。但这些规定常常不被认真执行。

其二，河料夫，也称"河堤春料夫"，是指专被官府差调采伐河料（也称"春料"）的丁夫。由于诸河溃决频仍，所需修河物料数额也就非常庞大。据天圣八年三门白波发运使文洎言，仅修河所用芟梢每年即需七八百万束。若按要求再加一定数额的储备，需要量就更大。因此，调发丁夫采伐芟梢的劳役也实际成为河防夫役中的一个重要组成部分。当时所需河料中的芟梢主要产于黄河中游一带丘陵山地，为此宋政府每年从河南、陕府、解、绛、泽等府州处差调丁夫，入山采伐。通常年份每次调发的役夫都在2万人左右。而黄河中下游沿河州县则生产所需河料中的芟草，因此这些地区每年广调丁夫割刈芦荻草芟。另修河所用捍堤木，也于沿河州县"岁调丁夫采伐"[②]。差役春料夫多是"每年正月下

① 晁说之：《嵩山文集·元符三年应诏封事》。

② 李焘：《续资治通鉴长编》卷九〇，"天禧元年十一月癸丑"条。

旬入山采斫，寒节前毕”[①]，时间大约持续一个月左右。尽管每年都调夫专门备办河料，但由于当时河溃频繁，所需河料数量庞大，故仍常有河料供不应求的情形，为此宋政府还常通过募民从他处输纳河料、配买河料、赋税折纳河料等方式以解决不足。这样一来，同样增加了民众的赋役负担。

其三，沟河夫。宋仁宗初年，朝廷采纳内殿崇班阁门祇候张君平的建议，征调丁夫广修京畿地区及周围各路河道、沟洫，为此专门设立沟洫河道司主持其事。所征调的丁夫被称为“沟河夫”。虽然沟洫河道司从仁宗天圣四年正式成立，到宝元二年罢撤，前后只存在了十几年，但沟河夫的调发并没有因此停止。按宋政府设立沟洫河道司的本意，是欲将河堤夫与沟河夫合并一起调发，但由于各地河役繁重而未能实现合并的愿望，因此沟河夫与河堤夫一直同时并调，事实上成为河夫役的扩展。

其四，杂役河夫。从宋初起，宋政府即令黄河、汴河等沿岸州县每年按户籍高下课民栽种榆、柳等树木，以捍河堤，防河决。此外，还不定期差调数额不等的木工、石匠等上河服役，此外每逢冬季天寒，还要差调丁夫打拨汴河等运道冰凌等等，也都成为河夫役的组成部分。

尤其是各类河夫还常常被非时调换役使，如河堤夫就常被官府差调用来兴建土木之役，或者春夫被差调为急夫等，此种辗转差调事实上加重了劳动人民的赋役负担。

二、河夫的差、雇及其管理

自宋初始，上述各类河夫役主要实行差调制。从北宋中期开始，随着差役制免役法的推行，河夫役也越来越广泛地推行免夫钱，因此河夫在差调的同时，逐渐扩大实行雇募制。此后则是差、雇并行，表现出宋代力役由实役向折税纳钱或由丁入亩转变的新特征。同时，宋政府还加强对入役河夫的组织管理，以保证各项河工的顺利实施。

河夫役的差调基于王朝政府所能控制的人口之数，即所谓“民数，为国之本”[②]。时人张方平也说得明白：本朝经国之制，“以两税输谷帛，以丁口供力役”[③]。哲宗户部侍郎吴择仁亦说：“户口版籍，实赋税力役之所自出。”[④]因而宋政府自建国之初就十分重视作为控制人口手段之一的户口统计和版籍的建立，

① 徐松：《宋会要辑稿·方域》一四之一四。

② 王应麟：《玉海·户口》。

③ 张方平：《乐全集·论率钱募役事》。

④ 徐松：《宋会要辑稿·食货》一二之三。

确立了“三年一责户口之籍”的制度，并“命刺史、县令，必以户口、版籍为急”，强调“亲民之官莫若守令，户口登耗之责，守令之先务也”。[①]

宋代所定版籍有多种，其中与征调河夫役密切相关的是五等版簿和丁口簿。五等版簿是从宋初建立的重要户口簿籍之一，主要登计乡村民户的丁口、产业和户等，据以赋税和差役。宋初缘河课民种植，即以五等簿为据。丁口簿，亦称“丁籍”，也是征调河夫役的主要依据，如太祖开宝四年七月诏令：“河南府及京东、河北四十七军州，各委本州判官互往别部同令佐点阅丁口，具列于籍，以备明年河堤之役。”[②]此外还有“丁帐”“户帐”等名目的簿籍，亦常作为夫役征调之依据。北宋中期的“保伍之籍”（或曰“保甲簿”），也都曾是各类力役调发的赋税之籍。在这些簿籍的基础上，宋政府还专门编定了征调河夫役的“河夫籍”，主要包括各地乡村征发的“河夫细帐”、各县编制的“河夫单帐”和各州军汇编的“河夫都帐”等。每有河工，都水监即据以上账簿编造“河夫帐”上报朝廷，然后征役。

上述簿籍虽然都是调发夫役的根据，但各地在具体差发各类力役时，情形还是各异，如以户等定差。太祖建隆二年闰三月，“诏申明周显德三年之令，课民种植，每县定民籍为五等”[③]。五等户成为后来宋政府摊派赋役的主要依据。同时城邑坊廓户也定等第并与乡村户同样定差。如真宗乾兴元年郓州征发河料夫输纳刍楗，即规定“城邑与农户等”[④]。神宗元丰三年，“调发河阴等五县急夫，坊廓差至第十等，乡村差至第四等”[⑤]。

以家业物力定差。如“河东户役，唯课桑以定物力之差”[⑥]。京东各州县也按家业钱定差，导致京东人户“闻河役将动，往往伐桑毁屋”[⑦]，以逃避赋役。河东地区也因力役征发，出现“农人不敢植桑而蚕益薄”的情形。

其他有以户定差、以田亩定差、以税额定差、以丁口定差等等。如京兆府修河渠，即“所役缘渠之民，计田出丁”[⑧]。兴元府调夫修建堤堰，亦随“田亩多寡，均出夫力修葺”[⑨]。而齐州籍民出河夫役，则“按丁均夫”[⑩]。开封府也是“每起

---

① 徐松：《宋会要辑稿·食货》一二之六。
② 李焘：《续资治通鉴长编》卷一二，“开宝四年七月己酉”条。
③ 李焘：《续资治通鉴长编》卷二，“建隆二年闰三月”条。
④ 李焘：《续资治通鉴长编》卷九八，“乾兴元年二月戊辰”条。
⑤ 李焘：《续资治通鉴长编》卷三〇七，“元丰三年八月壬寅”条。
⑥ 徐松：《宋会要辑稿·食货》六一之六〇。
⑦ 《宋史·河渠志》。
⑧ 徐松：《宋会要辑稿·食货》七之一六。
⑨ 《宋史·河渠志》。
⑩ 《宋史·曾巩传》。

夫役,不计家产厚薄,但以丁口均差”[①]。

在差调河夫役的同时,河夫的雇募也逐渐推广实行。河夫的雇募起源于宋初招募军人子弟兴修各类水利工程,此后便扩展到其他河夫役中。如仁宗天圣八年,河南、陕、府、解、绛、泽诸府州春料夫,以采斫芟梢困难,便“有一夫出钱三五千以上,雇人采斫”[②]者。

到宋神宗大规模变法革新,推行募役法之时,河夫的雇募得到较大范围的推广。神宗熙宁四年十月颁行募役法,规定诸役户按户等输钱,免其身役,官府用所输钱立值募人充役。此前在熙宁二年十一月还颁布农田水利法,至此,河夫役的雇募因与农由水利法的实行结合起来,故得到较普遍推行。

在河夫雇募普遍推行的同时,是越来越广泛地实行免夫钱。免夫钱就是夫役承担者出钱免役,官府所需夫役则用免夫钱雇募应付。如神宗熙宁二年官员范纯仁便以河东、京西诸路每年差夫采伐黄河梢木,上书朝廷,因“贫民有卖产以供夫者。今乞并破官钱收买,如官中少钱,即许合着人夫户情愿出钱免夫。每夫纳钱二贯文,与官中合破夫粮、相兼买梢”[③]。后来若诸州“丁多夫少者欲敷纳免夫钱”,也都允准纳钱免役,免夫钱范围由河料夫扩展到河堤夫、沟河夫等。熙宁十年还规定,河北、京东、京西、淮南诸路“出夫赴河役者,去役所七百里外,愿纳免夫钱者,听从便”[④]。到元祐三年复“变差夫旧制为雇夫新条”,“许输钱免夫”,又规定“五百里内差夫,五百里外出钱雇夫”。[⑤] 徽宗崇宁中,再“始尽令输钱”,“诏凡河堤合调春夫,尽输免夫之直,定为永法”。[⑥]

故此,虽然自熙丰变法期间推行募役法,实际上各类河夫役基本上是差、雇并行。且募役在许多时候常常是作为差役的补充而实行的。或“虽以差募为名,其实抑而强雇”。对此苏辙曾说:“河上人夫,亦自难得。名为和雇,实多抑配。”[⑦]说明这时募役的强制色彩还是非常浓厚的。

尽管如此,但就募役制度本身来讲,比之差调仍是一种历史的进步。雇役的实行,是我国封建社会内部生产力提高和社会经济发展使然,是封建商品经济发展、商品货币关系渗入赋役制度中的表现。雇役比之差役,也有利于促使人身依附关系松弛和相对减轻人民的夫役负担。

河夫入役以后,官府对河夫的管理也逐渐制度化,形成一套较严格的监督

---

① 李焘:《续资治通鉴长编》卷三三四,“元丰六年三月壬辰”条。

② 徐松:《宋会要辑稿·方域》一四之一四。

③ 范纯仁:《范忠宣公奏议·条列陕西利害》。

④ 李焘:《续资治通鉴长编》卷二八五,“熙宁十年十一月乙卯”条。

⑤ 《宋史·河渠志》。

⑥ 《宋史·食货志》。

⑦ 李焘:《续资治通鉴长编》卷二一六,“熙宁三年十月乙酉”条。

组织规条。首先，每逢重大河役，朝廷多钦命大臣督役，“置使以专掌之”。太祖乾德五年，又令沿河诸长官并兼本州“河堤使”。除朝廷所派官员外，也须由“各州长吏、令佐督役”。开宝五年又诏沿黄等州府各置河堤判官一人，以本州通判充任或以本州判官兼任。后来还规定诸路提点刑狱司长官也负有督视河工之责。

其次，凡入役河夫，按团、甲、队、火等编制组织服役。据有关史料，五至十人结为一火，置火长；三至五火结为一队，置队长，或曰“队头”“甲头”；五至六队编为一团，置团头。为防止役夫不测之虞，还特别配置军队予以监督。另定有约束丁夫的纪律。如规定“诸丁夫经过县镇城市，三里外下寨宿止。不得入食店、酒肆。有所须物，火头收买”[①]。

凡此设置与规定，都是为了保证各项河工的顺利实施。

三、役夫的困苦与役法的改良

有宋一代，河夫役对应役户和服役者本身来说，都是极其沉重的负担。如黄河春夫每年差役十余万人，致“滨河之民，困于调发”[②]。每逢拘役，“官吏催驱，急若星火，民庶愁苦，盈于道路”[③]。及至入役，或盛夏苦役，或寒冬劳作，或餐风露雨，或饥冻苦迫，以致饥殍相望，病死相继，“疫死者众”。至和年间调夫开凿澶州六塔河，“水死者数千、万人”。北宋末调夫开御河，“时方隆冬，役夫僵仆于道”[④]。

面对沉重的劳役，广大河夫也以各种方式抵制、反抗。史籍记载较多的是役夫的溃逃避役。如太祖建隆三年，“浚五丈河，陈留丁夫夜溃”[⑤]。真宗大中祥符七年，河北、滨州等地“修葺遥堤，科配劳苦，亦有逃亡者”[⑥]。天禧中，澶州河堤溃决兴役，役夫一夕“皆奔溃”。神宗熙宁中，淮东路役丁夫七十万开浚黄池河，“令丁夫夜作，逃死者千余人”[⑦]。徽宗大观中创开泗州直河等工程，所“役数郡兵、夫，其间疾苦窜殁，无虑数千”[⑧]。

对此，宋政府除对役夫加强管理、控制以外，也采取了一些改善河夫待遇的

---

① 徐松：《宋会要辑稿·刑法》七之二八。

② 徐松：《宋会要辑稿·方域》一五之二三。

③ 《宋史·河渠志》。

④ 《宋史·宗泽传》。

⑤ 李焘：《续资治通鉴长编》卷三，“建隆三年三月戊午”条。

⑥ 徐松：《宋会要辑稿·方域》一四之六。

⑦ 李焘：《续资治通鉴长编》卷二四七，“熙宁六年九月”条。

⑧ 《宋史·河渠志》。

措置，并逐步改良役法。其措施大要，有如下几点：

第一，严格控制河夫调发。宋朝廷下诏规定，非有朝廷诏令，各地不得“因缘妄有差拨”“妄有检计”等，否则“当重置其罪”①。

第二，改善服役者的待遇。从宋初以来，虽然绝大多数徭役原则上是无偿差调，但对入役者仍给予一定的物质补助。如宋以前岁调丁夫开浚淤浅，“糗粮皆民自备”，入宋以后，特令一夫日给米二升，以酬其劳苦，且规定“天下诸处役夫亦如之”②。对雇募的役夫，除口食外，另给一定数量的雇钱。北宋中期所雇募的黄河夫，日支雇钱二百文。

第三，对输役户在赋税方面给予一定优待。如被调发的输役户可免除赋税的支移或折变。真宗大中祥符四年，朝廷颁诏，令河南诸府所调发的汴河夫，夏税可免支移，“止输本处”。又如神宗熙宁五年五月诏：京东路所调发的急夫，“并免户下支移、折变”③。有时还可蠲免田税。有时“雇佣并客户无税可蠲者，人给其家钱三千”④。家庭贫困者，亦可优先从官府贷粮。如庆历二年郑、孟、宿、亳、泗诸州调发的汴河夫，每人即可从官府贷粮一斛，以资家口。

第四，以兵卒替代夫役。许多重大河役工程，单靠差调民夫，常难以足额供役或按期完工，有时也妨碍农作，故从宋初起，宋政府常常在差调民夫的同时，也调兵卒与民夫共同兴役。从太宗以后，各类河夫便常由兵卒替代，以减轻民户的负担。如雍熙初年，“塞房村决河，用丁夫凡十余万。自秋逾冬，既塞而复决。上以方春播种，不可重烦民力，乃发卒五万人，命步军都指挥使田重进总督其役”⑤。淳化四年十月塞澶州决河，亦“诏发卒代民治之”。仁宗天圣元年，有司请调发丁夫砍伐濒河榆柳树木，朝廷“虑其扰民，故以役兵代焉”。天圣六年，“诏岁调郓、曹、濮等州丁夫以治澶州河堤，颇妨农业，自今发邻州卒代之”⑥。

第五，蠲免部分夫役负担。河夫役的蠲免主要有因灾荒而蠲免，或因输役户已有他役而蠲免。如真宗天禧元年，以民经灾伤，各地所调春料夫，“权住一岁”。仁宗天圣九年，以邢州、怀州等地连年灾伤，“特令免春夫功役一半”。神宗熙宁七年，诏淮南、开封府民被灾伤者“免差来年春夫”。其他如输役户已有修治道路、土木兴建等役者，皆可免春夫、急夫，或准折春夫役、急夫役等。甚如像神宗熙宁变法时，推行保马法，便规定“愿为官府养马之家，亦免春夫”⑦。

---

① 《宋大诏令集·戒约调夫诏》。

② 江少虞：《宋朝事实类苑·漕河》。

③ 李焘：《续资治通鉴长编》卷二三三，“熙宁五年五月癸未”条。

④ 徐松：《宋会要辑稿·食货》七〇之一六七。

⑤ 李焘：《续资治通鉴长编》卷二五，“雍熙元年三月丁巳”条。

⑥ 李焘：《续资治通鉴长编》卷一〇六，“天圣六年三月辛亥”条。

⑦ 徐松：《宋会要辑稿·兵》二四之二一。

第六，各类力役或赋役之间可相互折免。如京东路潍州"多圭田，率计亩征绢，而蠲河役"①。元丰三年，诏发春夫充急夫，准计日折变，急夫役二日可抵春夫役三日。元丰三年，又以河阴县调夫数多，特诏"所差急夫折免春夫外，每户更免杂税钱三千。如不足，即计产折除"②。

此外，若征调役夫州县离服役地点较远，亦给予一定优待。如神宗熙宁五年曾诏："自今调京东夫修河，其青、淄州边海道远，宜免十分之五。"③元祐七年还规定，诸如河防夫等夫役征调，不得于超出距河八百里以外的州县征调，确需征调者，亦必须由"转运司保明以闻"，而且到北宋中期以后，府界、京东、京西、河北诸路每年差调夫役人数已有定额，即所谓"常例合调民夫"，或曰"合差夫数"。因此，凡"河埽重役当增差者，亦具以闻"④。如元祐七年宋政府即重新规定："科夫除诸路沟河夫外，诸路河防春夫每年以十万人为额，仍自科元祐八年分春夫始。"⑤实则诸路沟河夫到哲宗元符二年也有定数，即"其河防并沟河岁合用一十六万八千余夫"，也就是沟河夫每年征发为六七万人左右，并且允许纳钱免夫。

以上措施的实行，虽不能根本解决民户的赋役负担问题，但对改良役法、减轻差徭对劳动人民的危害还是有益的。宋代徭役制度由差调逐渐扩大雇募以及役夫待遇的改善、以卒代役等改良，基本上是有利于生产力发展，适应社会经济发展总趋势的，因此也是应予肯定的。

但由于当时一个重要的社会现实问题是各地差徭负担不均，沿黄、汴等州县河夫役重于其他地区，也造成宋朝统治阶级在制定役法制度方面的分歧和各地役法制度实施过程中的差异，因此又造成役法改革上的种种障碍，使得宋代役法制度未能发生根本性的变革，从而又表现出制约社会生产力发展的特性。

（原载《张维华纪念文集》，齐鲁书社 1997 年版）

① 《宋史·张焘传》。

② 徐松：《宋会要辑稿·方域》一五之六。

③ 李焘：《续资治通鉴长编》卷二三六，"熙宁五年闰七月壬子"条。

④ 李焘：《续资治通鉴长编》卷二五四，"熙宁七年七月"条。

⑤ 徐松：《宋会要辑稿·方域》一五之一四。

论宋代征商政策及其对商品市场的影响

商税在中国封建社会时期历来是王朝政权赖以维系统治的重要财政来源之一，商税制度亦经历了一个长期的发展变化过程。宋代的商税不仅是田税和禁榷收入之外最重要的财政收入项目，而且是作为一项重要的国家经济制度实施的，最突出的时代特征便是商税征收专门机构的设立和征税政策的规范化，由此对宋代商品流通市场乃至整个商品市场经济的发展产生重大影响，使之在中国商税制度发展史上具有重要的地位。本文欲在学界已有研究的基础之上，进一步深入探讨宋代征商政策的实施及其对商品市场的影响。

一、商税机构设立与场务制度

在中国商税制度发展史上，作为专门的商税征收机构——场务，是从唐代才开始出现的。而场务机构的普遍设立及场务制度，则是入宋以后才进一步完善起来的。为保证商税收入，宋政府逐步建立起组织完备的场务网络，制定严密的场务制度，确立经久实施的征商制度。其主要举措有：

其一，普遍设立税场与税务。为了保证商税征收，宋政府逐步建立健全遍及各地的税场与税务，作为商税征收机构。征商机构的设立，从诸州府到各军县，从城市到乡村，遍及全国各地，甚而镇、市、关、津、渡、墟等，凡有市场处，皆有设置。其中如开封、洛阳、大名府和应天府四京及南宋行在临安等大都市，所设称“都商税院”；各州、府、军所设称“都商税务”或“都税务”；县以下所设称“税场”或“税务”。

场务多设于交通便利、商旅往来频繁之处，以便于征税。有的税务虽设在城镇内，但城镇外或河津往来之处亦分置税亭以方便收税。如严州城内设有都税务，同时另设临河之东津税务。[①] 税务在设置后，其址亦非固定不变，常常会随环境的变化而迁至利于征税的地方。如和州梁山税场即于高宗绍兴年间迁到裕溪，原因就是裕溪位于江畔，自栅江泥汊口入里河的船只及江船都必经此

① 参见郑瑶等：《景定严州续志·郡官建置》。

地，设税场于此，不仅可以多征税，而且也方便商人纳税。但商船自裕溪横绝江面，必须水斜下十余里，常常被“涨运使沙”阻隔，船只往来江南不利，于是裕溪税场又向上移至施团。[①] 就是在边远新拓展地区，朝廷在设置州军后，无一例外也都置场务收税。如熙宁五年王韶收复秦凤路熙州，到熙宁十年即置务征税。此外像茶、盐、矾、金、银坑冶所在地，凡是工人及家属聚居点，生活必需品较村墟更依靠买卖的场所，也都设置税务。

大体来看，税务增设在北宋前期比较严格，新置税务要按严格的手续报批，报经户部批准后方由转运司任官、雕印，而转运使司无权决定是否增置。但到南宋时期，由于国土缩小，国用增加，税务增置逐渐放松，诸州县按制设立或私自增置税务、税场的情形增多。

有宋一代，增置税务主要有以下几种情况：一是为增加收入而将原税务分为数处。如河北东路滨州，原有在城、安定、蒲台、永和、永丰、招安六税务，熙宁十年进一步划分增至十八务。二是村镇墟市附近兴起新的居民区后，常常新旧两地同时设置税务。若濒临河道、渡口，还要征税，原有税务常由此一变为三。三是随着商业路线的改变，一处税务不便征税，也会另设子务于要津。若商旅再开辟新商路，子务也会随之改设，由此使税务增加。

南宋时期，税务、税场分布愈加繁密。有的税务课利很少，甚至不能支付本务官吏的薪俸；有的税吏苛剥商旅，导致民怨；有的地近边界，税务之设妨碍军政；有些税务纯属私设。面对上述种种复杂情况，宋朝廷多次下令裁减。如绍兴二十六年减并税场 134 处，减罢 9 处，免过税 5 处。[②] 淳熙五年，诏“诸州、县、镇除正额系省场务见系吏部差官处不罢外，其余创置税场、税铺不以有无官监，并一切罢去”[③]。需要指出的是，虽然有些时候官府裁撤了部分税务，但实际上并没有减轻商人的商税负担。即如上述税务的裁撤，也只是场务数目的减少，被裁场务的课额多归并到其他场务上。

除税务、税场主管征税外，其他机构也常常被赋予兼收商税的功能。如沿边榷场即兼收商税。又如钦州城外江东置博易场，多“富商自蜀贩锦至钦，自钦易番至蜀……博易官止收吾商之征”[④]。有些酒务亦兼收商税，如嘉定时客旅“经襄阳在城务有税，邓城酒务又有税”[⑤]。王安石变法时的市易司也兼收商税，如史载：“（张）岁闰监高邮县樊良税，有市易司，经税饶润竹木过镇，更税之。”[⑥]

---

① 参见徐松：《宋会要辑稿·食货》一七之三九、一八之一八。

② 参见徐松：《宋会要辑稿·食货》一七之四二至四三。

③ 徐松：《宋会要辑稿·食货》一八之一〇。

④ 周去非：《岭外代答·钦州博易场》。

⑤ 徐松：《宋会要辑稿·食货》一八之二八。

⑥ 徐松：《宋会要辑稿·食货》三七之三〇。

其二，买扑税场。买扑是指官府将税额较低的税场、税铺的征税权招募人户承买。承买人须以家资抵当，或请富户担保。承买人先向官府预交一年商税钱，取得在税场辖区内自行征税的权力后，逐年据定额交纳，每界为期三年，界满不能如数纳毕，所有亏欠由承买人或保人抵偿。

买扑税场大都因市场交易规模小，商税数额亦较低（一般在千贯以下），没有必要专门设置官吏，才采取了买扑的方式。买扑税场多设于墟市、江河津渡、陂塘、祠庙等地。墟市是乡间定期的村市贸易，买卖者多为农夫农妇，物品多为柴米之类的农副产品，墟市演化为经常的商业贸易点后，政府就将其以买扑方式纳入地方税收体系。对于在水陆交通要道沿线的新兴镇市和新兴贸易点，州郡也多设置税场、税铺招人买扑。河津渡口多分散在荒野僻壤，故采用买扑之法。买扑陂塘池潭等聚鱼之处，从北宋徽宗时始，“一概比附坊场，令人户买扑收钱”[①]，此法一直延续至南宋时期。由于不少祠庙也是重要的贸易场所，王安石变法时下令祠庙依坊场、河渡招人买扑，收取净利。所以，买扑税场本质上为商税承包点性质，也是官务在村墟市集上的延续和补充。

其三，完善商税网的管理。宋代在各大城市直至镇市、墟市所设场务和买扑税场等征税机构，共同构成了严密的商税网络。为保证这个网络的正常运行，在商税网日趋严密的同时，宋政府亦着力加强了对税网的控制。

北宋建立之初，为改变此前藩镇擅征的局面，建隆元年宋太祖派枢密直学士杜韡监扬州税，从此开始了由中央派京官掌管地方商税之制。

宋太宗即位后，为防止场务将税收隐没，改派使臣取代不尽听命于中央的地方官吏，使中央直接控制的范围扩大到各州。从监税官吏的配置来看，都商税院一般置文武官各一人，到州、军、县、镇一般只设一名监官，除“选差文臣处，更不差武臣”[②]，下辖专栏、稽查、措置、弓手等小吏。监税官的品级与场务年税额密切相关，并随商税额增减而变化。凡是年额三万贯以上的税务由亲民官监税，增给通判俸钱。税课倍增的场务允许增加使臣一员，税收较多的镇也专差官监。某场务税入减少，监税官职务的品级随之降低，如昌化军感恩县税务因税入减少，改小使臣窠阙为摄官窠阙。[③]

税务监官一般不能独员在务。冲要之地的税务尤其禁止归朝官（即归顺宋朝的外国人和少数民族官员）独员在务，防止他们苛征。监官人数本有定额，添差官与正官不得超过两人。正官即监税，主管税务事；添差官始于绍兴年间，用以安插离军将佐，其中还有宗室、戚里、归明、归正、乐艺贱工等，他们不得干预

① 徐松：《宋会要辑稿·食货》七之三二。

② 《宋史·职官志》。

③ 参见徐松：《宋会要辑稿·职官》六二之四八。

正官职责范围内的事。

岭南、四川等偏远地区无人愿往，监税多为摄官。税入极少的地区，为节省财赋也多差摄官。税官的赏罚据其税入的增亏而定，将其任内实收钱数与祖额相较，决定其升降。监税官如果兼掌几处场务，亏于此而盈于彼，可以通同计算。商税超额，监税依累赏法通计减磨勘年月，结果使得征税官贪图奖赏而苛征商旅。淳熙初年，规定不准累计该赏等级之外的尾数。对私置税场、邀阻商旅的官吏的处罚规定，"徒一年，所收税钱坐赃论，仍许越诉"[①]。

但是，宋代士大夫认为场务监官至贱，一般不会有人主动请求监税，因此监税官多为党争失利或因罪贬谪的官员充任。他们到任后，大多不安心于实际事务，具体事务常委派拦头等税吏具体办理。拦头是隶属税务的下等役人之一，掌在监当官与专知指挥下稽察商旅，拘拦搜检漏税物资等。拦头多为当地奸猾，他们任用家人甚至妻女（谓之"女拦头"）分散于各处对商旅进行苛征，成为一大危害。这也在一定程度上阻碍着商品市场的正常发展。

二、征商政策的制定与实施

在普遍建立商税网络的同时，宋政府也逐渐制定了一整套完善的征商政策，统名之为"商税则例"。宋商税则例初定于建国之初，史称"艺祖开基之岁，首定商税则例，自后累朝守为家法"[②]。但太祖时期所制定的商税则例，因史籍缺载，具体内容已难稽考。到太宗淳化五年，宋政府再颁行新税则，新税则详细规定了商税征收的细目及征收额度等，且同时规定"常税名物，令有司件析，颁行天下，揭于版，置官署屋壁，俾其遵守"[③]。

此后，宋朝的征商政策续有修订或补充更改。诸税务须按则例征商收税，若非则例所列而税务私增者，商旅有权拒纳，或越级投诉。但各色商品应缴纳的税钱则历来没有统一的规定，所以到徽宗崇宁五年曾大规模修定则例，颁行新税则，重新厘定税目，并订立各色货物的税钱数额，还规定此后每十年修订一次税则。到南宋初年则规定半年修订一次，使税目日趋苛细。

据《宋史·食货志》记载，宋朝的商税主要分为住税和过税两大类。住税是向居住商征收的税，主要指对居住在城镇中的商人（即"铺贾"或"坐贾"）所征的商税，所谓"居者市鬻，谓之住税，每千钱算三十"。住税原则上是向坐贾征收，但实际征收范围并不限于此。如商贩将货物由乡下运至城镇中出卖时也要交

① 谢深甫：《庆元条法事类·商税》。

② 马端临：《文献通考·征榷考》。

③ 《宋史·食货志》。

税。有些农民或手工业者在将自己的产品卖给商人时，往往也要交税。而过税则是向行商（即长途或短途贩运商）征收的税，所谓“行者赍货谓之‘过税’，每千钱算二十”。虽然名义上过税较住税税率低，但因为转贩商沿途往往要经过若干处商务，而每过一个商务都要缴税，实际上同一货物往往要多次缴税，实际税率要远远高于官府规定的 20%。商人纳过税后，由税务发给税引作为纳税凭证。另有一种长引，允许商人不必沿途逐务纳税，而是到达目的地后一并缴纳。长引的内容主要包括商人姓名、起发地、住卖地、货物色额、税钱总额及沿路各务批注等。如石州商旅，在天禧初年，即特准予“给长引，不纳沿路税算，至京即并计之”[①]。但这种征税方式主要限于茶、盐、舶货等由政府直接掌控的买卖贩运。而且商人领取长引，规定要预先招人户作保或以家产为抵押，方能领引。凡是总纳税钱的，货物不能少于引上所载数额，且沿途不许私自出售。而一般商品逐务纳税，中途即可出卖，只需前往当地税务验引，将已售货物数注销，按实有数额纳税即可。南宋时曾设“发关引所”，只管发引，不管征税，商旅就可就近发货请引，不一定要去税务办理手续。

商税征收一般征纳现钱，亦准以货物抵当，或以实物缴纳。抵税的货物规定须在年内备钱赎回。有的地区亦准以纸币交子或会子纳税，但有比例限制。商贩货物有官府所需者，十取其一，谓之“抽税”，即抽取 1/10 的实物充税钱，一般仅限于竹、木、苇、箔、芦席、石炭等物品。宋官府从淳化三年始定商税祖额，实行比较科罚。熙宁三年各州自立祖额，即将州、府、军、监原来须申奏三司方可增损课利、立定新额的权力下放，形成符合本州实际的新税制。政和年间则于以前的过税、住税额数之外，另外增加一分为增收税钱。绍兴二年则增加三分至五分增收税钱。一分就是一成，这样到南宋初年商税额实际大增。

对于偷税、漏税者，宋朝的征商政策处罚较严。如规定：“诸匿税者笞四十；税钱满十贯，杖八十。监临官专典拦头自匿，论如诈匿不输律，家人有犯，知情者减二等，并许人告”，“诸结集五人以上，持杖匿税，不以财本同异，杖八十，许人捕；拒捍者，杖一百；下手重及为首结集人，徒一年半，并配本州，税物并所负载舟车畜产没官”。[②] 此外，还有因时因地而不同情形的处罚。

在宋政府所定的征商政策中，对纳税的商品也规定得较为繁细，“财帛、什器、香药、宝货、羊豕、民间典卖庄田、店宅、马、牛、驴、骡、橐驼及商人贩茶，皆算”[③]。特别是各地因时因地所征纳的商税品名多无定制。

就上述所列，什器包括瓷器、漆器、竹木器、铁器等物。铁器中的农具曾经

① 徐松：《宋会要辑稿・食货》一七之一七。

② 谢深甫：《庆元条法事类・商税》。

③ 徐松：《宋会要辑稿・食货》一七之一三。

免税，如大中祥符六年诏："自令诸路州军农器，并免收税。"[①]但后来该条令被废除，农具亦在课税之列。

香药是指贵重的香料和药品，其中多由官府榷卖，部分由官府批卖给商人运销，同时征收商税。

宝货指珠玉、香犀及金银、钱币之类。钱币中的铜钱在神宗朝以前并不征税，但熙宁年间弛铜钱外流之禁，铜钱遂在征商之列。哲宗时铜钱外流之禁复严，但境内仍征钱税。南宋孝宗时再重申禁征铜钱税，却禁而不止，致后来钱币征税合法化。后规定除货物售官所得钱币、携钱入京、携钱不出划定界域三种情况外，其他流通中的现钱照例征税，只有会子、交子等纸币免税。

凡典卖牛、马、舟、车、店宅、田产等须订立契约的，由官府征税、盖印后，契约方才具有法律效力。宋初开宝二年始征印契钱，主要针对店宅、土地等不动产的买卖。期限为 2 个月，逾期倍纳。每贯收钱 40 文，宣和年间增加 20 文，绍兴年间又增 40 文，共 100 文。另附加勘合钱 10 文，后增为 13 文。

贩运茶、盐一般要征税。有时也有例外，如乾道六年正月十三日诏令：禁止沿江诸郡税场收商贾所载茶、盐之税。另从淳熙十年二月二十八日韩彦质请求禁收盐米税的奏折，亦可推知大概孝宗时期对商贾贩运茶、盐是不征税的。[②]

谷物在北宋时一般要课税，只是在荒年歉收、发生饥荒或出现天灾时才免征商税。到南宋绍兴年间，宋廷屡次下令免除米的商税，并一直保持到南宋末年。这一时期，柴、炭、油等民间日用物品也是免税的。

对于外国进奉使节、少数民族卖物卖马均免过税，或令买者交纳住税。泾、原、仪、渭等州蕃部所给马价茶沿路免税。两淮路归正人从事商贩在路界内全免商税。各级官府购买所需物品和缘边军需也常免商税。

宋代各阶层经商之风很盛，官僚士大夫和宫观寺院均积极投身商业。"宣和二年，宫观、寺院、臣僚之家商贩，令关津搜阅，如元丰法纳税。"[③]由此可知，对于官僚士大夫经商，在宣和之前，法令给予了一定的免税特权。元丰以前，对于寺院从事商业活动，皇帝常免征其沿路商税。元丰令颁布后，寺院仍多凭专降免税之旨做护身符，逃避搜检，不纳税钱。

另外，漕运中私人携带商货，一般也予免税。宋廷还多次下令，禁止沿河税务机构拦检漕船。后来元丰、元祐年间曾一度征税，皆因运输者反对而作罢，只对漕船私带商货作了数额限定，每船每次只允许带一分私货，后扩大为两分。

由上述看，虽然宋政府制定了较为细密的征商政策，但在实施过程中，也逐

---

① 徐松：《宋会要辑稿·食货》一七之一六。

② 徐松：《宋会要辑稿·食货》一八之四、一八之一一。

③ 《宋史·食货志》。

渐产生了诸多弊端，且愈来愈严重。主要者有如下三端：

其一，税网甚密，征商机构设置过多。宋政府在全国各地建立的征税网点究竟有多少，缺乏完整数字统计。但据文献记载，仅熙宁十年前后，州县城税务总数已超过2000所。而北宋全国州县总共1235个，据此计算，则每县平均所置税务至少为1.6处。而且越是商业繁盛之处，场务设置越多。若南北宋相较，则到南宋时愈加严重。如淳熙末年，“沿江税务壤地相接，自池州至建康府止七百余里，为场务者有六……其间相去不满五六里者，又重以私税”①。嘉定年间，太平州知州称：“本州不出八十里间，凡三场务。”②再如湖北襄阳，“在城务有税，邓城酒务又有税，京西漕司通货场相望邓城镇无半里许又有，是商贾往来不出襄阳境内二十里而有三税”③。州县以下的乡镇，税场设置同样普遍、密集。如温州平阳县有豪右之家买扑渔野税铺，曾沿海岸私设税铺达10余处。福州福清县东海口镇有墟市，“县民之适镇者，镇民之至县者，不过各负挈所有以相贸易，既税于镇矣，径港在县之南又置税焉，又税于县焉，是二十余里之内凡三税也”④。

其二，征商名目繁多，另有许多苛征。除去历朝所定商税则例及税目外，官府常常随意设置征商名目予以苛敛，其中为害最大者莫过“力胜钱、事例钱、河渡钱、喝花税”等名目的杂税。力胜钱是沿河税务按商船载重量所征收的税，自宋初一直实行到元祐年间，元祐中停罢。但地方多不遵守，且税额越来越重，致船户有不堪负担而放弃营运者。事例钱也称“市利钱”，是指各类交易的手续费，初定正税百文加征市利十钱，后则因时、因地、因物不同而杂加征敛，成为时人议论较多的杂敛名目之一。河渡钱是在河道渡口向商旅征收的渡河钱。此类杂税一般令人买扑。有的河津渡口虽河水干涸，或不用渡船，或已建造桥梁，却仍收渡河钱。至于喝花税，更是“以无为有”，白取税钱。

其三，场务官吏以权谋私，苛征商旅。宋政府对各地场务官吏，多以征收税钱多寡定其课绩优劣。因此，这些人为了得到朝廷或上级的恩赏，往往采用各种手法对商旅进行苛征，蛮横勒索。如力胜钱本来是征收载货之船，但后来连没有载货的空船也征收，甚至连官府的船只亦不能免。即如乾道初年朝廷诏书中所云：“所在场务以力胜之类，巧作各色，违法收税。”⑤有的场务官吏，还常常无端稽留客商，以行敲诈勒索，甚者造成人死货空之惨剧。有的税官因与铺户

---

① 徐松：《宋会要辑稿·食货》一八之一五。

② 徐松：《宋会要辑稿·食货》一八之二九。

③ 徐松：《宋会要辑稿·食货》一八之二八。

④ 刘克庄：《后村大全集·福清县创大参陈公生祠记》。

⑤ 徐松：《宋会要辑稿·食货》一八之三。

有仇，就将“不合收税物件妄作漏税告首”，使铺户获罪[①]；有的税官受贿后便私下放行客商，不令其到务，而“不优以贿赂者，则被擒到官，倍税之外，费用如故”[②]。专拦更是一股难以遏抑的恶势力，危害尤大。他们以严加搜罗为名，越界拘拦商人，实为公开掠夺。拦头们“遍走乡村，以捉税为名，打毙人家鸡犬，抢夺行李笼仗”[③]。按规定，对于“贩夫步担”征税，本仅限于五里，而拦头们却常常“越数里之外捉税”；对“舟船运载之税”，亦限于五里，而“今逾二三十里之外拦税矣”。[④]

上述情况到南宋时期，在沿江地区尤其严重。如绍兴年间，“沿江一带税务，比年以来，额外招收拦头，私置草历，非理邀阻，欺隐作敝，商旅患之，号蕲之蕲阳、江之湖口、池之雁汊税务为‘大小法场’”[⑤]。税务变成“法场”，可见征商危害之烈。

三、征商政策对商品市场的影响

宋朝所建立的商税制度，废除了唐、五代以来混乱繁杂的征商名目，特别是商税则例的颁行，规范了征商条制，便利了各类商品在区域内乃至全国范围内的流通与交换，促进着商品市场的发展。但同时，由于征商政策在实施过程中未得到有效的贯彻落实，由此也产生了肆意苛征、重复征税、税吏枉法横行等弊端，使征商体制的消极作用很快凸现，且愈来愈严重，阻碍商品市场的正常发展。因而宋政府的征商政策对当时商品市场的奠立、各类市场及各层次市场的培育发展都产生着极为重大的影响，成为整个商品市场能否正常发展的重要因素。所以，征商政策的实施不仅多为当时人关注，更为后人留下了经验、教训。

首先，征商政策对奠定商品市场基础的影响。商品市场的基础主要包括维系市场运行的主体、法律以及文化等，其中又以主体最为重要。宋代商品市场的运行主体仍主要是个体的小农家庭，尤其是在整个商品市场中占重要地位的乡村市场以及市镇市场。作为商品市场的主要供给者和消费者，其交易活动培育了乡村市场，促进了其经济中心地的成长，推动了市场网络的形成。[⑥] 但小农家庭力量较为薄弱，在繁重的商税重压下遭“细碎必取”[⑦]，就势必沉重打击其生

① 徐松：《宋会要辑稿・食货》一八之二二。
② 胡太初：《昼帘绪论・理财》。
③ 胡太初：《昼帘绪论・理财》。
④ 徐松：《宋会要辑稿・食货》一八之二八。
⑤ 徐松：《宋会要辑稿・食货》一七之四一。
⑥ 参见龙登高：《论个体小农与传统市场——以宋代为中心》，《中国经济史研究》1996 年第 2 期。
⑦ 徐松：《宋会要辑稿・食货》一七之一二。

产积极性，有的甚至破产。绍兴年间就有人说："近者复免行钱，而州县行遣与法意大不相当，既兼收于贫弱下户，复连及于乡村下店，富者有贿赂以悦胥吏，故输钱甚轻；贫者无货财以行请嘱，故输钱反重……故有店铺而废业者，有携家而他徙者。"①有些商税条例作为重要的市场法令，其本身所存在的种种弊端就造成市场主体竞争的不平等，严重影响市场发展。尤其是征商政策对官员、寺院僧侣、军人等特殊群体予以优待，如减免税额等，就加剧着市场上的不平等竞争，破坏了正常的市场秩序。重征商旅也反映了传统的抑商观念成为束缚商品市场发展的文化背景。

征商政策对当时市场的商品供求、商品价格等也产生重要的影响。高额商税和各类苛征极大地影响着市场的繁荣，致使许多市场供求严重不平衡。重税使商品交换中的虚费增加，导致物价上涨，便直接影响市场交易。随着城市与乡村联系的愈加密切，城市对乡村的依赖性增强。即如建康，"日食所需，仰给商贩，米舟一日不至，米价即倍腾踊"②。有些灾区，粮食歉收，粮价暴涨，官府无力赈济，而邻近地区获得丰收，也因商税过重，致使商人难以兴贩粮食到灾区。如哲宗元祐年间，浙西发生饥荒，州、县、城镇粮价飞涨，甚至"有钱无谷"，饿死了不少人。苏轼认为其主要原因之一就是"官收五谷力胜税钱，致商贾不行之咎也"③。所以一般情况下，宋政府也常常采用免征粮食贩运税的办法鼓励商人贩运粮食，平抑粮价。如咸平二年，荆湖艰食，朝廷即令桂州以北勿禁商人贩运粮食，免其征算。④ 宋室南渡后，人口大量南迁，城市人口激增，为解决粮食问题，南宋长期禁征粮食贩运税，并将其载入法典，规定"诸客贩谷、米、面、麦及柴者，其税并船力胜钱并免，即以炭及草木博籴粮食者准此，仍不得于牙人名下收钱"⑤。而对漕运中携带私货免税，则降低了商品流通中的消耗，有利于市场特别是运河区域市场的繁荣。

征商政策还对市场竞争产生重要影响。公平的竞争有利于商品市场的运行和经济发展，反之则阻碍市场的发展甚至令市场萎缩。宋朝征商政策中的规定，有的则是加剧着市场中的不平等竞争，如对经商官吏、僧侣的商税优免，使之较一般商贩更占优势。即如苏洵所说："吏之商，既幸而不罚，又从而不征，资之以县官公籴之法，负之以县官之徒，载之以县官之舟，关防不稽，津梁不呵，然则为吏而商，诚可乐也。"⑥这对一般商人尤其是中小商人打击尤大，甚至导致其

---

① 徐松：《宋会要辑稿·食货》六四之六六。

② 周应合：《景定建康志·城阙志·诸仓》。

③ 参见苏轼：《东坡全集·奏议集·乞免五谷力胜税钱札子》。

④ 李焘：《续资治通鉴长编》卷四七，"咸平三年六月乙卯"条。

⑤ 谢深甫：《庆元条法事类》卷三六。

⑥ 苏洵：《嘉祐集·用法》。

破产，这自然会严重影响商品市场的发展。当然，征商政策又是宋朝政府进行市场管理的重要手段，对市场交易的规范化有一定作用，这是应该肯定的。

其次，征商政策的实施对各类市场的影响。随着商品市场的发展，宋代也初步形成了各要素市场，如劳动力市场、金融市场、土地市场等。虽然当时的要素市场规模有多大，是否已独立于商品市场之外等尚需进一步探讨，但其作为市场要素确已形成并存在。如在金融市场上，流通的不仅有铜钱、铁钱，还兼用交子、会子等纸币，甚至金银也作为货币在市场上流通。对此，宋朝征商政策中规定，对铜钱征税，对交子、会子免税。这一规定便有利于纸币在市场流通中的使用，使纸币在宋代得到迅速推广。同时对铜币征税，在一定程度上弥补了铜钱铸造量不足的弊端，有利于缓和长期存在的“钱荒”问题。

在商品市场上，一方面，高额商税无疑阻碍着中小商人的发展，名目繁多的商税阻碍了各城乡市场、区域市场交易活动的正常进行，使市场发展缓慢，甚至长期停滞或萎缩。但另一方面，某些减税政策也会使市场得以较快恢复。如在某些水旱灾害地区，对于关系人民生活、生产的商品，如种子、农具、耕牛等物资，宋政府常特令免税，这就使这些地区的乡村市场能以较快速度恢复和发展。

另外，宋代的商品市场已逐渐形成乡村集市、市镇、城市以及区域性市场等市场层级。其中，位于市场层级中的初级市场——草市镇市场在宋代发展尤快，而官府征商政策的实施对之影响也最著。

草市镇主要包括草市、墟市和镇市，实际上包括广大的乡镇市场，构成乡镇市场网络。草市镇市场被宋政府纳入整个商税征收系统。一方面，征商政策的实施，使草市镇市场的发展有法可依、有章可循，保护着乡镇商贩的切身利益，保护着乡镇消费者的合法权益，这无疑对草市镇市场的发展有利，亦成为宋代草市镇市场迅速发展的主要因素之一。但另一方面，征商政策实施过程中的弊端也更多地在草市镇市场上显露出来。其中最主要的还是场务林立，使广大的商贩蒙受着重税负担以及杂敛盘剥，甚至农民的某些日常买卖交易也免不了税多价亏的损失。

尤其是买扑制度对草市镇市场发展的危害较大。因为“凡买扑者，往往一乡之豪猾，既称趁纳官课，则声势尤甚于官务，官司既取其课利，虽欲为小民理直，有所不能”[①]。买扑的乡里豪强多为贪残之徒，他们往往空张虚名，勒索重税。有的甚至“自置土典拦头……但将人户所收谷米麻豆之属一一征取”[②]。这种虚税买扑的行为严重阻碍着草市镇市场的正常发展，而场务官吏的横征暴敛更加剧了此种情形。

---

① 徐松：《宋会要辑稿·食货》一八之八。

② 徐松：《宋会要辑稿·食货》一八之二三。

综上所述，宋朝政府征商政策的制定与实施，在规范、保护市场的正常交易、平衡市场需求等方面，尤其在减免部分杂税、部分实行低税率、优免商品贩运以及立法打击各类非法经商活动等方面，确实起到了一定的积极作用，有利于宋代商品市场乃至整个商品经济的发展。但是也应注意到，宋朝政府在处理市场发展、商税征收、财政收入三者关系方面，始终以财政收入为中心，因此这就直接导致重税征商、滥设税目等弊端的产生，阻碍着市场的正常发展，最终导致商税收入减少，影响国家财政收入，这也是宋代征商政策留给后世的历史借鉴。

（原载《安作璋先生从教五十周年纪念文集》，泰山出版社 2001 年版）

论李觏的忧患意识及其政治改革思想

李觏作为宋代一位博学多识且极富社会责任感的思想家和政治家，具有强烈的忧患意识。他主张因时权变，全面进行政治改革。他针对时弊写出的《平土书》《富国》《强兵》《安民》诸策以及《潜书》《庆历民言》《周礼致太平论》等重要著作，为宋代政治、经济等诸方面的变革，描绘出一幅堪称完美的蓝图，是其社会政治思想之精华所在，值得予以认真研究。本文意在学界研究的基础上，着重就其社会思想中的忧患意识与政治改革思想作进一步探索，以期对李觏的社会政治思想有一个全面的评价。

一、忧国忧民的忧患意识

宋代仕风嬗变的一个突出特征，便是士大夫们所表现出来的强烈而鲜明的忧患意识及其反对墨守成规、主张变革时政的改革思潮。其中最突出的便是北宋前期的范仲淹集团，而李觏则是这个集团的杰出代表之一。但不同于当时许多在朝的政治家们对国家现状和前途的忧虑，李觏是以一个在野学者的身份，来观察和分析宋代社会所面临的各种社会问题，并为之提出医治社会弊病的政治改革主张的。

李觏一生经历坎坷。他虽出生于一个小地主家庭，但从其少年时，家境已经衰败。他 14 岁时，父亲去世，靠其母亲的操持，生活虽能维持，但仍“难得衣食”。他自幼从其父识字读书、学作诗赋，17 岁以后出外游学。虽“素负才学，博通经史”，却两次参加科举考试而不中。他“淳明茂美，通于经术，东南士人推以为冠”。虽多年奔走，“谋于仕进”，无奈直到晚年始由范仲淹等人推荐为官，先为太学助教，后为太学说书，寻告假归里，卒于家，终年 51 岁。[①] 失意的人生和处于社会下层的经历，使其对社会现实有切身而深刻的了解。他虽是一位博学鸿儒，但却谦恭虚己。故其早在主持盱江书院时，即已声名鹊起，朝野皆知，“南方士流，皆宗师之”。

---

① 参见《宋史·李觏传》、魏峙：《直讲李先生年谱》等。

李觏从年轻时,便立下志向,欲有作为,"蒿目而忧世之患"。其友祖无择在《直讲李先生文集序》中即称其"年少志大,常愤疾斯文衰敝",具有忧国忧民之心。他23岁时著《潜书》15篇,自称此组文章是以"康国济民为意"。文章已充分体现了他"愤吊世故,警宪邦国,遐探切喻,辞不柔伏"[①]的治世思想。7年后,他又作《广潜书》15篇,自称"心愈苦,言愈多"[②]。

他28岁时作《易论》13篇,推明其意,正如他自己所说:"作《易》者既有忧患矣!读易者其无忧患乎?苟安而不忘危,存而不忘亡,治而不忘乱,以忧患之心,思忧患之故。"[③]10年之后,他还重申说:"觏尝著《易论》十三篇……盖急乎天下、国家之用。"[④]

他35岁作《庆历民言》30篇,更表现出其忧国忧民之心。其序言称:"(觏)屏居里中,自念生而宦学,其秉心也劳,其虑事也多,既不克进,且为编户以死,终无一言,其何补于世!""故为《庆历民言》,凡三十篇。"同年他在《上蔡学士书》中也说:"觏不肖,郡县之得失、军民之利害,非所能知,然有事虽似小,而患则甚大,愤愤于心,弗能自已者,愿一言焉。"此组文章更被人称为"言言药石,字字规戒"。祖无择亦云:"《庆历民言》皆极当时之病,真医国之书耳。使今相天子、宰天下者闻其言而行之,何忧乎獯粥?何患乎拓跋氏邪?"[⑤]

他38岁时作《长江赋》一首,愈加表露出他的忧国忧民之心。赋中称:"臣闻《周书》曰:制治于未乱,保邦于未危,阴阳有消长,日月有蔽亏。在乎备之得所,则祸何能为?"他特别指出"国家重西北而轻东南"之弊曰:"彼之官也特举,此之官也累资。敛于此,则莫之其竭;输于彼,则唯恐不支。官以资则庸人并进,敛之竭则民业多隳。为贪为暴,为寒为饥。如是而不为盗贼,臣不知其所归。"[⑥]80年之后,正是由于宋政府的腐败政治,激起了东南地区的钟相、杨幺起义,李觏的担心不幸而言中。

到宋仁宗执政之时,离宋朝建国已七八十年,"内忧""外患"已成为宋政府面临的重大政治问题。所谓"仕籍未甚清,俗化未甚修,赋役未甚等,兵守未甚完。异方之法乱中国,夷狄之君抗天子"等等问题,成为李觏思考、忧虑的主要内容。

(一)对外敌侵扰、边患日甚的忧虑

此时宋的西邻党项政权迅速发展起来,并把数十万军队布置在宋夏边界,

---

① 李觏撰:《李觏集》,中华书局1981年版,第214页。

② 李觏撰:《李觏集》,第221页。

③ 李觏撰:《李觏集》,第51页。

④ 李觏撰:《李觏集》,第52页。

⑤ 李觏撰:《李觏集》,第478页。

⑥ 李觏撰:《李觏集》,第2页。

不时入侵宋朝边地。在抵御西夏入侵的战争中，宋军连连战败。与此同时，北方的契丹政权也对宋朝虎视眈眈，亦以祭天为名在宋辽边境集结军队，作出兵侵宋的准备。对此，朝野有识之士表现出极大的忧虑。李觏便大声疾呼："今之大患，患在夷狄。"其《感事》诗云："太平无武备，一动未能安。"

面对西方和北方的威胁，为加强边防，宋朝不得不增兵遣将，致使军队数量激增。此时的禁军数量比真宗时猛增了一倍多，所任边将亦越来越多。冗兵、冗官同时带来冗费的激增，加重了朝廷的财政负担。对此，李觏表现出极大的忧虑。他在宝元二年所写的《强兵策》中说：

> 国家积德累仁，为之百年矣。黎民怀惠，且歌舞矣。不幸戎心怙乱，阻我王命。师兴三岁，未获振凯。虽天衷勤恤，而军事惟烦。或以财赋，或以力征。元元无知，颇或愁怨，而西方尤甚矣。伏惟发德音为天下虑，内以纾吾民，外以诱来者，则边鄙可安，大功可立，有识之愿也。[①]

他在后来所著的《庆历民言》中进一步论述"敌患"问题及"夷夏"关系说：

> 夷夏奚若？曰所谓"夷"者，岂被发衣皮之谓哉？所谓"夏"者，岂衣冠裳履之谓哉？以德、刑、政、事为差耳。德勉刑中，政修事举，虽夷曰"夏"可也。反是，则谓之"夏"可乎？愚儒之咤则曰"彼夷我夏"，而不曰"内自修"。内自修则德、刑、政、事四者备当，而后曰"夏胜夷"可矣，是谓"知彼知己，百战不殆"。彼欲虚吾国、困吾民，应之以俭，则国可富、民可逸。然犹不能，是堕其术内也。呜呼！夷夏非古之夷夏也，先为不可胜以待彼可胜，善矣。不然，祸且日至，岂徒由余所笑！[②]

（二）对冗食者众、国穷民贫日甚的忧虑

李觏对当时冗官、冗吏以及非生产者之冗多感到忧虑。他在《富国策》一文中列出了"不在四民之列"的冗食之人，说：

> 所谓冗者，不在四民之列者也。
>
> 古者祀天神，祭地，享人鬼，它未闻也。今也释老用事，率吾民而事之，为缁焉，为黄焉，籍而未度者，民之为役者，无虑几百万。广占良田利宅，衣饱食，坐谈空虚以诳曜愚俗。此不在四民之列者也。
>
> 古者府史胥徒，官有定数。今也郡县之治未免宽贷，冒名待阙，佣书雇纳，请嘱之流，动以千计。内满官府，外填街陌，交相赞助，招权为奸，狗偷蚕食，竭人膏血。此又不在四民之列者也。
>
> 古者执左道以乱政，杀；假于鬼神时日卜筮以疑众，杀。《周礼》有医师掌疾病疕疡，以治万民之疾病疡，其员不过十数。今也巫医卜相之类，肩相

---

① 李觏撰：《李觏集》，第 152 页。

② 李觏撰：《李觏集》，第 242～243 页。

摩、毂相击也。或托淫邪之鬼，或用亡验之方，或轻言天地之数，或自许人伦之鉴，迂怪矫妄，猎取财物，人之信之若司命焉。此又不在四民之列者也。

古者，天子、诸侯、大夫士用乐，庶人无用乐之文。况新乐之发，子夏所不语，匹夫荧惑诸侯，孔子诛之。今也里巷之中，鼓吹无节，歌舞相乐，倡优扰杂，角之戏，木棋革鞠，养玩鸟兽，其徒亡数，群行类聚，往来自恣，仰给于人。此又不在四民之列者也。①

李觏特别对官僚机构叠床架屋，造成冗官激增感到忧虑。他说："官。名也。事，实也。有名而无实，天下之大患也。"②

(三)对吏治不清、民生维艰的忧虑

李觏出身于庶族地主家庭，又长期与中下层人士相接触，对内政不肃、吏治不清以及民生维艰有着深刻的了解与认识。他曾指出：

今天下之广，生民之庶，天子坐乎法宫之中，责成于诸吏之近民者，果尽得人邪？狃富贵者，以田野为鄙事；嗜儒雅者，以离俗为清贤。奸赃庸，复甚于此，纤悉之谈，何自入哉？或狱讼不决，经年逮捕；或功役繁兴，连头驱掠。闾里之内，烦费百端。夺其农耕，乱其蚕织，往往而是也。③

他指出："近年以来，新进之士……不求经术，而摭小说以为新；不思理道，而专道雕馊以为丽。"④他曾举其家乡的例子说："政不得人……尤为昏乱。公庭攘攘，塞耳不闻怨声。民钱狱理，交手为市。刺史弗之恤，廉使弗之问。"⑤对民生维艰的忧虑溢于言表。他说："前志有之：王法必本于农。嗟乎！衣食之急，生人之大患也。"⑥还说："《洪范》八政，首以食货。天下之事，未有若斯之急者也。既至穷空，岂无忧患？而不闻节用以取足，但见广求以供用。"⑦其《感事》诗云："役频农力耗，赋重女工寒。"《有感》诗云："官家的要宽征，古时十一今更轻。州县酷嫌民渐富，几多率敛是无名。"又《村行》诗云："产业家家坏，诛求岁岁新。平时不为备，执事彼何人。朱户仍奢侈，柴门转窭贫。若非衢室畔，无用说悲辛。"

---

① 李觏撰：《李觏集》，第138～139页。
② 李觏撰：《李觏集》，第231页。
③ 李觏撰：《李觏集》，第182页。
④ 李觏撰：《李觏集》，第290页。
⑤ 李觏撰：《李觏集》，第295页。
⑥ 李觏撰：《李觏集》，第181页。
⑦ 李觏撰：《李觏集》，第300页。

二、因时权变的变革观

基于忧患意识，对社会现实的深刻观察与了解，对朝廷前途的思考与期望，在李觏的思想中又形成鲜明的变革观。从青年时期起，在研究中国古典哲学著作《易经》的过程中，李觏就接受了《易经》中所包含的"通变"政治哲学思想。《易经》是儒家经典之一，重点在言"变"。《周易》从世界万物皆变动不居、随机应变方能趋利避害的角度，论证了改易更革的必然性与合理性，目的是以此"通天下之志""成天下之务"。其为通变政治所确立的一般原则后来成为统治思想的组成部分。其"穷则思变"的"通变"思想成为秦汉以来主张变革的人们的重要理论武器，自然也为李觏所继承。他在《易论十三篇》中就比较详细地论述了"易"的内蕴及精髓，强调了物质世界中变异、变化、发生、发展、变动不居、变化不常的基本特性，论证了人们应当适应客观环境不断变化的状况，才能有所作为。他指出：

> 天道之变，日星循环，占之而不舛者，以知其数也。人事之动，情伪交错，应之而不谬者，以知其势也。[①]

就是说，天地万物、日月星辰、社会秩序、朝政人事等等，都依一定的规律及趋势，始终处于不断的发展变化之中。人们只有了解和掌握此"其数"及"其势"，才能适应发展着的客观形势，才能做到"适时之变者也"。

李觏在他的著作中重点论述了道兼常权、通变救弊的思想。他提出了"权者，反常者也"的命题，说：

> 常者，道之纪也。道不以权，弗能济矣。是故权者，反常者也。事变矣，势异矣，而一本于常，犹胶柱而鼓瑟也。
>
> 若夫排患解纷，量时制宜，事出一切，愈不可常也。[②]

在这里，李觏提出了事物的常规性及其变动性之间关系的问题，肯定了事物是发展变化的。而且指出事物的发展变化是有一定规律的，这就是"常"。治国之道亦包含在这种规律之中。但是"常"并不排斥"权"，事物的变化也不是一成不变的。客观形势变化了，事物也会随之变化。同样，礼乐常典、治国方略也要"适时而变"，才能行之久远，国家才能长治久安。否则，拘泥固执，不知变通，尤其是在政局变换，古今异势，亟须排除忧患、清除积弊之时，不能"量时制宜"，仍采取一成不变的解决方式，反而会背离治国之道，"愈不可常也"。

这种因时权变的思想，实际上也是历代思想家所经常提及的。孔子、孟子、

---

① 李觏撰：《李觏集》，第 46 页。

② 李觏撰：《李觏集》，第 41 页。

荀子等人都对权宜通变有许多论说。如《论语·子罕》云:“可与立,未可与权。唐棣之华,偏其反而。”《孟子·离娄》云:“男女授受不亲,礼也。嫂溺,援之以手,权也。”《管子·正世》云:“随时而变,因俗而动。”皆为后世思想家议论权变的思想材料。汉唐儒者亦以道为经、为常,讨论经、道范围内的权变,称为“反经合道”。如《春秋公羊传·桓公十一年》说:“权者何?权者,反于经,然后有善者也。”唐代柳宗元则提出“经权统一”之说。他在《断刑论下》中认为:“经也者,常也;权也者,达经者也。皆仁智之事也。离之,滋惑矣。经非权则泥,权非经则悖。是二者,强名也。曰当,斯尽之矣。当也者,大中之道也。”这就是说,经是常则,权是通变。二者互为存在的条件,实则一事而二名。经与权皆为道的取准,道是经与权的统一。因此,知经而不知权,是不知经者也;知权而不知经,则是不知权者也。这种思想把先儒的“反经合道”说修改为“权即道”,强调了权变的实践意义。此种思想亦成为宋代理学“经即道,权亦道”命题的先声。李觏正是在此基础上继承发挥权变学说,并形成其变革思想的。

李觏对为君之道、治国之道、君臣之道、为臣之道、修身齐家之道的变革等等,皆有深刻的论述。但当时“朝廷上下,患更张之难,以因循为便,扬汤止沸,日甚一日”。李觏认为:“此患甚大,不可不救。”[①]他批判了唯古人为是,墨守成规、故步自封的做法,说:“先王有作,我可以作;先王有变,我可以变,而不知先王之所以作而变者,有所为也。”[②]他认为:“学者大抵雷同,古之所是则谓之是,古之所非则谓之非,诘其所以是非之状,或不能知。古人之言,岂一端而已矣?”[③]这样的人无非“浮华浅陋之辈”,其所作所为“谅非远虑。识平侧者,昂昂哂笑;谈王霸者,往往退藏”[④]。又说:

> 过而不能知,是不智也;知而不能改,是不勇也。持疑犹豫,目以无害,古之亡国败家,未尝不以此也。[⑤]

就是说要正视存在的缺点,了解已经犯下的错误。有了缺点,知道错误,就要勇于改正。视缺点为优点,视错误为正确,是为养痈遗患,掩耳盗铃。自古以来,未有不是以此败家亡国的。他还认为:“人之患不在乎不及,而在乎过之。不及则下余人。下余人则愤,愤则知进矣。过之则出乎类,出乎类则矜,矜则不知其反矣。”[⑥]

历代政治皆有其弊,唯有通变方可久安。因此,李觏力主改革,并把“权变”

---

① 李觏撰:《李觏集》,第 320 页。
② 李觏撰:《李觏集》,第 15 页。
③ 李觏撰:《李觏集》,第 326 页。
④ 李觏撰:《李觏集》,第 313 页。
⑤ 李觏撰:《李觏集》,第 45 页。
⑥ 李觏撰:《李觏集》,第 331 页。

看成救亡图存的关键，说“权乎权，君所以废兴，国所以存亡”[①]。这与同时期的范仲淹等人的论述旨趣相同，声气相通。如范仲淹即曾发挥《易经》的通变哲学，提出为政“要思其道变而通之”的主张，他在《答手诏条陈十事》中说：“历代之政，久皆有弊，弊而不救，祸乱必生。”又说：“我国家革五代之乱，富有四海，垂八十年。纲纪制度，日侵月削，官壅天下，民困于外。夷狄骄盛，寇盗横炽，不可不更张以救之。”稍后，王安石更提出“贵乎权时之变”的改革思想，认为天道尚变，新故相除，即使先王之法，亦久必弊，弊则必革。他在《上皇帝万言书》中认为：“方今之法度，多不合乎先王之政。”“变风俗，立法度，正方今之所急也。”之后的宋代学者如朱熹也继承发挥着同样的思想。《朱子语类》说：“经者，道之常也；权者，道之变也。道是个统体，贯乎经与权。”提出了经与权并行不悖、权可以济经所不及、经与权统一于道、经与权为体用关系等等思想，对经权关系作了总结性的辨析。这些思想皆与前代学者之改革主张息息相通。

李觏亦继承发挥《易经》中不仅讲通变，而且强调“适时之变”，“变”要“知几”“顺时”等思想，进一步论述了变革应遵循“事以时变”的原则。“知几”，就是要知微见著，见几而作。李觏说：“君子见机而作，愚者于成事，祸至而避，亦无及也。”[②]只有察之几微，不失时机，才能取得主动。“事有不可不然，亦不可必然，在度宜而行之耳。”[③]

“顺时”，就是要观变待时，随时而动，才能取得成效。他说：“言其时者，盖事不局于一时也。”“因时立事，事不局于一时，可为百代常行之法。”[④]“时有不同，事有通变。”[⑤]认为改革必须因时制宜、因事制宜。“可则因，否则革。”切忌一意孤行，固执己见。“事以时变”，盖因“事不局于一时”。“时既不一，事亦不同，不可相假者也。”[⑥]如“民有困穷，从而养之……事有所失，知而改之……礼有过差，议而定之……逸乐之情，约之以正……文饰之盛，反之于素……人有鲜慢，示之以威……夫此之类，皆以一事为一时”[⑦]。因此，他强调说：“时乎时，智者不能违矣。先时而动者，妄也；后时而不进者，怠也。妄者过之媒，怠者功之贼也。”[⑧]在李觏看来，北宋王朝的积贫积弱、政治危机，就是当变而不变、变而不合时宜的结果。

---

① 李觏撰：《李觏集》，第 367 页。
② 李觏撰：《李觏集》，第 38 页。
③ 李觏撰：《李觏集》，第 30 页。
④ 李觏撰：《李觏集》，第 47 页。
⑤ 李觏撰：《李觏集》，第 134 页。
⑥ 李觏撰：《李觏集》，第 46 页。
⑦ 李觏撰：《李觏集》，第 47 页。
⑧ 李觏撰：《李觏集》，第 37 页。

“宽猛相须”“文质相救”是君主政治的一般法则。李觏在《安民策》等文中即论证了宽猛相须、文质相救的重要性。他说：

窃思今之所谓“良吏”者，多不得其衷焉。不师古道，不观人情，各是其所是，非其所非而已。其务近名者，则曰政必以猛；其务阴德者，则曰政必以宽。其务自异者，则曰前之政猛矣，我必以宽。前之政宽矣，我必以猛。其务自守者，则曰何必以猛，何必以宽，断诸法而已矣。是皆一方之论也。

仲尼曰：宽以济猛，猛以济宽，政是以和。盖言宽猛不可偏任也。失之于宽，则济以猛；失之于猛，则济以宽。宽猛并行，然后为治也。

他在《周礼致太平论·刑禁》中还说：

刑罚之行尚矣，积圣累贤，未能去者也。非好杀人，欲民之不相杀也；非使畏己，欲民之自相畏也。然而宪令所加，宽猛或异，苟失权时之制，则致远恐泥矣。

人各有业，事各有制，缓之将恐纵，急之将恐扰，其可不用常行之法也？因此他对古代的“刑法世轻世重”作了具体的解释，提出定罪量刑要根据社会治安的客观形势，宜轻宜重，随时而定。如刑新国用轻典，刑平国用中典，刑乱国用重典，都是强调“因时而变”“事随时变”的权变原则。

又如他举古代以来“谷甚贱则伤农，贵则伤末”的例子说：“愚以为贱则伤农，贵亦伤农。贱则利末，贵亦利末。盖农不常粜，有时而籴也；末不常籴，有时而粜也。”救此弊端，须行平籴之法。“盖平籴之法行，则农人秋粜不甚贱，春籴不甚贵，大贾蓄家不得豪夺之矣。而官之出息常什一二，民既不困，国且有利，兹古圣贤之用心也。”“如此，利国便人，事可经久，是谓通轻重之权，不可不察。”[①]这里强调的也是“事随时变”的原则。

三、拯危救弊的政治改革思想

终其一生，李觏可以说是一位“不能兴衰救弊，位不得而志不行”的失意者，他没能成为一个“立朝廷，正色直言”的朝廷重臣，但他却是一位富有批判精神的思想家。“平生技能，惟在笔砚。”[②]朝廷的告辞中称他“学业优，议论正，有立言之体”。所以当时李觏以能文名，王安石以变法名，两人成为北宋前期江西的两大闻人。基于强烈的忧患意识和鲜明的通变思想，李觏在其论著中阐述了丰富的政治改革主张，使其在宋代改革史上乃至中国改革史上都具有一定的地位。当李觏在奋笔疾呼之时，朝臣中以范仲淹为首的政治改革集团，鉴于当时

① 李觏撰：《李觏集》，第142～143页。

② 李觏撰：《李觏集》，第276页。

的政治之弊，于庆历三年发动了轰轰烈烈的改革运动，史称“庆历新政”。李觏虽无缘其中，但其学术志趣、政治倾向，却与他们声气相投。亦正如漆侠先生在《范仲淹集团与庆历新政》中所指出的：“这个著名的思想家虽然没有直接投身到庆历改革中，但他在思想上、理论上所作出的贡献，同当时整个历史潮流的发展和改革的方向是一致的，可以这样说，他同胡瑗、孙复一道，在思想上和理论上支持了庆历改革。”

李觏对宋初以来的政治弊端有着较为深刻的认识和了解，在其一系列论著中，对当时的政治弊端进行了无畏的批判与揭露，并针对这些时弊提出了一整套的改革主张。这些改革主张涉及朝政、吏治、军政、财政、教育、文化以及广大城乡民众所面临的土地、商业、货币、市场、赋税、徭役等等方面。如在庆历三年所著的《庆历民言》中，即列举了开讳、备乱、审奸、防蔽、效实、虑永、谨听、辨儒、广意、损欲、本仁、慎令、考能、止幸、裁举、精课、懋节、崇卫、省盗、释禁、南略、敌患、柬士、储将、远私、正局、厚农、复教、孝原、天谕等 30 个议题，进行了论述。内容涉及上自君主、下至百姓，内自朝政、外至庶事的方方面面。皇祐四年，他在《寄上孙安抚书》中又说：“今之先务，莫若使甲兵不阙，盗贼不起，民不至无告，士不至失职。”[①]书中详尽论述了地方防务、茶盐之禁、赋税征收、人才荐举等事。正如《四库全书总目提要》所评：“其论治体，悉可见于实用。”

基于对朝政的忧虑，李觏于《庆历民言》开篇即提出“开讳”，就是要君主除掉忌讳，广开言路。以下所论“备乱”，就是要执政者“虑多难之世”，“知兵之利”。“审奸”，就是要及时察访那些巧佞奸盗、谋行乱作之人。“防蔽”，就是要预防那些“养君之欲，迎君之非”“不使闻危乱，不得守其国”的“以佞邪席其身”的奸邪之臣。“效实”，就是要使上上下下“责有所在，罪有所当”。“虑永”，就是要有长远打算，防患于未然。“谨听”，就是要防止信谗，善于纳谏。“辨儒”，则是要善于择人。论述的都是君主政治之道。

又如他提出：为君之道，恭俭为先。他说：“用贵莫若恭，用富莫若俭。恭则众归焉，俭则财阜焉。恭俭者，先王之所以保四海也。”[②]他还提出“为君之道，任官其急也”“人君所任，宜得贤才”[③]等见解，都是针对当时政治壅蔽、朝政昏暗的实际有感而发的。

基于对边患的忧虑，李觏对当时的军政亦多有论述。他说：“兵者，国之大事。”军队的作用是“外攘夷敌，内尊天子，以安诸夏”。[④] 对用兵遣将、武器装备

---

① 李觏撰：《李觏集》，第 309 页。

② 李觏撰：《李觏集》，第 27 页。

③ 李觏撰：《李觏集》，第 29～30 页。

④ 李觏撰：《李觏集》，第 92 页。

以及军队教阅、训练等等，都提出了自己的主张。如对用将择将，他提出：

今兹兵兴矣，将用矣，惟上心旷然，与忠贤为一体，无置节目于其间，则将才如神，军锋如雷，功业易可成也。①

认为"临敌易将，兵家所忌"。主张慎赏罚，说："今者明明在上，诚日慎于赏爵，则师可使武，臣可使力，而四方无虞矣。"②

他对军队的武器装备也非常重视，强调武器在战争中的作用。"备预不虞，兵不可缺。"认为：

其作巧，其试明，擐之者无不坚，执之者无不锐。以此战何不胜？以此攻何不取？以此守何不固？③

惟今郡国之贡兵器果何如哉？聚工而作，卒岁后已，未尝试也。连舆而出，方舟而上，无不受也。简阅不明，则精粗不别。精粗不别，则制作必滥。制作滥，则工不必巧，材不必美，况天时乎？加以师兴之际，卒然求取，斩木以为弩，伐竹以为箭，或取非其时，或产非其地，备数而止，行滥固多。暴之日则焦，濡之雨则朽，以之应敌，不知其可。

凡此之类，皆有识之所闻见也。至于郡国兵库，或久不启；战守之具，未尝修饰。事至而虑，亦非智者所能也。④

为此他提出：

天下造兵，宜专命守臣以莅之，总置使名以督之，工之选必难其人而进其食以优之，材之取必善其物而增其价以来之。取之有地，来之有时，为之有法，日省之，月试之，善至多则赏，恶虽少而刑。上下检察，用为急务，其旧兵革，勿绝缮完，以备豫为政，则龙渊、太阿不独称于古，而蛮夷猾夏有血刃之期矣。⑤

基于对军队缺乏训练、战斗力不强的忧虑，他提出了军队必须经常训练、进行素质培养等建议。他说："夫用兵之道，其特武艺而已哉。先在治其心，次可用其力。"他还特别提出精兵之主张。如他说：

宣毅、土军，聚之已久，诚不可去。然宜于不可去之中，删其尤无用者，降隶于厢。既减资粮，且实役使。其存者，则析其部伍，异地而居，名之驻泊。离其党，则无构扇之奸；去其乡，则为兴发之渐。仍使稍供差遣，以代旧之屯驻。屯驻者又还故郡，则厢军可省招收矣。此亦防患之微意，而节

① 李觏撰：《李觏集》，第161页。
② 李觏撰：《李觏集》，第164页。
③ 李觏撰：《李觏集》，第95页。
④ 李觏撰：《李觏集》，第159页。
⑤ 李觏撰：《李觏集》，第159页。

用之一端也。

他还提出兴屯田以备军饷等建议。他说：

> 当今之虑，若兴屯田之利，以积谷于边，外足兵食，内免馈运，民以息肩，国以省费，既安既饱，以时训练，来则奋击，去则勿追，以逸待劳，以老其师，此策之上也。[①]

基于对当时冗费日益严重、国库日益枯竭的忧虑，他提出了许多有价值的理财主张。如认为："治国之实，必本于财用。""贤圣之君、经济之士必先富其国焉。所谓'富国'者，非曰巧筹算、析毫末、厚取于民以媒怨也，在乎强本节用、下无不足而上则有余也。"[②]他说：

> 人所以为人，足食也；国所以为国，足用也。然而天不常生，其生有时；地不遍产，其产有宜；人不皆作，其作有能；国不尽得，其得有数。一谷之税，一钱之赋，给公上者，各有定制。[③]

提出"凡其一赋之出，则给一事之费。费之多少，一以式法。如是，而国安财阜"[④]。

他还提出兴义仓之制、行广积之法等主张。

基于对民生艰难的忧虑，李觏提出了敦本抑末、均平土地、发展农业生产等"忧民之道"。敦本，就是要使民不能废业，禁作淫巧侈靡之物。"人废业则本不厚矣，物无用则国不实矣。"[⑤]抑末，就是要使那些游民及冗食者回到生产中去，使他们"复之有业"，做到"人无不耕，地无不稼"。李觏认为："今者天下虽安矣，生人虽庶矣，而务本之法尚或宽弛。何者？贫者无立锥之地，而富者田连阡陌。"[⑥]"自阡陌之制行，兼并之祸起，贫者欲耕而或无地，富者有地而或乏人，野夫有作惰游。"[⑦]所以他在《富国策》中提出了垦田、占田、限田、均田等主张，把土地问题作为解决民生问题的关键，作为解决当时日益突出的社会矛盾、维护宋朝政治统治秩序的根本。他说："今将救之，则莫若先行抑末之术，以驱游民……然后限人占田。""然后于占田之外，有能垦辟者，不限其数。"[⑧]以做到"人无遗力，地无遗利"。他还作《平土书》来专门论述均田问题，提出"土地，本也"的命题，认为"土田不均，富者日长，贫者日削，虽有耒耜，谷不可得而食也。食不

---

① 李觏撰：《李觏集》，第 153 页。

② 李觏撰：《李觏集》，第 133 页。

③ 李觏撰：《李觏集》，第 75 页。

④ 李觏撰：《李觏集》，第 76 页。

⑤ 李觏撰：《李觏集》，第 86 页。

⑥ 李觏撰：《李觏集》，第 135 页。

⑦ 李觏撰：《李觏集》，第 78 页。

⑧ 李觏撰：《李觏集》，第 136 页。

足，心不常，虽有礼仪，民不可得而教也”。此外，他在《潜书》中还提出“田均则耕者得食，食足则蚕者得衣，不耕不蚕，不饥寒者希矣”。

赋役繁重是导致民生艰难的又一重要原因，对此，李觏提出了薄赋税、平徭役、禁厚敛等对策，强调“以安民为务”。在《安民策》中，他提出了“薄税敛以富民”的思想。在《平土书》中，他专门论述了“赋税之法”，认为古代以来“税轻者不减二十而一，重者不逾十二。皆以役多少参折之也，此赋税之定令也”。在《周礼致太平论》中，他提出了均平徭役的问题，“谓平其徭役，不专取也”。就是说不能把一切徭役负担都强加在一般农民身上，使之“任之重，求之多，劳必于是，费必于是”。即如那些有爵位、有功劳的“贵者”，也只能“复其身而已”，不能“一户皆免之”。禁厚敛就是要做到“以岁之丰凶，得税物多少”，而“计邦国之用”。按“敛法”原则制定赋税数额，“敛法者，丰年从正，凶年则损也”，以此减轻农民的负担。强调“利用厚生，为政之本”。他说：“今赋敛之烦，数倍常法。旱灾之作，绝异曩时。民力罢羸，众心愁怨。造形而悟，其可忽诸?”又说：“不知耕者之劳，则以为田自生谷；不知蚕之苦，则以为桑自生丝。”而“求之不已者，不知民事之难也”。此外，他还提出了消灾害、省刑罚、行赦赎等安民之策。

基于对宋朝统治日益昏暗、“盗贼”丛生以及不断发生农民反抗斗争的忧虑，李觏提出了“施政之首，教化为先”的主张。他在《安民策》中开宗明义地提出：“所谓安者，非徒饮之、食之、治之、令之而已也，必先于教化焉。”而“欲化民成俗，其必由学”，认为“古之王者，建国君民，教学为先也”，“教学为先，经世轨俗”。在《袁州学记》一文中，他又说：

> 天下治，则禅礼乐以陶吾民。一有不幸，犹当伏大节。为臣死忠，为子死孝。使人有所法，且有所赖。是惟朝家教学之意。若其弄笔以徼利达而已，岂徒二三子之羞，抑为国者之忧。①

李觏尤其强调“礼治”，把“礼治”列在诸政之首，认为“礼、乐、刑、政，天下之大法也；仁、义、礼、智、信，天下之至行也”，世重礼治，讲教化，“则祸可转而为福，危可复安，乱可复治，兹有益之大也”。②

李觏还在其他方面提出了许多改革主张，尽管这些主张在当时难以付诸实践，但却鲜明地反映了其主张全面改革的思想。

结　语

正如范仲淹在其推荐李觏的荐章中所说：李觏“善讲论六经，辩博明达，释

① 李觏撰：《李觏集》，第 248 页。

② 李觏撰：《李觏集》，第 278 页。

然见圣人之旨。著书立言，有孟轲、扬雄之风义，实无愧于天下之士”，“经术文章实能兼富”，“则知斯人之才、之学，非常儒也”。余靖在给李觏的书信中，对李觏的学识也给予很高的评价，如说他的“《礼论》七篇，推进《礼经》，准的世教，派仁义，赞刑政，正其本于礼，成一家之言”。由此可以反映出时人对李觏学识的肯定与评价。

李觏作为一位博学多识而极富社会责任感的思想家和政论家，虽然没有机会施展其“康国济民”的远大抱负，但却以一个学者的身份和努力，“不肯自溺于流俗”，以其丰富的思想和深刻的论述表达了“昭圣人之法，拯王道之纲”的坚强信念，鲜明地体现出其忧国忧民的忧患意识及其主张政治改革的现实思想，使之成为当时在野士大夫的杰出代表，并与在朝的有识之士范仲淹等人内外呼应，使士大夫们主张改革的强烈要求终于汇成一道滚滚向前、摧枯拉朽的洪流。尽管李觏所关心和支持的庆历改革如昙花一现，很快归于失败，但由此却推动了北宋变革运动的继续发展，朝野士大夫要求改革的呼声也日益高涨。此后出现的王安石变法便开创了更加深入、更加广阔的变革运动。从这个意义上来说，李觏的学说不仅开启了宋代经世致用之学风，而且奠定了北宋中期以后社会改革的思想基础，对推动宋代政治改革事业作出了积极的贡献。

（原载《抚州师专学报》2002 年第 4 期）

浅论宋代的忧患意识与政治改革

宋代既是中国封建社会政治、经济、文化获得高度发展的时代，又是社会政治、经济结构与思想、文化发生大变革的时代。在精神文化方面，既有体现于士林中的反传统精神，又有体现于政治现实中的变革自强精神。而变革自强精神来源于忧患意识，基于这种忧患意识，北宋为了“富国强兵”，南宋为了“救亡图存”而展开了一系列政治改革，其中的经验、教训也多给后世留下借鉴。

一、忧患意识与变革思想

忧患意识是中华民族精神中较早形成的一种基本精神。在先秦元典文化中，即充凝着元典作者胸怀哀苦、志报国家的深厚的忧患意识，并在此后的时代里，激励着历代仁人志士深体民瘼，洞察时艰，或忧君国之衰败，或忧民族之危亡，或忧黎民之痛苦，或忧道学之中绝，莫不表现出“乐以天下，忧以天下”的博大而崇高的情怀。基于忧患意识发展、形成的变革自强精神更成为中华民族又一基本精神，变革理论也成为中国传统的政治学理论，为一代又一代思想家和政治家继承、弘扬，并见诸社会实践。其中两宋时期就是中国古代忧患意识和社会变革思想得到弘扬并付诸政治实践的典型时代。

宋代忧患意识的突出表现，是当时官僚士大夫们反复论述的“内忧外患”。所谓“内忧”，在两宋时期实际上是指使统治者深感担心的来自两个方面的对君主集权统治的威胁：来自统治阶级内部的威胁，来自广大人民群众的威胁。来自统治阶级内部威胁君主集权统治的又主要包括：地方割据势力、朝廷中的异己力量。唐末、五代以来社会动乱的重要原因之一，就是地方割据势力的强大，同时地方藩镇势力也是威胁中央集权统治的主要力量，所谓“百年之忧，一朝之患”[1]。故从北宋初年的社会政治改革开始，一个重要内容便是着力削弱地方势力，防止藩镇割据势力的形成与膨胀，从而采取了改革地方行政体系，将地方财权、军权、司法权收归中央等措施。著名的改革事件在北宋初期有解除节度使

① 叶适：《水心集·实谋》。

兵权的“杯酒释兵权”，在南宋初年有解除岳飞、韩世忠、张俊三大将之军权的举措等，其实质就是宋朝最高统治者担心形成地方割据势力。朝廷内部对王朝统治形成威胁的异己力量实际上主要来自于皇族内部。因为自古以来，在皇位的继承、君主的选立上，一直存在着相当激烈的明争暗斗，其中还不乏为争夺君位而父子、兄弟相残以及嫡庶争储、叔侄夺嫡的血腥事例。因此，宫闱内部的这种争夺便成为威胁君权稳定的重大因素。在北宋初年即发生了所谓“斧声烛影”事件，使君权继承由父死子继而变为兄终弟及。当然威胁皇权的还有朝廷权臣，从北宋初年起削弱宰执之权的政治改革，实际上也是维护君权的重大举措。使王朝统治者感到忧虑的“内忧”，还有统治阶级的对立面，即广大被统治阶级。自古代以来，由于阶级矛盾的发展和激化，广大劳动群众反抗政治奴役、经济剥削的阶级斗争此起彼伏，接连不断，而且常常演化为大规模的武装起义，形成农民战争，这自然是对王朝统治的重大威胁。同样，在两宋时期被统治阶级称为“盗贼”的劳动群众的反抗斗争和农民起义，也异常的频繁和激烈。据不完全统计，两宋时期具有一定规模的农民起义至少在400起以上，其他形式的反抗斗争更是层出不穷。而且在宋王朝统治还未完全得到巩固的初期，就发生了大规模的王小波、李顺领导的川蜀地区的农民起义，更为宋朝统治者敲响了警钟。尤其令统治者不安的是，各地农民起义又常常与宋朝军队大大小小的兵变相呼应，使宋朝统治者倍感内外的压力。

所谓“外患”，则主要是指先后与宋王朝并立的契丹族建立的辽政权、党项族建立的夏政权、女真族建立的金政权以及蒙古族建立的元政权对宋朝政权的外部威胁。虽然传统上视宋政权为正统的统一政权，但实际上两宋政权自始至终没能“一统海内”，而同上述几个由少数民族建立的强大政权以及大理、吐蕃、高丽等政权并峙共存。因此，从北宋初年起，宋政权就面临着如何维护国防安全、防范少数民族政权入侵的问题。尤其是在与辽、夏、金、元诸政权的长期对峙或战争冲突中，宋朝又往往处于下风，在军事上败多胜少，因此引起宋朝统治者极大的不安和担忧。而在“外患”之中，宋朝统治者最惧怕的又主要是来自北方的威胁，即如苏轼所说：“西边患少，北边之患大。”①其实，宋辽对峙的一个半世纪中，除了前40年有过几次较大的战争冲突外，其余的时间，尤其是自1004年“澶渊之盟”以后，宋辽关系实则进入一个长达百余年之久的相对稳定时期。

但对以上所述之“内忧”和“外患”，宋朝统治者却表现出极大的担忧，而且在二者之轻重上，宋朝统治者更注重“内忧”。正如仁宗庆历年间欧阳修所说：“臣窃见近日四方盗贼渐多，凶锋渐炽，扑灭渐难。……臣谓：夷狄者，皮肤之

① 苏轼：《东坡全集·策断》。

患，尚可治。盗贼者，腹心之疾，深可忧。”[①]但更多的论述和认识却是对宋朝的统治及社稷安危所表现出来的忧患意识，最有代表性的即范仲淹所表露出来的“先天下之忧而忧，后天下之乐而乐”的忧患观，他自己曾说是“进亦忧，退亦忧”，时刻不忘“进危言于君亲，蹈危机于朝廷”[②]，明显地表现其忧患精神。又如南宋陆游“位卑未敢忘忧国”[③]之言，也是这种精神的集中体现。正是基于这种普遍而突出的忧患意识，宋代官僚士大夫倡导居安思危、防微杜渐的改革呼声也就接连不断，展现出一种求变革、求发展的变革进取精神，由某些个人表达的改革思想也逐渐演进为一种时代思潮。对此可举以下代表人物及其改革思想为例稍加说明：

其一，王禹偁的改革思想。王禹偁被公认为是宋代历史上倡导改革的先驱性人物。他不仅主张文化、思想尤其是文学上的改革，是倡导文体革新的先驱，更主张政治上的改革。王禹偁进士及第后，从县主簿一直官升至翰林学士兼知制诰，多次上书朝廷，主张变法，倡导改革。其中最突出的是他于太宗端拱二年(989)在右拾遗、直史馆任上向朝廷提出的《御戎十策》，全面提出了其外任其人、内修其政的改革主张。此后他又上疏提出“谨边防，通盟好，减冗兵，并冗吏，艰难选举，入官不滥，沙汰僧尼，荣大臣，远小人”[④]等改革主张。可以说，直至王禹偁晚年去世，他都一直坚持改革的立场并不断提出某些改革主张，充分展现了他的忧国忧民之心和变革思想。

其二，范仲淹的改革思想。范仲淹是北宋前期较早提出改革思想并在此后着力将其付诸实践的著名思想家和政治家。他自幼有着“读天下书，穷天下事”“慨然有志于天下”[⑤]的抱负。他在步入政坛后，大力提倡政治改革，刷新政治，尤其是其变革思想有着鲜明的特色。他发挥《易经》的通变哲学思想，主张为政要“思其道则变而通之”，认为历代政治在其施行过程中总不免产生弊端，唯有变通方可久安，指出“历代之政，久皆有弊，弊而不救，祸乱必生”[⑥]。他还认为变革要防微杜渐，救弊要及时，“朝谋而夕行，庶可济乎”[⑦]。当然，他也从维护封建社会伦理纲常的根本目的出发，认为变革是具体制度和政策的改革，而帝王名器、君臣纲常是不能改易的。虽然这表现出范仲淹改革思想中某种程度上的时代局限性，但他将其变革思想付诸实践的行为却是令人称道的。

---

① 欧阳修：《文忠集·再论王伦事宜札子》。

② 范仲淹：《范文正集·上资政晏侍郎书》。

③ 陆游：《剑南诗稿·病起书怀》。

④ 吕祖谦：《宋文鉴·应诏言事》。

⑤ 《范文正集补编·范仲淹传》。

⑥ 范仲淹：《范文正奏议·答手诏条陈十事》。

⑦ 范仲淹：《范文正奏议·答手诏条陈十事》。

其三，李觏的改革思想。李觏是宋代著名的教育家和思想家。虽然他在政治上是落魄的，但其政治改革观却为时代的佼佼者，因此他也成为北宋前期改革思潮中的先驱式人物。他不仅主张通变，而且提出要“适时之变”[①]，要观变待时，要见微知著，见机而作，否则当变而不变或变而不合时宜，就会积弊更深而导致政治危机。他论证了宽猛相济、文质相救作为君主政治一般法则的重要性，尤其是对当时的政治弊端进行了大无畏的批判与揭露，同时针对这些时弊提出了一整套的改革主张。此外，他还在其他方面提出了许多改革主张，尽管这些主张在当时难以付诸实践，但却鲜明地反映了其倡导全面改革的思想，使之成为当时在野士大夫中杰出的改革派，并与在朝改革派范仲淹等人相呼应，掀起了北宋前期变革运动的高潮。

其四，王安石的“改易更革论”。王安石是北宋著名的思想家和政治家，也是著名的文学家，更是宋代改革论者的杰出代表。王安石的改革思想源于他的朴素的唯物主义思想体系以及具有进化意义的历史观，建立在他对宋代政治的深刻认识之上。他继承发展了老子等人的朴素的辩证法思想，认为从自然界到人类社会，都是按照“新故相除”、新陈代谢的普遍规律发展变化着的，而且这种历史的发展是今胜于古。王安石认为，世必有革，革不必然。但变革要从实际出发，“贵乎权时之变”，反对因循守旧。他认为“因循苟且逸豫而无为，可以侥幸一时，而不可以旷日持久”。[②] 他提出要在“法先王之意”的原则下，实施适应时代需要的变革。他认为“方今法度多不合先王之政”，因此，损益更革是救弊之道，因循守旧只能自取灭亡。当然改革也要“合乎先王之政”，主要是改革现有“法度”，即法令、政策、方针、措施等，所谓“变其末，不变其本”，是“因人情之患苦，变更天下之弊法”。[③] 更要“视时势之可否”而变革，即改革要善于把握时机，“待天下之变而变”，果断地“因其变而制其法”。[④] 而且他还提出，帝王是能够“创法立制”、移风易俗的“圣者”，认为帝王是改革的主体和依托，要依托帝王“立善法于天下”“立善法于国家”。[⑤] 基于这样的认识，王安石明显地表现出了依靠皇帝权力整顿现有的政治秩序，利用朝廷的力量进行从上到下的改革，以缓和社会矛盾、巩固宋王朝统治的改革思想。

其五，叶适的改革思想。叶适为南宋前期反对空谈性命、提倡功利之学的著名思想家，是南宋“永嘉学派”之巨擘，也有着鲜明的改革思想。叶适有着古

---

① 李觏：《盱江集·易论》。

② 王安石：《临川集·上时政疏》。

③ 王安石：《临川集·上仁宗皇帝言事书》。

④ 王安石：《临川集·夫子贤于尧舜》。

⑤ 王安石：《临川集·周公》。

今异时、以法立国的历史发展观和法制思想。他认为:以封建之制确立天下者,唐、虞、三代也;以郡县而治天下者,秦、汉、魏、晋、隋、唐也。叶适也有着反对泥古、提倡变通的改革观。他认为,时代不同,治理国家的政治理论、主张和观念也应该相应变化,泥古之道是行不通的。他对传统观念具有强烈的批判精神,对儒家及其经典文献,都提出疑问和非难。尤其是他并没有停留在观念和说教之上,而是针对南宋的社会现实状况,提出了一整套改良鼎新的主张。

其六,朱熹的改革思想。朱熹是南宋著名的教育家和思想家,是当时公认的理学大师。在宋代理学家的政治学说中,他对传统的"经权""损益""革命"说有着充分的论述,认为"经权"是体制改革、政策调整和策略选择的一般方法,"损益"是制度变革的基本指导原则,"革命"是革故鼎新的激烈方式。同时,他对儒家学说中的"中""中和""中庸"等政治思想有许多发挥,体现了其鲜明的变革思想。依据"时中""常变""经权"的哲理,朱熹在政治上提出要顺应时势进行政治调节,也对现实政治弊端进行了批评。朱熹的改革思想虽然是改革思潮中的代表思想之一,但其改革思想的主流是渐进论,与前述范仲淹、王安石等人的激进改革论有着明显区别。

从上举几位有代表性的人物及其思想,再结合对两宋时期士大夫官僚群体及其思想主张的综合考察,可以说,在政治思想方面,基于对家国天下的忧患意识,改革变法成为这一时期众多士大夫和杰出的政治家、思想家的共识,因而也涌现出许多大力呼吁变革、主张改制、倡导变法的改革者及实践者。

二、富国强兵与救亡图存

宋代的改革,概而言之,可简单分为北宋时期的改革和南宋时期的改革,实际上每个时期又可细分为各具时代特征的不同阶段。从改革内容上来说,可统称为社会政治改革,实则包括官制、兵制、法制、行政制度、土地制度、赋役制度、文化制度、教育制度、宗教制度等各项具体制度的变革。从改革性质上来说,各项改革基本上是围绕完善体制、改良社会运行机制进行的,但就两宋时期改革的主要目的及动机、特色来说,北宋时期的改革主要是"富国强兵",南宋时期的改革主要是"救亡图存"。

以兵变的方式建立政权的赵宋统治者,为了避免成为五代之后第六个短命王朝,自建国伊始,便汲取唐末、五代以来皇权衰微以及"五代为国,兴亡以兵"[①]的历史教训,针对"方镇太重,君弱臣强"[②]的社会痼疾,实施了涵盖政治、军事以

① 《新五代史·唐臣传》。

② 李焘:《续资治通鉴长编》卷二,"建隆二年七月"条。

及社会经济领域的全方位改革，通过“稍夺其权，制其钱谷，收其精兵”[①]的方式，以求得王朝统治的巩固和长治久安。其中又尤以军政改革为首要。

北宋前期的军政改革，首先为根除“腹心之患”而变革中央禁军的领导权。宋太祖即位后的第二年七月，便通过和平的方式解除了位高权重的武将的禁军统帅之权，而“更置易制者”，这就是为后人称道的“杯酒释兵权”。之后，宋政府在制度上实施进一步的改革，确立鼎足而立的殿前都指挥使司、侍卫亲军步军都指挥使司、侍卫亲军马军都指挥使司的统兵体制，三司合称“三衙”，负责军队的训练、番卫戍守以及迁补赏罚。但军队的调发权，则设立枢密院掌管，使统兵权与调兵权分离，两者互相制衡、互相牵制，防患于未然。又改革御兵之制，本着“强干弱枝”“内外相制”的原则，以殿前司统率的最精锐的禁军部队驻防京畿地区，而以侍卫马军司和侍卫步军司统率的部队分屯地方，“使京师之兵足以制诸道，则无外乱。合诸道之兵足以当京师，则无内变。内外相制，无偏重之患”。同时创禁军“更戍之法”，即严防骄兵难制，“惩创其弊，分遣禁旅戍守边地，率一二年（或三年一戍）而更。欲使往来道路，足以习劳苦，南北番戍，足以均劳佚。故将不得专其兵，而兵亦不至骄惰”。[②] 还设以“阶级法”为主要内容的军法军纪，并严禁军中结社，对违禁者实施严惩。

北宋前期政治制度的主要改革，在中枢领导体制方面，则是紧紧围绕削弱相权、加强皇权而展开的。如设枢密使以分宰相之军权，设参知政事为副相以分宰相之行政权，设三司以分宰相之财权等。在地方行政体制方面，则是围绕加强中央集权、消除地方分裂割据因素、保证中央政令的畅通及其对地方的绝对控制而展开的。同时，北宋统治者也在经济领域进行相应的改革。如为了强化中央集权，从财政上斩断藩镇割据之根源，采取了收地方财权的诸项措施。其中主要的措施是确立由转运使、通判总揽地方财权的制度。太祖乾德二年(964)还直接诏令确定“上供”之制：“令诸州自今每岁受民租及管榷之课，除支度给用外，凡缗帛之类，悉辇送京师。”[③]这些措施极大地加强了宋王朝的专制主义中央集权统治，巩固了统一的政治局面。

但由于宋朝统治者在此后的改革中，“以防弊之政，作立国之法”，已实施的某些政策和措施逐渐转化为它的对立面，日益形成所谓“冗兵”“冗官”“冗费”的“三冗”局面，使宋王朝日益陷于“积贫积弱”的局势中。为此，有识之士不断提出变法的主张，呼吁进行新的改革，遂形成以“庆历新政”和“王安石变法”为代表的北宋中期变法革新运动的高潮。这一时期的改革，主要围绕“富国强兵”而

---

① 李焘：《续资治通鉴长编》卷二，“建隆二年七月”条。

② 马端临：《文献通考·兵考》。

③ 李焘：《续资治通鉴长编》卷五，“乾德二年十二月”条。

展开。虽然改革在守旧势力的极力反对和宋仁宗的动摇退缩下中途夭折，但却激励着士大夫要求进一步改革的呼声日益高涨，使此后个别、局部改革的细流终于汇成变法运动的汹涌波涛，形成了两宋时期轰轰烈烈的“王安石变法”。

王安石变法以“富国强兵”为目标，从农业到手工业、商业诸领域，从城镇到乡村，实施了广泛而深刻的社会改革，先后制定和实行了均输法、青苗法、农田水利法、免役法、市易法、方田均税法、保甲法、保马法、将兵法、免行钱以及变革科举制、发展学校教育等一系列新法，增强国力，提高军队的素质和战斗力。从“庆历新政”到“王安石变法”，以“富国强兵”为目标，以改革吏治、增强国力、加强军备为中心的变法改革运动，对扭转“积贫积弱”的局势，巩固宋王朝的统治，产生了重大作用，对封建经济关系中某些环节的调节、促进社会生产的发展，也有着重大影响。

南宋政权建立后，打着“中兴”的旗号，围绕“救亡图存”，也先后实施了一些社会改革，主要的改革集中在南宋前期高宗、孝宗两朝。

如在政治上，为了组织有效的抵抗，巩固新建政权，南宋统治者对北宋后期事权分散、行政效率低下的官制进行再次改革，统一事权，省并机构。在中枢权力机构上的重要变革，是改三省分权为三省趋于合一，中书、门下两省机构合并，且宰相多兼枢密院长官，合军民之政为一。到孝宗时期，宰相名称也改为“左丞相”“右丞相”，沿用至宋亡而未再变。省并机构，如把国子监、鸿胪寺、太府寺并入礼部，把宗正寺并入太常寺，把太府寺、司农寺并入户部，罢设秘书省、翰林天文局等。到孝宗时期，原有的九寺、五监仅剩太常、大理、太府、司农、宗正、国子等寺监。同时围绕加强中央集权亦进行了地方官制的变革，如设诸路安抚使司、总领所、制置使司、宣抚使司、都督诸路军马等机构、官职。

在军政上，改革原有统兵体制，以御营使司取代原“三衙”统兵体制，还设楚州、建康、鄂州、利州四管领所，加强对军队的控制与监督。尤其是由宰相和执政分别担任御营使改变了北宋宰相不掌兵、政权与军权分立的成例。

在财政上，则是扩大中央财政，通过设立“经总制钱”“月桩钱”“籴本钱”“折帛钱”等名目，把地方财政收入的一大部分纳入中央财政。孝宗时期还重点实施“理财备战”的措施。

这些变革稳定了南宋的统治，奠定了南宋抗金的基础，但并没有因此完成恢复中原的大业，实现其恢复之志。此后的南宋朝廷，继续为北伐抗战而不断革新政治。先有宁宗时期韩侂胄的政治改革与“开禧北伐”，继有理宗时期的“端淳更化”，最后有贾似道的经济改革。但这些改革随着南宋政权的日益腐败，也愈来愈偏离富国强兵和救亡图存的初衷，致使南宋末期的改革几乎完全变成了聚敛财富。因此，改革亦并未使南宋“中兴”，虽一定程度上延缓了南宋覆灭的进程，却最终没有避免其走向灭亡，这也是南宋改革的最后结果。

三、基本评价与经验教训

基于两宋时期错综复杂的阶级矛盾和民族矛盾，宋朝士大夫中的有识之士不断提出变法改革的主张，以解决日益严重的政治危机，摆脱困境，充分显示其忧国忧民的忧患意识，这是古代以来忧患观念在宋代的发扬和光大，更是广大士大夫如范仲淹、王安石、吕惠卿、曾布、章惇、韩侂胄等一批改革家和政治家居安思危、自强不息、挫而复起、穷且弥坚而力主变法改革的精神支撑所在。他们把时代的忧患、民族的忧患集于一身，在民族危急存亡的关头，能挺身而出，不畏贬逐，汲汲于改革变法，其政治操守得到时人的尊重，也受到后人的敬仰。两宋时期的社会改革，虽有得有失，但总体言之，其社会效果是显著的。

如政治上的一系列改革，基本奠定了中央集权统治的坚实基础，确立了最高统治者与文臣共治天下的治国方略，建立起一整套强化中央集权的政治制度，使唐末、五代长期存在的分裂割据局面未再出现，对元代的大一统政治格局的形成也产生了重大而深远的影响。两宋时期空前发达的物质文明和精神文明，更与宋代处于一个相对稳定的发展时期紧密联系在一起。

又如经济领域的一系列改革，极大地促进了社会生产力的发展。两宋时期农工经济与商品市场经济的发展水平能超越前代，成为秦汉以后中国古代经济发展的又一个高峰，可以说与这一时期不断改革经济制度以适应社会生产力发展的要求分不开。从这个意义上来说，两宋的改革具有一定的历史进步意义。

但是应同时看到，由于以防弊之政作立国之法成为宋初以后改革的主要内容，因而又使宋代的政治改革呈现极大的历史局限性。如在官制改革方面，北宋时期分割臣下事权、加强君主集权的改革，造成了行政机构的“叠床架屋”和行政效率的低下。南宋集中事权的改革，却又带来了权臣专政的不良后果。在任官制度方面，实施考试任用法、回避法、定期轮任法等，有利于提高行政效能、减轻官吏腐败等，但如轮任制下官员任期太短却又给地方政治带来许多不利影响。再如在军政改革方面，变革统兵体制、削弱武将的统兵权以及“以文制武”等，铲除了武将拥兵自重甚至武装割据的根基，有效地避免了唐末、五代历史的重演，却也削弱了军队的战斗力，导致了国防积弱的弊端产生。“故宋朝堪称中华文明的昌盛时代，但不是富强盛世。”①

尤其是两宋的政治改革基本上属于自上而下的社会变革运动，是封建地主

① 漆侠主编：《中国改革通史·两宋卷》，河北教育出版社 1999 年版，第 620 页。

阶级政权通过国家机器对社会生产关系和上层建筑运行过程中显现的诸多矛盾的局部调整，是王朝政权的自救行为，因此最高统治者对改革支持与否，大多数官员对改革支持与否，常常成为改革成败的关键，这也正是两宋政治改革最主要的局限所在，也正是大多数改革（甚至如“庆历新政”和“王安石变法”这两次大的改革运动）失败的重要原因。总之，宋代的政治改革，为后人留下了深刻的经验、教训，以范仲淹、王安石为代表的士大夫们所表现出来的那种爱国壮志和改革精神更为后人树立了光辉的典范。

论汉族民间武装在宋、金、蒙逐鹿中原过程中的地位与作用

1206年(宋宁宗开禧二年,金章宗泰和六年),当南宋对金朝发动大规模"开禧北伐"之际,也正是北方草原蒙古族铁木真即汗位、建立大蒙古国之时,从此时起直至1234年宋蒙联合灭金为止,金、宋、蒙三方对峙的格局持续了二十余年。金朝灭亡后,宋蒙军事对峙再延续了四十多年。在宋、金、蒙逐鹿中原的过程中,金朝的灭亡、宋朝恢复失地的失败和蒙古南侵的胜利,由多种历史因素促成,学界已有诸多论说,但其中一个重要的因素,则是当时中原地区(主要为山东、河北、河东地区,宋人称黄河中下游地区为"中原")兴起的以汉族民众为主体的各类民间武装,其兴亡成败与人心向背对宋、金、蒙三方的得失利害产生了极大的影响,在一定程度上甚至成为左右时局的决定性力量。客观评价这些民间武装力量在这一时期的历史地位、作用与影响,是探讨宋、金、蒙关系的重要内容之一,迄今尚未见有系统的研究。为此,本文欲以山东、两河地区为主要讨论范围,对宋、金、蒙军事对峙时期中原汉族民间武装的兴起,宋、金、蒙政权对其采取的政策以及这些民间武装力量对时局的作用与影响等问题,作初步探讨。

一

兴起于金后期并在宋、金、蒙逐鹿中原过程中扮演重要角色的民间武装,规模不等,成分各异,既包括当时各地的农民起义军,也包括各地组织用以自卫的武装社团以及其他武装力量,除汉族民众参加外,也有各少数民族人民参加。当时山东、两河地区著名的民间武装首领就有益都杨安儿、潍州李全、密州方郭三、泰安刘二祖与霍仪、兖州郝定、胶西李旺、济南夏全与张荣、莒州燕宁、长清严实、益都张林、新泰石珪、涟水郭伟与祝春、邢州程帮杰、威州武仙、易州张柔、沧州王福、涿州张甫、藁城董俊、真定周元、石州冯天羽、太原郭文振、管州胡天作、景州张开、永清史秉直与史天倪、兴中石天应等等。这些民间武装力量大规模的兴起,有着广阔的历史背景,原因亦多种多样,但主要的还是阶级矛盾与民

族矛盾的发展与激化所促成。

金后期，由于阶级矛盾的长期积累并激化，致使金境内“盗贼纵横”，各地农民起义相继发生，尤以山东地区的红袄军起义为代表。《大金国志》记载说：“是时，两河既为战争所扰，山东群盗大起”，“莒、淄、潍、河中、陕西之寇动数万人，所在屯结”。[①]《金史》亦记载道：各地义军“攻劫州县，杀略官吏，山东大扰”[②]。《宋史》也记载：“刘二祖起泰安，掠淄、沂。二祖死，霍仪继之，彭义斌、石硅、夏全、时青、裴渊、葛平、杨德广、王显忠等附之。杨安儿起，掠莒、密，展徽、王敏为谋主，母舅刘全为帅，汲君立、王琳、阎通、董友、张正忠、孙武正等附之。余寇蜂起。”[③]农民起义不仅沉重打击了地主阶级和女真贵族，严重威胁着金王朝的统治，也直接促成了各地民间武装力量的兴起。如定兴人张柔，因“河朔扰攘，土寇蜂起，公聚族党数家，壁西山东流埚，选壮士团结队伍以自卫”[④]。河北永清一带民众亦纷纷结社自保，号“清乐社”，并推当地豪强史伦、史成硅为领袖。沃州缙绅之家亦聚而谋曰：“时事如此，吾侪欲全家室，宜有所统属。”遂共推当地大族王义为长，王义后来兼并了邢州一带的农民军，成为河北地区有影响的地方武装。另如雄州人邸顺，也“集乡人豪壮数百人，与其弟常，筑两寨于石城、玄保，分据以守”[⑤]。济南人张荣，“山东群盗蜂起，荣率乡民据济南黌堂岭。众稍众，遂略章丘、邹平、济阳、长山、辛市、蒲台、新城之地而有之”[⑥]。

特别是从金章宗初年，金朝不断派兵征讨北方的蒙古诸部，宋朝亦借机发动“北伐”，金蒙、宋金之间的战争接连不断，促使民族矛盾进一步激化。宋金之战因双方投入了大量的人力、物力，造成人口大量死亡，同时耗费了数以千万计的资财，进一步削弱了国力。而当蒙古方面了解到“金国不治戎备，俗日侈肆，亡可立待”[⑦]的情形之后，又反过来进行大规模的南侵。金朝方面也因为索要南宋的岁贡和“以广疆土”，再发兵侵宋，从而使宋、金、蒙之间的战争进一步升级。战争直接损害着各民族人民的切身利益，在民族矛盾急剧上升的形势下，北方地区尤其是山东、两河地区的人民，便纷纷组织武装，结社自保，进一步促进了民间武装力量的发展与壮大。如河东地区，“自用兵以后，郡邑萧然，并无官长，

① 《大金国志·纪年》。
② 《金史·仆散安贞传》。
③ 《宋史·李全传》。
④ 《元朝名臣事略·王柔传》。
⑤ 《元史·邸顺传》。
⑥ 参见《元史·张荣传》。
⑦ 《元史·耶律阿海传》。

武夫、悍卒因缘而起"[①]；河北地区自金宣宗迁汴后，各地"土人往往团结为兵"[②]；山东地区，如潍州人李全"与仲兄福聚众数千，刘庆福、国安用、郑衍德、田四、于洋、洋弟潭等咸附之"[③]，形成所谓"金末四方兵起，所在募兵自保"[④]的形势。

另外，当时也有许多便利于民间武装力量兴起、发展与壮大的客观历史条件，如各地义军就利用了村寨这种基层组织形式来组织武装。按"金国法，乡各为寨，推土豪为寨长"[⑤]。金朝同时规定，除猛安谋克户外，其余人户统以村社编制，村社置里正与主首，寨置寨使，须"有物力谨愿者，二年一更代"[⑥]。在南宋北伐和蒙古南侵时，金政府也曾借助其组织以备敌抗战。如河北濒河州县，"率距一舍为一寨，籍居民为兵"，"数寨置总领官一人"。[⑦] 其他各州县亦"令团结堡寨，以备外兵"[⑧]。因此金末各地民间武装的兴起，多利用了此种村寨组织。如益都张林即据桃林寨起兵，打起反金的旗帜。任城成进自金初即率同族据山险，建堡寨，组织武装自保，其后子孙世袭，成为济州颇有势力的"豪族"。

尤其需要指出的是，金朝汉族地主阶级经济势力的恢复与膨胀以及寻求政治上的发展，是当时地主武装兴起的内在因素。虽然此时经过历朝的政治改革，汉人参与金政权的机会越来越多，但如"州郡长吏当并用本国人"[⑨]、汉人不得为猛安谋克户等民族歧视则始终严重存在，这必然引起汉族民众对女真贵族统治的不满。在异族入侵、农民起义之际，许多汉族地主亦纷纷组建武装，或图割据一方，或以此作为要挟官府而进身的资本，如沧州人王福起兵后，"有众万余，器甲完具，自雄一方"[⑩]。河北各义军首领苗道润亦"略定城邑，遣人诣南京求官封"[⑪]。

因此，由上述主要原因促起的中原民间武装，大体上可分为以下几种：第一，自始即依附金朝或宋朝而为之所利用者。第二，自始即投降蒙古而为其所依恃者。第三，独立发展而后被金、宋政府所招降而为官军者。第四，由依附金、宋而转投蒙古、寻求新的政治保护者。第五，游离于金、宋、蒙三方，时叛时

---

① 《金史·郭文振传》。

② 《金史·苗道润传》。

③ 《宋史·李全传》。

④ 《元史·张子良传》。

⑤ 《大金国志·齐国刘豫录》。

⑥ 《金史·食货志》。

⑦ 《金史·陈规传》。

⑧ 《金史·田琢传》。

⑨ 《金史·熙宗本纪》。

⑩ 《金史·王福传》。

⑪ 《金史·苗道润传》。

降而带有明显的军阀割据性质者。之所以有上述多种情形，在很大程度上取决于金、宋、蒙政权对待这些民间武装力量的政策及其利用程度。下面予以进一步的阐释。

二

当各地民间武装力量纷纷兴起、渐具规模并成为一种强大的社会力量时，金、宋、蒙三方从各自的政治利益出发，对之抱着不同的态度，采取了不同的政策。

先看金朝方面。

在山东地区爆发大规模的红袄军起义，随后各种民间武装随之兴起的形势下，金政府非常恐慌，因而一开始即对这些民间武装采取严厉镇压的政策。如杨安儿、李全等起义后，金政府即派军镇压，只是“官军虽讨之，不能除也”①，起义才愈演愈烈，义军队伍的规模也越来越大。但是在民族矛盾上升为主要矛盾的情况下，农民起义军与各地民间武装毅然站在抵抗外来入侵的第一线。如蒙古南侵以后，北方各地民间武装即自动担负起抗战的任务，保家卫国。史称当时“河北所在，义军官民坚守堡寨，力战破敌者众”②。著名者有威州人武仙“率乡兵保威州西山，附者日众”③。有景州人张开，“团结乡兵为固守”④。有太原人赵益，“鸠合土豪，保聚山硖，屡战有功”⑤。有涞水人赵柔，“栅险以保乡井”⑥。其他河北各地义军，则共推苗道润为长，节制五十余城。

在此形势下，金政府中的一些有识之士，注意到这些民间武装力量可以借用，遂要求政府改镇压取缔为招附。如在大安三年蒙古围困中都之时，金元帅府经历李英即上书右副元帅术虎高琪说：“中都之有居庸，犹秦之崤函，蜀之剑门也。迩者撤居庸兵，我势遂去。今土豪守之，朝廷当遣官节制，失此不图，忠义之士将转为他矣。”⑦同知太原府事古里甲石伦亦奏请“招集义军，设置长校，各立等差”⑧，为金政府所用。金政府遂稍稍改变对待民间武装的政策，曾敕令

---

① 《金史·仆散安贞传》。
② 《金史·完颜赛不传》。
③ 《金史·武仙传》。
④ 《金史·张开传》。
⑤ 《金史·赵益传》。
⑥ 《元史·赵柔传》。
⑦ 《金史·李英传》。
⑧ 《金史·完颜弼传》。

"河东、河北、大名长贰官训练随处义兵，邻境有警，责其救援"[①]，允诺"用官爵为赏"[②]。

但金政府自始即对招纳利用汉族民间武装存有戒心，故在招纳之时又加以种种限制。如在以官爵笼络各民间武装首领时，即多方刁难。像苗道润"遣人诣南京求官封，宰相难其事"[③]。对归附的义军，又严格限制其行动。当防守居庸关的义军欲邀击退师的蒙古军时，金宣宗即诏"不许擅自出兵"，并严防民间武装威胁金朝的统治秩序，对归附武装"或徙之内地，分处其众，以备不测之变"[④]。为防止民间武装力量过分扩张，还从经济上加以扼制。如屯驻观州的降金义军，"乞麦种三千石，驴骡三百或宝券二百贯，户部不与"[⑤]。如此种种掣肘，遂使金政府不能充分利用各地民间武装力量抗战，极大地削弱了抗蒙统一战线的力量，亦促使各地义军投靠宋朝或蒙古方面。

在蒙古方面加紧扩大侵金战争，金境内的民间义军纷纷投宋反金的形势下，山东、两河地区成为民间武装活动的主要场所。其中以胡天开据平阳、张开据辉州、程琢据代州、赵益据太原、王佐据霍州、郭文振据辽州、王福据沧州、靖安民据德兴、李瘸驴据涿州、武仙据真定、苗道润据河中府、张聚据棣州、严实据泰安、张荣据济南、赵天锡据冠氏、张林据益都等，最为著名。金政府又不得不再考虑如何招抚、利用这些民间武装，朝中官员亦纷纷就此上书，或主张允其自推首长，"保聚险阻"；或主张选其有"威望服众者，假方面重权"；或主张以官爵招抚，"无问其门地，皆超逾等级，授以本处现任之职"等。[⑥] 最后，金政府企图用"封建"与"官爵"来收买各地民间武装，但此时政局已发生了很大的变化。一方面，金政权的瓦解与崩溃已呈不可挽回之势；另一方面，单纯的收买也加剧了各民间武装之间的争夺，使金政府利用他们来守土抗敌的愿望无法实现。到金哀宗时期，再次大力招纳各地民间武装，欲集中力量抗蒙，挽救残局，但此时大多数汉族民间武装已叛金降蒙，金朝的抗战已处强弩末势，遂使金朝最后走向灭亡。

再看宋朝方面。由于山东、两河各地的义军遭金政府的围剿镇压，使许多义军人心归宋。如杨安儿起兵遭围剿后，即"有意归宋"，"招礼宋人"，并派其属下季先面见宋楚州知府应纯之，"道豪杰愿附之意"。[⑦] 但宋朝政府对农民义军

---

① 《金史·宣宗本纪》。
② 《金史·李英传》。
③ 《金史·苗道润传》。
④ 《金史·完颜伯嘉传》。
⑤ 《金史·张开传》。
⑥ 《金史·完颜伯嘉传》。
⑦ 《宋史·李全传》。

也持敌视态度，把中原义军视为同金、蒙一样的祸患，拒绝他们归附。

直至"开禧北伐"失利后，有人始又提出北方的义军和民间武装可以利用，宋朝统治者才稍稍改变认识，变敌视为招纳、利用。宋宁宗嘉定十年，南宋丞相史弥远密令楚州知府应纯之"慰接"南来就食的北方义军，称他们为"忠义军"，发给"忠义粮"。于是从嘉定十年季先率众五千首先投宋后，山东义军李全、刘全、石硅、夏全、裴渊等皆相继附宋。从嘉定十二年李全率义军击败金将纥石烈牙吾达，取得著名的涡口大捷后，宋政府更领教了北方义军的力量，因而从暗暗接纳又转变为公开"招谕中原豪杰官民，劝以归附"[①]。嘉定十三年，淮东制置使贾涉奉朝廷之命，"招谕山东、两河豪杰，劝以来归"[②]。同年，宋政府复"以京东、河北诸州守臣空名告身，付京东、河北节制司，以待豪杰之来归者"[③]。对归降的北方民间武装，也先后给赐官爵。如李全归宋后，即被任命为京东路总管。石硅归宋后，被任为涟水军忠义统辖。张林归附后，被任为京东东路副总管。苏椿举城归宋后，诏知大名府。严实归宋后，授以济南治中，严实"分兵四出，所至无不下，于是太行之东，皆受实节制"[④]。

但是，宋政府对待中原民间武装，自始也持怀疑、提防的态度。尤其是宋宁宗死后，理宗即位，朝政为史弥远等人所掌握，政治黑暗，故使北方义军深切感受到"宋不足恃"[⑤]。

因宋政府对中原民间武装持怀疑、提防的态度，故采取了一些消极措施，如归宋的杨友、刘全、李全、石硅、葛平、杨德广等"忠义诸军在涟水、山阳者既众，(淮东提点刑狱兼楚州节制本路京东忠义兵贾)涉虑其思乱，因滁、濠之役，分硅、孝忠、夏全为两屯，李全军为五寨，又用陕西义勇法涅其手，合诸军汰者三万有奇"[⑥]。继之，贾涉复谋分石硅义军为六，命将分统，以"散其众"。这种分而置之、汰简其众、手背刺字的政策，实际上是对义军的分化、削弱政策。

宋政府授予归附义军首领的官职、爵号等，亦多无实际意义。尽管宋政府一再传檄中原各义军，"以地来归及反戈自效者，朝廷裂地封爵无所吝"[⑦]，但多不兑现。如李全抗金有功，朝廷欲授其"留后"官称时，就有人反对，认为"官职过分，将有后忧"。宋政府发给义军的"忠义粮"也多不及额，致使各义军"无以赡"。忠义军首领季先以其军缺粮，"请预借两月，(或)往密州就食，不许。请速

---

① 刘时举:《续宋编年资治通鉴》卷一五，"嘉定十二年十一月"条。
② 刘时举:《续宋编年资治通鉴》卷一五，"嘉定十三年三月"条。
③ 刘时举:《续宋编年资治通鉴》卷一五，"嘉定十三年七月"条。
④ 《元史・严实传》。
⑤ 《元史・严实传》。
⑥ 《宋史・贾涉传》。
⑦ 《宋史・贾涉传》。

遣(李)全代领其众,又不许”[1],这就大寒义军之心。

特别是宋政府对归附的北方义军的一些极端作法,更直接激化了这些义军武装叛宋降蒙。如忠义军首领葛平、杨德广、季先等人虽抗金有功,但被怀疑有二心,“各赴枢密院议事,未至,杀之”[2]。义军首领石硅对宋政府的一些做法不满,“杖剑渡淮”,宋朝即将石硅的妻子沉死于淮河,迫使石硅毅然降蒙。及至后来,宋政府竟把归降的民间义军和金、蒙一样视为腹心之患,即如贾涉在奏章中所说:“昔之患不过亡金,今之患又有山东忠义与北边(蒙古),宜亟图之。”[3]这就把义军推向自己的敌人了。

中原民间武装的背宋降蒙,标志着宋政府在金朝境内借用力量遭到了毁灭性的打击。因此,宋政府不仅无力恢复北方疆土,且面对蒙古来势凶猛的进攻,亦就无强有力的防御了。

最后,再看蒙古方面。蒙古南侵初期,主要目的在于抢掠人口、牲畜和资财,而非争城夺地。但蒙古统治者很快发现,屠杀和掠夺不能征服广大民众,也不能灭亡金朝,遂逐渐变抢掠为征服、据城争地。金贞祐二年,成吉思汗采纳金降将石抹明安的建议,率军攻打金统治重心两河、山东之地,“尽有河北诸郡而还”[4]。成吉思汗还采纳石抹明安不杀俘虏的建议,以招附“彼之未附者”[5]。蒙古统治者尤其注重招降利用中原汉族民间武装。

蒙古政权的招降政策很快在中原汉族民间武装中引起反响,在他们认为金、宋皆不足恃的情形下,纷纷投靠蒙古。如河北“清乐社”首领史秉直即首先“率里中老稚数千人诣涿州军门降”[6]。继之,西山赵柔、宁晋王义、昌平张拔都皆在蒙军“略地燕赵”之时降附蒙古。山东忠义军首领石硅对宋不满,派人去西域见成吉思汗时,成吉思汗当即表示:“如蒙宋和议不成,吾与汝永结一家,吾必荣汝。”石硅“心咸服”,遂降蒙。[7]

在蒙古大将木华黎担任南侵总指挥期间,更注重招降汉族民间武装。蒙军攻打真定时,守城的是河北著名义军首领武仙。木华黎命降蒙的汉人史天祥率军攻城,史天祥建议先行招降,木华黎许之。于是史天祥面见武仙,晓以祸福利害,武仙乃降。蒙军攻益都,守城的李全不敌出降。当时有人认为,“全势穷出降,非心服也,今若不诛,后必为患”。但蒙将孛鲁认为:“山东未降者尚多,全素

---

① 《宋史·李全传》。
② 《宋史·宁宗本纪》。
③ 《宋史·贾涉传》。
④ 《元史·石抹明安传》。
⑤ 《元史·石抹明安传》。
⑥ 《元史·史秉直传》。
⑦ 《元史·石硅传》。

得人心，杀之不足以立威，徒失民望。”结果，李全不仅没有遭杀，且被授官山东淮南楚州行省。这样一来，“郡县闻风款附，山东悉平”①。

此后，蒙古统治者主要采取以高官厚爵招诱汉族民间武装的政策，并将其作为屯驻新占领区的主要武装力量。如北京人何实以兵三千、籍户口一万降蒙，被委任为元帅左监军，屯戍于邢州。永清人史天倪归降后，被任为万户，屯霸州。保定人邸顺归附后，初授行唐令，又官山前都元帅。长清人严实降蒙后，被授以金紫光禄大夫、行东平尚书省事。济南张荣也被授予金紫光禄大夫、山东行尚书省事兼兵马都元帅、知济南府事。另如石硅授光禄大夫、济兖单三州兵马都总管、山东路行元帅，张林授山东益都、沧、景、滨、棣等州都元帅府事，等等。中原地区汉族民间武装的归附，极大地增强了蒙古逐鹿中原的实力，为其长驱南下奠定了坚实的基础。

由以上简要分析，我们可以清楚地看到，金朝政府对汉族民间武装的政策失误甚多，没有充分利用这些民间武装，结成最广泛的抗敌统一阵线。因此，一旦这些民间武装反戈一击，降蒙（宋）反金，常常给金朝造成很严重的威胁。最突出的例子是1220年武仙的叛金降蒙和随后的严实降蒙，使蒙古军队迅速占领了山东、河北的大片土地，给金朝的抗战造成了无法挽回的结果，对时局产生了重大的影响。故后人在评说金朝的灭亡与诸民间武装的关系时说：“以速金亡者，即此曹也。”②同样，宋政府由于对南投的中原民间武装也不能充分信任，归附的义军或被分化瓦解，或投而复叛，或走向武装割据，致使南宋的抗金、抗蒙皆遭失利，收复疆土亦终成空想。相反，蒙古统治者则能充分招纳、利用中原汉族民间武装，并以其为南侵的主力。在木华黎担任南侵总指挥期间，除了木华黎带领的二万二千蒙古军队为亲军外，余部皆为降附的汉族民间武装以及金朝降军。对汉族民间武装的成功政策，最终使之取得了灭金、侵宋的重大胜利。

三

总结上述，我们可以得到以下几点认识：

第一，金末山东、两河地区汉族民间武装的兴起，主要是阶级矛盾和民族矛盾积累、激化所致。一方面，在民族矛盾上升为主要矛盾时，广大汉族民间武装能从大局出发，毅然站在反抗外来入侵的抗敌第一线，故其能为金朝（或宋朝）所利用。另一方面，民族矛盾和民族斗争归根到底又是阶级斗争的继续与发展，中原汉族民间武装的叛金或叛宋而降蒙，则又是其反抗金、宋统治的具体

① 《元史·木华黎传》。

② 《金史·兵志》。

体现。

第二，虽然主要受阶级矛盾和民族矛盾的制约，但最终使得中原民间武装与金、宋统治者决裂而与蒙古统治者合作的重要原因，则是金、宋、蒙三方对这些民间武装的不同政策。总起来看，金朝政府采取的是为渊驱鱼、为丛驱雀的政策，宋朝政府的政策亦摇摆性大、随意性强，只有蒙古政权对中原民间武装采取了比较成功的团结、笼络、利用的政策。

第三，在金、宋、蒙逐鹿中原的过程中，诸汉族民间武装始终处于举足轻重的地位，发挥着左右时局的作用。一方面，中原汉族民间武装的倒戈造成宋、金军事上的节节失利，给金、宋的抗战造成重大损失。另一方面，蒙古方面则充分利用中原汉族民间武装，发挥其灭金侵宋的中坚作用。如张柔降蒙后，"招集部曲，下雄、易、安、保诸州，攻破贾瑀于孔山"，接着败武仙，乘胜攻完州，破中山，略彭城，克深、泽、宁、晋、安平，又遣将攻下平棘、藁城、无极、栾城诸县，"辟地千余里"[①]，成为蒙古在河北的主力军。又如史天倪统帅其军，"从木华黎略地三关已南，至于东海，所过城邑皆下"，还"分兵略三河、蓟州，诸寨望风款服"[②]，再从攻高州、北京、平州、真定、大名，徇山东诸地，又平河东地区，其军被称为"清乐军"，成为蒙古依恃的又一骨干武装力量。另有石天应的"黑军"、董俊的"匡国军"等，皆为蒙古南进的先锋主力军。特别是在招纳民间武装的同时，一大批汉族知识分子也被蒙古统治者所信用。如临潼人李邦瑞随太原民间武装一起降蒙而闻名。从严实降蒙的知识分子宋子贞等人也得到重用。在燕京等新占领区，蒙古统治者即选用降蒙的知识分子担任诸路课税使。这些人受到重用，成为蒙古利用中原汉族民间武装的重要补充。元人虞集对此评论道："国朝初入中原，即用其豪杰，以经理纲纪，安绥人心，以致其材，用其豪杰。"[③]

当然，灭金以后，汉族民间武装首领与蒙古贵族之间的内在矛盾也渐渐发展起来。蒙古统治者一方面继续利用民间武装力量统一全国；另一方面，也尽量防止其势力过分膨胀，尤其是防止产生新的军阀割据。及至后来在山东发生李璮起兵反叛的事件后，蒙古统治者即实行"罢世侯，置牧守"，解除汉族武装首领的世袭兵权，实行兵民分置的政策，对原有汉族民间武装的政策也逐渐发生变化。但此时全国已近最后统一，汉族民间武装自然失去了其存在的必要性。

（原载《文史哲》1994 年增刊）

① 《元史·张柔传》。
② 《元史·石天倪传》。
③ 虞集：《道园学古录·两淮转运副使潘琚》。

宋元时期的书院教育与书院精神浅析

传统书院肇创于唐代，繁盛于宋元，历明清而不衰，赓续千年之久，形成内涵丰富、博大精深的书院文化，为中华传统文化重要的组成部分，在中国文化发展史与中国教育史上具有重要的地位。书院作为文献整理机构首创于唐代，历五代十国而入宋元，逐渐演变成一种全新的社会教育模式和学校制度，也逐步形成以讲学授业、文献编刻、祭祀先贤为主要内容的书院文化。尤其是其中所形成的以传道授业、人格修养、学术创新、践履践行为核心内容的书院精神，在弘扬中华民族文化和中华民族精神文明建设方面发挥了不可磨灭的作用，值得予以认真总结，并可为当今的文化建设、教育建设、学校建设提供借鉴。为此，本文拟在学界已有丰富研究的基础上，以宋元时期的书院教育为切入点，对这一时期书院文化教育建设的成就，尤其是书院精神的确立及其影响，作进一步的探讨。

一、传统教育格局中新型教育体系的建立

书院最早是作为藏书、修书之所兴起于唐，并在唐玄宗开元年间获得初步发展。据马端临《文献通考·职官考·集贤院》条记载："集贤殿书院，唐开元中置……开元五年十一月，于乾元殿东廊下写四部书，仍令秘书监马怀素、右散骑常侍褚无量总其事，于丽正殿安置，为修书使。至十二年，学士张说等宴于集仙殿，于是改殿名集贤，改修书使为集贤殿书院学士。"王应麟《玉海》亦引《唐书·百官志注》称：开元六年"乾元书院更号丽正修书院，置使及检校官，改修书官为丽正殿学士"[①]。但具有文化教育功能的书院，则到唐后期直至五代十国时期才得以发展起来。这一时期，南北各地以讲学为主要目的的私人书院相继而起，并作为中国古代私学教育发展史上的高级表现形态，形成一种全新的教育教学

① 王应麟：《玉海·艺文·唐乾元殿四部书》。

模式。

入宋以后，书院逐渐形成一个网络庞大、规制完备而又稳定的社会教育体制。吕祖谦《白鹿洞书院记》云："国初，斯民新脱五季锋镝之厄，学者尚寡，海内向平，文风日起，儒先往往依山林，即闲旷以讲授，大师多至数十百人。嵩阳、岳麓、睢阳及是洞为尤著，天下所谓'四书院'者也。"[①]北宋时期新建的书院，据白新良《中国古代书院发展史》统计，为 71 所。另有文献记载的两宋书院 125 所，虽然具体兴建时间不详，但估计这一时期所建书院至少亦在百所以上。到南宋时期，书院事业有了很大发展，各类书院已达 500 所以上，其中新建者 300 所左右，修复者 200 所左右。书院数量不仅有了较大幅度的增长，且分布地区亦更广泛，显示书院建设已步入成熟发展期。宋元之际的王朝更替和战乱，使书院发展一度遭受挫折，许多书院"兵毁及之，悉化而为蒿莱烬砾"[②]。即使那些未毁于战火兵燹者，也遭到了程度不同的破坏。有的书院还在战乱中被僧寺、豪右所侵夺。但在元朝统一全国、建立大一统统治之后，元朝政府积极倡导兴办书院教育，实行保护与发展书院教育的政策，规定"凡有书院，亦不得令诸人骚扰"[③]，明令"将在前僧人强行占据诸人房屋田土、山林池荡并宫观庙宇、学舍书院，照依归附时为主，尽行给还元主"[④]。在此背景下，包括南宋遗老、元朝官绅在内的诸色人士纷纷兴建书院，使书院获得较快恢复与发展。虽然学界对元代书院的数量有着不同的估算与统计，但至少在 400 所以上。[⑤] 与宋代相较，元代书院总数可能略有下降，但基本上已恢复到两宋时期的水平则是可以断言的。故当时和后代学者对元代书院文化的发展颇多赞誉之辞。如元代学者郑元祐称：元代"书院之建，几十倍于昔"[⑥]。戴良也说："国家承宋之旧，而书院之建，遂遍满于天下。"[⑦]明清之际的学者魏裔介更认为："元有太极书院之建，明有性理大全之修，所以人才辈出。"[⑧]清代学者朱彝尊也称："书院之设，莫盛于元。设山长以主之，给廪饩以养之，几遍天下。"[⑨]现代学者张正藩则说："元代书院，较宋尤盛。"[⑩]元代书院不仅在地理上已遍布全国，最突出的是向边疆地区的扩展推进，少数民族也成为兴办书院的生力军。特别是北方地区的书院在相较于南方

① 吕祖谦：《东莱集·白鹿洞书院记》。

② 戴表元：《剡源文集·美化书院记》。

③ 佚名：《庙学典礼·先圣庙岁时祭祀禁约掻扰安下》。

④ 佚名：《庙学典礼·郭签省咨复杨总摄元占学院产业》。

⑤ 参见王颋：《元代书院考略》，《中国史研究》1984 年第 1 期。

⑥ 郑元祐：《侨吴集·颍昌书院记》。

⑦ 戴良：《九灵山房集·重修甫里书院记》。

⑧ 魏裔介：《兼济堂文集·清学校培真才疏》。

⑨ 《钦定日下旧闻考·城市》。

⑩ 张正藩：《中国书院制度考略》，江苏教育出版社 1985 年版，第 20 页。

地区为薄弱的情形下，仍获得了较快发展，表现出书院建设在全国范围内已成熟化的特点。

早在北宋前期，就已经有白鹿洞书院、石鼓书院、应天书院、岳麓书院等被誉为“天下四大书院”①。而到南宋时期，以白鹿洞书院、岳麓书院、丽泽书院以及象山书院为代表的一大批书院的扩建或重建，使书院教育在体制上更趋完善，书院教育模式也与官学教育形成鲜明对比，书院教育已成为传统教育体系中与官学并驾齐驱甚至超越官学的独具特色的新型教育模式。正如马端临在《文献通考·学校考》中所说：“盖州县之学，有司奉诏旨所建也，故或作或辍，不免具文。乡党之学，贤士大夫留意斯文者所建也。故前规后随，皆务兴起，后来所至，书院尤多。而其田土之赐、教养之规，往往过于州县学，盖皆欲仿四书院云。”

在书院建设获得普遍发展的同时，以书院教育为核心的书院文化也得以形成。书院首先作为新的教学载体和颇具时代特点的教育制度，其外部物质表现形式和内部组织结构不断成熟完备而趋于定型化。首先就书院的规制来看，书院承续“讲于堂，习于斋”的讲学古制，一般都以讲堂、斋舍、书楼为最重要的建置。如北宋初创建的岳麓书院，便以讲堂 5 间、斋舍 52 间和书楼作为书院的主体构建。此后多数书院不论规模大小，但中开讲堂、揭以书楼、序列斋舍的基本建筑格局却承续下来。在各类书院中，讲堂以讲学、书楼以藏书、斋舍以居住、礼殿以供礼、学田为经费的诸项设置，标志着书院的制度化和定型化。特别是讲学、藏书、祭祀之制，被称为书院的三大基本事业。

讲学是书院教育的基本内容，其活动场所为讲堂和斋舍。讲堂是老师讲学论道之处，斋舍是学生住宿和平时自学的场所。藏书则是书院不可缺少的部分，书院之所以名“书院”，起始即为藏书、校书乃至编书、刻书之所，书院演变为教育机构后，收藏和刊印文献典籍仍为书院的突出职能。因此这一时期乃至后来的书院，书楼在书院中皆处于突出的位置。如岳麓书院的藏书楼即位于讲堂之后的中轴线上，且为书院唯一的楼阁建筑，显示出书楼在书院中的崇隆地位。祭祀活动在书院整个教学活动中处于重要地位，也是书院富有特色的教育形式之一。自古代以来，在官私学的教育活动中本来就有祭祀先师的内容，书院继承这一传统并加以发展形成祭祀之制。书院教育中的祭祀，不仅毫无例外地供祀先师孔子，而且还常常要祭祀某个学派的大师、乡贤、名宦以及可供生徒效仿的忠廉之士和著名学者等，因此祭祀活动亦为书院教育体制中的重要组成

① 马端临：《文献通考·学校考》。又王应麟在《玉海》中把白鹿洞书院、应天书院、岳麓书院、嵩阳书院并称为“天下四书院”；范成大在《石鼓山记》一文中则把徂徕书院、金山书院、岳麓书院、石鼓书院称为“天下四书院”。

部分。

这一时期，书院的管理也趋于规范化，形成了以书院山长为中心的教育行政管理体制。山长之名始于唐末、五代时期，或称“山主”“洞主”“掌教”“主讲”等，从宋代起逐渐规范为“山长”，并成为书院之主要管理者。宋代大多数书院皆设山长以掌书院讲席，山长也逐渐发展为书院教学兼行政的主持者。北宋时期各书院山长的遴选任用，多由名位崇隆、德高望重或弃官归田之学者出任。南宋时期或有学官兼任山长者，或由通过科举考试以及太学毕业符合教职者担任，亦间或有朝廷直接钦派者。元代则多由朝廷或官府委派，与官学之教授、学正、教谕等并列具备学官身份。也有聘请乡绅之德行、学问兼具者充任的。在一些较大的书院中，除以山长主持教学、行政事务外，还多设副山长、讲书、副讲、堂长等职事人员，形成一套较完备的组织管理系统，以保证书院的正常运转。

为保证书院的正常教学秩序、书院各项活动的稳步开展，各书院差不多都订有较详备的学规学约，逐步建立了以书院学规学约为中心的制度保障体系。这一时期各书院学规的名称除“学规”外，还有诸如“规程”“揭示”“学榜”“学则”“学约”“禁约”“训约”“规绳”“规式”“规则”“规条”“条约”等名号。这些学规虽繁简有别，内容各异，但大体上都包含了教育目的、学生培养目标、学生素质养成、学习要求达到的标准以及日常生活守则等内容。如吕祖谦的《丽泽书院学规》、朱熹的《白鹿洞书院揭示》、陈文蔚的《双溪书院揭示》、徐元杰的《延平郡及书院学榜》、刘鹗的《齐安河南三书院训士约》等，皆颇著名。清代学者张伯行编有《学规类编》27卷，收集各家学规百余种，被视为“学规大全”。在这些学规中，尤以朱熹在南宋淳熙年间制订的《白鹿洞书院揭示》影响最大、最深远。这个学规是书院发展史上第一个较系统而内容完备的规约，其内容主要有“父子有亲，君臣有义，夫妇有别，长幼有序，朋友有信”等“五教之目”，规定了“博学之，审问之，谨思之，明辨之，笃行之”的“为学之序”，还制定了“言忠信，行笃敬，惩忿窒欲，迁善改过”，“正其义不谋其利，明其道不计其功”以及“己所不欲，勿施于人；行有不得，反求诸己”等修身、处事、接物等要领①，是当时以及之后以程朱理学为办学指导思想的书院的比较典型的教育纲领。宋理宗在视察太学时就曾亲书这个学规颁赐给太学生们。自此以后，《白鹿洞书院揭示》在各地书院中被广为摹写、抄录，成为各书院效仿遵守的基本学规学约，为后代书院制定学规学约时必定参考的蓝本。

另外，书院无论是在教师的聘任方面，还是在学生的招收方面，均表现出区

① 参见朱熹：《朱文公文集·白鹿洞书院揭示》。

别于官学的更大灵活性。由于书院的私学性质，很少有官学那样多的限制，所以不论书院规模大小，皆具有向社会开放的特点。生源也不仅仅限于本地，书院所在地以外的学生皆可申请入院学习。学生入学，或考核录取，或著录即可。学生一般自愿择院、择师。当时某书院若有名师掌教，则四方游学之士多会闻风负笈而至。若有名师解职聘于他院，也常会有学子伴之而去。甚至也有生徒集资建院，礼聘名师入院讲学的。这些都意味着书院的兴建，为更多求学的学子们提供了学习深造的机会，亦打破了传统的画地为牢的教育格局，对推动教育的发展具有重要意义。正如程文海《东庵书院记》所云："书院昉近代，视郡县之学在昔为尤重，非名足以厌时论，学足以任师道者，弗与是选，人才亦往往于是焉出。""书院之建，既不隶于有司，无势以挠之；岁时假给从己出，无利以汩之；又必择良师友而为之教，则无罷茸冗秽之患矣。故教者用其明，学者保其聪。教者循循焉而不知其所化，学者充充焉而不知其所得。呜呼，使天下之学他日不取法于此耶！"①

二、以人格培养为核心的新型教育体制的确立

由于书院与官学最重要的区别在于办学目的是"为教育的而非为科举"而兴起的，因此书院教育从其诞生的那一天起，就逐渐形成了独具特色的教学模式和人才培养模式，确立起新型的教学育人体制。

中国古代传统的教学模式差不多是封闭式的、教条式的，官学教育自不必说，即使是私学教育，也大都是各学派的倡始人通过招收门徒以私授形式传递知识，师生间大抵形成一种较为牢固的师徒传承关系，这种传承关系往往导致师说的神圣化与权威化，抑制学术的创新与发展，导致知识的僵化。尤其是株守死板的学习方式，很大程度上窒碍着新思想、新学说的产生，也就限制了学术文化的正常发展。而书院的私学性质则使其摆脱了官学教条化的束缚，教学的目的主要是为教育而非为科举，从而极大地冲击着传统的师授学承模式。各书院也多因师因学确立各自的办学方针、课程设置、教学方式以及人才培养目标，使书院教育呈现风采各异的教学方法和治学风格。虽然各有特点，但书院的基本教育特征仍有共同之处，其中最主要的便是老师的"升堂讲授"、师生间的"质疑问难"和学生间的"互相切磋"，主要的教学环节是老师的启发辅导和学生的读书自学，展现出书院教育充分发挥学生学习主观能动性和培养学生独立思考能力的教育特色。

---

① 程文海：《雪楼集·东庵书院记》。

在课程设置上，各书院会因时因地制宜，但一般都包含经学、史学、文学、诗学、小学、算学、制艺帖括以及自然科学等项内容。如经学，宋代各书院主要设置"五经"课程，到南宋朱熹集注"四书"之后，"四书"课程的设置便较为普遍，元代各书院大多以《四书集注》为必读教材。与此同时，书院也都会有其他课程的设置，如濮州历山书院的课程中，就特设医学；内乡博山书院的课程中，也特设数学、书法等。为适应科举考试的需要，除"四书五经"之外，学生还要选修前四史、文选、杜诗之类的课程。有的书院还辟有"射圃"，传授武学内容。特别是大多数书院都比较重视作为传统教育教学内容的"展礼"教育，如祭祀先师、朔望祭祀等，常常是书院不可或缺的常规课程，其内在的教育含义是集中体现书院尊师重道、崇贤尚圣的精神，使学生在"仰而瞻其容，俯而读其书"的氛围中，在虔诚肃穆的祭拜活动中，日渐月磨，耳濡目染，培养对先贤的景仰与礼敬之情。这正如程文海《历山书院记》所说："彼既知舜之当祀，必知舜之当法。"[①]书院祭祀活动其实是一个生动形象的教育过程。因此，这一时期的书院多建有礼圣殿、崇儒祠、先贤祠、忠节祠、紫阳祠等，故而祭祀也就成为书院教育的三大事业之一。其实，除祭祀之外，在师生之间、同学之间、迎宾送客、升堂讲说、科试会考等环节，各书院也都有礼仪方面的要求与规定，其实质上皆属展礼教育。

在具体教学内容的安排上，在宋元时期各书院的规约中，以朱熹的《朱子读书法》尤其是程端礼的《读书分年日程》影响最大，各书院大都以此为蓝本安排书院日常的教学活动。在具体的授课形式上，自宋代起即确立了"升堂讲说"与"分斋授课"的教学之制。升堂讲说，或称"升堂讲释"，始自南唐庐山国学朱弼的讲学，其主要内容据《南唐书・朱弼传》载，大要为"每升堂讲释，生徒环立，各执疑难，问辩蜂起，弼应声解说，莫不造理。虽题非已出，而事实联缀，宛若宿构，以故诸生诚服，皆循规范"。这种教学方式类似现代的课堂讨论，有主讲，有提问，还有辩难。此种教学方式后为各书院所继承并得到发展，由此也产生出了许多书院讲学大师。如南宋时期号称"东南三贤"的朱熹、张栻、吕祖谦三人，其学术思想的形成与学术地位的奠立，可以说与其书院讲学是分不开的。现存《白鹿洞书院志》所保存的朱熹在白鹿洞书院升堂讲说的讲义，以及被后世书院奉为法定教材的《四书集注》等，其实也是朱熹长期在书院讲学的学术结晶。

分斋授课是自宋代确立起来的书院教学形式。此期书院的基本建制为讲堂、斋舍和书楼，书院的教学活动除了老师的升堂讲说之外，生徒的大量时间是在斋舍和书楼。斋舍的学习主要是自学，但同时有师生间、同学间的切磋和质疑问难。如南宋时期建康明道书院规定：每旬"三八讲经，一六讲史"，"每月三

---

① 程文海：《雪楼集・历山书院记》。

课，上旬经疑，中旬史疑，下旬举业”[①]。不同时间的讲经和讲史，即为书院山长的升堂讲说；不同时间的经疑和史疑，则实为分斋授课，在形式上亦为师生间的讨论式教学。这些教学方式均为大多数书院所借鉴。

实际上，书院的教学活动并不局限于讲堂与斋舍之中，诸如祭祀、展礼甚至游览等，都是书院教学内容的扩展而为重要组成部分。北宋著名教育家胡瑗所提倡的“游历名山大川教学法”即为众多书院所采纳并规定为基本教学方法。如朱熹在主持书院时，便经常率学生悠游于山水之间，寓讲说、启迪、点化于游乐之中。这一教学方式被认为是对孔子“仁者乐山，智者乐水”教育思想的继承与发扬，亦与《礼记·学记》所提倡的“君子之于学也，藏焉、修焉、息焉、游焉”的教学思想相吻合。

在书院教育中，独具特色的会讲和讲会制度的实施，尤其对书院教学模式的形成产生着重要影响。书院会讲，实为各书院举行的学术性聚会或研讨会，含有对时人所关心的重大学术问题会同讨论、互相讲辩之意，由此还形成一批所谓“会讲式书院”。一般认为，书院会讲之嚆矢，为南宋乾道三年(1167)张栻主讲岳麓书院之时，邀请朱熹到书院讲学，史称“岳麓之会”，或称“朱张会讲”。他们两人此前早有书信往来与学术交流，但却因师承不同而见解歧异，故张栻邀朱熹自闽入湘，会面论学，成为当时书院讲学之盛事。朱熹抵湘后的两个多月中，先后讲学于城南书院、岳麓书院等。众学子也慕朱熹之名，纷纷从四面八方赶来听讲，盛况空前。朱熹与张栻及其弟子讨论了许多重大学术问题，开创书院自由讲学之风气。此后著名的会讲有淳熙二年(1175)吕祖谦邀朱熹、陆九渊、朱道吕等人讲学的“鹅湖之会”；淳熙八年(1181)朱熹邀陆九渊到白鹿洞书院讲学的“白鹿洞之会”；淳熙十五年(1188)陈亮邀辛弃疾之第二次“鹅湖之会”等等。这些会讲开不同学派在书院讲学之先河，在促进书院教学、活跃书院学术气氛等方面起到了巨大推动作用，也为书院发展注入了活力。因学有不同，不同所以尚会讲也。因此，会讲之制反映了书院教育在学术上兼容并蓄优良学风的形成。

与会讲之制相区别的讲会制度也形成于南宋时期，是当时诸教育大师凭借书院以传播其学术思想的重要方式，同时也成为书院教学的重要组织形式。与会讲之制形式有别，讲会实质上是一种学术团体组织。据黄宗羲《宋元学案·东莱学案》记载，南宋淳熙年间一部分在明州诸书院讲学的学者如杨简、沈涣、吕祖俭、袁燮等人，组织举办学术交流组织“四明讲会”，讲会不仅活跃了书院的教学活动，更促进了学术文化的发展。朱熹在主持白鹿洞书院时也设有讲会，

① 周应合:《景定建康志·儒学志·建明道书院》。

后来环绕庐山进行学术活动的朱氏弟子李燔、胡咏等数十人则定期集会，讲论师学。此外具有讲会性质的书院组织还有文会、诗会等。如朱熹之子朱在主持石井书院时，特建会文堂，后陈宓改为文会堂。宋元以后，此种讲会之制在各书院中获得较快发展，由此形成一批讲会式书院，极大地促进了书院教学形式的发展，进一步活跃了书院的学术气氛，使书院以其勃勃生气而与官学鼎峙而立，甚至要超过官学，不仅有力地促进了中国传统学术文化的发展，而且进一步发扬了中华民族尊师重道、注重人才培养与人格养成的优良传统，为中华文化的繁荣发挥着突出的功用。

三、以倡导学术文化为核心的书院精神的形成

从传统教育文化发展来看，宋元时期的书院教育实质上是在纠正官学应试教育弊端过程中创兴发展起来的。因此，与官学立足于科举应试的功利性教育形成显著对比的是，书院教育把弘扬“义理之学、修养之道”作为人才培养指导思想的中心，把讲学术以正人心，补官学应试教育之缺失，以人格教育、繁荣学术、传授知识、人才养成作为基本的人才培养模式，以理论创新与学术创新而形成了宏富的书院精神和学术上的繁荣局面，对后世教育文化的进一步发展产生了极大的影响。

毋庸讳言，隋唐以来的科举选士之制在王朝官僚队伍建设方面发挥了重大作用，但同时科举选官之制固有的弊端及其制度缺失日渐显现，负面作用更日渐突出，致使学校教育日渐成为科举制的附庸，使学校成为士子跻身官场的跳板，其禁锢士人思想、引导学子趋于名利的种种弊端日渐积累，不仅严重阻碍着学术文化的正常发展，而且官学自身也逐渐受到侵蚀并削弱了学校的教育功能，最终窒碍着人才的培养。故从宋代起，许多有识之士便不断揭露官学教育的弊端，批评官学育人之偏颇。如光宗绍熙年间吏部尚书赵汝愚所言：“中兴以来，建太学于行都，行贡举于诸郡，然奔竞之风胜，而忠信之俗微。亦惟荣辱升沉不由学校，德行道艺取决糊名。工雕篆之文，无进修之志。视庠序如传舍，目师儒如路人。季考月书，尽成文具。”[①]朱熹也曾指斥官学之弊说：“所谓‘太学’者，但为声利之场，而掌其教事者，不过取其善为科举之文而尝得隽于场屋者耳。士之有志于义理者，既无所求于学，其奔趋辐辏而来者，不过为解额之滥，舍选之私而已。师生相视，漠然如行路之人，间相与言，亦未尝开之以德行道艺之实，而月书季考者，又只以促其嗜利苟得冒昧无耻之心，殊非国家之所以立学

---

① 《宋史·选举志》。

教人之本意也。”[①]所以后来黄宗羲在评价学校教育尤其是官学教育时，认为学校已成为科举嚣争、富贵熏心之地，而真正有学识、有才能的人则多来自乡村草野之间，与学校毫不相干，学校已失去育人之功能。

正因如此，故自宋代以来有识之士大力倡办书院教育。而教育大师们在创办书院的实践中，更进一步明确反对把书院办成攫取功名利禄的名利场，反对书院把专攻科举考试所需的文辞之学作为教学重点，而主张效法古代圣贤“教学为先”的办学理念，弘扬“以教化为先务”的优良传统，把造就“得时行道，事业满天下”的经世济国之才作为人才培养目标。如南宋教育大师张栻在《潭州重修岳麓书院记》一文中，便明确提出把反对科举利禄之学、培养传道济民的人才作为书院办学育人的指导思想，指出书院教育“岂将使子群居族潭，但为决科利禄计乎？抑岂使子习为言语文词之工而已乎？盖欲成就人才，以传斯道而济斯民也”[②]。朱熹也说：“建书院本以待四方士友，相与讲学非止为科举计。”[③]朱熹在为白鹿洞书院所制订的学规中，虽然仍确定书院教育必须为王朝政治服务的原则，把维护纲常伦理作为书院教育的方针，但同时也明确反对把“务记览，为词章，钓名声，取利禄”作为人才培养的标准，提出了“修身、处事、接物之要”作为书院育人的准则。并针对官学与科举诱导士子“忘本逐末，怀利去义”的积弊，强调书院教育应注重人格教育，提倡言行一致、克己为人、道德自律、修身养性的育人原则与方法，鲜明地反映出其提倡书院育人的人才培养观。故朱熹制定的学规不仅为当时书院所普遍借鉴采用，而且为后代书院所因袭发挥，甚至影响到官学教育方针的制定。

书院教育继承中华文化中重视道德教化、倡导真才实学的优良学风，强调以品德修养、学术文化为书院教育的基础。尤其注重“无形规范”，侧重于学子的思想修养，也更强调修身养性，治学以德。教育生徒要躬行实践，不尚空谈，刻苦钻研，持之以恒。同时也强调为师者要忠信笃敬，毫发无伪，训警恳挚，言语肺腑，为群士景仰而为楷模。而书院所强调的人才培养和德行学问，主要还是引导学生在知识、德行、才智、学术等方面的养成与长进。要修身而推己及人，把齐家、治国、平天下作为大学术、大文化。因此书院要求学子关心国事，摈弃埋头场屋之学的陋习，真正成为治国安邦、经世济民之英才。尤其是许多教育大师主讲各书院时，也多弘扬敬道崇德、知行合一、勤奋严谨、兼容并蓄的书院精神及其优良传统。

由于书院把以通经读史为先、勤修实学、不慕虚名、人格养成作为育人方

---

① 朱熹：《朱文公文集·学校贡举私议》。
② 张栻：《南轩集·潭州重修岳麓书院记》。
③ 黎靖德：《朱子语类》卷一〇。

针，因此在人才培养方面成绩卓著，一大批从书院肄业的学子活跃在此时期政治、文化、教育以及学术诸领域，成为引领传统文化发展的生力军。如北宋宜黄书院的学生中就涌现出著名的政治家王安石。著名文史学家宋庠、宋祁兄弟则是分宁双井黄氏所建樱桃洞、芝台两书院的学生，且终宋之世，双井黄氏子弟由书院学习而入仕者达五十余人，其中的佼佼者便有江西诗派的代表人物黄庭坚。其他如北宋宰相王钦若肄业于奉新胡氏华林书院，曾巩、曾布、曾肇兄弟在南丰书院肄业。白鹿洞书院培养的学生中，著名者有江万里、吴革、吴玠等人。信州道一书院的学生中有元初儒学大师吴澄等。岳麓书院自宋代起，培养出一大批对湖湘、荆楚乃至全国的政治、经济、学术、文化产生重要影响的栋梁之材，因此被后人称誉"惟楚有材，于斯为盛"。

书院不仅在人才培育方面发挥着重要作用，同时更成为学术文化传播基地和学术流派的策源地。大体说来，宋代以后的许多重要学术流派无不与书院紧密联系在一起。如北宋的濂、洛、关、闽之学，南宋的朱熹学派、湖湘学派、陆王学派乃至明清时期的泰州学派、东林学派、蕺山学派、浙东学派、颜李学派、桐城学派、乾嘉学派等等，几乎都是在书院文化教育中形成并发展起来的。故有学者评价："宋代理学与书院并起，明代心学与书院同盛，清代汉学与书院同放异彩。"[①]书院培养的一批批、一代代学人成为各学派的继承者和发扬者。黄宗羲在《宋元学案》一书中，就把不少学术流派直接以该书院之名命名，如"丽泽诸儒""沧州诸儒""岳麓诸儒""槐堂诸儒"等，表明了书院教育与学术发展的相继相随，突出了书院在学术研究和文化传承中所呈现的鲜明性格和独特气质，直接评价了书院在弘扬中华文化中所处的地位。

宋至清的文化发展史也表明，凡学术文化繁荣时期，亦必定是书院教育鼎盛之时。特别是书院因其浓厚的学术气氛常常引领时代风气之先，在学术导向上发挥着举足轻重的作用。书院教育的繁盛，极大地促进了中国传统文化的发展，弘扬了中华民族正身诚意、修身为本、讲求经世之学、身体力行等优良品德和传统精神，为中华文化的创新发展作出了积极的贡献。因此，传统书院教育不仅是我国优秀传统文化传承的重要载体和思想文化创新的重要源泉，而且时至今日，传统书院文化和书院精神无疑仍会成为弘扬中华文化，建设中华民族共有精神家园的重要历史借鉴。

（原载《徐规教授纪念文集》，华东师范大学出版社 2012 年版）

---

① 参见杨布生、彭定国等：《中国书院与传统文化》，湖南教育出版社 1992 年版，第 3 页。

【附录】

书院精神探析

书院是中国教育发展史上,因学校教育沦为科举"附庸"之后,"辅学校之不及"而作为一种全新的社会教育模式与学校制度而兴起的。书院肇创于唐,繁盛于宋元,历明清而不衰,赓续千年之久。直至近代,随着一批西学书院的设立,直接导致传统书院的改制及其近代化,最后为近代新式学校教育所取代。书院在上千年的发展进程中,凝成了内涵丰富、博大精深的书院文化,形成了以人格修养为目的的尚德精神、以经世致用为特点的务实精神、以兼容并蓄为特色的宽容精神、以薪火相传为特征的创新精神等书院精神。

一、崇圣尚礼、人格养成的尚德精神

教育的根本使命是培养人。书院作为新型的教学载体及教育制度,与官学最重要的区别就在于办学目的是"为教育的而非为科举"的,因此书院教育从其诞生之日起,就逐渐形成了独具特色的教学模式与人才培养模式,确立起新型的教学体制。我国古代传统的师授学承的教育模式差不多都是封闭式、教条式的,官学教育自不必说,即使是私学教育,也大都是由各学派的倡始人通过招收门徒以私授的形式传递知识,师生间大抵形成一种较为牢固的师徒传承关系,这种传承关系往往导致师说的神圣化与权威化,抑制学术的创新与发展,导致学术知识的僵化。尤其是株守的学习方式极大地阻碍着新思想、新学说的产生,也就限制着学术文化的正常发展。而书院的私学性质使其摆脱了官学教条化的束缚,教学的目的主要是为教育而非为科举,其师授学承的模式多是因师因学,确立各自的办学方针、课程设置、教学方式以及授课形式等。其中最主要的教学环节便是老师"升堂讲授"、学生"分斋授课",加上师生之间"质疑问难"和学生之间"互相切磋"。升堂讲说,或称"升堂讲释",类似于现代学校的课堂讨论,有主讲,有提问,还有辩难。《南唐书·朱弼传》所载朱弼"每升堂讲释,生徒环立,各执疑难,问辩蜂起,弼应声解说,莫不造理。虽题非已出,而事实联缀,宛若宿构,以故诸生诚服,皆循规范"。分斋授课则是指除了老师的升堂讲说之外,生徒的大量时间是在斋舍或书楼自学,但同时有师生间、同学间的相互切磋与质疑问难。南宋建康明道书院即规定:书院每旬"三八讲经,一六讲史","每月三课,上旬经疑,中旬史疑,下旬举业"。讲经与讲史即为书院山长的升堂讲说,经疑与史疑实则为分斋授课。实际上,书院的教学活动并不局限于讲堂与斋舍，诸如祭祀、展礼甚至游览等，都是书院教学的扩展而为重要组成部分。以此充分发挥老师启发辅导与学生读书自学的优良学风，展现出书院注重培养学生的学习主观能动性和独立思考能力的教育特色。各书院在课程设置上也多因时因地制宜，但一般都包含经学、史学、文学、诗学、小学、算学、制艺帖括以及自然科学等项内容。如宋代各书院主要设置"五经"课程，到南宋朱熹集注"四书"之后，"四书"课程的设置就更普遍，元代各书院便大多以《四书集注》为必读教材。但同时，书院也会开设其他课程，如濮州历山书院就特设医学；内乡博山书院就特设数学、书法等。即使为了适应科举之需要，除"四书五经"之外，学生也要选修前四史、文选、杜诗之类的课程。有的书院还辟有"射圃"以传授武学。特别是大多数书院都比较重视作为传统教学内容的"展礼"教育，祭拜先师、朔望祭祀等形象教育也就常常成为书院不可或缺的常规课程，其内在的教育含义是集中体现尊师重道、崇贤尚圣的精神，使学生在"仰而瞻其容，俯而读其书"的氛围中，在虔诚肃穆的祭拜活动中，"既知舜之当祀，必知舜之当法"，日渐月磨，耳濡目染，培养学子们对先贤的景仰与礼敬之情，有利于其素质的养成、人格的完善，由此形成书院崇圣尚礼、人格养成的尚德精神。

二、践履践行、经世致用的务实精神

教育的本质特征是教化。但在"如何培养人"和"培养什么样的人"等方面，却把书院与官学的不同区分开了。因书院教育是在纠正官学的应试教育弊端过程中创兴发展起来的，因此与官学立足于科举应试的功利性教育形成显著对比的是，书院教育把弘扬"义理之学、修养之道"作为人才培养指导思想的中心，把讲学术以正人心，以人格教育、繁荣学术、传授知识、人才养成作为人才培养模式。所以历代教育大师们在大力倡办书院教育的实践中，都明确反对把书院办成攫取功名利禄的名利场，反对书院教育把专攻科举考试所需的文辞之学作为教学重点，而主张效法古代圣贤"教学为先"的办学理念，弘扬"以教化为先务"的优良传统，把造就"得时行道，事业满天下"的经世济国之才作为人才培养目标。南宋学者张栻在《潭州重修岳麓书院记》中即指出，书院教育"岂将使子群居族潭，但为决科利禄计乎？抑岂使子习为言语文词之工而已乎？盖欲成就人才，以传斯道而济斯民也"。明确提出把反对科举利禄之学、培养传道济民的人才作为书院办学育人的指导思想。朱熹也说："建书院本以待四方士友，相与讲学非止为科举计。"他在为白鹿洞书院所制订的学规中，虽然仍循规确定书院教育必须为王朝政治服务，也把维护纲常伦理作为书院教育的方针，但同时更明确反对把"务记览，为词章，钓名声，取利禄"作为人才培养的标准，而提出了

"修身、处事、接物之要"的育人准则。并针对官学与科举诱导士子"忘本逐末，怀利去义"的积弊，强调书院教育应注重人格教育，提倡言行一致、克己为人、道德自律、修身养性等，鲜明地反映出其提倡身心修养为主的人才培养观。故朱熹制订的学规不仅为当时书院所普遍借鉴采用，而且为后代大多数书院所因袭继承，甚至影响到官学教育方针的制定。尤其是书院教育重视道德教化、倡导真才实学的优良学风，强调以品德修养、学术文化为书院教育的基础，强调书院教育的"无形规范"，强调修身养性、治学以德；教育生徒要躬行实践，不尚空谈，刻苦钻研，持之以恒；引导学生在知识、德行、才智、学术等方面的养成与长进；要求众学子关心国事，摈弃埋头场屋之学的陋习，真正成为治国安邦、经世济民之英才；把修身推己及人，把齐家、治国、平天下作为大学术、大文化，由此形成书院践履践行、经世致用的务实精神。

三、崇尚学术、兼容并蓄的文化创新精神

教育的主要功能是传承文化。在书院教育中，强调为师者要忠信笃敬，毫发无伪，训警恳挚，言语肺腑，为群士景仰而为楷模，由此产生许多书院讲学大师。如南宋时期号称"东南三贤"的朱熹、张栻与吕祖谦，其学术思想的形成与学术地位的奠立，可以说与书院讲学是分不开的。尤其是许多教育大师主讲各书院时，多弘扬敬道崇德、知行合一、勤奋严谨、兼容并蓄的优良传统。因此，书院同时也就成为学术传播与学术流派的策源地。可以说，宋代以后许多重要学术流派的形成都与书院紧密联系在一起。如北宋的濂、洛、关、闽之学，南宋的朱子学派、湖湘学派、陆王学派乃至明清时期的泰州学派、东林学派、蕺山学派、浙东学派、颜李学派、桐城学派、乾嘉学派等等，几乎都是在书院文化教育中产生并发展起来的。故有学者评价说："宋代理学与书院并起，明代心学与书院同盛，清代汉学与书院同放异彩。"黄宗羲在《宋元学案》一书中，就把不少学术流派直接以该书院之名命名，如"丽泽诸儒""沧州诸儒""岳麓诸儒""槐堂诸儒"等，表明了书院教育与学术发展的相继相随。尤其是独具特色的会讲与讲会之制的实施，对书院体制产生着重要影响。书院会讲，实为各书院举行的学术性聚会或研讨会，含有对时人所关心的重大政治、学术问题会同讨论、讲辩之意，由此形成一批"会讲式书院"。南宋乾道三年(1167)张栻主讲岳麓书院之时，即邀请朱熹到书院讲学，史称"岳麓之会"或"朱张会讲"，开创书院自由讲学风气。此后著名的会讲有淳熙二年(1175)吕祖谦邀朱熹、陆九渊、朱道吕等讲学的"鹅湖之会"、淳熙八年(1181)朱熹邀陆九渊到白鹿洞书院讲学的"白鹿洞之会"、淳熙十五年(1188)陈亮邀辛弃疾讲学之第二次"鹅湖之会"等，这些会讲开不同学

派在书院讲学之先河，对促进书院教学、活跃书院学术气氛起到了巨大推动作用，也为书院发展注入了活力，反映了书院在学术上兼容并蓄优良学风的形成。而讲会之制则是当时教育大师们凭借书院以传播学术思想的重要方式，同时也成为书院教学的重要组织形式。与会讲之制形式有别，讲会实质上是一种学术团体组织。据黄宗羲《宋元学案·东莱学案》记载，南宋淳熙年间一部分在明州诸书院讲学的学者如杨简、沈涣、吕祖俭、袁燮等人，就组织举办了学术交流组织"四明讲会"，讲会不仅活跃了书院的教学活动，更促进了学术文化的发展。朱熹在主持白鹿洞书院时也设有讲会，后来环绕庐山进行学术活动的朱氏弟子李燔、胡咏等数十人即定期集会，讲论师学。此外具有讲会性质的还有文会、诗会等，由此也形成一批讲会式书院，极大地活跃了书院的学术气氛，促进了中国传统学术文化的发展，为繁荣中华文化发挥了突出作用。也因此形成了书院崇尚学术、兼容并蓄的文化创新精神，凸显了书院的文化传承功能。

中国书院发展史表明，凡书院昌盛之时，同时也是文化繁荣之期。书院因其浓厚的学术气氛，引领时代风气之先，在文化导向上发挥着举足轻重的作用，突出了书院在学术研究与文化传承上所呈现的鲜明性格和独特气质。书院教育注重弘扬中华民族正心诚意、修身为本、讲求经世体用、学术创新等优良品德和传统精神，为中华文化的发展作出了积极贡献。中国书院文化不仅成为中华传统文化的重要组成部分，而且在弘扬中华民族文化和中华传统精神文明建设方面发挥了不可磨灭的作用，值得认真研究总结，以为当今的文化建设、教育建设、大学精神建设提供借鉴。

中篇

运河文化论要

略论运河文化

纵贯南北的大运河堪称中国古代最伟大的水利工程，运河的开发有着上千年的悠久历史，是中华民族在征服自然、改造自然过程中巧夺天工的卓越创造。

运河的开发，曾对中华文明的形成发挥着极大的历史作用。大运河区域成为反映中国古代文化的深厚沉积带，从一个侧面诠释着整个中华历史文化，体现了中华民族在历史实践过程中所创造的物质财富和精神财富，形成了内涵丰富的中国运河文化，成为光辉灿烂的中华文化的重要组成部分。

伴随着运河的悠久开发史，运河文化也经历了千余年的历史塑造过程，拥有广深的内容。运河文化不仅仅是一种地域文化，更是作为一种大一统文化发展起来的。先秦以来，我国东部地区曾形成了各具地域特色的文化圈，由北而南，就先后演化有燕赵文化圈、齐鲁文化圈、荆楚文化圈、吴越文化圈等，而大运河就像一条文化纽带将这些文化珍珠串联起来，使各地域文化互相接触、融会、整合，连成恢弘深厚的运河文化带。这条文化带反映着中华传统文化融汇的轨迹，从各个方面表现出由各个文化圈融合后的鲜明特色，凝集着中华文明的精髓。虽然运河文化具有地域的形态，但从整个运河流域及其辐射区域来考察，却几乎覆盖了中国的东半部并影响着中国西半部。于是，当人们着眼于黄河文化和长江文化的研讨时，决不可忽视这两大文化体系在东部地区由于大运河而发生的大汇合。

大运河的开发与贯通，成为维系中国大一统局面的政治纽带，使政治重心东移后的历代王朝统治呈现出强烈的大一统色彩。特别是到元明清时期，京杭大运河在政治上的作用更加凸显。大运河横贯南北，接连东西，加强着国内各民族间的紧密联系与往来，增强着中华民族的向心力和凝聚力，使中华民族在经历了春秋战国、魏晋南北朝和宋辽金三次大的分裂之后，出现了元明清三代直至近现代的统一时期，运河流域也成为我国人口最稠密的地区。以清嘉庆十七年(1812)为例，人口地域分布列于全国前四位的江苏、浙江、安徽、山东4省，即为运河的主要流经地区。列4省之后的湖北、河南、江西、福建诸省，则是运河的重要辐射区。在这个广阔的区域，居住、生活着除汉族以外的回、蒙、满等数十个民族。如作为京都门户的通州自元代起就有回民迁居，到明清时期在城内东南隅已形成一个具有相当规模的回民聚居区。江南重镇镇江府，亦是从元代以来，即侨寓居住有蒙古、畏兀儿、回回、也里可温、契丹、女真等民族170余户达上千口人。其他像天津、临清、淮安、扬州、苏州等地更多“五方杂处”之民。

民族的团结、社会的安定、国家的统一以及政治的稳固，自然离不开强大财力的支持。作为历代王朝重要的经济命脉，运河在历代漕运中也发挥着难以估量的作用。如唐宋两代通过运河漕运粮粟达每年700余万石。[①] 明清两代常年通过运河的漕运量也达400万～600万石。[②] 明王朝在全国所设20多个官办织染局，半数分布在运河区域。清王朝所设北京、江宁、苏州、杭州等织造局则全部是在运河线上。明代在运河上所设钞关的商税收入达每年八九十万两，清代康熙年间增加到一百四五十万两。清代有两淮、长芦、山东、浙江、福建、广东等6大海盐产区，其中有4个分布在运河区域。故此，运河的开发直接关系到历代王朝的兴衰，同时也创立了独具特色的运河漕运文化。

运河的畅通，曾形成了历史上颇具规模的南北（包括东西）物资大交流，密切了全国各区域市场间的联系，促进了全国统一市场的形成，带来了古代商品市场经济的繁荣，加速了内河与海上交通的发展，推动着中外经济文化交流，由此营造出独具风格的商业文化。以大运河为干线的销售渠道不断将巨额商品输送到全国各地各类市场，形成了以运河为主渠道的商品销售网络，打破并改善着地域商业的闭塞状况，使繁荣昌盛的东部经济带推动着全国经济的发展。如明清时期来往于运河上的漕船有1.2万余只，按每船每年转运4次、所携带的被官府认可的私货60石计算，则每年的总运量即达300余万石，相当于漕运总量的3/4。而由官府管辖的往来运河上的快船、马船等私带客货更多达90%左右。至于民船的运量就更难估计了。这使得运河市场与全国市场的联系得到广深发展，对当时商品市场经济的繁荣有着极明显的影响。在运河北段，以临清、天津、通州为中转市场，与东北地区和西北地区市场联系起来，同时北部边疆地区的产品亦由陆运转河运大量销往内地及南方。陕西、宁夏、大同等处客货，也皆由南北运河辗转运至。在运河南端，以杭州为中转市场，则与江西、福建、广东等东南沿海区域市场连接起来。如广东、福建等地的货物，便多由商贾通过陆路或水路运至杭州，再从杭州装船沿大运河运至北方各地。同时北方各地的货物也多在杭州中转运售到上述地区。杭州还作为运河沿线与海上联系的重要港口市场，通过这里把国内商品销往暹罗、吕宋等东南亚地区或日本

① 参见《宋史·食货志·漕运》。

② 参见《明史·食货志·漕运》。

等地。如明末郑芝龙集团曾动用上万只船，大量采购内地纺织品从杭州装运至日本、琉球、吕宋及中南半岛沿海进行贸易。还有如唐宋以来中日高僧往来于扬州等地、郑和下西洋的庞大船队起锚于刘家港等举世壮举，皆无不与大运河有关。

运河商品经济的繁荣，更直接带动了一批运河城镇的崛起，极大地促进着运河流域农村城镇化的历史进程，变革着旧的社会生产关系，孕育了新的生产关系的萌芽，同时发育了风格日新的运河都市文化。由运河开发、畅通而兴起并空前繁荣的重要商业城市如通州、天津、德州、临清、东昌、张秋、济宁、淮安、扬州、杭州等，像一串镶嵌在运河上的明珠，客商云聚，货物山积，成为沿河地区的一个个经济文化中心。

运河都市文化的特点，首先表现在百业俱兴，商业气息浓重。北京城在明代已有 130 多个行业，有近 4 万个店铺。杭州民间从事纺织业的机户到清代即数以万计。苏州在清康熙时即有染布作坊 64 家、造纸作坊 30 多家、酱坊 86 家、冶炼作坊 40 余家，还有最先发展起来的众多的钱庄等。其次表现在城镇的居民结构发生变化，呈现出以业而聚、流动频繁、身份变换活跃的特色。如临清多“游宦侨商”，德州有大约 1/3 的“四方商旅”之人，天津“率多流寓之人”，淮安“百工居肆，倍于土著”，扬州“地多流寓”，苏州“四方之人，等于土著”，而“杭民多半商贾耳”。又如通州，其居民成分即有船民、水手、铺户、商人、负贩、码头装卸搬运工人、流民、乞丐、客旅、手工业主、僧道以及专管漕运、仓储、验收的官吏和兵士等。仅运脚工人即达万人。第三表现在运河流域农村城镇化进程加快，有力地促进着城乡旧的生产关系的解体和新的生产关系的萌生。沿河地区商业性农业的发展，为城镇手工业和农业资本主义萌芽创造了极有利的条件，在苏杭的纺织业、济宁的酱园业、临清的砖窑业以及其他城镇的许多手工业中，首先萌生着资本主义性质的雇佣劳动关系，使运河地区在社会变革中走在了时代的前面。

运河把杭州、南京、北京等几大文化中心联为一体，也极大地促进了整个运河区域的文化发展，使运河地区成为人才荟萃之地、文风兴盛之区，珠辉玉映，造就了昌盛的运河文化带。自宋元以来，运河地区即书院林立。在明代，山东地区有书院 50 余所，清代发展到 75 所。沿运城市中如天津、淮安等地还最先设立了专供商人子弟就学的“商学”。在学术文化方面，宋代杭州刻书最为精良。明代南京、苏州府、淮安府的刻书业最为繁盛。其他像聊城等地亦有发达的刻书业、印刷业、制笔业等。清代的刻书局则以扬州、江宁、苏州、杭州等为最著名。清代还有常熟瞿氏“铁琴铜剑楼”、杭州丁氏“八千卷楼”、吴兴陆氏“皕宋楼”、聊城杨氏“海源阁”等四大私人藏书楼。运河地区也是造就人才最重要的地区之一。据清代的统计,通过科举而获取功名的以位于运河区域的江苏、浙江、安徽、直隶、山东五省区最多。有清一代的会元、状元、榜眼、探花和传胪的人数,江苏即有 184 人,浙江有 137 人。

大运河吸纳古今中外文化精华,融会南北各地的风情民俗、饮食服饰、宗教信仰、官民礼仪等,形成了独特的运河风情和民俗文化。运河区域诸城乡广大居民有着共同的节日习俗,甚至各地的饮食习俗也因运河而广泛交融。扬州居民煮茶独取运河之水,天津居民饮食亦"皆运汲于河水"。扬州富商宴席上"饵燕窝,进参汤",德州豪贵同样把"燕翅席"作为高档享受,故海参、鱼翅、燕窝、鱿鱼、火腿等贵重食品充斥于运河城镇市场。随着南北风情文化的趋同,甚至在行业语言中,流行着南北各地商人共同熟悉的江湖式的切口,举凡称谓、建筑、起居、饮食、家具、衣物、动物、器械、职业、行业、数目、姓氏以至天文、地理等方面,都广泛使用暗语或特定手势。此类词汇数目达三四千个,成为运河民间文化的一个突出现象。更由于文化和宗教信仰的日渐趋同,中国传统的宗教和外来宗教也沿运河两岸得到迅速传播。运河地区的庙会和古会相当繁盛,每年都吸引着来自四面八方、远至上千里外的数以千万计的商旅和游客。另外在一些运河重镇还形成了一些独特的都市文化区,诸如北京的天桥、扬州的虹桥、济宁的东南隅,都为当时集演戏、说书、杂耍、游戏于一处的娱乐区。娱乐文化的发展促进了运河地区戏曲的发展,从扬州到北京,融会各地戏曲精华,形成了为各地观众认可的花、雅两大部,同时也形成了数以千百计的戏班。此外在沿运诸城镇还有集商业贸易、娱乐休闲、乡谊联络为一体的众多会馆。明代北京的会馆即有 40 余所,苏州亦有 40 余所,另有公所 120 余处。聊城有山陕、苏州、江西、赣江等 8 大会馆傍河岸而立。天津亦有山西、闽粤、浙江等会馆。由此也形成了颇具特色的会馆文化和商帮文化。

运河的开发还营造着新的自然环境、生态环境和人文社会资源环境,创造出一条以有利于人类生存和发展为主要特征的运河风景线。尤其是运河两岸以水、湖、山而闻名的古城名镇,从南到北组成了以园林和庭院为主导的环境文化。诸如当时苏州、杭州、扬州以至济宁、聊城、临清、天津、北京等大中城市中,都有为数众多的园林景观,并作为丰厚的历史遗产,改善和美化着人们的生存环境。

在大运河的开发利用过程中,还形成了一个包括漕官、水手、运丁、船工以及搬运工人在内的庞大的漕运船帮。在此基础上,产生了明清以来最具影响的帮会组织——青帮。青帮亦成为中国帮会文化的典型代表之一,对近代社会产生过不可忽视的影响。

同时,在大运河的开发历程中,也凝集着广大运河建设者的艰辛劳动与聪明才智，体现着运河建设者“人定胜天”的大无畏精神。运河的开发虽是一项伟大的人造工程，更是广大运河建设者遵循自然规律、发扬科学精神的伟大成果。

总之，运河文化作为辉煌灿烂的历史文化，是留给我们的一笔丰厚的历史遗产。运河文化的研讨必将对我国的社会主义现代化建设事业产生积极的促进作用。

（原载《人文与自然》1997 年第 1 期）

【附录一】

运河文化论纲*

一

京杭大运河，北起北京，南到杭州，它沟通了我国海河、黄河、淮河、长江和钱塘江五大水系，流经北京、天津、河北、山东、江苏、浙江六省市，全长 1800 公里，经历了上千年的历史塑造过程，为我国东部地区带来了巨大的经济和社会效益，堪称我国古代最伟大的水利工程。

中国运河的历史非常悠久，如果从前 487 年吴王夫差开辟邗沟算起，至今已有 2400 多年历史了。历代开挖的运河有 16 条之多，在宋代以前，春秋时的吴国有胥河，汉有鸿沟、汴渠和关中漕渠，隋有永济渠、通济渠和广通渠，唐有广济渠、广运潭和广西的灵渠；宋有汴河、蔡河、广济河、金水河等等。在这些运河的基础上，元代在北京、通县间开凿了通惠河，在山东临清和济宁间开凿了济州河、会通河，这样在中国东部地区形成了一条南北大动脉。明清两代更是将治运作为国家要务，400 余年来数次修浚，成为当时南北水运的唯一通道。可见京杭大运河是 2000 多年来中华民族在征服自然、改造自然的过程中巧夺天工的伟大创造，也是中华文明的丰厚积淀，更是民族精神的重要标志。

京杭大运河的开通，大大缩短了南北之间的距离，加强了中外之间经济文化的交流，促进了运河流域的繁荣，融会了南北的风情民俗，营造着新的自然环境和生态环境，同时它还是维系南北大一统局面的政治纽带。应该说，京杭大

* 本文以“运河文化研究”课题组名义首次发表在《山东大学学报（哲学社会科学版）》1997 年第 1 期，是笔者与陈之安教授、周祚绍教授、王晓毅教授共同讨论并由笔者执笔写成的，其中陈之安教授撰拟了本文第一、三小节。在本文基础上，笔者进一步扩展写就《略论运河文化》一文。

运河的开通对我国东部地区的发展,其作用和影响是至关重要的。如果没有这条京杭大运河,中国东部地区的历史文化可能会是另外一副样子。围绕京杭大运河这个课题,从不同的角度进行深入的探讨是很有必要的,而要涵盖内容如此丰富的课题,那么最好的概括莫过于"运河文化"四个字了。因为"文化"一词,从广义上来说,正是指"人类社会历史实践过程中所创造的物质财富和精神财富的总和"(见 1980 年版《辞海》"文化"条)。因此,用"运河文化"来概括我们的研讨内容,真是再贴切不过的了。

二

运河文化有着广深的内容。先秦以来,我国东部地区形成了多个文化圈,自北向南有燕赵文化圈、齐鲁文化圈、荆楚文化圈、吴越文化圈,大运河恰好像一条丝带将这些文化珍珠串联起来,形成一条独特的运河文化带。这条文化带反映了封建后期中国传统文化融会的轨迹,呈现出中华文明的精髓。运河文化不仅具有带状的形态,而且从整个运河流域及其延伸区域来考察,几乎覆盖了中国的东部。于是,当人们着眼于黄河文化和长江文化的研究时,不可忽视这两大文化体系在东部地区的汇合。运河文化所代表的东部地区恰恰与中国的西部地区形成强烈的反差,历史上形成的价值观念和伦理道德的差别甚至影响着近代中国的历史进程。在分析这种差别时,运河文化研究是很好的切入点。

大运河的贯通,成为维系中国大一统局面的政治纽带,使政治中心东移之后的封建统治呈现出强烈的大一统特色。在中国封建社会后期,京杭大运河在政治上的作用毋庸置疑。元、明、清三朝定都北京,通过大运河实现封建王朝对东部繁荣地区的控制,以此为基础,进一步实现对中原和西北、西南的统治,广阔的内地政治稳定、经济繁荣,更加有利于边疆地区的安定,所以当我们考察多民族统一国家的深远历史时,自然应当注意这些历史因素的相互影响。

漕运文化是运河文化研究的重要内容。漕运是中国古代特有的历史现象,从秦始皇"漕转山东粟,以给中都官",到康熙皇帝将漕运列为治国三大要务之一,历代封建王朝都将它作为重要的统治手段。从历史上考察,漕运不仅是封建国家实施南粮北运,解决王朝官兵的粮食供给和国库存储的财政措施,同时反映了封建国家政府行为的特质。正因如此,封建国家总是实行"保漕"政策,于是京杭运河在封建社会中的消极作用也是存在的,例如为了保证漕运的畅通,严禁沿河各地为灌溉农田而从运河取水,而且过高的河堤截断了河西诸水的流通,形成大片的盐碱荒滩,同时也使运河北段产生日渐干涸之虞,这种历史现象在运河山东段尤为明显,很值得研究。

大运河贯通南北，连接东西，增强了中华民族的向心力和凝聚力，使中华民族在经历了春秋战国、魏晋南北朝、宋辽金三次大的分裂之后，出现了元明清三代近千年的统一时期。运河流域是我国人口最稠密的地区。清代嘉庆十七年，人口的地域分布列于全国前四位的江苏、浙江、安徽和山东四省，就是大运河的流经之区。位列其后的湖北、河南、江西、福建，则是运河的主要辐射区。在这个区域，居住着除汉族以外的回、蒙、满等数十个民族。作为京都门户的通州自元代起就有回民迁居，至明清时期在城内东南隅已形成一个回民聚居区。江南重镇镇江府从元代以来就侨寓居住有蒙古、畏兀儿、回回、也里可温、河西、契丹、女真等民族170余户达上千口人，其他如临清、天津、淮安、扬州、苏州等更多“五方杂处”之民。苏禄国王访华病逝后安葬于德州城北的大运河畔，以及其后裔定居中国的故事，则是大运河在中外交流史上的一段佳话。

民族团结、社会安定、国家统一和政治稳定，自然离不开强大的财力支持。作为封建王朝重要的经济命脉，运河在历代漕运中的确发挥着难以估量的作用。唐宋两代，每年通过运河漕运粮粟达700万石。明清两代，东南漕运一般年份为400万～600万石。明政府所设20多个织染局，半数在运河区域。清代所设北京、江宁、苏州、杭州等织造局全部在运河线上。明代在运河上所设钞关的商税收入达八九十万两，清代康熙年间增加到一百四五十万两，占全国关税总额的30%～50%。清代6大产盐区，其中有4个分布于运河区域。可见，运河的畅通直接关系到封建王朝的兴衰。

运河的畅通，形成了中国历史上规模巨大的南北(包括东西)物资大交流，密切了全国市场的联系，促进了古代商品经济的繁荣，同时加快了内河与海上交通的发展，推动了中外经济文化的交流。于是，一条繁荣茂盛的东部经济带推动着全国经济的发展，并由此营造出独具风格的商业文化。以大运河为干线的销售网络将巨额商品送达全国各地各类市场，打破了地域商业的闭塞状态。明清时期来往于运河上的有漕船、快船和马船以及各种民船。即以当时漕船12万只，每船每年转运4次，每船所携带的被官府认可的私货60石计算，每年总运量达300万石，相当于漕运总量的3/4。由官府管辖的快船、马船等私带客货更多，常达90%左右，至于民船运量更是难以估计。运河市场与全国市场联系的广深发展，对封建经济的繁荣有明显的影响。运河北段以临清、天津、通州为中转市场，与东北地区和西北地区市场联系起来。同时北部边疆地区的产品如人参、木耳、皮张、毡货、木材、松子、东珠、马匹等亦由陆转河，大量销往内地及南方。又如陕西、宁夏、大同等处客货，也皆由南北运河辗转运至。运河南端，以杭州为中转市场，与江西、福建、广东等东南沿海区域市场联系起来。如广东、福建等地的货物，便多由商贾通过陆路或水路运至杭州，再从杭州装船沿大运河运至北方；同时北方各地的货物，也多在杭州下船转运上述地区。杭州还作为运河沿线与海上联系的重要港口市场，通过这里把各类商品销往暹罗、吕宋等东南亚地区或日本等地。如明末郑芝龙集团曾动用上万船只，大量采购各地纺织品，从杭州装船运至日本、琉球、吕宋及中南半岛沿海进行贸易。还有，如唐宋以来中日高僧往来于扬州、郑和下西洋的庞大船队起锚于刘家港等等，无不与大运河有关。

运河商品经济的繁荣，直接带动了一批运河城镇的崛起，极大地促进着运河流域农村城镇化的历史进程，变革着旧的社会生产关系，孕育了新的生产关系的萌芽，同时发育了风格日新的都市文化。由运河畅通而兴起并空前繁荣的重要商业城镇有通州、天津、德州、临清、东昌、张秋、济宁、淮安、扬州、杭州等，像一串镶嵌在运河上的明珠，客商云集，货物山积，成为沿河地区的一个个经济文化中心。天津从运河开通之前的"海滨荒地"，发展成"舟车聚会"的近代大都市。临清在明代疏通会通河以后，成为"帆樯并集，百货流通"的"天下第一码头"。济宁在元代济州河开凿之后，始于运河北岸确立城址，淮安、苏州、杭州诸城虽属文化古城，但都在大运河开通之后扩大了城市规模，久盛不衰。

运河流域都市文化的特点，首先是百业俱兴，商业气息浓重。北京城在明代就已有 130 多个行业，有近 4 万个店铺。杭州民间从事纺织业的机户到清代即数以万计。苏州在清康熙时即有染布作坊 64 家、造纸作坊 30 多家、酱坊 86 家、冶炼作坊 40 多家，还有最先发展起来的众多钱庄等。其次是城镇的居民结构发生变化，以业而聚，流动频繁，身份变换活跃。临清多"游宦侨商"，德州有大约 1/3 的"四方商旅"之人，天津"率多流寓之人"，淮安"百工居肆，倍于土著"，扬州"地多流寓"，苏州"四方之人，等于土著"，而"杭民多半商贾耳"。又如通州，其居民成分有船民、水手、铺户、商人、负贩、码头装卸工人、流民、乞丐、客旅、手工业主、僧道以及专管漕运、仓储、验收的官吏和兵士等，仅运脚工人即达万人。第三是运河流域农村的城镇化进程加快，促进了城乡旧的生产关系的解体和新的生产关系的萌生。沿河地区商业性农业的发展，为城镇手工业和农业产生资本主义萌芽创造了极为有利的条件，在杭州、苏州的纺织业和济宁的酱园业、临清的砖窑业以及其他城镇的许多手工业中，首先萌生着资本主义性质的雇佣劳动关系，使运河地区在社会变革中走在时代的前面。

运河把杭州、南京、北京等几大文化中心联为一体，极大地促进了运河区域的文化发展，使之成为人才荟萃之地、文风兴盛之区，珠辉玉映，造就了昌盛的运河文化带。自宋元以来，运河地区便书院林立，山东地区在明代有书院 50 余所，清代发展到 75 所。沿运城市中如天津、淮安等地还最先设立了专供商人子弟学习的"商学"。宋代杭州刻书最为精良。明代南京、苏州府、淮安府的刻书业最为繁盛。聊城等地亦有发达的刻书业、印刷业、制笔业等。清代的刻书局则以扬州、江宁、苏州、杭州等为最著名。清代有常熟瞿氏“铁琴铜剑楼”、杭州丁氏“八千卷楼”、吴兴陆氏“皕宋楼”、聊城杨氏“海源阁”等四大私人藏书楼。运河地区也是造就人才最重要的地区之一。据清代的统计，通过科举而获取功名的以位于运河区域的江苏、浙江、安徽、直隶(包括顺天)、山东五省区最多，有清一代的会元、状元、榜眼、探花和传胪的人数，江苏即有 184 人，浙江有 137 人。

大运河吸纳古今中外文化精华，融会南北各地的风情民俗、饮食服饰、宗教信仰、官民礼仪等，形成了独特的运河风情和民俗文化。运河区域诸城乡广大居民有着共同的节日习俗，甚至各地的饮食习俗也因运河而广泛交融。扬州居民煮茶独取运河之水，天津居民饮食亦“皆运汲于河水”。扬州富商宴席上“饵燕窝，进参汤”，德州人照样把“燕翅席”作为高档享受，故海参、鱼翅、燕窝、鱿鱼、火腿等贵重食品充斥于运河城镇市场。此外像通州的雪酒、泰州的枯酒、高邮的木瓜酒、宝应的乔家白酒以及绍兴老酒等，皆为诸市场上的寻常之品。同时随着南北风情文化的趋同，甚至在行业语言中流行着南北各地商人共同熟悉的江湖式的切口，举凡称谓、建筑、起居、饮食、家具、衣物、动物、器械、人体、身份、职业、行业、数目、姓氏乃至天文、地理等方面，都广泛使用暗语或特定的手势，此类词汇数量达三四千个，成为运河区域民间文化的一个突出现象。更由于文化和宗教信仰的日渐趋同，中国传统宗教和外来宗教沿运河两岸迅速传播。天主教自元明以来便随着外国传教士在运河区域的活动而得以传播。临清在 14 世纪初已有天主教组织建立。运河地区的庙会和古会相当繁盛，吸引着来自四面八方、远至上千里外的数以千万计的商旅和游客。另外在一些运河重镇还形成了一些独特的都市文化区，像北京的天桥、扬州城北的虹桥、济宁的东南隅，都有集演戏、说书、杂耍、游戏于一处的娱乐区。娱乐文化的发展促进了运河地区戏曲的发展。从扬州到北京，融会各地戏曲精华，形成了为各地观众认可的花、雅两大部，同时形成了数以千百计的戏班。其时北京有“京师优童甲天下”之称，而其他城市(如临清)也有许多专业戏班，一次可有 50 余班同时演出，苏州等地更是“学戏者甚众”。各地会馆是集贸易、娱乐休闲、乡谊联络为一体的重要场所。明代北京的会馆即有 40 余所，苏州亦有 40 余所，另有公所 120 余处。聊城有山陕、苏州、江西、武林、赣江等八大会馆傍河岸而立，扬州有湖南、江西、湖北、安徽、岭南、浙绍、嘉兴、山西等会馆 10 余处。天津有山西、闽粤、广东、浙江等会馆，形成了颇具特色的运河会馆文化和商帮文化。

大运河在开发利用中，形成了一个包括漕官、水手、运丁、船工以及搬运工人在内的庞大的漕运船帮。在此基础上，产生了明清以来最具影响的帮会组织——青帮。青帮的主要组成便是水手行帮，维系青帮组织的便是在运河区域得到广泛传播和信仰的“罗教”。青帮亦成为中国帮会文化的典型代表之一，对近代社会产生过不可忽视的影响。

运河的开发，还营造着新的自然环境、生态环境和人文资源环境，创造出一条以有利于人类生存和发展为主要特征的运河风景线。尤其是运河两岸以水、湖和山而闻名的古城名镇，从南到北组成了以园林和庭院为主导的环境文化。当时如苏州、杭州、扬州以至济宁、聊城、临清、天津、北京的大中城市中，都有为数众多的园林景观。这些园林作为丰厚的历史遗产，展现出华丽多姿的文化色彩，改善和美化了人们的生存环境。

大运河悠久的开发史，凝集着古代运河建设者的艰辛劳动和聪明才智，体现着运河建设者“人定胜天”的伟大精神。运河的开发虽是一项伟大的人造工程，更是广大运河建设者遵循自然规律、发扬科学精神的伟大成果。

三

京杭大运河的开通，既有巨大的历史作用，也有深刻的现实意义。

在《话说运河》电视片中有这样一段开场白：长城和运河是中国古代的两大工程，长城的头在山海关，往西延伸，像是长长的一撇。京杭运河，头在北京，自北向南，直到杭州，加上浙东运河，像是长长的一捺。联起来看，就像在中华大地上凸现了一个大写的中国的“人”字，顶天立地，气壮河山。这两大工程，蕴含着中华民族的一种精神，用毛泽东的话来概括，就是“下定决心，不怕牺牲，排除万难，去争取胜利”的精神。正是靠着这种精神，我们取得了抗日战争、解放战争的伟大胜利，取得了社会主义革命和建设的伟大胜利。在改革开放的新时期，由于新旧体制转换所引起的利益调整以及人们的情绪变化，拜金主义、享乐主义、个人主义颇有市场的今天，我们进行“运河文化”的研讨来宣传和弘扬这种革命传统精神，对于激励人们以更大的热情投身到现代化建设事业中来，对于贯彻十四届六中全会关于加强社会主义精神文明建设的要求肯定是十分有益的！

从20世纪50年代提出“南水北调”的设想后，经过几十年研究，南水北调的总体布局已经形成，即分别从长江上、中、下游取水，分别沿西线、中线、东线北调。东线工程就是从长江下游的江都提水，沿京杭运河逐级北送，可为黄淮海平原东部尤其是山东、河北的大片干旱地区补水。三条线引水虽然可以互相配合，但是不能互相代替，因而考虑到人力、物力，只能分期开发、先后上马。山东省属东线工程的关键区段，因为是利用京杭运河河道，又有历史的经验教训可资借鉴，古代人敢干，我们这代人当然应该更敢干，加上东部人口稠密，解决水资源和经济发展的需要更迫切，工程率先上马有更多的有利因素。在刚刚开过的山东省人代会上，李春亭省长在《政府工作报告》中已经提出京杭运河山东段工程上马的问题。我们认为，通过“运河文化”研讨的展开，造成舆论，取得共识，必将对南水北调东线工程的率先上马起到有力的促进作用。

京九铁路的开通，大大优化了山东省西部的经济地理区位，即由原来对外开放的大后方，跻身于对外开放的前沿阵地，以地处京九铁路和新亚欧大陆桥交汇处的菏泽为例，目前正在成为外商投资的热点地区之一，去年新增三资企业50家，出口增幅列全省各地市第三位(参见《齐鲁晚报》1997年1月15日报道)。山东省已经决定加快以聊城、菏泽、济宁、梁山为重点的京九经济带的建设，这条经济带几乎与运河重合，不能不使人联想起京杭运河开通后山东西部地区历史上曾经出现过的辉煌。历史证明，京杭运河山东段的兴衰和山东西部地区的兴衰是何等的休戚相关，在京九铁路开通之际，我们应该重视总结历史上的经验教训，兴利除弊，重振雄风，把山东西部各地区推向新的辉煌！

【附录二】

宋代运河文化史初拟纲目*

第一章　两宋时期运河的开发与治理

　第一节　北宋运河的开凿与治理

　第二节　南宋运河的开凿与治理

　第三节　宋代运河的管理机构与治运成就

第二章　两宋的政治与运河

　第一节　两宋的定都与运河

　第二节　宋朝在运河区域的政治措置

　第三节　宋朝在运河区域的驻军与防务

　第四节　运河地区的农民起义

第三章　两宋时期的运河漕运之制

　第一节　漕运机构的设置

　第二节　漕运制度的制定

　第三节　漕运的实施与利弊

* 本提纲是笔者参编安作璋先生主编的《中国运河文化史》时，应安先生之嘱为先期讨论《中国运河文化史》编纂体例所草拟的《中国运河文化史》纲目示例。

【内容提要】

中国历史上的大运河与万里长城一样，被列为世界上最宏伟的四大工程之一。大运河的历史迄今已经有2400余年，其间的拓展开发经历了几个重要的历史时期。运河开发所形成的运河文化，也经历了一个漫长的历史积淀过程。无论是纵向的研究还是横向的观察，深入开展中国运河开发史及运河文化发展史的研究，无疑是填补中国运河文化研究的一个重要课题，有着重要的学术意义和现实意义。

两宋王朝统治的确立及巩固，与运河的开发有着紧密的联系。北宋定都开封和南宋定都临安，首要的考虑都是因为开封和杭州处于当时四通八达的运河网络中心。宋王朝的立国之本在一定意义上即依赖于运河。故当时人称："国依兵而立，兵以食为命，食以漕运为本，漕运以河渠为主。”所以，运河“乃是建国之本，非可与区区沟洫水利同言也”。因此，两宋统治者从长远的战略决策出发，着力于运河的开发，把运河开发作为重要的治国方略和奉行的基本国策。有宋一代，运河的治理与开发亦集前代之大成，成为中国运河开发史上最重要的时期之一，亦形成了博大精深的运河文化。

政治上，运河成为宋王朝巩固和加强王朝统治的政治重心区域。宋王朝通过由首都辐射到全国各地的运河干道，凭借运河区域理想的地理位置、优越的经济条件和卓越的人文环境来控制全国。在政治区域的划分与机构的设置上，充分考虑运河所连接的广大区域在全国的地位，加强这一区域的基层政权建设。尤其是把路转运使司的建制、升迁与分合，与水运便利、交通发达的诸运河水路密切联系起来，是宋王朝加强对地方统治的重要政治措施。同时配合其他施政方针、行政措施和法令法规等，实施以运河区域为政治重心的王朝统治，充分显示出运河区域在整个宋王朝统治中的重心地位。尤其是在王朝的财政收入中，运河作为王朝赖以生存的漕运通道，成为维系王朝统治的生命线。治运保漕也就成为宋王朝的重大国策之一，为此宋王朝建置了一整套围绕运河漕运的机构、管理制度和具体的措施、方法等，形成了独具特色的运河漕运文化。

军事上，运河区域成为宋王朝驻军的重要地区。由于自古以来无论是王朝内部的军阀割据还是外族入侵，运河地区都是最重要的战争区域。所以两宋时期的军政改革和军队驻防，包括宋朝禁军的屯驻和就粮，最重要的地区就是以京畿为中心的广大沿运地区。同时，运河地区也是农民起义的主要地区，因而运河地区自然就成为王朝武力防范的重要地区，显示了运河地区在军事上的突出地位。

经济上，运河的开发营造了新的自然环境、生态环境和生产环境，极大地促进了运河区域整体社会经济环境的改善，使运河区域成为繁荣昌盛的新的经济增长带。两宋运河的开发与治理，与沿运地区的农田水利建设事业紧密地联系在一起，在开拓航运的同时，以消弭水患和引水灌田为主要内容的排灌工程在南北各地大量兴建，使运河区域的水利田得到大幅扩展。尤其是江南的圩田、北方的淤田以及运河两岸的屯田、营田等各类水利田，都有显著的增加。运河的贯通，直接促进了南北方农业生产技术的交流、南北农作物品种的相互移植与栽培，促进了各地各类经济作物的普遍种植，使运河区域的生产力水平获得明显提高，使运河区域成为全国人口最稠密的地区，也极大地促进了运河区域工商经济的发展，促成一批新兴城镇的崛起，形成了颇具特色的工商文化和城镇文化。

学术文化上，运河的开发和运河区域雄厚的物质基础为南北文化的大交流提供了必备的条件,使各种地域文化相互交融,整合形成了博大精深、恢弘深厚的运河学术文化。运河区域人才荟萃、文风昌盛、教育发达、珠辉玉映、群星璀璨,不仅创造了绚丽多彩的运河文学艺术,也造就了令人瞩目的科技文化以及宗派并立的宗教文化。运河区域还成为中外经济文化交流的前沿地区。

因此,宋代运河文化以其博大的包容性和统一性、高度的扩散性和开放性、强大的凝聚力和向心力,不断消融区域文化的差异,使之融合为中华民族多元一体的大一统文化,极大地促进了中华民族文化的发展,充分体现了宋代运河文化的价值及历史意义。

运河开发为历代治国方略简论

运河缘何而开？应如何评价中国古代的运河开发？开发运河与历代治国安邦、平治天下，以及运河开发与历代的政治、军事、经济和社会文化诸方面有着怎样的关系？对此学术界已间有论及，本文欲在学界已有研究的基础之上，对上述问题再稍作申论，以求教大方，并期望能就运河开发的诸关联问题展开进一步的探讨。

从根本上说，开发运河的原始动因（或谓根本原因），首先是基于我们的祖先在创造物质财富的生产实践中，在与大自然的斗争中对"水利"的逐步认识和对河流的能动改造。因为自人类社会产生以来，人类赖以为生的基础资源便是水和土，水土资源成为社会进步和自然变迁的根本。在中国古代，很早以来我们的祖先即对水土资源与人类生活和社会发展的关系有着较为深刻的认识，认为有了水土资源，便"天地以成，群物以生，国家以守，万事所平"①，把水土的治理和开发与人类的繁衍、国家的安宁紧密地联系在一起。于是在中国古代也比较早地产生了诸如"沟洫之法"等基本社会经济制度，产生了丰富的平治水土的思想和水利理论。

其中尤为突出的是，人们对水利是经世治国之本有着独到的认识，提出治国必先治水的思想。如春秋时期齐国政治家和思想家管仲就提出："善为国者，必先除其五害。"而"除五害之说，以水为始"②，即把治水患、兴水利作为施政方针的基础和稳定国家经济命脉的先决条件。战国时期，鲁国思想家孟子更进一步论述："民非水火不生活。"③盛誉"禹疏九河，瀹济漯而注诸海，决汝汉，排淮泗而注之江，然后中国可得而食也"④。后代学者、思想家、政治家无不继承和发扬这些思想。汉代史家司马迁在《史记》中说："甚哉，水之为利害也。"政治家贾让

---

① 韩婴：《韩诗外传》。

② 《管子・度地》。

③ 《孟子・尽心上》。

④ 《孟子・滕文公上》。

也说："立国居民，疆理土地，必遗川泽之分，度水势所不及。"他在著名的《治河三策》中主张："多穿漕渠于冀州地，使民得以溉田，分杀水怒。"这样不仅有"转漕舟船之便"，且"盐卤下湿之田，皆能填淤加肥"，他认为这是"富国安民，兴利除害"之上策。[①]

在对水利有着深刻认识的同时，我们的祖先很早便利用纵横密布的自然河道兴运输之利。如《易经·涣》云："利涉大川，乘木有功。"《淮南子·氾论训》云："窬木方版，以为舟航。"以浮木渡河的工具为起点，中国古代水运的历史便开始了。我们的祖先从利用天然河道通航到开凿人工运河，将不同水系的河流相互沟通，更大范围地改善着各区域间的交通。传说中的"禹疏九川"的治河工程，一定程度上改变着古代河流的自然状态。战国时期成书的《尚书·禹贡》所记述的"九州岛"水运交通网，非常生动具体地描绘了黄河、淮河、长江等主要河流与各支流构成的纵横交错、往返径通的水上运输通道。所以后人对运河之称谓，其含义并不仅限于人工开凿之运输河道，凡自然河道用于水运者，皆称之为"运河"。不过在利用自然水道作运河时，我们的祖先往往予以多方面科学的改造与浚治，如对长江航道诸险滩的开凿、疏通，兴建港口、码头，设置必要的水上设施（如航标）等，使自然河道的"渠化"程度越来越高。

所以，没有对"水利"的深刻认识和发展水上运输的长期实践，便不会有源远流长的运河开发史，开发运河也就不会在后来的王朝政治中具有举足轻重的地位。

虽然开发运河的原始动因是基于我们祖先对"水利"的认识和发展水运的长期实践，不过大规模开发运河的直接动因，则是军事上的需要，并且这一原因长期左右着早期运河的开发。

中国运河史上第一个大规模开发的时期为春秋战国时期，这已是学界的共识。而揭开运河规模开发序幕的则是春秋后期的吴国。为春秋时期强国之一的吴国，为了西抗强楚，北霸中原，首先大力开凿运河以增强军事上的优势。吴为伐楚先在太湖两岸利用自然河道凿通一道道河渠，沟通这些地区至长江的水道，史称"胥溪"，为吴国取得军事上的胜利发挥了重要作用。吴国在吞并越国后，为北上与齐、晋争霸，在邗（在今江苏扬州西北）筑城堡，开凿连接长江与淮水的运河，史称"邗沟"。邗沟后也被称为"漕渠"。邗沟经后代不断经营，至宋代完全渠化，称"淮扬运河"。吴为了与晋争雄，还在济水与泗水之间开凿运河"菏水"，进一步沟通了淮河与黄河水系。到战国时期，中原强国魏国为取得军事上的优势，在黄河、圃田泽（在今河南中牟西）之间开凿运河，引黄河水入圃田

① 《汉书·沟洫志》。

泽，使黄河与淮河支流丹水、睢水、沙水、颍水诸河道沟通，史称“鸿沟”。其他诸侯国这时也纷纷开凿运河，使水运逐渐扩展到各流域。为此，司马迁在《史记·河渠书》中记述：“荥阳下引河东南为鸿沟，以通宋、郑、陈、蔡、曹、卫，与济、汝、淮、泗会。于楚，西方则通渠汉水、云梦之野，东方则通沟江淮之间。于吴，则通渠三江、五湖。于齐，则通淄、济之间。于蜀，蜀守〔李〕冰凿离碓，辟沫水之害，穿二江成都〔之〕中，此渠皆可行舟。有余则用溉，百姓飨其利。”这些运河在战国争雄中皆发挥了重大的功用。如《战国策》载：前308年，秦将司马错率巴蜀兵卒十万，凭借长江这一天然运道，以强大的军事力量攻打楚国取得胜利。自此长江成为出川入蜀的重要水道，经历代开发，作用越来越大。唐代杜甫《夔州歌》云：“蜀麻吴盐自古通，万斛之舟行若风。”歌咏了长江水运兴盛的情景。故唐以后长江水运的地位日益升高，自宋元至明清，历代统治者都十分重视对长江运道的整治与开发。而被司马迁称誉的都江堰，亦是战国末年秦国为吞并楚国而实施的一项重大措置，其军事功用尤为显著，故史称秦国“得其利以并天下”。这一工程在汉代以后逐渐演化为具有灌溉、航运、城市用水等综合功能的水利工程，汉代名“金堤”，晋称“都安堰”，唐曰“楗尾堰”，宋代始称“都江堰”。后来秦又开凿了灵渠，是早期运河开发史上最著名的工程之一。灵渠的开凿，在军事上帮助了秦王朝统一岭南，同时也加强了内地与边疆地区的政治、经济联系。

秦统一全国以后，建立起了封建专制主义中央集权统治，此后中国历史上虽然出现几次社会分裂的动乱时期，但最终都复归统一。因此，秦以后运河开发虽然不再以军事目的为主，但其军事功能并未丧失，特别是在某些时期，运河开发的目的仍以军事为主。如西汉建元年间，卫青北击匈奴，屯重兵于北方地区，故西汉政府大力发展中原以至北方地区的运河，以供军需。又如东汉时期为镇压羌人的武装反抗，武都（今甘肃成县西）太守虞诩主持“开漕船道而水运通利”。三国时期，曹操为北征袁氏，曾大举开凿运河，先后开通了白沟、平虏渠、泉州渠、新河等几条运河，把黄河、海河、滦河连成互相贯通的水路，为曹魏统一北方奠定了坚实的基础，后来隋代大运河永济渠便是在这些水道的基础上修建的。

隋代是中国运河开发史上又一个重要的时期。隋文帝时为平定江淮，凿修运河山阳渎。隋炀帝兴辽东高丽之役，会兵涿郡，遂开运河永济渠。后来唐贞观十八年（644）用兵辽东，后周显德六年（959）北征契丹，都曾利用这条运河。历宋元直到明清时期，运河在军事上的功用仍不时凸现。如明初朱元璋以北方尚未平定，十分重视运河的开发与利用。洪武三年（1370），浚治运河并修建临濠、临清两处重要军需粮仓以供北方用兵之用。洪武二十四年（1391），为训练骑兵曾在临清储粮16万石。到成祖永乐初年,为了营建北京和辽东军需,大规模疏浚京杭大运河。这些事例都充分说明,早期运河开发的直接动因不仅是军事上的需要,而且在不再以军事需要为主的时候,其军事功能仍未丧失。

贯穿于中国封建社会始终,运河开发的终极目的还是为王朝政治服务。运河开发服务于王朝统治,突出地表现在两个方面:

其一,运河开发与首都建设密切联系在一起。宋以前历代王朝均建都于渭水和黄河流域,如秦都咸阳,西汉都长安,东汉、曹魏、北魏、隋都洛阳,唐都长安,北宋都汴京等。宋以后都城东渐北移,从金元起都北京,直至明清。运河开发对历代王朝的重要性主要表现在王朝政治对其的依赖性,即都城建设与运河的密切联系。

其实,古人很早即对首都与水利规划的联系有较深刻的认识。如《管子·乘马》即说:"凡立国都,非于大山之下,必于广川之上。"又说:"圣人之处国者,必于不倾之地,而择地形之肥饶者,乡山左右,经水若泽,内为落渠之泄,因大川而注焉。"强调了水道与城址选择的密切关系。因此,秦汉以后历代王朝在建设政治中心的时候,首要之务便是考虑修建通向地方或围绕京畿的便捷水道。如汉都长安,除直接利用了秦代宫城的旧有水道外,还于元狩四年(前119)修建起新的水道,建昆明池,并于元光六年(前129)开凿了一条连接渭河的人工运河,称"漕渠"。此后到隋唐时期,长安的水运环境更趋完善,以龙首渠、黄渠、清明渠、漕渠以及永安渠为主要渠道,形成了沟渠纵横、四方相通的环京畿水运系统,特别令人称道的是在长安城东开凿的广运潭为诸路运船的停泊港,可泊船数百艘。

汴京开封自宋初便在前代已有的基础上构织起四通八达、相当便利的水运网络。其中以宋太祖称为"金带"的汴河、五丈河、金水河和黄河为主要运河河道,形成以汴京地区为中心、向全国各地乃至边陲地区辐射的水运通道,运河的政治功用因此尤为显著。元、明、清三朝建都北京,使中国封建社会的政治中心北移,因此运河的布局亦随之发生较大的改变。经过元明两代的努力,建成了世界上最长的运河——京杭大运河。史称京杭运河的开通"实国家无穷之利"。京杭大运河把中国封建社会后期的政治中心和经济中心有机地联系在一起,对巩固和维护王朝统治发挥着不可估量的作用。

其二,运河成为维系历代王朝统治的经济大动脉。自秦汉以后,都把漕政列为头等大事而全力经营。明代学者丘濬在《大学衍义补·漕輓之宜》中说:"自古漕运所从之道有三,曰陆,曰河,曰海。陆运以车,水运以舟,而皆资乎人力。所运有多寡,所费有繁省,河漕视陆运之费省什三四,海运视陆运之费省什七八。"而在古代海运还不甚发达便利的时候,自然以内河水运最为捷便省费,利用运河漕运也就成为历代朝政要务之一。所谓“军国大事,漕运为先”。明代大臣徐玠就这样说过:“漕运者,盖国家之大计也。”运河“其通与塞,又国之所谓大利大害也”[①])。宋太祖初政,即以“河渠最为急务”[②]。听政之初的康熙帝把三藩、河务、漕运列为朝政三大事,曾亲笔书于宫中柱子上,“夙夜廑念”[③]。所以秦汉以后运河的漕运功能一直居重要地位。特别是隋唐以后维系王朝安定的漕运渐趋繁重,大运河所承担的转运任务亦更庞杂,所以宋代始将以前通称的“漕渠”改称“运河”。到元代南北大运河贯通之后,又把运河通称为“漕河”,历明清而不变。更鉴于运河在巩固历朝统治方面的重大作用,外国人直称运河为“皇帝运河”。所以一般也都把运河的作用归结为漕运。其实,漕运并非历代开凿运河的唯一原因和终极目的,应该说,漕运只不过是维护王朝统治的重要条件之一,而其终极目的是保证王朝的长治久安,正因此才有“运河兴,国势昌;运河衰,国势亡”之说。

开发运河的根本目的既然是为了维护封建王朝的统治,故长期以来学界有一种说法,以为运河是“以官用为主要目的,并不以一般民间之商品输送为主”。这话粗看起来并无不当,但笔者认为这只是就运河功能的外在表现形式而言的,并没有揭示运河的全部本质和综合功用。认真考察运河开发的整个历史便可以看到,运河在历史上所展现出来的功用是多方面的,更是丰富多彩的。司马迁在描述春秋战国时期运河的功能时,就已简明地指出,运河除“可行舟”外,还有“溉浸”之利,故“百姓飨其利”。西汉在北方地区开凿运河时,除漕运军需外,还“使民得以溉田”,并且还能用运河水“淤灌”盐碱地,改良土壤。三国时期曹魏“修汴、蔡二渠,以通边运,公私赖焉”[④]。既云“公私赖焉”,则民间的商品运输也必定有较大比例。实际上,唐宋以后,运河在发展官私工商经济、促进社会经济发展方面的作用是显而易见的。特别是各地区在开凿地方性运河时,谋民间便利的便是运河开发的主要目的。

从以上概略的论述中,我们可以得出这样一个基本认识,在两千多年的运河开发过程中,概括地说,开发运河的动因经历了“治理河患→兴修水利→交通运输”这样一个发展过程,而运河的社会功能则是沿着“军事需要→稳固统治→发展社会经济”的轨迹变迁的。

唯其如此,开发运河成为历代统治者极为重视的军国大事,成为历代王朝的治国方略和基本国策,故自古以来就有“治水者治天下”之说。也正如明代大

---

① 陈子龙等:《明经世文编·漕运新渠记》。

② 徐松:《续资治通鉴长编》卷一。

③ 《清圣祖实录》卷一五四。

④ 《魏书·崔良传》。

臣宋礼所说:“治河道运道,为国家经久计。”①

作为治国的大政方针,历代在运河开发方面的主要政治措置也突出表现在两个方面:

其一,建立健全了一整套运河管理机构。鉴于水利在国家政治中的重要地位,掌管水利的水官在国家机构中设置较早且具有相当高的地位和管理权限。如秦汉置都水,晋置都水台,隋唐置都水监,且于都水监专置掌管舟楫和漕运的舟楫署。尤其是唐宋以后常常委任重臣主持水运之政。明清时期,更“命大臣为漕运总兵官”,对运河实施准军事化管理。明成化年间又设总理河道,专门管理运河与黄河事务,河道与漕运遂分为两大系统。总河一职常设,多以侍郎、尚书衔领其职。此外朝廷还常命各省长官巡抚、都御史以及中央御史、锦衣卫等要员监察运河水政。运河也开始分段管理,各段设都水分司,清代则设专职道。同时强化府、州、县等地方管理系统,尤其是还在各段设武职,以加强运河河道的疏浚、巡察、治安等项工作。

其二,制定了一系列缜密的规章制度,甚至制定颁布了专门的水法,加强对运河的管理。特别是自唐宋起,作为朝廷要务之一的漕政直接关系到首都的安宁,甚至影响到社会经济的稳定,于是颁行专门的水运法规。如我国现存最早的国家水利专法——唐代颁布的《水部式》,即对运河管理规定了较完善的条款法规。特别是在航运与灌溉发生矛盾时,由于运河关系到国家交通运输的通畅与否,而农田灌溉则多局限于一个或几个区域,为此《水部式》强调并明确规定了国家对水资源优先使用的权力,确立了航运优先的原则。又如《大明律》中有保护运河水源等多方面的法律规定。另外,朝廷还常颁布禁令。如明代即颁有漕河禁例。清代则在有关律令中增加了许多专业性的处罚条例。运河管理和水利法规的完善化,便成为历代运河长盛不衰的重要保证。运河的兴废亦常常成为一个王朝兴衰的象征。

综上所述,运河开发虽为历代治国方略,但运河开发所产生的综合效益则有力地促进了中国古代社会经济、文化的全面发展,这正是中国运河开发史留给我们的极为宝贵的历史借鉴。

(原载《人文与自然》2002 年第 1 期)

① 《明史·宋礼传》。

运河开发与山东区域经济的发展

中国运河的开发历史悠久，从春秋末年吴国开凿邗沟，战国时期各国纷纷兴修水利、开挖运河起，中经隋代对大运河的第二次、元代的第三次扩展工程，以及明清时期对大运河的治理，前后有近2400年的历史。运河开发对历代的政治、经济、文化发展产生了深刻的影响。山东人民对我国运河开发曾起过重要作用，运河开发也促进了山东的社会经济发展。本文即打算对此作粗浅的论述，并愿为南水北调工程以及山东社会经济建设的腾飞，提供历史的借鉴和依据。

一

山东是我国历史上兴修水利最早的地区之一。自从"禹疏九河，瀹济漯而注诸海，决汝汉，排淮泗而注之江"[①]，开历史上劳动人民兴水利、避水害之首端。孟子认为，自禹治水，"然后中国可得而食也"[②]。司马迁也认为："九川既疏，九泽既洒，诸夏艾安，功施于三代。"[③]他们把水利事业同整个社会以及经济发展联系起来，是颇有见识的。

山东区域经济的形成，从全国范围来讲，也是历史最早的地区之一，可上溯到距今约五六千年的原始社会氏族公社时期。考古发掘和调查证明，山东地区的北辛文化、大汶口文化、龙山文化和岳石文化源流清楚，自成体系，有自己独特、新颖的物质文化特征，与黄河中游及长江南北等地区的文化源流明显不同，表明它们是分属不同族群的文化共同体。[④] 当然它们之间也有着相当的交往，共同成为中华古代文明的重要源泉。这一时期，山东地区已有较发达的原始农

① 《孟子·滕文公上》。

② 《孟子·滕文公上》。

③ 《史记·河渠书》。

④ 参见伍人：《山东地区史前文化发展序列及相关问题》，《文物》1982年第10期。

业和手工业经济。到春秋战国时期,山东地区率先把铁制工具用于农业、手工业生产,并采用牛耕,社会经济迅猛发展。齐国“相地而衰征”,鲁国实行“初税亩”“作丘甲”“用田赋”等,意味着山东地区已先于其他各地发生着一场深刻的社会改革。

在这个发展过程中,特别是到春秋战国时期,兴修水利、开发河流对山东地区社会经济的发展有着不可低估的促进作用。从自然环境来看,山东属北方黄河流域旱作区,但水利资源比较丰富。古代山东人民曾利用优越的自然条件,首先创造了沟洫农业。如孔子对大禹“卑宫室而尽力乎沟洫”①的功绩,即大为称赏。据《尚书》记载:从夏商至春秋战国时期,山东地区已初步形成了“浮于济漯,达于河”,“浮于汶,达于济”,“浮于淮泗,达于河”,“沿于江海,达于淮泗”②的水上交通网。约公元前360年,魏国从荥阳北引黄河水,开凿鸿沟运河,由此向东南连接濮水、济水、菏水、泗水、淮水等河道,沟通了与山东地区各诸侯国的联系。而齐国也在境内修了一条运河,把济水和淄水连接起来。这些河渠“可行舟,有余则用灌浸,百姓飨其利”③,促进了灌溉农业的发生和发展。在山东地区以桔槔的普遍推广、一年两熟制的推行、亩产量的提高等为标志。当时几种主要的粮食作物,如麦、稷、黍、菽、稻,山东都已普及种植,其中水稻种植区域比后世要广阔得多。如《周礼》记载,“(兖州)其川河泲,其浸庐维,其利蒲鱼”,“其谷宜四种”(即黍、稷、稻、麦);“(青州)其川淮泗,其浸沂沭,其利蒲鱼”,“其谷宜稻麦”④,青州成为北方的产稻中心。

同时工商业亦随之发展起来,出现了像临淄、陶、安阳(今山东曹县东)、薛(今山东滕州南)等著名的都会。其中如陶邑,号称“天下之中,诸侯四通货物,所交易也”⑤,其繁荣即水利交通发达所致。因此,到战国时期,山东地区已形成与“水”有特定结合形式的地域经济,并与政治、文化以及社会的各个方面有机地联系在一起而向前发展。齐鲁也成为当时最先进的地区之一,成为我国古代文明的重要发祥地之一。

秦汉以后,随着全国统一局面的形成和封建专制主义中央集权统治的确立,山东地区作为统一王朝的一个省份的地位随之确立。政治上,表现出对中央的隶属性愈益加强;经济上,对统一国家承担的义务日趋加重。秦始皇三次巡游山东,向胶东地区徙民三万户,不断征调山东的粮食运往关中或其他邻近

---

① 《论语·泰伯》。

② 《尚书·禹贡》。

③ 《史记·河渠书》。

④ 《周礼·职方氏》。

⑤ 《史记·货殖列传》。

地区。秦朝北却匈奴之后，经营河北主要依靠的就是山东地区的财富。当时“使天下飞刍挽粟，起于黄（今山东龙口）、腄（今山东烟台福山区）、琅邪负海之郡，转输河北”①，可见当时山东地区确是富庶繁盛之地。因此秦末汉初的人们把山东与关中等量齐观，称山东为“东秦”。但另一方面，这种沉重的掠夺又阻碍、推迟了山东地区社会经济的发展。

由于政治上的强权统治和经济上的严酷剥夺，使山东地区的社会经济长期呈现发展缓慢甚至停滞的特点。以封建社会经济发展的一个重要指标人口数为例：西汉时期的山东有人口1300余万人，户370万，占全国总人口的25%左右。西晋时期，人口减少到34万户、225万口。隋代经过恢复发展，达到192万户，占全国总户数的21%左右。到唐朝天宝年间，山东人口只有125万户、800万口，占全国总人口的16%左右。宋金时期山东人口的发展大体维持在这个水平上，元代又略有下降，直到明清时期才有大的改变。

其次，在山东地区社会经济的长期发展过程中，自然经济属性表现得很顽固。特别是魏晋以后，商品经济的发展速度越来越落后于江南地区。

上述状况在元朝南北大运河开通之后得到改变，尤其是在明清时期。虽然隋朝两代皇帝都开运河，先后开挖疏浚了广通渠、通济渠、山阳渎、永济渠和江南河；至唐代又利用运河漕运江南粮食、布帛和其他物资，进行南北物资交流，但对山东经济的发展影响甚微。宋承五代，建都于汴，汴京既是政治中心，又是军事重镇，军队大量集中于此。因此，“国依兵而立，兵以食为命，食以漕运为本，漕运以河渠为主”②，汴河、黄河、惠民河、广济河成为宋朝利用的主要内河运道。其中广济河通漕山东，与济水、汶水、泗水、菏水构成水运交通网。到王安石变法时期，朝廷又奖励各地兴修水利，山东境内曾修建水利工程180余处，可灌溉田地300多万亩。但变法失败后，许多水利工程因黄河泛滥而失去效益。北宋中叶以后，全国商税在4万贯以上的商业城市共有43个，山东却一个也没有，说明此时的山东工商业经济落后于其他地区。

自北宋以后，金元明清各代建都北京，全国的政治重心由南向北转移，同时经济重心则完成由北向南的转移，山东的政治地理位置更显重要。政治上，山东地区为京师的南部屏障，是联结河北地区与江南地区的重要纽带；经济上，山东又是江南财富及大量物资运往北方的咽喉之地，即所谓“燕京定鼎，而山东一省遂为畿辅之屏蔽，南北之咽喉”③。因此，山东自元代南北大运河开通之后，社会经济的发展深受影响，一定程度上可以说受运河的兴废所左右和制约。此后

---

① 《史记·主父偃传》。

② 张方平：《乐全集·论汴河利害事》。

③ 光绪《山东通志》卷二九。

山东社会经济发展总的特征是自然经济属性减弱，商品经济明显发展，尤其是山东西部经济的发展更随运河的兴衰呈现出几起几落的特点。

二

历代封建统治者重视对运河的开发利用，首先是为了军事上的需要，加强政治上的统治。如吴开邗沟，是为了运粮运兵，北上伐齐。隋开南北大运河，是为了运输江南财物，进行对高丽的战争。北宋开御河则是因为河北驻防重兵，为了防御契丹的军事入侵。其次是为了加强经济上的掠夺。从唐代起，运河漕运量逐年加大。元代兴修南北运河，最先动议于元世祖至元十二年(1275)中书左丞相伯颜的建议，他认为“都邑乃四海会同之地，贡赋之入，非漕运不可”[①]。明清统治者莫不如此。如清朝入关之初，即首先恢复明代漕运旧制。康熙帝曾把漕运、河务与三藩列为三件大事，书写在宫中的柱子上，作为“治国要务”。

漕运的需要，南北运河的畅通，运河的经济作用逐渐加强。山东位居运河中段，是重要孔道。特殊的地理位置与全国商品经济的发展，客观上对山东地区的社会经济产生了重要影响，使山东运河沿岸的经济逐渐繁荣起来，其影响并随之东向延伸。试举下列诸点予以阐明：

1. 运河开发首先促进了山东社会经济中的骨干经济(即城镇经济)的发展。随着南北运河的开通，以济宁、张秋、临清、德州等为代表的工商业城镇在运河两岸兴起，使山东形成以运河为纽带的西部经济区，大大促进了整个山东经济的发展。

如济宁城就是伴随着元代济州河的开凿和漕运的发展，特别是大运河全线通航后，而在运河北岸确定了位置，形成了城市，建造了城池，形成一个交通转输和贸易的新兴城镇。济宁南达徐沛，北接汶泗，直通京畿，为南北转输要地，是大运河中段的交通枢纽、水旱码头。到清代，这里已呈现“百物聚处，客商往来，南北通衢，不分昼夜”的繁荣景象。临清也是元代会通河开通后迅速发展起来的城市。临清“东控齐青，北临燕赵”，是举足轻重的战略要地，又是漕运咽喉，还是繁盛的商业中心，曾被意大利传教士利玛窦称为“著名的港口”。德州则是明代运河疏通以后，因建造酒仓而选址运河东岸兴建的卫城，为军事重镇，但客观上为工商业的发展创造了必要的条件。因此，四方商旅云集于此，到清代发展成为商贾往来、帆樯云集、百货荟萃并有多种手工业的工商业城镇。像这样一些城市，不仅本身不断发展，而且带动了周围诸县的经济发展，成为该地

① 苏天爵：《元朝名臣事略·伯颜传》。

区重要的商品交换集散地。

2.运河的开发对山东市场与全国市场的联系起到了重要的沟通作用。运河的主要作用是解决"南粮北调"和"南布北运",对南北经济起着重要的调剂作用,这就使处于这种交往中心的山东与南北经济发生密切的联系与往来,使山东在纵向、横向的经济联系中能充分发挥其地理优势。

沿运城市吸引了大批的外籍商人,如山西商人即遍布济宁、汶上、聊城、临清、德州等城市。他们或往来贩运,或投资兴办工商业。济宁著名的"玉堂酱园"即苏州戴某所创办,临清"济美酱园"最初也是由安徽歙县汪姓所兴建,德州"颐寿堂"药店系河南沁县徐氏创建于明朝后期。

在转贩经济中,临清一年内就转贩粮食数百万石,这些粮食来自周围各县,运销至河南、天津以及辽阳、沈阳等地。辽东半岛的布商常常成群结队地到临清贩运花布,江西铅山市场可见"定陶布",而松江土布则大量进入山东市场。山东以齐东、临邑、东昌、郓城为中心的四个产棉区的棉花一船船满载南下,江南的棉布再随船而运至山东,密切了山东市场与全国市场的联系。

3.运河的开发对山东区域经济形成新的社会经济结构产生了重要影响。随着运河沿岸城市经济的发展,从济宁经聊城到德州,形成运河沿岸的山东西部经济带。同时也促进了山东中部、东部经济的发展,形成了以莱芜的冶铁业、章丘的纺织业和铁器制造业、周村的纺织业、博山的陶瓷和煤炭业、青州的酿造业、潍县的编织业、胶州的制帽业为代表的又一经济带。到清代后期,再与烟台、青岛两个海口相连,为近代山东区域经济结构以及内联外运相结合的地区经济打下了基础,使山东形成横"T"型和横"Y"型的主要经济地带。

此种经济结构形式在整个山东地区的经济发展中曾起到互相促进、互相补充的作用,使山东区域经济出现春秋战国以后又一个兴旺发达的时期。只是由于后来运河梗塞,才使东、西部经济发展的不平衡越来越严重。

4.运河的开发促使山东地区的社会经济在质的方面发生变化。如前所述,秦汉以后,山东区域经济的自然经济属性表现得很顽固。以大地主庄园经济的代表孔府为例:孔府在运河两岸拥有60多万亩土地,但其经营方式却相当落后和保守。运河开通以后,这种自然经济特点突出的山东经济有较明显的改观,其表现是经济作物的普遍种植和农产品的商品化。

运河两岸的经济作物种植以棉花为大宗。棉花从明代起在山东广泛种植,后来鲁西地区大有以棉代粮之势,有"半植木棉"[①]之称。明代山东的棉花产量居全国首位。农民植棉不只是为了自己穿用,更重要的是作为商品,作为致富

① 俞森:《荒政丛书·救荒图说》。

的主要来源。如巨野县"贫民以卖和换布为业。庄民娶妇,入门即给木棉斤许,令其纺织"[①]。济宁、聊城等成为重要的棉花转输基地。烟草生产甲于诸郡的济宁地区,"膏腴尽为烟所占,而五谷反皆瘠土"[②]。清代聊城成为鲁西玫瑰花的外运基地,并在聊城出现玫瑰花的初步加工业。其他如商品粮等在整个商品经济中也越来越占重要比重。

5.运河的开发促进了山东社会经济中的重要生产力要素,即劳动力的发展,并引起劳动生产关系的变化。如前所述,山东的人口一直到元代也没有突破前代的发展水平,相反还有所下降。经元末战乱,"山东、河南多是无人之地",但从明初移民和会通河开通之后,自动迁至山东或到运河两岸的人口与日俱增。据对汶上县部分村庄的调查,如郭仓镇和汶上镇的路海子、孔家茅滩、门家茅滩、瞳里、任仓、苑村、陈闸、王海、夏庄、孙村等村庄,就是明初和永乐年间发展起来的。[③]

其次,随着商品经济和城市经济的发展,农村人口迁往城市和服务于城市的也日益增加。运河沿岸运输业的发达,集中了大批的码头搬运工人、挽船纤夫、船工、水手等等,形成一支庞大的以出卖劳动力为生的雇佣劳动力队伍,形成了运河上特有的雇佣劳动力市场。

6.运河的开发也深刻地影响着人们的社会经济观念,改变着人们的生活环境以及生活方式,社会习俗亦随之发生很大变化,反过来又作用于经济的发展。

一般来说,落后的农业经济酿成淳朴的风俗,不同的经济条件带来习俗的差异。明清以前的史料对山东民俗有着丰富的记载,总的特征是纯朴、节俭和吃苦耐劳。如高唐"百姓苦力穑,无有声色狗马之好"[④]。临清人的传统观念是"俗节俭,人多读书"[⑤]。鱼台人"务农稼穑敦俭朴"[⑥]。鄄城"其民朴厚,好稼穑,务蚕织"[⑦]。曹县"士醇民良,曹邑旧风俗也"[⑧]。但随着运河的开发,商品经济的发展,由质趋靡、从俭入奢、变朴为侈成为不以人的意志为转移的历史潮流,在明清时期的记载尤其是山东方志记载中,比较真实、大量地反映了这种变化。如临清"舟车毕集,货财萃止,衣冠文物胜于他邑,俗近奢侈"[⑨]。金乡"俗稍华

① 道光《巨野县志》卷二三。
② 乾隆《济宁直隶州志・物产》。
③ 根据山东大学历史系师生1983年社会实习调查资料。
④ 道光《高唐州志》引明万历旧志文。
⑤ 李贤:《明一统志・地理志》。
⑥ 乾隆《济宁直隶州志・物产》。
⑦ 《明一统志・地理志》。
⑧ 光绪《曹县志》。
⑨ 光绪《山东通志》卷四〇。

侈,士好文采,民逐末利”[①]。滕县“淳朴渐离,好游子弟,飞鹰走狗,六博蹋鞠,携娼妓,弹鸣筝”[②]。济宁“为四方冠盖所集,百货商贾之所聚,其人……多以文章气谊相高为,士庶居室之都丽亦甲于二东”[③]。“兖东二郡,濒河招商,舟车凑集,民习奢华,其俗也文若胜于质。”[④]德州等沿运河地区还有“条河两岸看衣裳”[⑤]的谚语。这些正说明运河经济给人们的社会观念的直接影响,从另一个侧面反映了运河开发对山东经济的作用。

以上所举六点是运河开发对山东社会经济的积极影响。但是如前所说,运河的开凿具有强烈的政治目的,它是一项特殊的封建经济活动,客观上对社会经济发展的积极作用是曲折的、有限的,在各个方面也无不打上消极的烙印。

如沿运河发展的城市经济,其转贩商业的经济属性非常明显。当运河兴盛之时,这些城市中便出现大规模的商品流通,所谓“商贾辐辏,百货汇集”,吸引着本地、外地的商人和商业资本为之所用,形成包括购销、运输、仓储在内的完整商品流通环节及辅助设施,使这些城市呈现繁荣景象。但是,这种以转贩商业为特点的城市经济的基础极不稳固,运河通则兴,运河塞则衰。德州、临清、聊城、张秋等城镇即明显地表现了这一点。

再如各沿运城市的手工业经济,也多以加工手工业特别是来料加工手工业为主。它们大都靠运河从外省、外地转运原料,然后加工出售。济宁、临清的皮毛手工业所依赖的原料基本上靠运河从外地内运,其他如竹木加工业甚至酱园业也多是如此。这种由运河开通而带动起来的商品型经济,对运河有相当强的依赖性。这从另一个方面反而压抑了这些地区自身经济优势的充分发挥,特别是山东西部与东部比起来,曾因运河一度繁荣、发达,但不能持久地保持这种优势,更没有形成自己的基础手工业,所以一旦运河堵塞,这种兴盛也就成为过眼云烟。而其他地区同时兴起的新兴城镇经济,如周村的丝织业、博山的陶瓷业、莱芜的冶铁业、青州的酿酒业等等,则至今不衰。

尤其是运河历来作为漕河而为封建王朝所重视,漕运本身是封建王朝的田赋转运形式,从根本上说,是一项封建经济政策,它和利用运河发展社会经济势必产生一系列的矛盾:漕运与民运,漕运与商运,漕运与水利灌溉,运河治理与民力消耗,商品运销与封建关税,修治黄河与开发运河等等。但漕运优先是封建王朝的一贯政策,如确定运河漕船、贡船、商船、民船次第运行的秩序,规定

---

① 嘉靖《兖州府志·风土志》。

② 道光《滕县志·山川志》。

③ 乾隆《济宁直隶州志·通衢》。

④ 顾炎武:《天下郡国利病书》卷三五。

⑤ 据山东大学历史系师生1983年社会实习采访资料。

“灌田者不得与转漕争利”[①]，规定运河两岸若干距离内不得打井灌田，规定旱季阻水入田、雨季排水入田等，都是以保漕为前提的。客观上又给山东地区的经济发展造成重重障碍。

综上所述，元、明、清时期南北大运河的畅通，对山东区域经济的影响是明显的，它的积极、消极作用由此可以作为今天开发运河的历史借鉴。

三

在我们对运河对于山东地区社会经济发展的影响作了粗略回顾以后，很自然地要回答山东地区社会经济的发展对运河开发的客观要求是什么？

首先，历史上运河的开发主要是由封建统治阶级的政治、军事需要以及自身利益决定的。运河的开发是主动的，但它同时也是被动的。如果没有经济发展的不平衡，没有经济重心的南移和北方经济的相对衰落，没有政治重心的北移，也不可能有南北大运河的开通。没有大运河的畅通和商品经济的发展，就不可能有大运河沿岸工商业城市的兴起。但是，大运河的开发毕竟造就了沿河两岸的运河经济。运河经济本身的发展要求造就它的外部条件的持续性和不断改善。如果此种条件被人为破坏，这种经济本身也不可能再继续发展。作为运河经济重要组成部分的鲁西经济，就曾因为运河淤塞而导致农业、手工业、商业受到极大破坏。它客观上要求运河重新开通，恢复它得以发展的外部条件。直到今天，运河对沿岸地区的农业灌溉、运输仍有不可低估的作用。尤其是今天，更加科学地从发展社会经济的角度来安排、利用和开发运河，运河的作用会更大。

其次，从山东区域经济本身的发展史来看，开发运河能充分发挥山东历史上形成的经济优势。如能进一步发展鲁西沿运地区的商品型农业经济；能充分发挥山东历史上形成的横“T”型和横“Y”型经济地带的作用；能不断缩小山东东西部经济发展的差距，使内陆型经济与沿海型经济互相促进，共同发展；也能更好地恢复沿运经济中的传统生产，甚至开发观光旅游事业等等。时至今日，随着铁路、公路、航海、航空业的发展，内河航运的作用虽不能与昔日相比，但它重要的运输、交通补充作用，不仅不会消失，反而会得到更充分的发挥。这从现代世界各国对内河航运的重视可以得到间接的证明。

最后从山东地区社会经济的发展前景来看，山东的西部经济，尤其是农业、轻工业今后会有飞速发展。同时重工业如油田、煤田的开发也会越来越占重要

---

① 孙承泽：《春明梦余录》卷二六。

地位。山东区域经济与各地区的横向、纵向联系也会随之加强，开发运河不仅成为必要，而且成为可能。运河开发与山东整体经济的密切关系将会越来越清楚地展现在我们的面前。

（原载《山东水利史志汇刊》1986年第9期）

加强运河人文自然风景带建设 提高运河文化的整体保护水平

一

迄今遗存的中国大运河是世界上开凿时间最早、流程最长的人工运河，被列为世界古代史上最宏伟的四大工程之一，也是世界上最著名的三大运河（即京杭大运河、苏伊士运河、巴拿马运河）中最古老、距离最长的运河，是最重要的人类工程遗产。运河丰厚的历史文化底蕴，成为我国广大劳动人民物质文明、精神文明建设中最伟大的创造成果。

一部历时两千多年的运河开发史，是沿着“军事需要→政治需要→经济需要”的历史轨迹演变的，运河开发也就极其鲜明地呈现其“军事价值→政治价值→经济价值”的历史发展特色。时至今日，可以说开发运河已不再是军事、政治乃至经济的迫切需求，运河亦不再体现其军事价值、政治价值乃至经济的价值。那么，为何今天还要提开发、利用运河？事实上，从古至今，运河开发实际上是清晰地沿着“军事需要→政治需要→经济需要→文化需要”的历史轨迹演变的，因此运河开发的社会价值亦就必然是“军事价值→政治价值→经济价值→文化价值”的历史发展。所以，我们今天提开发运河、建设运河、利用运河，其主要理由应该是运河文化价值的时代彰显及运河文化发展的时代需要。尤其是在大力提倡弘扬中华民族文化，促进中华民族的伟大复兴，建设我国和谐繁荣社会主义社会的今天，认真发掘、总结和弘扬运河文化，继承运河文化这笔优秀的文化遗产，大力弘扬以爱国主义为核心的民族精神，对推动文化创新，对进一步繁荣发展社会主义文化，推动文化与经济、政治、社会的协调发展，不仅是历史发展之必需，更是现实之需要，故此深入推进运河文化研究也就具有重要的学术价值和现实意义。

当代学术大师季羡林先生曾经说过：“泰山是中国文化的主要象征之一，欲弘扬中华文化，必先弘扬泰山文化，这是顺理成章的事。”当我们依此视角来审视运河文化时，可以借用季先生的话作如是说：“运河是中国文化的主要象征之一，欲弘扬中华文化，必先弘扬运河文化，这也是顺理成章的事。”

运河文化经历了上千年的塑造，具有丰厚的历史文化内涵，正像笔者与学术界对运河文化内涵及其特征所理解的那样，运河文化是一个广义的文化概念。运河文化首先是中国社会历史文化的高度凝结，是中华民族精神的集中体现；同时运河文化又经历了各区域文化的长期融合，是运河流域社会历史文化的长期积淀。运河文化不仅包括运河先民们所创造的物质文明，同时也包括先民们所创造的精神文明、制度文明以及社会文明。可以说，运河地区先民们与运河有关的一切生产实践与生活实践活动，皆属于运河文化。同时运河文化也具有明显的区域文化特征，运河文化与长江文化、黄河文化、淮河文化乃至珠江文化、辽河文化等，虽同属于我国各地的大流域文化，但与长江文化、黄河文化、淮河文化、珠江文化、辽河文化等等自然形成的流域文化不同，运河文化是人文因素与自然因素的历史结合。从河文化上讲，运河文化主要是黄河文化、长江文化与淮河文化的融合。从地域文化来讲，运河文化又是中原文化、齐鲁文化、燕赵文化、吴越文化、秦晋文化的相互交融，是运河流域各族人民的历史、地理、风土人情、传统习俗、生活方式、文学艺术、行为规范、思维方式、价值观念等文化的升华，因此运河文化具有中华民族文化所展现的包容性、统一性、扩散性、开放性、凝聚性、向心性等民族文化特性。正因如此，运河被称为“中华民族的历史博物馆”，一部运河文化史被称为“中华文化的百科全书”。

中央电视台1986年摄制的电视纪录片《话说运河》，其开头语曾说道：“长城是一撇，运河是一捺，在中华大地上写下了一个顶天立地的‘人’字。”如果一定要把长城与运河作一比较的话，可以说长城是一部凝固的历史，运河是一部流动的文化史。运河纵贯南北，不仅促进了国内的经济文化交流，同时也促进了中外经济文化的交流。运河文化是我国传统文化的重要组成部分，在维护国家统一、促进民族融合、民族团结和民族发展中起着重要的作用。如早在春秋时期，吴王夫差开凿邗沟和魏惠王开挖鸿沟，固然是为了争当霸主，但诸国争霸与兼并的过程，实质上也就是中华民族迈向统一的过程，是大一统的中央集权国家建立与巩固的过程，这一过程无疑是有利于民族融合与民族发展的。又如历史上所称颂的汉唐盛世，也在一定程度上依赖于运河的开凿，使我国东南地区的财赋源源不断地输入长安，巩固了中央集权统治，促进了大一统局面的巩固与发展。宋元时期对运河的依赖仍然很强，而明清两代的文治武功，也有赖大运河为之奠定基础。因此，大运河成为维护国家统一和促进民族交流与发展的重要纽带。同时，运河的开发也充分显示了我国传统科技文化的卓越成就，运河文化更是深深熔铸在民族的生命力、创造力和凝聚力之中,集中体现了中华民族自强不息、厚德载物的优秀品格和强大精神力量,为人类文明进步作出了巨大贡献。可以说,一直到今天,弘扬运河文化,无论是在传承文明、创新理论方面,还是在资政育人、服务社会等方面,都将发挥重要的作用。

正如学界已经指出的,运河文化有着深刻的内涵,在政治文化、社会文化、商业文化、城镇文化、漕运文化、民俗文化等方面,都有着鲜明的反映和体现。其中,笔者认为运河文化中最具历史风韵、最富灵性、最为人所称道的重要组成部分,还是运河的人文自然景观。因此,随着对运河与运河文化的深入研究和深刻认识,在诸如我们山东提出积极推动建设运河经济带、文化带、旅游带、风景带等"四带"之时,在全国各界热情呼吁并积极筹备运河"申遗"之际,加强运河人文自然风景带建设,提高运河文化的整体保护水平,无疑是弘扬运河文化精神的题中之义。

二

文化景观学理论告诉我们,文化景观是在人类社会的成长发展中产生的,是人们依靠所生存的自然环境,按照自己的需要,利用自然界所提供的材料,有意识地在自然景观之上创造出来的景观。正如美国人文地理学家卡尔·苏尔(C. O. Sauer)在其文化景观学奠基之作《景观形态学》一书中所说的:"文化是催化剂,自然是媒介,文化景观是结果。"文化景观是附着在自然景观之上的人类活动形态,是人类社会和聚居环境演变的例证,展现着人在利用和改变自然环境过程中的积极作用。文化景观不仅包括可见的区域特征,而且也包括许多隐性的不可见的区域特征。例如许多人文景观中往往包含着文化的起源、扩散和发展诸方面有价值的内容。美国国家公园管理署即将文化景观定义为一个地理区域所联系着的历史事件、活动、人物或展示其他的文化或美学价值。文化景观是不断发展变化的,这种变化既有空间上的变化,也有时间上的变化;既体现着不同的时代特征,又具有一定的继承性。文化景观作为文化区域系统是随着时代的变化而不断沉积叠置的,其形成也是一个漫长的过程,可以说每一个时代都对文化景观有所贡献,因此文化景观早期也被称为"历史景观"。同样,运河人文自然景观也经历了长期的塑造过程,特别是在丰厚的运河文化遗产中,运河人文自然文化景观遗产占有重要的地位。以京杭大运河为主线,具有时间跨度 2000 余年、空间跨度 1500 余公里的中国运河,纵贯南北,连接东西,在运河两岸地区创造并遗留下丰富的物质文化与非物质文化遗产,形成独特的自然风情,孕育出浓郁的文化景观,构成一条具有鲜明特色的自然人文景观长廊。

联合国教科文组织1972年制定的《保护世界文化和自然遗产公约》，正式把自然遗产和文化遗产一起作为具有普遍价值的遗产加以保护，并把“文化景观”单独列入遗产地范畴。1984年世界遗产委员会(WHC)第八届大会是遗产保护领域最早关注文化景观的一次会议。到1992年，文化景观已被作为一个新的遗产种类在保护领域内接纳，也建立起专门的世界文化景观名录。联合国教科文组织在1992年提出要对“文化景观”遗产保护与合理利用，使其可持续发展。在1994年《保护世界文化和自然遗产公约实施指南》的修订中明确了相关概念、分类和登录标准，指出文化景观是人和自然共同的作品，是人和所在自然环境多样的互动，具有丰富的形式；对文化景观的保护有利于可持续的土地利用，有利于生物多样性的保护；并根据文化景观的特征将其分为人类主动设计的景观、有机进化的景观、关联和联想的文化景观等类别，还提出“不应排斥线形的交通运输形成的区域”(即20世纪80年代以来学术界一直极为重视的线形文化景观，而后发展成为遗存运河和文化线路的概念)。美国已经盛行有年的遗产廊道理论，便是针对此类文化景观提出来的。同时，由于文化景观的复杂性，为防止拘泥于文字框框而坐失具有重大价值之文化景观的保护，《保护世界文化和自然遗产公约实施指南》还提出，不应仅仅限于上述标准而排斥那些具有重大意义的文化景观。事实上，世界各国已经开展了对各类文化景观的保护。在国外，如法国就制定有《建筑、城市和风景遗产保护法》，提出风景遗产保护区的概念。在美国，则把遗产廊道作为一种线形文化景观保护区域予以建设，形成一种自然、历史文化、经济等并举的综合性保护体系，并在20世纪80年代指定伊利诺斯和密歇根运河为国家遗产廊道。因此，提出文化景观并成为世界文化遗产保护的一大中心，标志着世界范围内的遗产保护运动已经出现了保护内容日趋综合化、有机化、价值认识多元化等趋势。

迄今，我国学界对运河与运河文化已经有了一个基本的认识，即运河不仅是重要的历史文化遗产，同时也是重要的人文自然景观。运河文化集中体现着中华民族的思维方式、哲学思想、价值理念和人文精神等，是民族智慧的象征，也是民族文化的精华，更是民族精神的结晶。而与纯粹自然景观不同的是，运河人文自然景观不仅是中华民族创造力的实物证据，也是我国社会历史文化发展的无声见证。可以说，运河文化主要是以文化景观的存在方式联结着过去、现在和未来，它是静态的，同时也是动态的，深刻地反映着运河区域的社会历史发展特征、经济发展水平、民众生活特点、区域文化特色等等。

特别是在文化景观学研究中，美国地理学家惠特莱西把文化景观在一地区的变迁称为“文化史层”。因此，与文化的结构相适应，文化景观也可分为技术体系的景观和价值体系的景观两大组成部分。技术体系的景观(具象景观)是指人类加工自然而产生的技术的、器物的、非人格的、客观的东西在地球表层形成的地理实体,如聚落、农业、工业、公共事业等;而价值体系的景观(非具象景观)则是指人类在加工自然、塑造自我的过程中形成的规范的、精神的、人格的、主观的东西在地表构成的具有地域分异的意象事物,如民俗、语言、宗教等。但二者并没有绝对的界限,如实在的聚落景观中也存在抽象的风水观念,而在精神性的宗教文化中也有具体的寺庙、碑塔、石窟建筑等景观。运河文化是我国南北经济和文化交流的历史,是各地区社会、文化、经济发展史的重要记录、见证和载体。运河文化的价值载体不仅包括实体型的物质文化遗产,还包括构成运河文化的非物质文化遗产。在运河文化的长期发展过程中,运河人文自然景观不仅是运河动态发展历史的静态显现,也是运河区域的特定历史文化状态,它以感性积淀的方式所表现出来的,以现实的具象来凸显运河历史的文化精神。运河人文自然景观是综合性的群域性文化景观,包括自然环境景观、生态环境景观、生产环境景观等等。具体内容可包括古运河的设计、开挖、疏浚与变迁,历代漕运、盐运与货运,治水与水利,闸堤、桥梁与渡口,帝王巡游、名人夜泊,军事争霸,造船业,特种工艺、艺文、胜迹,乃至帝王龙舟、庞大船队,巨商、文人墨客的各种船只等等,因此运河人文自然景观的塑造成为运河文化中最重要、最突出的组成部分。

从文化景观形态学角度来看,运河人文自然景观的文化景观结构与文化内涵至少包括这样几个层次:运河物态文化景观、制度文化景观、行为文化景观和心态文化景观。物态文化景观是指物质生产活动在运河存留中的财富总和,是可触知的运河文化物质实体。制度文化景观是指运河经济实践约定俗成的社会行为规范,如在山东济宁就曾经设有专门的运河衙署,制定了完备的漕运制度以及航运规则等。行为文化景观是指运河地区各族人民世代相承的、与日常生活密切相关的各种传统文化表现形式,如民俗活动、表演艺术、传统知识和技能等。心态文化景观则是指含蕴在运河文化中的价值观念、审美情趣、思维方式等精神文化、社会意识等,由此形成运河文化的灵魂。所有这些方面集结构成使运河文化存续上千年的"文化生态"。所以,运河文化生态作为一个结构性存在,其中包含着的众多各具特色的区域性文化要素,成为积蕴并延续数千年的宝贵的传统人文结晶。因此,运河人文自然景观是各个时代与中华民族共有的概念、价值观体系的集中反映和鲜明体现。

而从文化遗产的角度来看,运河人文自然景观的价值载体不仅包括实体型的自然遗产、文化遗产,还包括构成运河文化线路的非物质文化遗产,同时它也是活着的文化遗产。物质文化遗产主要是指具有历史、艺术和科学价值的文物,包括可移动文物和不可移动文物。其中不可移动文物是指古文化遗址、古墓葬、古建筑、石窟寺、石刻、壁画,一直到近现代的重要史迹和代表性建筑等。可移动文物主要是指历史上各个时期的重要遗物、艺术品、文献、手稿、图书资料、代表性实物等。运河人文自然景观的深刻内涵尤其突出表现在运河物质文化遗产方面。而运河物质文化遗产异常丰富,如作为运河文化载体的文物遗存,迄今就有保留着的运河河道、码头、船闸、堤坝、桥梁等水工设施,大量的城址、衙署、驿站、钞关、仓库、商铺、会馆、寺庙以及地下古墓、沉船等,尤其是一大批依托运河发展起来的历史城市、街区、村镇等。运河沿线已经造册公布的文物保护单位至少在650余处。运河曾造就了沿岸数十座经济繁荣的城镇,积累了丰厚的城镇文化。在国务院公布的三批近百座历史文化名城中,在京杭大运河线上的就有北京、天津、聊城、徐州、淮安、常熟、扬州、苏州、杭州等城市;在国务院公布的六批全国重点文物保护单位中,在运河线上的就有上百处。运河沿岸城市中还保留着色彩缤纷的会馆文化,如苏州城内的全晋会馆,是山西商人留在这座城市中的文化遗产。又如屹立在聊城运河旁古老的山陕会馆至今仍保存完好。这些会馆散处运河地区,张扬着全国各地不同的文化风格。尤其是在不同的运河区段,运河文化遗产相对丰富。如据国家文物局中国文物研究所提供的资料,运河山东段目前已知的重要文物保护单位就有100多处,运河江苏段也有100多处。而据河北运河文物考古调查的资料,京杭大运河河北段的庙宇、民居、驿站、会馆等永久性建筑非常丰富,在已发现的150处文化遗迹当中,有六成为古村落遗址,且大部分是金元时期的。此外还发现了众多的墓葬、碑刻、沉船点以及运河沿岸的古纤道遗址等。据称目前正实施着的南水北调工程,所涉及的文物保护单位就有900多处。因此,运河是一座当之无愧的“历史博物馆”。

运河人文自然景观的深刻内涵同样也表现在作为文化线路的运河非物质文化遗产方面,如反映运河文化的文学、地理学、水利学、艺术学、历史学、制度学、政治学、民俗学、民族学、衣食住行、生活方式、行为规范等等,是运河区域各族人民在人际交往过程中,以礼俗、民俗、风俗等形态表现出来的文化区域模型,包括那些内涵十分丰富的古老传说、歌舞、曲艺、民歌、皮影、剪纸、绘画、雕刻、民俗礼仪等,共同构成运河区域世代赖以生存的文化生态部分。如高建军编著的《山东运河民俗》一书,就分别从开河挑浚、夫役防护、造船船运、货运客运、管闸过闸、码头仓储、护漕劫漕、船帮船工、行帮行规、工商百业、捕鱼市鱼、鱼市鱼行、风味名吃、酒店茶馆、喝酒饮茶、戏曲美术、歌舞杂艺、游艺戏玩、神明祭祀等方面,较为系统地叙述了山东运河民俗景观。北京通州也有着运河文化特色浓郁的传统音乐和民间舞蹈项目等,当地男女老少迄今还哼唱着祖祖辈辈流传下来的漕运船夫号子。据说此类船工号子包括“摇橹号子”“闯船号子”“拉纤号子”“出沧号子”“跑蓬号子”等，或铿锵有力，或婉转悠扬，具有重要的历史价值、文化价值和科学价值，是运河非物质文化遗产的重要文化符号之一。通州区文化馆为使这一独具运河文化特色的劳动号子能够传世，挖掘整理了 8 个运河号种，录制了 20 多首号子，依此创作了新的运河号子，并搬上舞台进行演出，为流传数百年的劳动号子赋予了新时代的文化内涵。所以运河又是一部当之无愧的“历史百科全书”。

运河人文自然景观作为运河文化的载体，集中体现了运河物质文化与非物质文化的文化景象。运河物质文化是广大劳动群众在开发运河过程之中创造的种种物质文明，是一种可见的显性文化。而运河非物质文化则属于不可见的隐性文化，但两者都蕴藏着丰富的历史文化信息。运河文化遗存对于研究运河区域各民族的生活方式、行为习惯、文化态度、审美价值等，无疑有着重要的学术价值和学术意义。正像运河研究学者夏刚草所形容的：“运河沿岸的古墩、古庙、古塔、古桥、老街、老店、老厂、老窑以及街市的繁华景象、市民的生活习俗，犹如《清明上河图》长幅画卷展示在人们面前。”迄今，在联合国教科文组织《保护世界文化和自然遗产公约》最新一版《世界遗产公约实施行动指南》中，运河遗存和文化线路已经作为新的世界遗产种类赫然在列，并且把运河文化遗产的特点归结为代表“人类的迁徙和流动，代表了多维度的商品、思想、知识和价值的互惠和持续不断的交流，并代表了因此产生的文化在时间和空间上的交流与相互滋养”。同时也对运河遗存的保护内容(包括运河建造技术、航运及水利设施、仓储、社会组织等方面的实物遗存及运河景观本身)作出了规定。因此，运河遗存也成为十余年来文化遗产保护领域兴起的新遗产保护种类。学术界为此也进行了深入的学术探讨。如 2006 年出版的《杭州运河丛书》，包括《杭州运河历史研究》(分上下两编，上编叙述大运河的形成和历史、功能和地位、运河与杭州城市发展、运河整治历史与管理制度、运河文化风貌等，下编为译著部分)、《杭州运河文献》(著录与杭州运河有关的 15 种文献)、《杭州运河风俗》(集中叙述了杭州段运河流域内世代传承的各种传统文化表现形式)、《京杭大运河图说》(著录 1145 幅运河图片)、《杭州运河古诗词选评》(精选出 300 首与古杭州运河相关的诗词)、《杭州运河桥船码头》(实地调查记录了杭州运河上的桥、船、码头)、《杭州运河遗韵》(为运河杭州段历史遗存的实录)等，就充分展现了运河杭州段的丰富历史文化内涵。荟萃山东枣庄地区多年来运河研究成果的运河文化研究丛书《枣庄运河文化丛书》(苑继平主编，青岛出版社 2006 年版)，也分别以《枣庄运河》《枣庄文物》《枣庄胜景》《枣庄名人》《枣庄民俗》《枣庄煤史》《枣庄诗选》《枣庄战事》诸卷，全面系统地描述了枣庄运河地区的历史、经济、政治、军事、人文、民俗等文化景观。张建编著的《通州运河文化》(全十册，文化艺术出版社 2004 年版)所记通州的古建筑遗迹，就有燃灯古塔、大光楼、会馆、永通桥、浮桥、闸桥、钟鼓楼、北齐长城、阎公祠、三教庙、文庙大成殿、文昌阁、奎星楼、静安寺、城隍庙、三义庙、关帝庙、王怒园、召里观音寺、万字会院、清真诸寺、证道堂、天主教堂、张家宅院与门楼、平津前线指挥部旧址、邢家大院、贡院、书院、潞河中学及洋楼、大王庙戏楼、西海子公园、小楼饭店、大顺斋、延芳淀与漷县城、漷县东门桥等，又详细记述了曹雪芹与通州、通州诗抄、通州名人、通州民间艺术、通州民俗、通州漕运、通州文物以及大运河的传说等等。所有这些运河文化遗存，无不凝聚着中华民族的历史与精神。正如 2007 年温家宝在参观中国非物质文化遗产专题展时所说："我对非物质文化遗产有三句话的理解：第一，它是民族文化的精华；第二，它是民族智慧的象征；第三，它是民族精神的结晶。"[①]

总之，运河人文自然景观，熠熠生辉，光彩夺目，交织成一道蜿蜒数千里的亮丽风景线，保护好、建设好这道风景线，就成为摆在我们面前的一项义不容辞的历史使命，也是需要我们去承担、履行的具有重大现实意义的特殊使命。而只有加强运河人文自然风景带建设，才能更好地提高运河文化的整体保护水平，弘扬运河文化精神。

三

在理论界，国际上已将生物多样性的三个层次(基因、物种和生态系统)拓展为包含景观在内的四个层次，世界各国都已经认识到保护景观特别是具有较大价值的文化景观和地方特色的重要性，景观保护已经受到广泛重视并成为重要保护对象。

同样，近年来，我国也加大了对自然人文景观的保护力度。2006 年中共中央、国务院制定颁布的《国家"十一五"时期文化发展规划纲要》中，确立了"加强重要文化遗产保护"和"抢救濒危文化遗产"的文化保护原则，明确提出要"加强世界文化遗产、大遗址、历史文化名城(街区、村镇)和文物保护单位的保护管理。制定并实施不可移动文物保护规划"，要"采取有效措施，保护濒危的民族文化遗产"。要"建设抢救性文物保护设施，完善文物保护单位和博物馆安全消防设施设备，做好基本建设中的抢救性考古发掘和文物保护。加强对民间文学、民俗文化、民间音乐舞蹈、少数民族史诗等若干非物质文化遗产项目的抢

① 《一脉文心传万代，千古不绝是真魂》，2007 年 6 月 10 日《浙江日报》。

救”等等。其中所确立的启动“大遗址保护”重点文物保护工程项目中，即包括大运河文物保护工程。2006 年 5 月，国务院将京杭大运河列为全国重点文物保护单位；同时，由全国政协文史委筹划、组织的京杭大运河申报世界遗产考察活动，也掀起了大运河申报世界文化遗产的热潮。同年年底，国家文物局公布了我国重新设定的《中国世界文化遗产预备名单》，也将大运河列入其中。与此同时，一批与京杭大运河相关的文化遗存也相继被公布为各级文物保护单位。2007 年 6 月，在国家文物局举行的大运河保护与“申遗”工作协调会上，决定将“京杭大运河”扩容为“中国大运河”，涉及城市从 18 个增加到 24 个；运河沿线城市成立“中国大运河申遗办公室”，由有实力、积极性较高的城市牵头，由各省政府、文物部门指导，参与合作、协商和对话；并决定编制《大运河保护总体规划纲要》。因此，当全国各界为大运河“申遗”奔走呼号、热情空前高涨之时，加强运河人文自然风景带建设，自然是顺应这一趋势的应有之义。

但是，归根到底，“申遗”也好，加强运河人文自然风景带建设也罢，都应当是提高运河文化整体保护水平的手段而不是目的。正像原国家文物局长单霁翔所表示的，大运河“申遗”的真正目的是把“申遗”的过程变成保护的过程，将古老的运河所承载的中华文明传向未来。可以说，运河“申遗”只是保护运河文化遗产的近期目标，长远目标应该是提高运河文化的整体保护水平，避免运河文化成为濒临消逝的文化遗产。

运河已成为社会的热门话题，运河“申遗”已经引起全国各界的广泛关注。但是，在各界热心于大运河“申遗”活动之时，我们认为首先要端正“申遗”动机。因为在当今经济发展大潮下，人们关注的往往不是保护遗产的职责与承诺，而是巨大的经济预期；文化自然遗产也不是一般的资产，同样不是一般意义上的经济资源，而是不可再生的文化遗产。在强调复兴运河文化时代价值、加快建设运河风景带之时，也要面对市场力量的渗透和冲击，如何在保护与利用之间寻求一个合适的结合点，就成为提高运河文化整体保护水平的首要任务。因此要特别注意防止对各类遗迹的拆真建假，注意对遗迹遗址的控制与隔离，严禁超规模建设某些基础设施如宾馆、饭店等，使大运河逐渐失去原生态所具有的景观价值。尤其是要在运河人文自然景观建设中，寻求景观建设保护与基础设施建设的协调统一，防止“视觉污染”。运河自然人文景观建设，更要充分保护不同运河区段所展现的运河文化的地域性特色，不能以牺牲运河区段文化的多样性为代价来开发运河景观。否则，即如第 31 届世界遗产大会联合国专家特别指出的那样——成为世界遗产更多地意味着承担责任和兑现承诺，远不仅是享受旅游收益、可以随意开发那么简单。过分追逐商业利益，保护与修复原则不能与国际接轨，即便是已经名列世界文化遗产的项目，也可能成为“濒危遗产”,被列入“濒危名录”,而被吊销“世界遗产”的称号。据国家文物局的资料,包括中国的世界自然遗产云南“三江并流”以及北京的故宫、颐和园、天坛等世界遗产,我国已有六处世界遗产被亮“黄牌”。

因此,加强运河人文自然风景带建设,提高运河文化的整体保护水平是一篇大文章。要做好这篇大文章,就要确立基本的纲领与原则。我们认为,加强运河人文自然风景带建设,要坚持保护与开发并重的原则,统筹规划与分点建设并重的原则,速度、效益与可持续发展并重的原则。

坚持保护与开发并重的原则,就是要明确保护就是开发,开发应坚持保护性开发。在如何进行保护与开发方面,我们看到既有理论上的误区,也有实践上的偏差,还有具体操作上的失误,有些景观需要进行抢救性开发,有些景观需要一边保护一边开发。要在《文物保护法》《水资源法》等法律框架内,进行保护性开发。要从保护运河遗迹做起,把抢救、修复运河景观遗迹作为保护运河文化最为紧迫也是最为重要的内容来抓。运河人文自然景观保护与建设具有重要的生态战略意义,正像学界已经指出的,这主要表现在,首先它是对区域生态结构有着广泛影响的半自然生态系统,其次它又是运河区域城乡生态基础设施的重要组成部分,另外运河地区还存留着丰富的湿地生态系统,这些湿地生态系统有着重要的景观生态战略意义。特别要注意保持运河文化保护与旅游开发之间的平衡,把恢复运河景观文化建设作为保护运河文化的新契机,这也是提高运河文化整体保护水平的重要任务。

要坚持统筹规划与分点建设并重的原则。要调查抢救挖掘保护运河历史文化遗存,对运河两岸的遗存、传说、掌故等规划设计保护与改造方案,尤其是一些具有历史地理坐标意义的地理实体如古街、古门、古桥、古河埠、古渡口、古碑等。运河古城镇与历史街区的保护与建设,是尤其需要下工夫解决好的一个大问题。因为运河区域的古城镇与历史街区往往是有机统一体,以其位于人口密集区而承受着不断退化的基础设施建设和巨大的发展压力。也因其具有多重城市功能如公众服务、公用事业、公共事业发展、拆除与许可建设等,所以尤其要保护其文化价值,避免景观的商业化、历史建筑的损坏以及种种不恰当的开发,制定切实可行的保护与开发的整体规划与措施,就是摆在有关职能部门面前的首要任务。全国政协委员、原国家文物局局长单霁翔曾指出:对京杭大运河先行保护是当务之急。在保护优先的前提下,应该设立有权威的、协调有效的大运河保护与申报世界文化遗产领导协调机构,建立大运河沿线相关城市的合作、协商和对话机制,以统筹各部委力量和各省市力量。建议国家设立专项资金,由国务院主管部门组织大运河沿线的相关省、市,在近期集中开展大运河区域的文物资源全面调查,在调查研究的基础上编制《大运河文化遗产保护总体规划》,并制定大运河文化遗产保护的专项法规。据介绍,国务院各部门已采取相关措施推动大运河保护工作。如国家文物局在全国第三次文物普查过程中,便将京杭大运河作为重点文物进行普查。国家发改委亦正就大运河保护与开发利用的关系进行研究。财政部也已将大运河保护列入规划,并拨款项大力支持京杭大运河保护。与此同时,运河地区各级地方政府也正采取有效保护措施,抢救修缮文化遗存,一些地段已启动了环境整治工程,还建设了部分文化遗存的保护设施(如运河博物馆等)。据介绍,运河沿岸城市如通州已在全世界范围征集以发掘和弘扬运河文化为主题的运河城市景观规划和城市设计方案。天津在大运河杨柳青段恢复运河景观,投入巨资对西青区杨柳青境内南运河地段进行规划、改造,对两岸进行绿化设景。苏州打造"东方水城",勾勒千年运河水系景观。扬州拟沿运河建长 14 公里的百米宽绿化带,把京杭运河城区段打造成扬州的"外滩"。枣庄亦重金建设台儿庄运河古镇风貌,建设水上露天古船博物馆,再现"一河渔火,歌声十里,夜不罢市"的运河古韵。淮安这座因运河而生、因运河而兴的城市,也高度重视对运河历史文化遗存的保护,实施了运河文化长廊工程等。苏州将大运河苏州段沿岸文物的保护工作纳入古城保护整体框架,重点修缮了一批在国内外有较大影响的古桥、古塔、古城墙、城门关隘、古驿站、古典园林、名人故居、会馆、寺庙、名人墓葬等文物古迹。

要坚持速度、效益与可持续发展并重的原则。要广泛动员民众参与运河文化遗产保护,增强运河文化遗产所在地民众的文化自豪感。通过运河文化遗产公园和文化遗产园区的建设,改善当地人文景观和生态环境,由此带动周边可建设用地综合效益的提高,使当地民众直接受益,并"反哺"运河文化遗产保护,实现大运河文化遗产保护区的全面和谐发展。有研究表明,在运河沿岸地区,景观建设已经高度人工化,这一方面表明运河历史之古老和景观文化层积之深厚,但另一方面也表明运河文化自然人文景观的高度破碎化。运河人文自然景观建设的这一重要特征决定了运河文化遗产保护面临的重要任务。也有研究指出,运河人文自然景观建设面临着城市化进程和南水北调工程带来的挑战与机遇。一方面,随着运河地区的快速城市化进程,会对运河文化遗产保护带来不利影响;同时,还包括对运河景观生态系统的影响,包括对作为景观基质的农田的影响、对运河及其支流廊道功能和景观结构的影响、对区域景观格局的影响等。另一方面,则是经济的快速发展带来的城乡居民的休闲需求,这些需求和经济发展本身必将促进遗产保护上的投入,为运河人文自然景观建设提供了有利机遇。同样,南水北调工程在给运河人文自然景观建设带来巨大挑战的同时,更带来了保护的机遇。大规模调水使得运河人文自然景观建设成为可能,不仅能够对断流和生态功能瘫痪区域进行系统的生态修复,而且有可能对作为运河人文自然景观建设的大运河进行系统的保护。

当然，加强运河人文自然风景带建设，提高运河文化的整体保护水平，无疑是一个巨大的项目，我们的保护理念和建设方式都应当是革命性的。我们看到，现有的运河历史文化载体如河驳、河堤、河埠、河坝、河桥等运河遗迹正遭到毁灭性的建设更新，运河沿岸城镇的迅速城市化和房地产开发使原有景观被严重蚕食。甚至有的古运河段已成为垃圾场或排污沟，运河湿地生态恶化，环境受到破坏。沿河历史文化遗存损毁严重。正如同济大学建筑与城市规划学院阮仪三教授所说：抢救、修复运河沿线遗迹是当前搞好运河文化最为紧迫也最为重要的内容。如无锡市便确立了保护古运河的九字方针："护其形，得其魂，扬其神。"山东更积极推进运河山东段的经济带、文化带、旅游带、风景带"四带"建设，这将赋予京杭运河山东段运河文化建设旺盛的生命力。特别是以运河"申遗"为契机，加快运河人文自然风景带建设，提高运河文化的整体保护水平，正当其时。

要加强运河人文自然风景带建设，提高运河文化的整体保护水平，尤其要加强对运河文化的学术研究，深入发掘和弘扬运河文化内涵，才能走可持续发展的路子。我们高兴地看到，在国内学术界关于运河文化的研究已经越来越引起重视，越来越深入。如北京大学景观设计学研究院借鉴国外遗产廊道的保护理论，启动了空前的"京杭大运河遗产廊道研究"项目。国家文物局也已启动运河文物普查并牵头组织编制《大运河保护总体规划纲要》等。随着运河文化研究成果的积聚与日渐丰硕，可以说运河文化学初具雏形。相信在学术界的不懈努力之下，随着运河文化研究的深入，尤其是运河人文自然风景带的保护与建设，一定能极大地提高运河文化的整体保护水平，在弘扬以爱国主义为核心的民族精神和以改革创新为核心的时代精神方面，运河文化亦必将越来越凸显其历史价值与时代意义。

（原载《人文与自然》2008年第1～2期合刊）

运河·运河文化·运河文化研究

一、运河开发

运河是指人工开凿而成的交通运输航道,运河开凿在我国至少有2400年以上的历史。迄今遗存的中国大运河是世界上开凿时间最早、流程最长的人工运河,被列为世界古代史上最宏伟的四大工程之一。[①] 其丰厚的历史文化底蕴,成为我国古代劳动人民物质文明、精神文明建设中最伟大的创造成果。

历史上有记载的运河开凿,见于《水经·济水注》所记:“偃王治国,仁义著闻,欲舟行上国,乃导沟陈、蔡之间。”徐偃王是个传说中的人物(在江苏丹阳城北门外七里的运河边旧有徐偃王庙,俗名“七里庙”,该庙在20世纪50年代拓宽京杭大运河时被拆毁),《后汉书·东夷列传》有记:“穆王畏其方炽,乃分东方诸侯,命徐偃王主之。”周穆王是西周第五代国君,其在位时间为约前976~前922年。若以上记载确实的话,则徐偃王开凿的这条人工运河,当是文献所见记载最早的运河。[②]

此后,文献记载的运河开凿事例日趋增多。如《史记·河渠书》记楚庄王时(前613~前591)曾“通渠汉水云梦之野”,据考证是整治沮水至长江以通舟楫之利。[③] 前486年,吴王夫差为北上争霸,在今江苏扬州与淮安之间开凿了沟通长江与淮水的邗沟,成为我国历史上第一条有确切纪年的运河河道。之后中原地区有多条人工运河的开凿,如吴国开凿沟通济、泗二水的运道菏水。而中原地区最著名的运河则是魏惠王时开凿的鸿沟,它自荥阳引入黄河水东流经大梁城,折南注入颍水,沟通了黄淮之间的济、淮、汝、泗等主要河流,形成了黄淮平

① 参见安作璋主编:《中国运河文化史·序》,山东教育出版社2001年版。

② 参见陈桥驿:《南北大运河——兼论运河文化的研究和保护》,《杭州师范学院学报(社会科学版)》2005年第3期。

③ 参见安作璋主编:《中国运河文化史》上册,山东教育出版社2001年版,第7页。

原上以鸿沟为干流的水运交通网。

春秋战国以后，大运河的开发经历了以下几个最重要的时期：

第一，秦汉魏晋时期的运河开发。前 221 年，秦始皇为平定南越和西瓯，开凿了沟通湘、漓二水的灵渠（即今兴安运河）。汉武帝时期，又开凿了从长安至潼关入河的漕渠，运河由此延伸到关中平原。曹操为统一天下，开凿了睢阳渠、白沟、平虏渠、泉州渠、新河、成国渠等数条运河，以利进兵征讨和军需运输。两晋南北朝时期也修建了一些运河，主要是浙东运河。至此，全国的水运交通网初具规模，为以后南北大运河的兴建提供了条件。

第二，隋唐时期的运河开发。隋开皇四年（584），为解决首都大兴城的漕运问题，首先修复了西汉的关中漕渠，名"广通渠"，而后为南下灭陈重浚邗沟，名"山阳渎"。明人称作"不仁而有功"的隋炀帝即位，更是大修运河。而当时中国的经济发展已经趋向东部和江南，他开始修凿以首都洛阳为中心的运河。首先于大业元年（605）开凿通济渠，从洛阳引洛水入河，又从板渚（今河南荥阳附近）引河入汴（即东汉时代的汴渠，实际上是鸿沟水系的一部分），从今开封折向东南，与淮河沟通。又经淮河沟通先秦的邗沟而到达江南。接着又于大业四年（608）在黄河以北开凿永济渠，"诏发河北诸郡男女百余万开永济渠，引沁水南达于河，北通涿郡"（《隋书·炀帝纪》）。大业六年（610）重新开凿江南河，从而形成一条以洛阳为中心，沟通我国南北，由永济渠、通济渠、山阳渎、江南河组成的运河系统。我国古代的运河工程也达到其鼎盛阶段。到唐代，随着国家的统一、政治的稳定和经济文化的发展，唐王朝亦注重对运河的疏浚、整治与扩展，进一步发挥着运河交通大动脉的作用。

第三，宋元时期的运河开发。北宋首都开封地处平原，河网纵横，有利于漕运，故宋王朝更加重视发展水利与水运。北宋时期，先后开凿了五丈河、蔡河（惠民河）、金水河，整治了淤塞的汴河，合称"漕运四渠"。此外还整修了江淮运河、江南运河、两浙运河等重要水道。其中以汴河输运东南六路漕粮，最为重要，汴河整治也为宋政府倍加重视。元朝统一南北，实现了全国的大一统，并定都燕京，全国的政治中心转移到北方，在充分开发利用海运的同时，大力发展内河航运以保证漕运，成为元王朝最重要的大政之一。故有元一代，对前代以来的运河进行了一次大规模的整治与开发，开凿了通惠河，治理了南运河与江淮运河，新开挖了济州河与会通河等运河河道，构建起以京杭运河为骨干的运河网络，使整个运河网络纵贯南北，关联东西，沟通钱塘江、长江、淮河、黄河与海河等诸水系，把华北平原、淮海平原以及杭嘉湖平原等紧密地联系在一起，使全国的政治中心与经济中心有机地结合起来。运河开发也成为历史上前所未有的极盛时期。

第四，明清时期的运河开发。基于经济上尤其是财政上的需要，特别是为了保证南粮北运，明清时期继续依靠运河航运。明清王朝视大运河为王朝的生命线，对运河开发倍加重视，不惜投入巨大的人力、物力整治和经营运河，使大运河与漕运呈现空前的繁荣，进入其全盛期。只是到清后期，由于政治腐败，国力日衰，加上漕粮改行海运，以及黄河频繁决溢，冲毁、淤塞运河河道，运河才逐渐失去往日的繁荣。

时至今日，可以说开发运河已不再是军事、政治乃至经济的迫切需求，运河亦不再主要体现其军事价值、政治价值乃至经济价值。那么，为何还要开发利用运河？事实上，一部运河开发史极其鲜明地展现出是沿着“军事需要→政治需要→经济需要→文化需要”的历史轨迹演变的，因此运河的社会价值亦必是“军事价值→政治价值→经济价值→文化价值”的历史发展。尤其是在大力弘扬中华民族文化、促进中华民族伟大复兴、建设和谐繁荣社会主义社会的今天，认真发掘、总结和弘扬运河文化，继承运河文化这笔优秀的文化遗产，大力弘扬以爱国主义为核心的民族精神，对推动文化创新，对进一步繁荣发展社会主义文化，推动文化与经济、政治、社会的协调发展，不仅是历史发展之必需和现实之需要，更是运河文化价值的时代彰显。因此，大力弘扬运河文化和深入进行运河文化研究，也就具有重要的学术价值和现实意义。

二、运河文化

要继承和弘扬运河文化这笔优秀的传统文化遗产，首先就要明确何谓“运河文化”以及运河文化的内涵和特征。近十几年以来，学术界对此进行了卓有成效的学术研究，取得了一批较为丰硕的成果。

早在20世纪八九十年代的中华文化研究热潮中，学术界就已开始把运河研究与文化研究结合起来进行探讨。如金克木《说通》一文提出：“中国有两种文化，一个可叫‘长城文化’，一个可叫‘运河文化’。‘长城文化’即隔绝、阻塞的文化。运河通连南北，是‘通’的文化。”[①]1990年，梁白泉明确提出“运河是文物”的观点，并对此进行论证。[②] 山东学术界也最先开展了对运河文化的广泛探讨，进行了较为深入的学术研究。1994年《山东省人文和自然遗产保护与开发七年规划提纲》中，首先提出了“运河文化区的保护与开发”的设想。山东大学“运河文化研究”课题组首先发表了名为《运河文化论纲》的学术论文，提出并界

① 金克木：《燕啄春泥》，人民日报出版社1987年版，第82页。

② 参见梁白泉：《初论运河文化》，《东南文化》1990年第5期。

定了“运河文化”概念及其内容。[1] 1997 年 5 月，山东省人文自然遗产保护与开发促进会和聊城市联合举办了“山东省运河文化研讨会”，就运河文化及其内涵进行了全方位的探讨。此后，运河文化作为一个学术范畴，多见于学术论著，运河文化研究也成为传统文化研究中的重要研究领域之一。

何谓“运河文化”？运河文化的内涵及特征是什么？《运河文化论纲》一文首先对此进行了初步概括，提出中国运河的开发“是二千多年来中华民族在征服自然、改造自然的过程中巧夺天工的伟大创造，也是中华文明的丰厚积淀，更是民族精神的重要标志”，纲领性地概述了运河文化的主要内容。

于德普也对运河文化予以了界定，认为：“运河文化是运河开挖和通航过程中，在运河区域经过长期积淀所形成的全部物质财富和精神财富的总和，包括文化教育、科学技术、文学艺术、建筑艺术、工艺美术、风情民俗、饮食文化、遗迹遗物等多方面的内容，是我国重要的人文遗产资源。”[2]

王永波进一步对运河文化的内涵予以概括，认为运河文化乃是人类在特定的社会历史条件下，通过自然水系的通航、漕运，促进运河流域不同文化区在思想意识、价值形态、社会理念、生产方式、文化艺术、风俗民情等领域的广角度、深层次交流融合，推动沿运河流域的社会政治、经济、科技、文化的全面发展而形成的一种跨水系、跨领域的网带状区域文化集合体。[3]

安作璋则论述了运河文化的历史形成，指出：“中华民族的文化是多元一体的文化，其所以存在着文化上的多元化，是由于各个区域地理环境的不同造成的自然条件的差别，经济发展水平不同引起的社会条件的差异，生活习俗不同所带来的文化背景的各异，军事上的封建割据所形成的政治上的隔绝，这一切都足以造成区域文化的不同特色。随着运河的南北大贯通和迅速开发，运河区域的社会经济达到了前所未有的兴盛与繁荣，这不仅为运河区域文化事业的发展提供了雄厚的物质基础，而且也促进了南北（包括东西）文化和中外文化的大交流，使各种地域文化和外来文化相互接触、融会、整合，形成了独具特色的运河文化。”[4]

迄今为止，学术界对运河文化的理解更为深入，对运河文化内涵及其特征的探讨也更为全面。现学界基本认可，运河文化是一个广义的文化概念，凡中华先民与运河有关的一切生产和生活实践活动，皆属于运河文化。运河文化具有区域文化的突出特征，运河文化与长江文化、黄河文化、淮河文化乃至珠江文

---

① 参见山东大学“运河文化研究”课题组：《运河文化论纲》，《山东大学学报》1997 年第 1 期。

② 于德普：《运河文化与运河经济的发展》，《人文与自然》2001 年第 2 期。

③ 参见王永波：《运河文化的运动规律及其启示》，《东南文化》2002 年第 3 期。

④ 安作璋：《中国大运河的繁华》，《中国文化遗产》2006 年第 1 期。

化、辽河文化等等，同属于我国的大流域文化，但与它们不同，运河文化是人文因素与自然因素的紧密结合。运河文化还具有多元性、开放性、交融性等特征。运河文化是我国传统文化的重要组成部分，在维护国家统一、促进民族融合和民族团结中起着重要的作用。运河文化已深深熔铸在民族的生命力、创造力和凝聚力之中，集中体现了中华民族生生不息、国脉传承的优秀品格和强大精神力量，为人类文明进步作出了巨大贡献。可以说一直到今天，运河文化在传承文明、创新理论、资政育人、服务社会等方面，仍将发挥其重要作用。

三、运河文化研究

运河开发源远流长，对运河发展史的学术研究由来已久。1919年张景贤的《北运河考略》一文，应该是近代以来最早公开发表的学术研究论文。[①] 史念海的《中国的运河》一书，则是近代以来首部运河研究专著。[②] 王云《近十年来京杭运河史研究综述》一文，概述了前人在运河研究领域取得的重要成果(集中在运河沿革、漕运、历史影响等方面)。[③] 而相对于运河沿革史来说，运河文化的内涵尤为丰富多彩，运河文化研究也就比运河开凿史的研究涉及面更广，内容更为深厚。唯其如此，运河文化研究也就更为学界重视，运河文化研究的学术价值也就更大，运河文化研究已经成为一个重要的学术研究领域。从运河研究到运河文化研究，显示了这一领域研究的历史发展与重大突破。而运河文化作为一个特定的学术概念，实际上是在20世纪90年代提出并广泛用于学术论著的。因此，运河文化的较深入研究，也是近十几年以来开展起来的。尤其是运河文化的许多重要研究成果，更是最近这些年才取得的。相对于其他中国传统文化领域的研究，尽管运河文化研究历时还比较短暂，但是取得的研究成果却已很丰硕。如：

第一，关于运河文化的通论之作。如山东大学"运河文化研究"课题组的《运河文化论纲》一文，对运河文化进行了提纲挈领的论述，指出大运河经过数千年的开发，极大地促进了运河地区社会经济的繁荣与发展；运河成为维系祖国统一和繁荣的政治纽带，同时也形成了运河经济带与运河文化带；运河的开发直接促成了一批运河城镇的崛起，形成了文化气息浓厚的都市城镇文化；更营造出独具特色的漕运文化、商业文化等；使运河区域吸纳古今中外的文化精华，融会南北各地的风情民俗、宗教信仰、官民礼仪等，形成了独特的运河风情

① 张景贤：《北运河考略》，《地学杂志》1919年第9～10期。

② 史念海：《中国的运河》，重庆史学书局1944年版。

③ 参见王云：《近十年来京杭运河史研究综述》，《中国史研究动态》2003年第6期。

民俗文化；运河的开发也营造着新的自然环境、生态环境和人文环境；运河文化更极大地增强了中华民族的凝聚力与向心力，并推动着中外经济文化交流的长期发展。又如安作璋先生主编的《中国运河文化史》三册，洋洋百余万言，是第一部全面研究中国运河文化的辉煌之作。该书论述的时间范围，上起春秋，下迄民国，按时期划分为六编，每编皆对某一时期运河变迁与运河文化史等内容作全面论述。全书重点阐述了运河区域以城市为中心的农业、手工业、商业及城市发展状况，以及重大历史事件、主要历史人物的事迹、社会组织、与外国的交往等运河文化的宏阔内涵，全面反映了运河地区物质文化和精神文化建设的发展历史。全书旁征博引，内容丰富，堪称一幅气势恢弘的运河文化历史画卷。再如于德普的《运河文化与运河经济的发展》一文，指出运河文化是运河开挖和通航过程中，在运河区域经过长期积淀所形成的全部物质财富和精神财富的总和，是我国重要的人文遗产资源。运河文化是南北区域文化长期交流融合的结果，既是运河经济发展的产物，又促进了运河经济的发展。其他研究成果中，安作璋《中国的运河与运河文化》一文，指出运河区域社会经济的兴盛与繁荣，不仅为运河区域文化事业的发展奠定了雄厚的物质基础，而且促进了南北（包括东西）文化和中外文化的大交流，使各种地域文化和外来文化相互接触、融会、整合，形成独具特色的运河文化。[①] 陈桥驿《南北大运河》一文，提出钱塘江以南在先秦已有运河，经历代疏凿，皆称“浙东运河”，从杭州越钱塘江经绍兴至宁波长期畅通。故南北大运河，通常称“京杭运河”，而终点实在宁波，故应称“京甬运河”。南北大运河沿线文化资源丰富，因年代久远，多已破坏散失，我们应研究运河文化，保护运河文化，让伟大的南北大运河展现其文化的辉煌。[②]

第二，关于运河文化的专题研究。早在1984年，中国唐史学会、杭州大学、江苏省社会科学院、安徽省社会科学院 、河南省史学会等单位就联合组织了唐宋运河考察队，对浙东运河、江南运河、江淮运河和唐宋汴河故道进行了实地考察，考察成果以《唐宋运河考察记》[③]、《运河访古》[④]的出版作为总结，初步展现了运河文化的广博内容。《山东运河文化文集》[⑤]和《山东运河文化文集（续集）》[⑥]作为两次山东省运河文化研讨会与会论文的结集，涉及运河文化的丰富内涵、表现以及运河文化的特点等。山东省济宁市政协文史资料委员会编辑的

---

① 参见安作璋：《中国的运河与运河文化》，《人文与自然》2001年第8期。

② 参见陈桥驿：《南北大运河》，《杭州师范学院学报》2005年第3期。

③ 《人文丛刊》第8辑《唐宋运河考察记》，陕西省社会科学院1985年版。

④ 上海人民出版社1986年版。

⑤ 于德普主编，山东科学技术出版社1998年版。

⑥ 于德普、梁自洁主编，齐鲁书社2003年版。

《济宁运河文化》[①]一书，探讨了济宁运河文化的广博内容。其后该处又编辑《济宁运河文化研究》（2002年版）一书，收入探讨济宁运河文化及其历史作用的论文50余篇。由北京市通州区文化委员会、文联编辑的《运河文化论坛》（2006年版），全书收录30余篇文章，分为理论探讨、漕运钩沉、文化遗产、文学之乡、文化产业等五部分，许多文章着力挖掘运河历史文化的深刻内涵。李泉、王云《山东运河文化研究》一书，充分借鉴吸收前人的研究成果，利用前人发现和整理的史料，同时也使用了大量新资料，对山东运河文化进行了系统研究。[②] 另外有多套运河文化区域研究丛书出版，如荟萃山东枣庄运河文化研究成果的《枣庄运河文化丛书》和结集杭州运河研究成果的《杭州运河丛书》，皆于2006年编纂出版。

第三，关于运河城市文化的研究，也有了新的突破。江太新、苏金玉提出，历史上淮安社会经济的繁荣与发展，是与漕运和盐利分不开的，漕运盛则淮安荣，漕运衰则淮安没落。[③] 赵明奇、韩秋红则进一步指出，淮安是漕政中心、经济调控中心和税务、盐务所在，是河务关键及造船中心，提出淮安作为运河之都的历史地位是不争的事实。[④] 吴国柱指出，京杭大运河的开通及其发展不仅促进了济宁城市的崛起，还影响了济宁城市的建设、经济文化的发展等。[⑤] 王玃论证了元明清时期济宁作为大运河上一座重要的经济城市，在运河漕运影响下，社会经济得到了飞速的发展，商税成为政府财政收入的重要来源，同时济宁经济的发展也带动了周边地区商品贸易的繁盛和民俗民风的变化。[⑥] 魏梦太则认为，城市经济的发展主要表现为坐地贸易与转运贸易的繁荣与活跃，这不仅促进了城市的扩大，而且也带动了周边农村商品经济的活跃。由于城市经济主要建立在运河沟通南北商品流通的基础上，也就决定了城市经济的不稳定性，这是认识这类城市经济发展的关键。[⑦] 王瑞成认为，运河的漕运功能带动了运河沿岸商品经济的发展，运河转运贸易的发展又促进了运河沿岸城市商业的繁荣，这构成了运河沿岸城市发展的最为重要的条件。运河漕运体系在中国早期城市的发展、都城和行政中心城市体系的形成、中国南北城市系统的整合和运

---

① 中国文史出版社2000年版。

② 齐鲁书社2006年版。

③ 参见江太新、苏金玉：《漕运与淮安清代经济》，《淮阴工学院学报》2006年第4期。

④ 参见赵明奇、韩秋红：《运河之都淮安及其历史地位的形成》，《江苏地方志》2006年第4期。

⑤ 参见吴国柱：《京杭大运河的开通促进了济宁城市的崛起》，《济宁师范专科学校学报》2004第2期。

⑥ 参见王玃：《元明清时期运河经济下的城市——济宁》，《菏泽学院学报》2005年第4期。

⑦ 参见魏梦太：《试论明清时期山东运河沿岸城市经济》，《济宁师范专科学校学报》2004年第2期。

河城市类型的产生中发挥着重要作用。[①]

第四，关于运河文学艺术的研究。不少学者对运河地区的文学艺术进行了研究。如王沂通过对戏曲发展的分析，认为大运河对中国戏曲发展起着举足轻重的作用。[②] 赵维平以“三言二拍”所收明代拟话本小说为例，探讨了明代运河商贾文化。[③] 陈东有提出，《金瓶梅》是中国运河经济文化的产物，体现出中国东部地区平民大众生存发展的丰富经济文化内涵，其反映的运河经济文化实质是平民经济文化状态。[④] 李芳元通过对《金瓶梅》的内容分析，指出这一文学作品是大运河的产物，其反映的是缤彩纷呈的运河文化。[⑤] 白永达等则通过对作者和小说人物的分析，认为运河流域这条旧时南北交通干线上商业的繁荣、百业的活跃、各种人物的活动，以及相应的对于文艺生活需要的增长，是滋生武侠小说的经济文化背景和此类创作繁荣的源泉。宋元话本、明清小说皆源于运河文化。[⑥] 王云通过分析海源阁藏书的聚散与大运河兴衰，得出其俱荣俱损的结论。[⑦] 冯丽娜指出，京杭运河为运河流域音乐文化的发展提供了有利的物质环境，运河城市临清音乐文化的繁荣即得益于此。[⑧] 冯丽娜还认为，京杭运河有力地促进了我国南北音乐文化的交流，往来于运河上的商旅是人数可观的一大群体，他们不同程度促进了音乐传播。[⑨] 王振星把《水浒传》的成书过程置于运河文化背景之下，探求京杭运河的开通与《水浒传》成书的关系。[⑩] 山东省济宁市政协文史资料委员会编辑的《济宁运河诗文集粹》（济宁市新闻出版局出版）等著作，也鲜明地反映了运河文学艺术的繁荣。

第五，关于运河社会文化的研究。王云指出，明清时期山东运河区域以其便利的交通、优质的农产品和活跃的工商业城镇，吸引了许多徽商来此货殖，促进了山东运河流域的物资文化交流，带动了这一区域社会经济的发展。[⑪] 王云指出，金龙四大王崇拜是明清时期伴随着京杭运河的全线贯通和漕运的兴盛而产生的一种新的民间信仰，是大运河给山东地区带来的一种社会文化现象，反

---

① 参见王瑞成：《运河和中国古代城市的发展》，《西南交通大学学报》2003 年第 1 期。

② 参见王沂：《中国戏曲与运河文化》，《艺术百家》1995 年第 2 期。

③ 参见赵维平：《“三言二拍”运河商贾文化探析》，《淮阴师范学院学报》2006 年第 2 期。

④ 参见陈东有：《〈金瓶梅〉的平民文化内涵》，《南昌大学学报》2006 年第 3 期。

⑤ 参见李芳元：《〈金瓶梅〉与运河文化》，《枣庄师范专科学校学报》2002 年第 3 期。

⑥ 参见白永达等：《〈三侠五义〉断想》，《职大学刊》1994 年第 2 期。

⑦ 参见王云：《京杭运河与海源阁藏书的聚散》，《山东图书馆季刊》2005 年第 3 期。

⑧ 参见冯丽娜：《京杭运河与临清音乐文化的盛衰》，《济宁师范专科学校学报》2006 年第 5 期。

⑨ 参见冯丽娜：《京杭运河与我国南北音乐文化的交流传播》，《济宁师范专科学校学报》2005 年第 2 期。

⑩ 参见王振星：《运河文化背景与〈水浒传〉的创作》，《菏泽学院学报》2006 年第 3 期。

⑪ 参见王云：《明清时期山东运河区域的徽商》，《安徽史学》2004 年第 3 期。

映出运河区域信仰的多元化。[①] 秦永洲描述了运河上漂流着的风俗民情。[②] 周迎秋等从交通功能演化入手，对比了通济渠堙废前后水运与陆运不同的经济作用和社会地位。[③]

总之，大运河以其深厚的历史文化内涵，被人们誉为"古代文化长廊""古代科技库""名胜博物馆""民俗陈列室"等。与此同时，运河文化研究也日渐深入。2005 年 5 月，京杭大运河保护与"申遗"研讨会发表了旨在推动大运河申报世界文化遗产的《杭州宣言》。2006 年 9 月，在运河文化名城济宁举行了"中国运河之都"高层文化论坛，通过了以保护古运河文化遗迹为基础，充分借鉴运河文化内涵，带动当地经济发展从而重塑"运河之都"风采的论坛宣言。2007 年 8 月，在"江北水乡、运河古城"枣庄召开了"山东省第三次运河文化研讨会"，会议围绕打造运河人文自然风景带等课题进行了深入研讨。

迄今为止，运河文化研究已经取得了颇丰的研究成果，运河文化学亦初具雏形。相信在学术界的不懈努力之下，对运河文化作进一步的研究，无疑将对繁荣发展社会主义先进文化、树立民族自信、振奋民族精神，为实现全面建设小康社会宏伟目标、构建社会主义和谐社会提供思想保证和精神动力，具有极其重要的意义，运河文化研究也必将更上一层楼，取得更大的成就。

（原载《安作璋先生史学研究六十周年纪念文集》，齐鲁书社 2007 年版）

① 参见王云：《明清时期山东运河区域的金龙四大王崇拜》，《民俗研究》2005 年第 2 期。

② 参见秦永洲：《运河风俗钩沉》，《中国文化遗产》2006 年第 1 期。

③ 参见周迎秋等：《通济渠由水运到陆运交通功能的转型分析》，《安徽师范大学学报》2004 年第 2 期。

运河文化与文化旅游产业开发

《国家"十二五"规划纲要》提出了"完善区际交通网络,大力推进长江等内河高等级航道建设"的目标。《国家"十二五"时期文化改革发展规划纲要》进一步提出,要发展特色文化产业,积极发展文化旅游,开展文化线路、文化景观等文化遗产的调查与保护,加强非物质文化遗产保护传承,拓展文化遗产传承利用途径,鼓励对文化景观、考古遗址公园进行综合开发利用等。因此,研讨运河文化与文化旅游产业开发这个课题,还是颇具学术意义与现实意义的。下面谈一点个人的学习体会,供同志们参考。[①]

一、运河开发与运河文化

中央电视台1986年摄制的33集电视纪录片《话说运河》开头语即说:"长城是一撇,运河是一捺,在中华大地上写下了一个顶天立地的'人'字。"如果一定要把长城与运河作一比较的话,可以说长城是一部凝固的历史,运河则是一部流动的文化史。

何谓"运河"?"运河"一词首先为宋人所用。《中国大百科全书·交通卷》对运河的释义是"人工开凿的航运渠道"。《现代汉语词典》的释义是"人工挖成的可以通航的河"。两种界定大同小异,但由此可知,运河即指人工开凿而成的交通运输航道,且必须具备人工开挖和交通航运两个条件,缺一不可。其他如人工挖成的灌溉渠道就不属于运河,用于航运的自然河道也不能称为"运河"。

中华先民利用水道进行交通运输的历史是非常悠久的。早在上古洪荒时代,在与洪水的斗争中,我们的先民就已"见窾木(窾木即圆木)浮而知之为舟",见"落叶(木)浮而知为舟",打造船只而进行河道运输。《易经·系辞》也记,"黄帝刳木为舟,剡木为楫,舟楫之利,以济不通,致远以利天下"。《史记·河渠书》

---

① 本文是2014年暑假为山东省济宁市干部培训班所作的专题报告,也是著者对运河文化及其现实借鉴的进一步思考,故收录于此,以与前文相参照。

则载夏禹治水，凿龙门，“陆行载车，水行载舟”。有学者据此认为大禹治水凿龙门是最早的运河开凿，当然这还值得进一步研究。一般认为运河开凿在我国至少有三千年以上的历史。

历史上文献记述的早期运河开凿，有如《水经·济水注》所记“偃王治河”之故事：“偃王治国，仁义著闻，欲舟行上国，乃导沟陈、蔡之间。”这里记载的（徐）偃王是个传说中人物（在江苏丹阳城北门外七里的运河边旧有徐偃王庙，俗名“七里庙”，该庙在20世纪50年代拓宽京杭大运河时被拆毁），《后汉书·东夷列传》亦记：“穆王畏其方炽，乃分东方诸侯，命徐偃王主之。”周穆王是西周第五代国君，其在位约前976～前922年。若以上记载确实的话，则徐偃王开凿的这条人工运河，当是最早的运河。[①]

文献记载的此后的运河开凿事例便日趋增多。如《史记·河渠书》记楚国楚庄王时（前613～前591）曾“通渠汉水云梦之野”，据考证实则是整治沮水至长江以通舟楫之利。[②] 前486年，吴王夫差为北上争霸，在今扬州与淮安之间开凿了沟通长江与淮水的邗沟，成为我国历史上第一条有确切纪年的运河河道。之后中原地区有多条人工运河的开凿，如吴国开凿沟通济、泗二水的运道菏水等。而中原地区最著名的运河则是魏惠王时开凿的鸿沟，它自荥阳引入黄河水东流经大梁城，折南注入颍水，沟通了黄淮之间的济、淮、汝、泗等主要河流，形成了黄淮平原上以鸿沟为干流的水运交通网。

大体说来，自春秋战国以后的大运河开发，主要经历了以下四个重要时期：

第一期，是秦汉魏晋时期的运河开发。前221年，秦始皇为平定南越和西瓯，挥戈南下，于是开凿了沟通湘、漓二水的灵渠（即今兴安运河）。汉武帝时期为了漕运，又开凿了从长安至潼关入河的漕渠，运河由此延伸到了关中平原。曹操为统一天下，开凿了睢阳渠、白沟、平虏渠、泉州渠、新河、成国渠等数条运河，以利进兵征讨和军需运输。两晋南北朝时期也修建了一些运河，主要是浙东运河。至此，全国的水运交通网初具规模，为以后南北大运河的兴建提供了基础。

第二期，是隋唐时期的运河开发。隋开皇四年（584），为解决首都大兴城的漕运问题，首先修复了西汉的关中漕渠，名“广通渠”，而后为南下灭陈重浚邗沟，名“山阳渎”。隋炀帝即位后，更是大修运河。大业元年（605）开凿通济渠，从洛阳引洛水入河，又从板渚（今河南荥阳附近）引河入汴（即汴渠，是鸿沟水系的一部分），与淮河沟通。又经淮河沟通先秦的邗沟而到达江南。大业四年

① 参见陈桥驿：《南北大运河兼论运河文化的研究和保护》，《杭州师范学院学报（社会科学版）》2005年第3期。

② 参见安作璋主编：《中国运河文化史》上册，山东教育出版社2001年版，第7页。

(608)在黄河以北开凿永济渠,“引沁水南达于河,北通涿郡”(《隋书·炀帝纪》)。大业六年(610)重新开凿江南河。从而形成一条以洛阳为中心,沟通南北,由永济渠、通济渠、山阳渎、江南河组成的运河系统,或称为“隋唐大运河”。我国古代的运河工程也进入了一个新的历史时期,达到其鼎盛阶段。到唐代,随着国家的统一、政治的稳定和经济文化的发展,运河进一步发挥着交通大动脉的作用。

第三期,是宋元时期的运河开发。北宋定都开封,地处平原,河网纵横,有利于漕运,故宋王朝更加重视发展水利与水运。先后开凿了五丈河、蔡河(惠民河)、金水河,整治了淤塞的汴河,合称“漕运四渠”。此外还整修了江淮运河、江南运河、两浙运河等重要水道。元朝统一南北,定都大都,实现了全国的大一统。在充分开发利用海运的同时,大力发展内河航运。故有元一代,对前代以来的运河进行了一次大规模的整治与开发,开凿了通惠河,治理了南运河与江淮运河,开挖了济州河与会通河等河道,使整个运河网络纵贯南北,关联东西,沟通钱塘江、长江、淮河、黄河与海河等诸大水系,把华北平原、淮海平原以及杭嘉湖平原等紧密地联系在一起,构建起以京杭大运河为骨干的运河网络,使全国的政治中心与经济中心有机地结合起来,并为明清运河的畅通和现代大运河的开发奠定了基础。运河开发也成为历史上前所未有的极盛时期。

第四期,是明清时期的运河开发。基于经济上尤其是财政上的需要,特别是保证南粮北运,明清时期继续依靠运河航运。明清王朝视大运河为王朝的生命线,对运河开发倍加重视,不惜投入巨大的人力物力整治运河、经营运河,使大运河及其漕运呈现空前的繁荣,进入其全盛期。只是到清后期,由于政治腐败,国力日衰,加上漕粮改行海运以及黄河频繁决溢,冲毁淤塞运河河道,运河才逐渐失去往日的繁荣。

迄今遗存的中国大运河是世界上开凿时间最早、流程最长的人工运河,被列为世界古代史上最宏伟的四大工程之一[①],也是世界上最著名的三大运河(即京杭大运河、苏伊士运河、巴拿马运河)中最古老、距离最长的运河,是最重要的人类工程遗产。其丰厚的历史文化底蕴,也就极其鲜明地展现了我国古代劳动人民物质文明、精神文明建设中最伟大的创造成果。

由以上对历史上运河开发史实的简要叙述,可清楚展现运河开凿的历史背景,是沿着军事需要→政治需要→经济需要的历史轨迹演变的,运河开发的价值亦就必然是军事价值→政治价值→经济价值→文化价值的历史发展。因此,在弘扬中华民族文化,促进中华民族的伟大复兴的今天,认真发掘、总结运河文

---

① 参见安作璋主编:《中国运河文化史·序》,山东教育出版社2001年版。被世界公认的最宏伟的四大古代工程为埃及金字塔、印度佛家雅大佛塔、中国万里长城和京杭大运河。

化资源，以服务于文化旅游产业发展，推动文化旅游创新，增强文化旅游产业发展活力，不仅是历史发展之题中之义，更是现实之需要。

如今，要传承大运河这笔重要历史遗产，发掘运河文化资源以为今天发展文化旅游产业服务，就需要进一步清楚何谓“运河文化”，运河文化具有怎样的文化内涵和文化特征，以及如何保护运河文化遗产和开发运河文化资源，等等。围绕这些问题，最近十几年来学术界对此进行了卓有成效的学术研究，取得了一批较为丰硕的成果，使我们对此有了越来越明晰的认识，了解得越来越深刻。

事实上，在学术界开展对运河发展史的研究可以说由来已久。早在20世纪初，即有张景贤的《北运河考略》一文，这是被大家公认为的近代以来最早公开发表的学术研究论文。[①] 史念海先生的《中国的运河》一书，则是近代以来首部运河研究专著。[②] 而到20世纪八九十年代的中华文化研究热潮中，学术界进一步把运河与文化研究结合起来进行探讨，并提出了“运河文化”的概念。

如著名学者金克木先生1987年《说通》一文，即提出“要提倡运河文化”，“中国有两种文化，一个可叫‘长城文化’，一个可叫‘运河文化’。‘长城文化’即隔绝、阻塞的文化。运河通连南北，是‘通’的文化”。[③] 1990年梁白泉先生《初论运河文化》一文，则进一步明确提出“运河是文物”的观点，并对此进行了论证。[④]

山东学术界也最先开展了对运河文化的广泛探讨，进行了较为深入的学术研究。首先在1994年的《山东省人文和自然遗产保护与开发七年规划提纲》中最先提出了“运河文化区的保护与开发”的设想。其次以山东大学“运河文化研究”课题组为名首先发表了《运河文化论纲》的学术论文，提出并界定了运河文化的概念及其基本内容。[⑤] 接着在1997年5月，山东省人文自然遗产保护与开发促进会和聊城市联合，首次举办了“山东省运河文化研讨会”，就运河文化及其内涵进行了全方位的探讨。

此后，运河文化作为一个学术范畴，多见于学术论著，运河文化研究也成为传统文化研究中的重要研究领域之一。如2006年9月在运河文化名城济宁即举行了“中国运河之都”高层文化论坛（会后结集出版《中国运河之都高层文化论坛文集》，山东人民出版社2007年版），共同探讨运河文化的内涵特征，充分研究挖掘、保护和利用运河文化资源的意义和方式，通过了以保护古运河文化

---

① 见《地学杂志》1919年第9、10期。

② 重庆史学书局1944年版。

③ 金克木：《燕啄春泥》，人民日报出版社1987年版，第82页。

④ 《东南文化》1990年第5期。

⑤ 《山东大学学报》1997年第1期。

遗迹为基础，充分借鉴运河文化内涵，带动当地经济发展从而重塑"运河之都"风采的论坛宣言。

对运河文化的内涵及其特征，我们在《运河文化论纲》一文中进行了初步概括，认为中国运河的开发历史悠久，是"中华民族在征服自然、改造自然的过程中巧夺天工的伟大创造，也是中华文明的丰厚积淀，更是民族精神的重要标志"。而"'文化'一词，从广义上来说，正是指'指人类社会历史实践过程中所创造的物质财富和精神财富的综合'。因此，用'运河文化'来概括我们的研讨内容"①。

迄今为止，学术界对运河文化的理解更为深入，对运河文化内涵及其特征的探讨也更为全面。总括学界众多的研究成果，关于对运河文化内涵的探讨主要集中在以下几个方面。

第一，关于运河文化的通论之作。如山东大学"运河文化研究"课题组的《运河文化论纲》一文，就对运河文化进行了提纲挈领的论述，指出大运河经过数千年的开发，极大地促进了运河地区社会经济的繁荣与发展；运河成为维系祖国统一繁荣的政治纽带，同时也形成运河经济带与运河文化带；运河的开发直接导致了一批运河城镇的崛起，形成了文化气息相当浓厚的都市城镇文化；更营造出独具特色的漕运文化、商业文化等；使运河区域吸纳古今中外的文化精华，融会南北各地的风情民俗、宗教信仰、官民礼仪等，形成了独特的运河风情民俗文化；运河的开发也营造着新的自然环境、生态环境和人文环境；运河文化更极大地增强了中华民族的凝聚力与向心力，并推动着中外经济文化交流的长期发展。

又如安作璋先生主编的《中国运河文化史》上、中、下三册，洋洋百余万言，是第一部全面研究中国运河文化的辉煌之作。该书论述的时间范围，上起春秋，下迄民国，按时期划分为六编，每编皆对某一时期运河变迁与运河文化史等内容作全面论述。全书重点阐述了包括历代运河区域以城市为中心的农业、手工业、商业及城市发展状况，重大历史事件，主要历史人物的事迹、思想、文化各方面的成就，社会组织，与外国的交往等运河文化的宏阔内涵，全面反映了两千多年运河地区物质文化和精神文化建设的发展历史。全书旁征博引，内容丰富，堪称一幅气势恢弘的运河文化历史画卷。

第二，关于运河文化的专题研究。其中的研究成果多以结集出版的论文集为代表。如早在 1984 年的 7 月至 8 月，中国唐史学会、杭州大学、江苏省社科院、安徽省社科院、河南省史学会等单位就联合组织了唐宋运河考察队，对浙东

① 《山东大学学报》1997 年第 1 期。

运河、江南运河、江淮运河和唐宋汴河故道进行了实地考察，考察成果以《唐宋运河考察记》[①]、《运河访古》[②]两书的出版作为总结。

山东省人文自然遗产保护与开发促进会联合聊城、济宁、枣庄等市举办的几届运河文化研讨会，则出版了《山东运河文化文集》[③]和《山东运河文化文集(续集)》[④]等论文汇编，其主题涉及运河文化的丰富内涵及诸方面表现以及运河文化的特点等。山东省济宁市政协文史资料委员会编辑的《济宁运河文化》一书，从济宁运河的开凿形成、治运成就、治运名人，济宁在运河上的地位，济宁的会馆商会、城镇变迁、胜景文物、民俗风情、戏曲乐舞、歌谣谚语、掌故轶事以及运河诗文等方面，探讨了济宁运河文化的广博内容。[⑤] 其后又编辑《济宁运河文化研究》(2002 年版)一书，收入探讨济宁运河文化形成的底蕴与轨迹及其历史作用的论文 50 余篇。

此外其他地区如由北京市通州区文化委员会、文联编辑的《运河文化论坛》(2006 年版)，全书收录 30 余篇文章，分理论探讨、漕运钩沉、文化遗产、文学之乡、文化产业等 5 部分内容。该书许多文章着力挖掘运河历史文化的深刻内涵，如《漕运码头拾遗》《运河酒文化》等篇，非常注重第一手材料的搜集；《北京通州运河船工号子》一文，更是在对船工号子的唯一传人进行挽救式采访后，经过反复整理而成，并作为运河文化史和音乐史的珍贵文献收录本书；《关于大运河保护与申报世界遗产的建议》等文，也在材料征引、结论归纳上均有所创见。

在运河文化的专题研究中，还有学界专家编纂的专题研究集。如聊城大学的李泉、王云《山东运河文化研究》一书，充分借鉴吸收前人的大量研究成果，利用前人发现和整理的史料，同时也使用了大量前人未曾整理的新资料，对山东运河文化进行了系统研究。[⑥] 另外有多套运河文化区域研究丛书的出版，如一套荟萃山东省枣庄市多年来运河文化研究成果的大型出版物《枣庄运河文化丛书》(包括《枣庄运河》《枣庄文物》《枣庄胜景》《枣庄名人》《枣庄民俗》《枣庄煤史》《枣庄诗选》《枣庄战事》等)于 2006 年编纂出版。此外有《杭州运河丛书》(杭州出版社 2006 年版)、《通州运河文化》(全十册，张建编著，文化艺术出版社 2004 年版)等。

第三，关于运河城市文化的研究，也有了新的突破。以运河城市济宁为例，

---

① 《人文丛刊》第 8 辑《唐宋运河考察记》，陕西省社会科学院 1985 年版。

② 上海人民出版社 1986 年版。

③ 于德普主编，山东科学技术出版社 1998 年版。

④ 于德普、梁自洁主编，齐鲁书社 2003 年版。

⑤ 中国文史出版社 2000 年版。

⑥ 齐鲁书社 2006 年版。

相关研究就有吴国柱的《京杭大运河的开通促进了济宁城市的崛起》一文[①]，王强的《元明清时期运河经济下的城市——济宁》一文[②]。其他研究运河城市的有如魏梦太《试论明清时期山东运河沿岸城市经济》[③]等。

第四，关于运河文学艺术的研究。学界对运河地区的文学艺术进行了较广泛的研究。如王沂《中国戏曲与运河文化》一文，即认为大运河对中国戏曲发展起着举足轻重的作用。[④] 赵维平《“三言二拍”运河商贾文化探析》一文，以明代拟话本小说为例，分析了这些作品所塑造的商贾形象，认为比较集中地反映了明代运河商贾文化。[⑤] 陈东《〈金瓶梅〉的平民文化内涵》一文，提出《金瓶梅》是中国运河经济文化的产物，体现出中国东部地区平民大众生存发展的经济文化丰富内涵，其反映的运河经济文化实质是平民文化经济状态。[⑥] 李芳元《〈金瓶梅〉与运河文化》一文则通过对《金瓶梅》的内容分析，指出这一文学作品是大运河的产物，其反映的是缤彩纷呈的运河文化。[⑦]

其他如王振星《运河文化背景与〈水浒传〉的创作》一文，把《水浒传》的生成过程置于运河文化背景之下，结合《水浒传》由历史、民间传说、戏曲加工创造的演进因素，探求京杭运河的开通与《水浒传》成书的关系，认为《水浒传》是运河文化的一支醉人的奇葩。[⑧] 冯丽娜《京杭运河与临清音乐文化的盛衰》一文，指出京杭运河为运河流域音乐文化的发展提供了有利的物质环境，运河城市临清音乐文化的繁荣即得益于此。[⑨] 冯丽娜《京杭运河与我国南北音乐文化的交流传播》一文，认为京杭运河有力地促进了我国南北音乐文化的交流，此外往来于运河上的商人、宦官、文人、艺人等，是人数可观的一大群体，他们不同程度带动了音乐传播。[⑩] 山东省济宁市政协文史资料委员会编辑的《济宁运河诗文集粹》（济宁市新闻出版局出版）等著作，也鲜明地反映了运河文学艺术文化的繁荣与昌盛。

第五，关于运河社会文化的研究。如王云的《明清时期山东运河区域的金龙四大王崇拜》一文，指出金龙四大王崇拜，是明清时期伴随着京杭运河的全线贯通和漕运的兴盛而产生的一种新的民间信仰，最初形成于山东运河区域，之

---

① 《济宁师范专科学校学报》2004 年第 2 期。

② 《菏泽学院学报》2005 年第 4 期。

③ 《济宁师范专科学校学报》2004 年第 2 期。

④ 《艺术百家》1995 年第 2 期。

⑤ 《淮阴师范学院学报》2006 年第 2 期。

⑥ 《南昌大学学报》2006 年第 3 期。

⑦ 《枣庄师范专科学校学报》2002 年第 3 期。

⑧ 《菏泽学院学报》2006 年第 3 期；《职大学刊》1994 年第 2 期。

⑨ 《济宁师范专科学校学报》2006 年第 5 期。

⑩ 《济宁师范专科学校学报》2005 年第 2 期。

后迅速向南北传播，其信仰范围覆盖了北方数省，并波及江浙。这是大运河给山东地区带来的一种社会文化现象，反映出运河区域信仰的多元化。[①] 秦永洲《运河风俗钩沉》一文，细致入微地描述了运河上漂流着的风俗民情。[②]

第六，关于运河考古、文物保护新成就。随着对运河文化的认识与深入研究，学术界也越来越重视运河考古的发掘与运河文物保护。如 1999 年春夏之交，安徽省淮北市在拓宽改建宿州至永城一段公路时，恰巧拓宽的部分公路从位于古运河南堤（史称“隋堤”）的柳孜镇（古称“柳子镇”，位于淮北市濉溪县境内，该镇因隋炀帝开掘大运河之通济渠段穿镇而过而逐渐繁荣，成为唐宋时期淮北地区的政治、经济、军事和文化重镇）穿过，结果发掘出面积达 900 多平方米的一座石造码头（经论证，此码头为北宋时期的货运码头。整座码头为长方形建筑，长 14.3 米，宽 9 米，高 5.5 米）。同时还发掘出八艘古沉船和出土了大量陶瓷器、铜钱、铁器、石器等。这是我国隋唐大运河考古的首次发现。这次考古成果被国家文物局列为 1999 年“全国十大考古新发现”之一，2001 年已被列为全国文物保护单位。

又如，2008 年，山东省文化厅、山东省文物局组织，山东省文物考古研究所与中国文化遗产研究院合作，邀请清华大学建筑学院、中国水利水电研究院水利史所、中国科学院遥感应用研究所等单位，利用多学科的综合优势，对大运河开发史上的最伟大创举——南旺分水枢纽工程以及分水龙王庙遗址进行系统的考古调查、勘探和发掘工作，基本弄清了南旺分水枢纽工程的现状。

特别是为配合南水北调东线工程建设，从 2010 年起，山东省文物考古研究所与聊城市文物部门陆续对京杭大运河聊城段内的东昌府区土桥闸、阳谷七级镇古渡和临清市古砖窑遗址进行了考古发掘工作，获得了多个重大成果。土桥闸，位于东昌府区梁水镇土闸村，始建于明成化七年(1471)，清乾隆二十三年(1758)拆修。发掘出土的土桥闸由闸口、迎水、燕翅、分水、燕尾、裹头、东西闸墩及南北侧底部保护石墙和木桩组成。一起发掘出的还有位于闸东侧的大王庙遗址，而大王庙则是运河信仰文化的载体。而在清理河道过程中则发现了近万件的瓷器、陶器、铁器及玉石器。

2010 年 4 月，在阳谷七级镇所发掘的古运河渡口遗址，主要包括平台、石砌台阶状漫道及水边河滩木桩遗迹组成的码头、《重修渡口石磴碑记》等石碑多件。根据碑文可知该渡口始建于元代，原为七级台阶，随着码头日益繁荣，乾隆十年改建为十七级台阶。该渡口遗址保存完整，连接渡口的是一条老街，如今石板路面和街两侧的古建筑整体风貌还在，充分展现了运河码头旧日漕运的繁

① 《民俗研究》2005 年第 2 期。

② 《中国文化遗产》2006 年第 1 期。

忙和商业的繁荣。南旺分水枢纽工程、七级码头和土桥闸被评为2011年“全国十大考古新发现”。

运河文化经历了上千年的塑造，具有丰厚的历史文化内涵。由对运河文化内涵的广泛探讨，我们还可以对运河文化的基本特征总结如下，以加深对运河文化的进一步把握，为充分保护发掘利用运河文化资源为发展文化旅游产业服务。

第一，运河文化具有广义文化的特征。迄今，文化被区分为广义、狭义文化，甚至有人还提出中义文化的概念。广义运河文化包括了中华民族历史上所创造的物质文明、制度文明、精神文明、社会文明以及生态文明等。因此，运河文化的内涵自然相当宽泛，可以说，凡是中华先民与运河有关的一切生产实践和生活实践活动，皆属于运河文化。

第二，运河文化具有流域文化又异于流域文化的特征。运河文化与长江文化、黄河文化、淮河文化乃至珠江文化、辽河文化等一样，都是中华河文化，同属于我国大流域文化。但运河文化与长江文化、黄河文化、淮河文化、珠江文化、辽河文化等等自然形成的流域文化又有所不同，运河文化是人文因素与自然因素的自然结合。

第三，运河文化具有开放性与交融性特征。从流域文化上讲，运河文化主要是黄河文化、长江文化与淮河文化的融合。但从地域文化来讲，运河文化则是中原文化、齐鲁文化、燕赵文化、吴越文化、秦晋文化乃至荆楚文化、巴蜀文化、滇黔文化、岭南文化的交融，是运河流域各族人民的历史、地理、风土人情、传统习俗、生活方式、文学艺术、行为规范、思维方式、价值观念等民族文化的升华。从实质上讲，是农业文明与商业文明、农耕文明与海洋文明的融合。运河纵贯南北，连绵古今，不仅促进了国内经济文化交流，也促进了中外经济文化交流。

第四，运河文化具有制度文明、商业文明、社会文明、精神文明以及生态文明等诸种文明并存的突出特征。运河开发为历代王朝治国之方略，运河开发主要目的是漕运，因此运河文化内涵着历代的典制文化。运河航运又带动了各地的物质文化交流，促进着南北经济、东西经济的平衡发展，沿岸地区由此兴起了数以百计的商业城镇，促进了运河沿岸地区商品化农业经济的发展，因此运河文化集中了古代以来内涵丰富的商业文化。运河也改变着人们的思想意识，尤其是市民文化的悄然兴起，促进着中国古代社会文明、精神文明的不断进步。

第五，运河文化作为中华传统文化的重要组成部分，具有中华民族文化所展现的包容性、统一性、扩散性、开放性、凝聚性、向心性等民族文化特性。其文化传统也有着与当代社会相适应、与现代文明相协调的本质特征。运河文化既有其民族性特点，也有其时代性特点。今天，我们运用现代科技手段开发利用运河文化丰富资源，加强对运河文化的挖掘和保护，重视运河文物和非物质文化遗产保护，必将极大地促进文化旅游产业发展，也必将能为我国文化发展发挥其极大作用。

当代学术大师季羡林先生曾经说过："泰山是中国文化的主要象征之一，欲弘扬中华文化，必先弘扬泰山文化，这是顺理成章的事。"当我们依此视觉来审视运河文化之时，就可以借用季先生的话作如是说："运河是中国文化的主要象征之一，欲弘扬中华文化，必先弘扬运河文化，这也是顺理成章的事。"①

二、运河文化遗产保护与运河文化旅游资源的利用

迄今为止，运河文化研究已经成为学术研究中的一个重要领域。从运河研究到运河文化研究，显示了这一领域学术研究的历史发展。而从运河文化研究到运河文化资源的利用与文化旅游产业的开发，则进一步显示了在运河文化领域学术研究与现实经济发展相结合的又一重大突破。随着最近十几年来沿运各地对运河文化资源的重视，一大批运河文化资源得到保护与利用，也极大地促进了运河文化旅游产业的开发与发展。

运河不仅是重要的历史文化遗产，同时也是重要的人文自然景观。大运河以其深厚的历史文化内涵，被人们誉为"古代文化长廊""古代科技库""名胜博物馆""民俗陈列室"等。一部运河文化史被称为"中华文化的百科全书"。运河文化遗产内容异常丰富，既包括有形的物质文化遗产，如河道、闸坝、堤防、驿站、码头、榷关、桥梁、粮仓、古街、会馆、驿站、名人故居、城镇以及地下古墓、沉船等，又包括无形的非物质文化遗产，如文学、戏剧、民俗、信仰、礼仪、节庆等，可以说是文化与自然双遗产。据了解，已经造册公布的运河文物保护单位就达到在六七百处。据国家文物局中国文物研究所提供的资料显示，运河山东段目前已知的重要文物保护单位就有100多处，运河江苏段也有100多处。再据河北运河文物考古调查的资料，京杭大运河河北段的庙宇、民居、驿站、会馆等永久性建筑尤其丰富，在已发现的150多处文化遗迹当中，有六成为古村落遗址，且大部分是金元时期的。此外还发现了众多的墓葬、碑刻、沉船点以及运河沿岸的古纤道遗址等。据称目前正实施着的南水北调工程，所涉及的文物保护单位就有900多处。因此，运河是当之无愧的一座"历史博物馆"。特色鲜明的运河文化遗产，凝结着广大劳动人民的创造智慧，具有很高的历史、科学和艺术价

---

① 季羡林先生为《岱宗学刊》题词，见《岱宗学刊》1997年第1期。

值，成为中国历史文化的重要载体，更是重要的文化旅游资源。

运河开发充分显示了我国传统科技文化的卓越成就，运河文化更深深熔铸在中华民族的生命力、创造力和凝聚力之中，集中体现着中华民族自强不息、厚德载物的优秀品格和强大精神力量。可以说，弘扬运河文化，无论是在传承文明、创新理论方面，还是在资政育人、服务社会，抑或在发展文化旅游产业等方面，无疑仍将发挥着重要的作用。迄今运河文化资源的保护与发掘，主要集中在以下几个方面：

第一，对运河整体文化风貌的再现与发掘。如前述，大运河经过数千年的开发，形成内涵极为丰富的运河文化带，包括文化气息相当浓厚的都市城镇文化、独具特色的漕运与商业文化、融会南北的风情民俗文化以及自然与生态环境文化等等。所以山东学术界很早即提出要积极推动建设运河经济带、文化带、旅游带、风景带等“四带”建设。近年来学术界也根据遗产廊道和线形文化景观理论，加强对运河文化遗产的清理和研究。

第二，对运河城市文化的发掘。运河的开发带动了运河沿岸商品经济的发展，运河转运贸易的发展及大量商品的注入极大地促进了运河沿岸城市商业的繁荣，这构成了运河沿岸城市发展的最为重要的条件。因此，在运河区域形成了一大批依托运河发展起来的历史城市、街区、村镇等，造就了沿岸数十座经济繁荣的城镇，遗存有丰厚的城镇文化。这些已被逐渐地恢复发展起来。

第三，对运河文学艺术的发掘。如《金瓶梅》是中国运河经济文化的产物，其反映的是缤彩纷呈的运河文化，体现出中国东部地区平民大众生存发展的经济文化丰富内涵，其反映的运河经济文化实质是平民文化经济状态。再如《水浒传》的生成也是在运河文化背景之下，作者结合历史、民间传说、戏曲加工创造而成，因此《水浒传》更是运河文化的体现。其他如《三侠五义》小说中的各色人物，则是运河商业繁荣、百业活跃的集中体现，运河无疑是滋生武侠小说的经济文化背景和此类创作昌盛的源泉。运河也为运河流域音乐戏曲文化的发展提供了有利的物质环境。据报道，运河城市临清的戏曲音乐文化的繁荣即得益于此。

第四，对运河社会民俗风情的发掘。如在运河沿岸城市中，曾营造出色彩缤纷的会馆文化，如苏州城内的全晋会馆，是山西商人留在这座城市中的文化遗产。又如屹立在聊城运河旁古老的山陕会馆，则是研究山陕商人的活化石。这些会馆散处运河地区，张扬着浓郁的全国各地不同的文化风格。如徽商在各地经商活动中形成的侨寓、联姻、入籍、科考、捐资等，树立起了“义利兼顾”的特色形象。同时，运河上也漂流着各地的风俗民情，包括信居遗俗、节日遗俗等，甚至形成尚武风气以及工商业信仰的运河神灵等。高建军编著的《山东运河民俗》一书，就分别从开河挑浚、夫役防护、造船船运、货运客运、管闸过闸、码头仓储、护漕劫漕、船帮船工、行帮行规、工商百业、捕鱼市鱼、鱼市鱼行、风味名吃、酒店茶馆、喝酒饮茶、戏曲美术、歌舞杂艺、游艺戏玩、神明祭祀等方面，较为系统地叙述了山东运河民俗景观。

第五，对遗存运河和运河文化线路的保护与发掘。其中最主要的成就是运河博物馆的建立。随着对运河文化的重视，各地相继建立了风格各异、内容有别的运河博物馆。如在山东，2005 年即由枣庄市航运部门筹资兴建了台儿庄运河展馆，成为国内首家运河展览馆。该博物馆通过照片、实物、模型以及地图、文字等形式，详尽展示了京杭运河的历史、文化、经济和发展。近年，枣庄进一步计划在台儿庄运河古城内建设中国运河粮仓博物馆、中国运河招幌博物馆。此后有济宁兴建的中国京杭大运河博物馆、聊城建成的中国运河文化博物馆。另据了解，济宁汶上运河遗址公园也呼之欲出。2010 年以来，汶上县加速推进南旺大运河遗址公园建设，强力打造运河文化与景观遗址公园。其他著名的则有杭州中国京杭大运河博物馆、安徽淮北中国隋唐大运河博物馆（拟建淮北柳孜运河遗址博物馆）、江苏淮安运河博物馆、无锡运河文化艺术馆等。江苏省宿迁市现在开工建设的运河工程有总投资 180 亿元的文化产业项目——江苏运河文化城（包括在建的运河文化创意园等项目，还将建设中国运河文化博览园、世界运河文化博览园）。特别是根据联合国教科文组织《保护世界文化和自然遗产公约》最新一版《世界遗产公约实施行动指南》，遗存运河和文化线路已经被确定为新的世界遗产种类，因此，近年来中国大运河申报世界文化遗产的呼声也日益高涨。2005 年 5 月，京杭大运河保护与申遗研讨会即发表了旨在推动大运河申报世界文化遗产的《杭州宣言》。《杭州宣言》对京杭大运河作出了高度评价："京杭大运河显示了我国古代水利工程技术领先于世界的卓越成就，留下了众多的历史文化遗存，孕育了一座座璀璨明珠般的名城名镇，积淀了深厚悠久的文化底蕴，凝结了我国政治、经济、文化、社会诸多领域的庞大信息。大运河与长城一起同是中华民族文化身份的象征，具有极其重要的意义。"

迄今，中国大运河的"申遗"已在全国方方面面、上上下下达成共识，并制定出了大运河申遗时间表，大运河沿线 8 个省市、132 个遗产点和 43 段河道将一起打包申遗，争取 2012 年 9 月完成申遗文本提交预审，完成相关立法、规划工作并颁布实施。2013 年 1 月，将正式申报文本报送联合国教科文组织世界遗产中心。2013 年 8 月前，所有遗产点段完成准备工作，并接受专家的现场评估，力争在 2014 年列入世界遗产名录。[①] 当然，就大运河而言，申遗并不是目的，而是

① 按：就在本文写成后的 2014 年 6 月 22 日，在卡塔尔首都多哈召开的第 38 届世界遗产大会上宣布：由扬州牵头的中国大运河项目成功入选世界文化遗产名录，成为中国第 46 个世界遗产项目。

通过申遗，提高运河文化遗产的保护和管理水平，改善大运河的水质，发展文化旅游产业，造福运河两岸人民，发展运河经济，这才是最重要的意义。目前，按照申遗需要，正在自下而上地编制中国大运河遗产保护规划，其中第一阶段第一级的（即沿运各市）保护规划正在编纂，有的已经编制完成，相信随着第二级即省级规划以及国家总体规划的编制与各级规划的实施，大运河遗产不仅会得到强有力的保护，也会得到充分的利用与开发，将极大地促进文化旅游产业的大发展。

但是我们同时也看到，自1855年黄河在河南兰考铜瓦厢决口，致使京杭运河南北断流，1901年漕运完全废止。百余年以来，由于自然和人为的原因，沿河风貌和人文景观都发生了很大变化。迄今，除一些重点文物得到较好的保护外，大多数遗产或因缺乏保护资金，或因认识管理不到位，或因规划不科学等，保护现状不容乐观。如迄今仍在通航的一些河段水质较差，杂草丛生，两岸垃圾随处可见，交通和卫生条件亟待改善；一些附属河工建筑物，或因年久失修，或因破坏性改造而失去传统风貌；一些河道或因拓宽及改建，使原有景观遭到人为破坏；部分运河古镇由于不适当的开发，历史真实性及风貌完整性也遭到破坏。另外，大运河非物质文化遗产的保护现状也不容乐观，运河区域原有的大量风俗信仰、戏曲曲艺、文学歌谣、民间艺术等也在日趋消亡，若不着力加强保护，这些历史遗存和自然生态环境将不复存在。提高运河文化的整体保护水平，无疑成为弘扬运河文化精神的题中应有之义。

因此，进一步加大对运河文化遗产的保护力度尤其刻不容缓。在这方面，我们也看到最近各地、各方面都有所措施和动作。据报道，京杭大运河文化促进会（筹委会）和央视4套《走遍中国》节目组要联合拍摄“京杭大运河文化之旅”大型系列纪录片。另据报道，2012年6月27日，全国政协文史和学习委员会对大运河北京段也进行了实地跟踪调研。

2012年，河南《大河报》启动了大型采访活动“行走大运河”，《大河报》与大豫网共同推出“踏访京杭大运河特别采访”栏目。据报道，这次文化采访活动由多名记者组成全媒体采访团队，计划第一阶段走访隋唐大运河南半部分，第二阶段北上行走隋唐大运河的北半部分，第三阶段将从北到南完整走完京杭大运河。

再如国家文物局和安徽省文物局也共同制定了《大运河遗产安徽段省级保护规划》，《规划》初稿设计了20年的保护计划，规划到2030年大运河遗产将作为安徽省北部重要的稀缺文化资源，建设成为“优秀的世界遗产地”。

特别是在山东，由山东省政府2011年底制定出台的《关于加快内河水运发展的意见》，即提出要“积极推进大运河‘穿黄工程’、黄河以北段复航工程的研究”并列为山东省内河水运建设的主要任务之一，规划到2020年将建成“一干多支、干支直达、沟通南北”的京杭运河高等级航道网。媒体称京杭大运河有望在十年内全线复航。对此，前山东省政协副主席李殿魁认为，京杭大运河恢复通航的时代条件已经成熟，山东是京杭大运河建成、断航和复航的关键，山东对京杭运河复航有义不容辞的责任。李殿魁认为，大运河“活着”才是最好的传承。复航是对中国大运河最好的保护，也是申遗成功最可靠的保证。

总之，迄今为止的运河文化研究，已经取得了颇丰的研究成果，运河文化学已具雏形。相信在学术界的不懈努力之下，对运河文化作进一步的深入研究，无疑将对繁荣发展社会主义先进文化、树立民族自信、振奋民族精神，为实现加快文化改革创新，推动文化事业和文化产业全面协调可持续发展，发展特色文化产业，建设特色文化城市，在全面建设小康社会进程中、在科学发展道路上奋力开创社会主义文化建设新局面具有极重要的意义，运河文化研究也必将更上一层楼，取得更大的成就。

下篇

山东区域文化钩玄

山东为政区之名时间考

“山东”作为地理名称，由来久远。历史上把今山东地区称为“东”，可上溯至商周时期。如《诗·决策閟宫》云：“泰山岩岩，鲁邦所詹。奄有龟蒙，遂荒大东，至于海邦，淮夷来同。”又如《诗·大东》，有“大东小东，杼柚其空”等词句。“大东”即指今山东地区。自战国以来，作为地理概念的“山东”更多见诸史籍，而作为政区名称的“山东”，则始自金代，即山东之政区名称是由地理名称嬗变而来的。

但是，金代何时把具有地理含义的“山东”确定为政区名称，因史阙明载，故其确切年代，多未明言，或诸说殊异。如《山东通志》《清一统志》等旧志书，多泛称金代；张博泉先生《金史简编》等金史著作，多约指金初；山东省地方史志编委会主编《山东各地概况》、黄棣侯主编《山东公路史》等区域专著，确定为金世宗大定八年(1168)等等。因此，作为地理名称的“山东”，何时作为行政区划名称，值得进一步探讨，予以辨明。

由于现存金史资料的相对阙略，无疑对考察这一问题带来困难，但从现有金史的有关史料中，还是能寻求到蛛丝马迹，有助于对问题的探析的。据《大金国志》卷三八所载，金世宗大定年(1161～1189)以前的二十路之制，其中即明载“山东东路”“山东西路”之名。又据《金史》所载，自金太宗天会五年(1127)以后，金军曾先后几次大规模入侵宋京东路(即今山东大部地区)。天会八年(1130)九月，金朝政府曾利用宋降臣刘豫，扶立“大齐”傀儡政权。齐先都大名，后迁东平，再徙汴京，所辖政区规制，一沿宋制。天会十五年(1137)十一月，金废刘豫，设汴京行台尚书省，其辖境便由金朝中央政府直接统辖。同年十二月，金改第二年年号为“天眷”，并对包括政区制度在内的政治制度进行改革，史称“天眷新制”或“天眷定制”。另据《金史·徐文传》载，熙宗天眷元年(1138)，莱州人、南京步军都虞侯徐文以战功擢任“山东路兵马钤辖”。由上述记载可以推知，“山东路”之设当在金废刘齐之后的熙宗天眷初年，“山东”作为政区名称亦当始于此。孙祚民先生主编之《山东通史》所说“天会五年(1127)金人占领山东不久,即改京东路为山东路”,不知何据,亦恐误考。

自金政府确定以“山东”作为政区名称后,其辖境仍依宋京东东、西路之制,而有“山东东路”“山东西路”之称号。此后,才有以“山东”命名的各类军政地方机构。如正隆年间(1156～1160)所设“山东路统军司”[①],大定二年(1162)所设“山东分元帅府”[②]以及“山东东西路提刑司”“山东西路都转运司”“山东东路都转运司”“山东盐使司”[③]等等。据此,前举《山东各地概况》等书,以世宗大定八年(1168)复置的“山东路统军司”作为山东政区名称之始,显是误断。其实,山东路统军司至迟设置于正隆末年(1160)以前,大定三年(1163)曾一度罢设,大定八年应为复置。

另外,严格说来,金代所设的路,性质与宋代的路非常相似,主要是掌管财政的行政机构,不过已具有从行政机构名称向政区名称过渡的性质。至于以“山东”名省,亦始于金代。如据《金史·章宗本纪》所载,泰和六年(1206)九月,在面临南宋、北蒙军事进攻以及山东各地农民起义风起云涌的形势下,金朝政府命尚书、户部侍郎梁镗行六部尚书事于山东,因此始有“山东行省”之称。这一名称,又为后来的元朝统治者所袭用。元初和元末,都先后设立过“山东行省”(或简称“山东省”)。明清时期,山东政区的规模基本确定,作为政区之名的“山东”因之固定袭用,并沿续至今。

(原载《齐鲁地名》1995 年第 4 期)

① 《金史·夹谷胡剌传》。
② 《金史·世宗纪》。
③ 《金史·地理志》、《百官志》。

元代山东政区的主要变化及影响

政治区划是一定历史时期社会政治、经济、文化发展的产物，既具有历史的延续性，又呈现不同的时代特点。在中国地方行政制度发展史上，山东政区的变化与我国社会历史的进步紧密联系在一起，曾经历了秦汉、隋唐、宋元以及明清等几个重要发展阶段。其中，宋金时期是今山东政区的重要确立时代，明清两朝是今山东政区的基本定型时期。元朝处于上述两个时期之间，为承上启下的重要过渡阶段，因此此时山东政区的发展变化以及其对后代山东政区发展的影响，也就更值得加以探究。

由金入元，山东政区的变化比较频繁，差异也较大。金元之际，山东地区战乱不已，曾形成比较严重的封建军阀割据局面。从蒙古军在金大安三年(1211)大规模入侵金朝始，山东地区曾涌起了一批批地主武装，挟兵自立，割据一方。随着这些武装力量投降蒙古而成为蒙古灭金的主要依靠力量时，蒙古统治者便沿用金朝的行省制度，先后设立了东平行省、济南行省、山东淮南楚州行省、益都行省、山东行省等，以加强对新占领区的统治。

蒙古灭金以后，又设燕京行尚书省，作为统治中原地区的最高行政机构，而原来所设各行省则多废置或改为路。如东平行省改为东平路，济南行省改为济南路，益都行省改为益都路，山东行省改为山东路等。到元朝统一全国后确立行省之制时，由于山东地区重要的政治地理位置，被元朝统治者视之为“腹里”地区，作为政治重心而在山东不设行省而归中书省直接统辖。其下确立路、直隶州和路辖州、县等行政区划，并先后对山东地区的 6 路 24 州 103 县的设置进行调整，以加强控制。其主要举措为：

第一，升镇置县，升县为州。如世祖中统初年，以青平镇置青城县。至元十二年(1275)以平阴县辛寨镇为肥城县。至元十九年(1282)并淄莱路的田、索二镇，于驿台置新城县。至元二十六年(1289)升平恩镇为丘县。成宗大德元年(1297)升宁阳镇置宁阳县等。同时，又将部分县升格为州。如宪宗三年((1253)升将陵县为陵州。世祖至元六年(1269)升冠氏县为冠州。至元七年

((1270)升高唐县为州,等等。

第二,升州为府,升府为路。如至元五年(1268)以东平为散府,至元九年(1272)升置为东平路总管府。至元八年(1271)先升济州为府,称济宁府,至元十六年(1279)又升置济宁路,设总管府,辖济、兖、单三州。淄州初隶济南路,至元初年亦升为淄州路。

第三,变更名称,调整归属。如世祖至元三年(1266)析东平、博州5城设博昌路,至元十三年(1276)改称东昌路。般阳路初称淄州路,至元二年((1265)改称淄莱路,至元二十四年(1287)再改称般阳路。单州、兖州初隶济州,后改隶东平路。陵州初隶河间路,后划归济南路,至元三年(1266)复隶河间路。曹州初隶东平路,至元二年直隶中书省。濮州、泰安州初隶东平路,至元五年(1268)析隶中书省。德州、恩州、冠州亦由东平路改隶中书省。

尤其要指出的是,在政区归属调整方面,元朝政府独出心裁地实行所谓"画境之制"。如临邑县、齐东县和青城县初隶济南路,至元二年((1265)则将三县划归河间路,而三县在疆域版图上与河间路毫不相联。又如单父县初隶济州,后则改属东平路,其间便隔着济州和济宁路。再如莱州、登州,初隶益都路,至元初年则划归般阳路,治所与辖区相隔数百里。"画境之制"表明了元朝统治者加强地方统治的深刻用意。

(原载《齐鲁地名》1996年第1期)

元代山东政区沿革再述

有元一代，山东地区的行政区划随着元朝统治者不断强化中央集权统治而置废多变，呈现出鲜明的时代特点。概而论之，元代山东政区的沿革嬗变，可大体划分为三个时期：第一个时期，从金大安三年(1121)蒙古军大举入侵金朝、地主军阀割据山东地区始，到世祖至元三年(1266)元政府镇压山东李璮之乱、废益都行省止，前后有55年。这一时期山东政区的变化主要是诸行省的置废析并。第二个时期，从世祖至元三年由元廷中书省直辖山东地区始，到顺帝至正十一年(1351)因农民起义，元政府复采取措施加强维护地方政治秩序止，前后约延续85年。这一时期尤其是元世祖时期，山东政区的变化主要是各路、府、州、县的置废调整。第三个时期，是从元顺帝至正十一年(1351)置建济宁行省、强化对山东地区的控制起，直到至正二十八年(1368)明军攻占山东并建立山东行省止，前后约经历了17年。这一时期山东政区的变革又主要为行省的复置兴废。下面拟就上述三个时期山东政区的行省创置兴废和路府州县的调整变动，再作进一步的补述。

一、行省废置

元代地方最高行政机构为行中书省，简称"行省"，故行省亦为元代的大区行政区划。元朝行省之设直接继承金朝遗制。早在金泰和六年(1206)九月，出于抵御北方蒙古入侵和镇压山东风起云涌的农民起义的军事需要，金章宗即命尚书、户部侍郎梁镗行六部尚书事于山东，自此遂有"山东行省"之名。之后又设"东平行省"。到金大安三年(1211)，蒙古军大规模入侵金朝，两年后再深入山东腹地，即直接冲击着金朝政府对山东地区的政治统治。随着金、蒙战争的持续以及各地军阀投降蒙古，蒙古统治者为确立实施对新占领区的统治，便沿袭金朝的行政区和行省制度，在今山东地区先后设置了东平行省(1220～1234)、济南行省(1226～1240)、山东淮南楚州行省(1227～1231)、益都行省

(1231～1266)、山东行省(1264～1265)等。由于这些行省皆“随事创立,未有定制”,诸行省长官在其辖境拥有“尽专兵民之权”,专制一方,从而直接阻碍着中央统一政令的实施,因此,蒙古灭金以后,为了加强对中原地区的政治统治,太宗窝阔台汗又任命其叔父失吉忽秃忽为中州断事官,设燕京行尚书省(或称“燕京行台”)作为统治中原汉地的最高行政机构,而下属的各地行省皆先后罢置而改为路。其中今山东地区的东平行省、济南行省都是在灭金以后不久改置为路的,益都行省和山东行省则是到元世祖时期才罢撤的。

世祖至元初年(1264),元政府在镇压了益都行省李璮之乱之后,采取断然措施,罢汉人世侯,置牧守,军民分职,立枢密院以统兵,同时对以中书省官员派到地方行使中书省职权的行省制也进行了改革。首先,派驻地方的都省官员改称某处行中书省平章(或右丞、左丞、参知政事),不再以都省官系衔,于是行省就从都省派出机构逐渐演变为地方最高行政机构。其次,在全国范围内调整行省建置,除山东、山西、河北作为“腹里”地区由中书省直辖以外,其他地区分置十个行省,由此确立省、路(府)、州、县四级地方行政体制。今山东地区作为特别行政区,亦不再设行省,形成路(直隶州)、州、县三级地方行政体制。

需特别指出的是,虽然从此时起山东地区罢置行省,可是仍设有“就便处理军民之政”的山东宣慰司。山东宣慰司全称“山东东西道宣慰使司”(袭金代之称),至元二十三年(1286)设,初治济南,次年移治益都。其职责为掌管军民之务,分道以总郡县,朝廷有政令则布告于下,郡县有奏报则传达于上,逢军旅之事,则兼都元帅职,军政之权兼而有之。故这一时期山东虽无行省之名,但有行省之实。

山东复正式设行省是到元后期。元顺帝至正元年(1341)以后,全国各地各族人民起义风起云涌,正酝酿着一场巨大的风暴。在此形势下,元朝统治者亦从行政制度方面采取措施以稳固和加强统治。在山东地区,先是于至正六年(1346)把山东宣慰司改为“山东东西道宣慰使司都元帅府”,意即加强山东宣慰司的军事职能,接着便在山东复置行省:元至正十七年(1357)设济宁行省,十八年废;元至正十五年(1355)设胶东行省,十六年废,二十三年复置,二十六年又废;元至正十七年(1357)设陵州行省,同年废;同年(1357)又置山东行省,至正二十八年(1368)二月明军攻占山东全境,四月置山东行中书省(治青州),元山东行省及元朝对山东的统治瓦解。

二、路、府、州、县的置废调整

元代山东地区各路、府、州、县的建置,也主要是直接继承宋、金遗制的。宋代在山东地区设京东东、西路，金代设山东东、西路，皆为省级大区设置，路下设府、州、县。元代山东地区的路、府行政区划是从蒙古灭金、设燕京行尚书省以后陆续设置并渐作调整的，如东平路、济南路、益都路、山东路等。元世祖时期又进一步对地方政区作大规模调整并确立各级行政区等级，今山东地区遂确立6路24州103县的政区建置。

1.诸路、府的调整与名称变更

诸路、府的设置与调整定型，大体上经历了由太宗初年到世祖末年约半个多世纪的时间。

东平路，治须城（今东平）。太祖十五年（1220）任命严实为东平行省（又称“东平行台”），太宗六年（1234）改为东平路行军万户府，世祖至元五年（1268）改为东平府（散府），至元九年（1272）升为东平路总管府。

东昌路，治聊城。初为博州，隶东平路，至元四年（1267）析置为博州路总管府，至元十三年（1276）改称为东昌路总管府。

济宁路，初为济州，隶东平府，治任城，后徙治巨野。至元八年（1271）升为济宁府（散府），至元十六年（1279）升置济宁路总管府。

益都路，治益都。太祖二十二年（1227）以李全任命为山东淮南楚州行省，世祖至元三年（1266）罢行省之制而设益都路总管府。

济南路，治历城。太祖二十一年（1226）以张荣任命为济南行省兼知济南府，太宗十二年（1240）改为济南路行军万户府，世祖初年再改为济南路总管府。

般阳路，治淄川。初以淄州隶济南路，中统四年（1263）升置为淄州路总管府，至元二年（1265）改称淄莱路，至元二十四年（1287）再改称为般阳路。

以上6路按至元二十年（1283）定制，10万户以上为上路，10万户以下为下路，除济南路为上路总管府外，其余诸路皆为下路。另益都、济南、般阳三路从至大二年（1309）起，直接隶属于山东东西道宣慰司，其余三路仍直隶中书省。

还需指出的是，元初曾设滨棣路，中统三年（1262）改置为滨棣路安抚司，至元二年（1266）复罢归济南路。同时，有元一代，在机构设置上，元政府仍继续使用“山东路”于各行政机构之称，如“山东路经略司”“山东路行枢密院”“山东路都元帅府”“山东路都转运使司”等。

2.诸直隶州和路辖州的设立与调整

元代山东地区先后设置24州，其中8州直隶中书省，16州辖于诸路。按至元三年（1266）定制，1.5万户以上者为上州，6000户以上者为中州，6000户以下者为下州，则山东诸州等级划分如下表：

元代山东诸州等级划分

等级	直隶州	路辖州
上州	曹州、濮州、德州	棣州
中州	高唐州、泰安州、恩州	莱州、滨州
下州	冠州、宁海州	峄州、沂州、滕州、莒州、密州、登州、胶州、潍州、博兴州、兖州、单州、济州、陵州

在诸直隶州中，曹州、濮州、德州、冠州、恩州、高唐州、泰安州初皆隶东平路，至元二年(1265)改曹州、德州直隶都省，至元五年(1268)改濮州、泰安州直隶都省，至元七年(1270)改恩州直隶都省。冠州、高唐州本为县，至元六年(1269)皆升为州，同年复直隶都省。宁海州初隶益都路，至元九年(1272)隶都省。

在诸路辖州中，有的是由县升为州的，如峄州、博兴州、胶州、陵州。有的原为州而后降格隶于诸路，如潍州、密州、莒州、沂州、滕州等。有的则改变其隶属关系，如登州、莱州原隶益都路，至元初年改隶般阳路。

3.诸县设置与归属调整

元代在今山东地区先后设置103县，其中大部分沿袭前代诸县之旧，但同时还设置了部分新县。如中统初年，以青平镇置青城县。至元十二年(1275)以辛寨镇置肥城县。至元十九年(1282)，并田、索二镇，于驿台置新城县。至元二十六年(1289)以平恩镇置丘县。大德元年(1297)以宁阳镇置宁阳县等。其次是复置前所省废县，如至元六年(1269)复立巨野县，至元十五年(1278)复置临淄县，至元二十五年(1288)复置临朐县，至元二十三年(1286)复置任城县，至元三十一年(1294)复置新泰县，大德元年(1297)复置宁阳县，皇庆二年((1313)复置蒙阴县等。第三是调整归属，实行“画境之制”。如至元二年(1265)把隶属于济南路的临邑、齐东、青城三县划归河间路，至元二年(1265)到至元三年把隶属于东平路的单父、嘉祥和朝城、范县分别划归单州和濮州，至元七年(1270)把隶属东平路的夏津、武城两县划归高唐州等。

另，按世祖至元三年(1266)定制，6000户以上者为上县，2000户以上者为中县，不及2000户者为下县，则元代山东诸县等级划分如下表：

元代山东诸县等级划分

等级	县名
上	郓城、济阴、鄄城、章丘、邹平
中	东阿、汶上、聊城、堂邑、莘县、博平、茌平、巨野、肥城、成武、定陶、禹城、楚丘、朝城、馆陶、高唐、夏津、武城、奉符、长清、清平、益都、胶西、临沂、历城、济阳、厌次、商河、阳信、渤海、淄川、长山、新城、掖县、牟平、东明、乐陵、阳谷
下	齐东、宁津、临邑、青城、须城、平阴、金乡、临清、观城、范县、莱芜、新泰、安德、平原、德平、临淄、临朐、高苑、乐安、寿光、北海、昌邑、即墨、高密、沂水、安丘、莒县、日照、蒙阴、邹县、滕县、费县、东无棣、利津、沾化、莱阳、蓬莱、黄县、福山、栖霞、文登、寿张、任城、鱼台、嵫阳、曲阜、泗水、宁阳、单父、嘉祥、诸城、西无棣

要而言之，元代山东政区的因革创置和兴废调整，其根本目的是元朝统治者从行政制度方面来加强维护地方统治秩序，强化中央集权统治。因此即便是在山东不设行省的七八十年中，仍设置山东宣慰司和山东廉访司等机构，以补中书省领导之不足。而诸直隶州的设置和诸路以及所辖州县的归属析并，甚而“画境之制”的实施，亦更是元政府削弱山东世侯权力所采取的重大措置，其影响深及于后世。

（原载《齐鲁地名》1997 年第 1 期）

浅谈山东镇级行政区划的历史形成

镇作为基层行政区划，其形成与确立是社会经济发展到一定阶段的历史产物。在中国地方行政制度发展史上，镇经历了由地理概念过渡到军政实体并进而确立为基层行政区划名称的历史演变过程。从晋及十六国时期起，我国北方地区对某些驻戍军队的关塞要地或州县称为“镇”，此后历北魏、北齐、北周、隋、唐，一直延续到五代十国时期，皆有此类镇的设置。尤其是唐末五代时期，从边疆到内地遍设的许多军镇（方镇），都置有镇使或镇将及其下属，镇成为割据一方的军政实体或兼理民政。但同时也有一些主要为经济实体的乡村聚落镇，并逐渐发展成为以工商业为主、人口数多的小型都市。

山东地区的镇级行政区划即发轫于唐，确立于宋，发展于金。在唐代，今山东区域除军镇的设置以外，作为村落区域中心的镇亦陆续置立。如太宗贞观年间所置蓬莱镇、两水镇等，后又有阳疃（今作“杨疃”）、罗峰等镇的设立。入宋以降，宋朝统治者厘革前代弊政，罢免所设镇使、镇将等，唐末以来的旧有镇制遂逐步解体。同时，在地理冲要、人口众多、商业繁盛之地却仍保留了镇的建制，并进一步确立制度：“民聚不成县而有课税者，则为镇，或以官监之。”[①]故此，今山东各地遂有诸镇的先后设立。如：太祖建隆元年(960)置临邑县福寿镇、临邑镇；建隆三年(962)置长清县丰齐镇；乾德元年(963)置东明县东明镇；开宝元年(968)置禹城县商家桥镇、安仁镇；开宝二年(969)置齐州刘宏镇、张家埪镇、固河镇、孙耿镇；开宝三年(970)置新市镇、泺口镇等。太宗太平兴国三年(978)置奉符县静村镇；太平兴国五年(980)置东阿县利仁镇、冠氏县博宁镇；端拱元年(988)置武城县成武镇；淳化四年(993)置单州黄队镇；淳化五年(994)置博兴县淳化镇；至道中置平阴县宁乡镇。真宗咸平六年(1003)置乐陵县咸平镇；真宗大中祥符初年(1008)赴泰山举行封禅大典之际，又下诏置沂水县苏村镇，置奉符县太平镇、迴銮镇，置平阴县翔銮镇、迎銮镇，置蒲台县蒲台镇等。仁宗时期，

---

① 高承：《事物纪原·州郡方域部·镇》。

今山东地区更有一大批镇设立,如:天圣三年(1025)置寿张县竹口镇;景祐二年(1035)置博兴县博昌镇,临邑县回河镇、曲堤镇、仁风镇,长清县齐河镇,平阴县景德镇,将陵县安陵镇;景祐三年(1036)置安平镇、兰陵镇;景祐五年(1038)置阳信县西界镇;庆历四年(1044)置历城镇、遥墙镇;庆历五年(1045)置邹平县淄乡镇;皇祐年间置堂邑县回河镇、千乘县清河镇;至和中置冠氏县桑桥镇。英宗治平二年(1065)置雷泽县徐村镇,复置冠氏县清水镇。神宗变法期间,亦先后置乐陵县杨攀口镇、会津镇,鄄城县临黄镇,仙源县邹镇,临清县永济镇等。到哲宗政和年间,宋政府整顿镇制,山东许多镇得以重新设立命名,如改沙家镇为武水镇,改七里渡镇为清河镇,改药家镇为安德镇,改新安镇为安定镇,改旧安定镇为永和镇,改东永和镇为丰国镇,改丁家河镇为合波镇,改三沙镇为滨海镇,改李刚镇为永阜镇等。

据宋人王存《元丰九域志》的不完全记载统计,当时今山东地区所设镇数已达一百二三十个,镇作为基层一级行政区划,在宋代的政治经济生活中已居重要地位。如以宋王朝的重要财政收入商税为例,当时山东地区年税收额在1000贯以上、5000贯以下的镇已有六七十个,税收额在5000贯以上、1万贯以下的镇有密州板桥镇、齐州临济镇、莱州陈村镇、滨州永丰镇和马家庄镇等,税收额在1万贯以上的镇有滨州丁家河镇、宁海镇,莱州海仓镇,密州信阳镇等。其中信阳镇的税额为10576贯,超过诸县中商税额最高的安丘县(时商税额为6474贯),而海仓镇的税收额则更超过州治和胶水县最高额的一倍以上。某些镇的人口数也已超过一些地区的县,如徽宗宣和四年(1122)知平阳府商守拙奏称:京东"其逐镇居民人烟,过于河东县分"[①]。故从北宋初年起,山东某些县的县治便迁往发展起来的新镇,如太祖建隆元年(960)移临邑县治于孙耿镇,开宝五年(972)移奉符县治于岱岳镇,仁宗景祐元年(1034)移将陵县治于长河镇等。或由镇升格为军或县,如太宗太平兴国二年(977)升曹州定陶镇为广济军,真宗景德三年(1006)升齐州临济镇为清平军,徽宗政和三年(1113)升滨州马家庄镇为永静军。到金代,山东地区镇级行政区划的设置更为普遍。据《金史·地理志》载,金代在今山东地区所设镇已达150余个,镇成为重要的基层行政区划,并在当时的政治经济生活中发挥着更大的作用,有力地促进着乡村城市化的历史进程。

(原载《齐鲁地名》1995年第2期)

① 徐松:《宋会要辑稿·刑法》一之三二。

再论宋元山东政区的历史沿革及文化影响

引　言

政治区划是一定历史时期社会政治、经济、文化发展进步的产物，政区发展既具有历史的延续性，又具有明显的时代阶段性，呈现出不同的时代特点。在中国古代地方行政制度发展史上，山东政区的变迁与我国社会历史的进步紧密地联系在一起，曾经历了秦汉、隋唐、宋元以至明清等几个重要的发展阶段。尤其是从秦汉时期起，依据《周礼》中所云“惟王建国，辨正方位，体国经野，设官分职，以为民极”和《礼记》中所记“量地以制邑，度地以居民”的原则，历代王朝逐渐设立起便于控制的地方高层政区，不断完善着地方行政制度。而宋元时期，则是古代地方行政制度发生重大嬗变的时代。如在地方高层政区的沿革变迁过程中，宋代以前一般是先划定行政区域，再设立地方行政机构，派遣地方官员，即先“体国经野”，再“设官分职”；但宋代则有着显著的变化，在建立地方行政制度的过程中，宋政府则是先设处理地方事务的行政机构和差遣地方官员，之后才是“节次以天下土地形势”而划定地方政区，即先“设官分职”，再“体国经野”。又如，若“体国经野”在先，则行政区划的名称即地方行政机构名称，但是从元代起则倒置而设，是先有地方行政机构名称，再确立行政区划的名称。再如从行政原则方面来看，以宋代为分界线，前后也发生了一元制与多元制的区别变化，即宋以前的地方行政原则大都实行一元制，也就是每一级地方高层行政区划设置一个唯一的行政机构，实行同一级行政机构的整体制；宋以后在地方高层政区则不设专权的单一行政机构，而是将政权职能分散在几个大致相当而责权不一的机构中，形成了复式政区和平行行政机构，实行多元制（分离制）原则。因此在这一历史发展过程中，宋元时期的山东政区，也与全国的发展大势相一致，发生着重要的变化，呈现出远承秦汉、近启明清的时代特征。笔者曾在《齐鲁地名》（后易名《齐鲁方圆》）发表过几篇有关山东政区名称历史演变、宋元山东政区沿革变迁的考证性文章，但未遑论及山东政区嬗变沿革的前因后果及其历史影响，因此，深入考察山东政区的历史沿革，尤其是政区变迁的地域环境因素及其对社会政治文化发展的影响，无疑有着重要的学术意义。故本文欲在此前研究的基础上，重点对宋元山东政区历史沿革的地域环境因素及其文化影响，作进一步的探讨，不尽之意，尚祈方家补正。

一、“山东”政区的历史形成

“山东”一词，在历史上曾经历了由一个地理名词，后为行政机构名称，再成为政区名称的长期演变过程，至金代始作为政区名称正式确立下来。“山东”作为地理名称，由来久远。据考察，历史上把今山东地区称为“东”，可上溯至商周时期。如《诗·閟宫》云：“泰山岩岩，鲁邦所詹。奄有龟蒙，遂荒大东。至于海邦，淮夷来同。”又《诗·大东》有“大东小东，杼柚其空”等词句。这里所云“大东”，即包括今山东地区。自春秋战国以后，作为地理概念的“山东”多见诸史籍，而且这一时期所称之“山东”，多是与“关中”相对称。如《管子》云：“楚为山东之强国。”又如《战国策》所称：“六国从亲以摈秦，秦必不敢出兵函谷关以害山东矣。”至秦统一全国以后，关中地区与山东地区在政治上的对立状况逐渐消失，“山东”一词因此也有了广义和狭义的两层含义，广义的“山东”一般是指函谷关或太行山以东的广大地区，狭义的“山东”则大体上是指今山东地区。而且在大量文献记载中，人们在使用“山东”一词时，除了仍用广义的意义之外，狭义的“山东”已经主要是指今山东地区。同时也广泛使用“山东”的代称、别称如“齐鲁”“青齐”“山左”等名称。

“山东”在金代正式成为政区名称之前，古代以来的地理划分及其政区划分，对山东政区的形成影响颇深。早在上古时代就有所谓“九州岛”的地域划分，显示出中华民族对其居住繁衍地域以及对自然地理区划的较早认识。这种对自然地理的区域划分，虽然和后来的行政区划还有着较大的差异，但是后世划分地方行政区域，却是从此得到启示而发展起来的。尤其是很早就形成了“随山浚川，任土作贡”的政区观念。具体到今山东地区，“九州岛”说中关于青州、兖州诸州的划分，就对后世山东政区的设置产生着重大的影响。山东政区也先后相继从两汉魏晋时期的“州”，中经唐代的“道”，发展到宋金时期的“路”和金元时期的“行省”。

宋代地方高层政区“路”的设置，从制度继承上来看，是直接承续了唐代的“道”(间或称“路”)制。在宋初统一全国的战争过程中，宋太祖曾仿唐制设诸道或诸路转运使，但各道(路)所辖区域“分合未有定制”。从太祖乾德年间，在削夺地方支郡权力的同时，遂逐渐以转运使(或都转运使)作为州县以上的一级行政机构的长官，由此逐渐在全国设置确立地方高层政区的雏形。到太宗太平兴国初年，始“以天下土地形势，俾之分路而治”，首次把宋王朝辖境划分为15路。“路”作为宋王朝的制度创新，开始作为准地方高层政区的名称而确立下来。之所以称为“准地方高层政区”，是因为这时的“路”，是指由转运司、提刑司、提举常平司等诸“监司”行使管理职权的地域范围，而诸“监司”的治理区域在许多地区并不完全一致，呈现出一种复式形态，故此时的“路”还与单一的政区划分存在差异。尤其是宋代诸路的设置，前后也有较大变化。最初为15路，后复有增设。真宗咸平四年为17路，天禧四年为18路，仁宗皇祐五年为19路，神宗熙宁七年为23路，熙宁九年为24路，徽宗宣和四年为26路。其中18路制是行之最久的路制，23路制则是最有代表性的路制，宋代著名的全国总志《元丰九域志》，便是根据23路制而编写的。虽然宋代路的设置前后有较大变化，但是在诸路建置调整过程中，皆有“京东路”（即位于京城开封迤东的今山东地区）的设置。“京东路”的界域范围东至于海，西抵汴京，南极淮泗，北薄于河，大体上在今山东区域之内，由此对确立后世山东政区的名称及其基本界域规模，产生重大的影响。

在宋金对峙过程中，山东地区成为金军南侵的前沿地区。金太宗天会八年，曾扶立宋降臣刘豫建“大齐”傀儡政权，以辖山东、河北、河南等地，主要目的是作为金、宋之间的缓冲地带。齐先都大名，后迁东平，再迁汴京，所辖区域仍保留原来宋代的路、府、州、县等地方政区建置。天会十五年，金朝废刘豫傀儡政权，设汴京行台尚书省，其辖境遂归金朝中央直接统辖。同年十二月，金改第二年年号为“天眷”，并对金朝的政治体制进行改革，确立了一整套新的政治制度，史称“天眷新制”或“天眷定制”。其中最主要的改革内容之一，就是确立地方高层政区而设立诸行政区“路”。金初有17路的设置，其中便有“山东路”的设置，“山东”正式作为地方高层政区的名称，第一次在历史上出现。据《金史·徐文传》载：天眷元年，徐文以战功擢任“山东路兵马钤辖”。据此可旁证“山东路”之最早设置，当在金废刘齐之后的熙宗天眷初年，“山东”作为政区之名，亦当始于此。自天眷初年“山东”作为政区名称确立后，其辖境仍沿宋京东东、西路之制，而有“山东东路”“山东西路”之称，并且有了以“山东”命名的各类军政地方机构，如“山东路统军司”“山东分元帅府”“山东东西路提刑司”“山东西路都转运司”“山东东路都转运司”“山东盐使司”等等。此后一直到金世宗大定二十七年增为20路，均设有山东东、西路。今人著作如《山东各地概况》等书，皆以世宗大定八年(1168)复置的“山东路统军司”作为山东政区名称之始，显然是误断。因为“山东”作为政区名称到世宗大定八年时，已使用了近30年。

至于以“山东”名省，亦始于金代。据《金史》记载，金章宗泰和六年秋，在面临南宋、北蒙军事进攻以及山东各地农民起义风起云涌的形势下，金朝廷命尚书、户部侍郎梁镗行六部尚书事于山东，自此始有“山东行省”之称。不过此时的“山东行省”，在性质上还只是中央派出机构的名称，而非行政区划的名称。但这一名称为元代所沿用。

元朝地方高层政区的设置为行中书省，简称“行省”，元朝行省之制是直接继承金朝行尚书省之遗制的。金元之际，从金大安三年蒙古军大举入侵金朝、深入山东腹地起，即直接冲击着金朝对山东地区的政治统治。随着金、蒙战争的持续以及各地军阀投降蒙古，蒙古统治者为实施对新占领区的统治，便沿袭金朝的行政区划和行尚书省制度，先后在今山东地区设置了“东平行省”“济南行省”“山东淮南楚州行省”“益都行省”“山东行省”等行省。这些行省皆因“随事创立，未有定制”，在界域、幅员、边界等方面，还都具有临时性质而未固定。由于这些行省长官在其辖境多拥有“尽专兵民之权”，专制一方，从而直接阻碍着中央统一政令的实施，因此蒙古灭金以后，为了加强对中原地区的政治统治，太宗窝阔台汗便任命其叔父失吉忽秃忽为中州断事官，设燕京行尚书省（或称“燕京行台”）作为统治中原汉地的最高行政机构，而下属的各地行省皆先后罢置而改称为“路”。其中东平行省、济南行省都在蒙古灭金以后不久，改置为东平路和济南路，益都行省和山东行省到元世祖时也被罢撤。世祖至元初年，元政府在镇压了益都李璮之乱之后，采取罢汉人世侯、置牧守，军民分职、立枢密院以统兵等措施，收地方之权归中央。同时对行省制度也进行了较大的改革：首先，派出的都省官员改称某处行中书省平章（或右丞、左丞、参知政事），不再以都省官系衔，于是行省就从都省派出机构逐渐演变为地方最高行政机构，行省也就成为地方高层政区的固定名称。其次，在全国范围内调整行省建置，除山东、山西、河北作为“腹里”地区，由中央中书省直辖以外，其他地区分置10个行省，由此确立了省、路（府）、州、县多级地方行政体制。并且把山东地区作为特别行政区，不再设行省，而是直隶中书省，山东地区也从而形成路（直隶州）、州（府）、县多级地方行政体制。

需要特别指出的是，虽然世祖至元初年在山东地区罢置行省而直接由中书省统辖，可是复于至元二十三年仍设“就便处理军民之政”的“山东宣慰司”。山东宣慰司全称“山东东西道宣慰使司”（实为因袭金代山东东、西路之制），初治济南，次年移治益都，其主要职责为掌管军民之务，分道以总郡县，“朝廷有政令则布告于下，郡县有奏报则传达于上”，逢军旅之事，则兼都元帅之职，军政之权兼而有之，故这一时期.山东虽无行省之名，但有行省之实。

到元后期，山东地区复设行省。因元顺帝至正元年以后，全国各地各族人民起义风起云涌，正酝酿着一场巨大的风暴，在此形势下，元朝统治者亦从行政制度方面采取措施，以图稳固和加强全国的政治统治。在山东地区，先是于至正六年把山东宣慰司改为“山东东西道宣慰使司都元帅府”，意在加强山东宣慰司的军事职能，接着便在山东复置行省：元至正十一年设“济宁行省”，十八年废；元至正十五年设“胶东行省”，十六年废，二十三年复置，二十六年又废；元至正十七年设“陵州行省”，同年废；同年又置“山东行省”等。至正二十八年二月明军攻占山东全境，四月，即设置“山东行中书省”，治青州，元山东行省及元朝对山东的统治瓦解。但山东行省的政区区划及名称却延续下来。明清时期皆在今山东地区设“山东布政使司”（仍省称“山东省”），由此“山东”作为政区名称延续至今。

山东政区的最终形成，可以说除了历代王朝政治上的需要之外，更深刻的原因应该是既有自然地理环境的因素，也有社会经济发展水平的制约，还有传统文化因素的重要影响。

首先，从自然地理环境来看，重大自然环境的变迁是今山东政区形成的重要地域因素。如从古代至宋元时期起，黄河的变迁即造就形成了以今山东为主要地域的大黄河三角洲地区。从西汉时期起，黄河即或从今山东德州、滨州一带入海，或由汴入泗、淮入海。东汉以后河道曾长期不变，隋唐五代时期，黄河从鄄城进入山东境，流经临黄、朝城、武水、阳谷、聊城、高唐、平阴、平原、安德、长清、禹城、临邑、商河、临济、邹平、厌次、蒲台入海。入宋以后，由于黄河几次大的决口分流，河道亦有几次大变迁。唐五代以来流经今山东入海的黄河河道，宋人称为“京东故道”。宋仁宗景祐元年，黄河在澶州横陇埽（今河南濮阳东）决口，冲开一条新河道，流经范县东、阳谷东南、东平西、东阿东，至长清仍汇唐末以来河道，东流至滨州以北入海。从横陇至长清这一段改道，宋人称为“横陇故道”。仁宗庆历八年，黄河又决澶州商胡埽（今河南濮阳北），改道北流，流经内黄、南乐、馆陶、清河、乐寿、清州，至乾宁军（今天津附近）入海，宋人称为“北流”。仁宗嘉祐五年，河再决于大名第六埽，并分开一道支河，为二股河，东北流经南乐入马颊河，流经莘县、高唐至平原境合笃马河，再经乐陵、无棣、阳信入海，宋人称为“东流”。此后40年间，黄河主流有时东行，有时北流。金元时期河道变迁更为频繁，或东流或南流或数道并行，最后以南流为主，由泗经淮入海。因此，宋元时期黄河变迁对形成山东大黄河三角洲地区产生重大的影响，成为这一时期山东政区形成的制约性因素。

其次，从社会经济环境来看，山东地区自古以来便是全国主要的社会经济重心地区，素以发达的农业与手工业著称。如秦汉时期，这一地区即号称“膏壤千里”，为秦汉王朝的财政重心地区。一直到隋唐时期，仍然是“田畴大辟，库藏充积”的富裕地区。同时这一地区也是农学最发达的重要地区，农业科学的研究与总结亦一直处于全国先列，如位列中国古代五大农书的《氾胜之书》《齐民要术》《王祯农书》，便是由山东籍学者编撰的。又如在手工业方面，纺织业尤其是丝织业便是山东地区古代以来的传统手工业生产部门，以“齐纨鲁缟”著称的纺织品长期享有盛誉，纺织技术一直处于全国各地区的前列，同时染色、刺绣等技术亦颇负盛名。同时，自春秋战国以来，山东地区即冶炼铁和制作使用铁工具的主要地区，秦汉以降山东地区的冶铁业尤为发达，有着较高的冶炼技术水平。其他社会经济行业亦称发达。山东地区自古也是人口最密集的地区之一，如西汉时期即有390万户、1700余万口，占当时全国人口的30%，人口密度居全国之首。入宋以后，山东地区的人口发展呈逐年增长的趋势。如宋初京东路的人口从不足60万户、300余万口，到北宋中期的元丰年间便增加到160余万户、近800万口，约占全国人口总数的9%，仅次于两浙地区，而与江西、江东、陕西、河北等大区并列全国前列。直至金代，山东东西路人口最盛时约为190余万户、1300余万口，约占金朝全国人口总数的20%。大概一直到元代，山东地区的人口规模大体维持在宋金时期的水平上，成为这一地区社会生产力发展水平的重要指标。这些都成为山东政区沿革变迁的经济环境因素。

再次，从传统文化环境来看，自古以来山东地区的人民即富于发明和创造精神，在探讨自然界以及自然现象的诸领域中，取得不菲的成就，形成独具特色的地域文化和文化传统。以先秦时代的《墨经》和《考工记》两部科学著作的形成为标志，开创古代山东人民研究科学、利用科学原理进行创造性社会生产实践活动的辉煌历史。代有成就，发明卓著，为丰富中华科技文化作出了巨大贡献。以齐鲁道家文化、儒学思想为主流的思想文化成为历代王朝政治思想文化的核心内容。在其他传统文化领域，随着人们的社会生产活动和生活方式的丰富发展，也逐渐形成了体现山东地域特色、反映山东人民群体性格以及精神风貌的社会风尚和民间风气。如“忠厚淳朴”“俗重礼义”“知礼尚学”便是山东上古以来的积久民风。另如，山东是中国传统兵家文化的重要发源地之一，从上古时期起的东夷人，即以善射、好战而著称。此后到春秋战国时期的齐国，更保留了不少东夷人的文化传统，崇尚武勇，好猎善射，世代相沿，好武、善技击之风大行于齐鲁地区。秦汉以后直至宋元时期，山东地区因多为历朝边防重地或主要战场，因此对山东社会风尚的演进与发展有着重大影响，形成这一时期崇尚武勇、豪爽劲悍的社会风尚，各地习武风气颇为兴盛。另外如社会生活节奏的缓急，也是人们社会生活方式的基本特征之一，体现一定区域的社会文化面貌。山东地区从春秋战国时期，人们的社会生活节奏便与其他地区如秦、楚等国的急烈之风形成鲜明对照，呈现出舒缓阔达的社会风气，即如《史记》所云，齐地“其俗宽缓阔达”，“其民阔达多匿知，其天性也”。因此，在以儒学为正统思想的齐鲁地区，作为代表中国传统文化发展之大势的重要地区，社会生活节奏“舒缓”的文化风格逐渐在山东地区确立起来，并作为一种悠闲宽缓的生活习尚影响后世。又如敦本务农、勤于耕作、崇节尚俭也是山东各地普遍的社会风尚，所以自古代以来直到宋元时期，在有关文献中，就有着山东人民敦本务农、俗尚节俭的记载，也形成富于地域特色的社会习尚。

要之，决定山东政区形成与确立的重要社会历史因素，可以说是与山东地区包括地貌、气候、土壤、耕作、种植等因素在内的农业经济，与包括渔盐、矿业、纺织、市场贸易等在内的工商经济，与包括孔孟学说为核心的齐鲁传统文化紧密联系在一起的。

二、宋元山东政区的区划变迁

在上述社会政治、经济、文化等因素的根本制约之下，不仅形成了宋元时期山东政区的基本框架结构，而且经这一时期山东各层级政区的置废分合，各主要州县的名称、界域、边界、四至及其形状等，也基本固定下来，由此奠定了后代各层级政区直至今天山东政区的基本规模，对后世山东社会的发展影响甚大。

首先，宋代京东路所辖各级政区的置废分合的一般情形：

宋初所设京东路，在宋神宗熙宁七年进一步划分为京东东路和京东西路。元丰初年，割西路齐州属东路，割东路徐州属西路。同时对宋初以来诸府州政区的建置，也作了一系列的调整。如宋太祖建隆三年，以青州北海县置北海军，后升为潍州。改原北海县为镇海军，徽宗建中靖国初年赐名兴仁，崇宁元年升为兴仁府。又如真宗大中祥符初年，升兖州为大都督府，政和八年改名为袭庆府。徽宗大观初年改郓州为大都督府，宣和元年复改称东平府。政和六年升齐州为济南府等。再如广济军本为定陶镇，初为京东路所设发运务所在地，后为京东转运司所在地，太平兴国二年建为广济军，割曹、澶、濮、济四州地为辖区，熙宁四年废为定陶县，隶曹州，哲宗元祐元年再复为军。因此，有宋一代，京东东路（治所青州）所辖为济南府、青州、密州、沂州、登州、莱州、潍州、淄州等府州；京东西路（治所兖州）所辖为袭庆府、兴仁府、东平府、济州、单州、濮州、广济军、徐州等府州。

京东路府、州以下诸县的置废分合，从北宋初到北宋末，变化也较繁。如为了加强对京东地区的控制，从宋太祖建隆三年便在隋都昌县旧境建昌邑县。乾德初年，在唐代营丘县旧境建安仁县，继改名昌乐县。开宝三年改无棣县为保顺军。次年，改后晋所设胶西县为安丘县。开宝五年移旧乾封县治岱岳镇，大中祥符元年改名为奉符县。真宗景德三年改章丘县置清平军，改高苑县为宣化军，后复为县。大中祥符五年改曲阜县为仙源县，同年废蒲台县。仁宗庆历二年升招安镇(唐初置镇)为招安县,后废县为镇入渤海县,元丰初年复为县。皇祐初年废观城县,三年后复置。至和初年,废漳南县,其辖区划归历亭县。神宗熙宁五年废临清县、邹县为镇,后皆复为县。次年,废德平县为镇,隶安德县。哲宗元祐三年升密州板桥镇置胶西县。另徽宗大观四年避孔子讳改龚丘县为龚县,暇丘县为瑕县等。据《宋史·地理志》载,有宋一代,京东东、西路所辖共2监(东平、莱芜)81县。

其次,金代山东东、西两路所辖各级政区的置废分合:

山东东路治所益都,辖益都、济南2府,潍、滨、沂、密、海、莒、棣、淄、莱、登、宁海等11州共领53县。益都府,金初因宋之旧设镇海军,置南青州节度使,后升军为府,并作为山东东路治所。济南府,金初置兴德军节度使,后仍为府,置府尹。莒州,金初置城阳军,世宗大定二十二年升为城阳州,两年后改称莒州。宁海州,金太宗天会年间,齐刘豫在牟平县置宁海军,大定二十二年亦升为州。

山东西路治所东平,辖东平府及济、徐、邳、滕、博、兖、泰安、德、曹9州府共领27县,后徐州、邳州于宣宗贞祐三年改属河南路。滕州,宋为滕阳军,金大定二十二年升为滕阳州,二十四年改称滕州,贞祐三年复改为兖州支郡。兖州,初因宋制为泰宁军,大定十九年改称泰定军。泰安州,金太宗天会年间改为泰安军,大定二十二年升为州。

山东东、西两路所辖诸县的建置,从齐刘豫到金末,也作了较大的调整。刘豫统治山东时,曾先后升罗锋镇置招远县,升杨疃镇置栖霞县,升两水镇置福山县,升齐河镇置齐河县等,后历金沿置而不废。金太宗时期,改宋仙源县为曲阜县,改瑕县为嵫阳县,改临津县为宁津县,析临邑、章丘各一部置济阳县。海陵王贞元初年改中都县为汶阳县,后又改称汶上县。熙宗皇统七年析巨野、任城县各一部置嘉祥县。世宗大定二十四年改滕阳为滕县,在旧梁乡县境置日照县。章宗明昌初年改原丞县为兰陵县,后升置峄州。又升永利镇置利津县,改招安县为沾化县。哀宗正大五年析长山、高苑、临淄各一部置新城县等。

最后,元代山东地区各路、府、州、县的置废分合:

元代山东地区各级政区的设置亦主要是直接继承宋金遗制,而诸路府的设置与调整定型,大体上经历了由太宗初年到世祖末年约半个多世纪的时间,遂在今山东地区确立6路24州103县的政区建置。

首先是诸路的调整:东平路,治须城(今东平),太祖十五年任命严实为东平行省(又称“东平行台”),太宗六年改为东平路行军万户府,世祖至元五年改为东平府(散府),至元九年升为东平路总管府。

东昌路,治聊城,初为博州隶东平路,至元四年析置为博州路总管府,至元十三年改称为东昌路总管府。

济宁路，初为济州，隶东平府，治任城，后徙治巨野，至元八年升为济宁府（散府），至元十六年升置济宁路总管府。

益都路，治益都。太祖二十二年以李全为山东淮南楚州行省，世祖至元三年始罢行省置益都路总管府。

济南路，治历城，太祖二十一年任命张荣为济南行省兼知济南府，太宗十二年改为济南路行军万户府，世祖初年再改为济南路总管府。

般阳路，治淄川，初以淄州隶济南路，中统四年升置为淄州路总管府，至元二年改称淄莱路，至元二十四年再改称为般阳路。

以上六路按至元二十年的定制，10 万户以上为上路，10 万户以下为下路，则除济南路为上路总管府外，其余诸路皆为下路。另益都、济南、般阳三路从至大二年起，直接隶属于山东东西道宣慰司，其余三路仍直隶中书省。还应指出的是，元初曾设滨棣路，中统三年改置为滨棣路安抚司，至元二年复罢归济南路。

同时，在机构设置上，有元一代，仍继续使用“山东路”之称。如“山东路经略司”“山东路行枢密院”“山东路都元帅府”“山东路都转运使司”等。

其次是诸直隶州和路辖州的设置与调整：元代在今山东地区先后设置过 24 州，其中 8 州直隶中书省，16 州辖于诸路。按至元三年定制，户口数在 15000 户以上者为上州，在 6000 户以上者为中州，在 6000 户以下者为下州，则诸州等级划分如下：上州有曹州、濮州、德州（为直隶州）、棣州（为路辖州）；中州有高唐州、泰安州、恩州（为直隶州）、莱州、滨州（为路辖州）；下州有冠州、宁海州（为直隶州）、峄州、沂州、滕州、莒州、密州、登州、胶州、潍州、博兴州、兖州、单州、济州、陵州（为路辖州）。诸直隶州中，曹州、濮州、德州、冠州、恩州、高唐州、泰安州初皆隶东平路，至元二年改曹州、德州直隶都省，至元五年改淄州、泰安州直隶都省，至元七年改恩州直隶都省。冠州、高唐州本为县，至元六年皆升为州，同年复直隶都省。宁海州初隶益都路，至元九年隶都省。在诸路辖州中，有的是由县升为州的，如峄州、博兴州、胶州、陵州；有的原为州而后降格隶于诸路，如潍州、密州、莒州、沂州、滕州等；有的则改变其隶属关系，如登州、莱州原隶益都路，至元初年改隶般阳路。

最后在县级政区的设置调整中，虽其中大部分沿袭前代诸县之旧，但同时也设置了部分新县。如中统初年，以青平镇置青城县。至元十二年以平阴辛寨镇置肥城县。至元十九年并淄州田、索二镇，于驿台置新城县。至元二十六年以平恩镇置丘县。大德元年以宁阳镇置宁阳县等。还复置以前所省废的县，如至元六年复立巨野县，至元十五年复置临淄县，至元二十五年复置临朐县，至元二十三年复置任城县，至元三十一年复置新泰县，大德元年复置宁阳县，皇庆二年复置蒙阴县等。这些州县的设置及其名称、界域、四至的确立，皆对后来各层级政区的沿革变迁产生较大影响，尤其对确定后世山东政区的基本规模，无疑具有重要的历史意义。到明朝承袭元行省制而确立山东布政使司时，已基本确立了迄今山东的界域和政区规模。

三、政区变迁对山东社会文化的影响

历代地方高层政区的设立，既依据“山川形便”的原则，又奉行“犬牙相入”的方针，以加强王朝政府对地方的控制。因此，宋元时期的山东地区，随着王朝政治重心的东渐北移，使得山东地区由宋代以前远离王朝政治统治中心的边隅之地，而在宋元时期一跃成为屏藩京师的近畿地区，使得山东地区的社会政治经济地位日益凸出。

经济上，从宋朝初年起，以东部青州、西部郓州为中心的京东地区，经济发展就位于全国前列，即如《宋史・地理志》所云：“营丘东道之雄，号称富衍，物产尤盛，登、莱、高密，负海之北，楚商兼凑。”宋代学者苏辙后来也说：“齐鲁之富，甲于四方。”[①]宋代山东学者王禹偁曾对京东地区在朝廷中的经济地位作过论述，他说：“今郡县虽多，要荒且远，除河北备边之外，民力可用者，惟东至登莱，西尽秦凤，南抵淮泗而已。此数十州者，中土之根本。”[②]后来判大名府贾昌朝也说：“御备戎虏，取材用以馈军师者，惟沧、棣、滨、齐最厚。”[③]因此，从宋初起，就由京城开封开辟名为“广济河”的漕路直通今山东地区，京东地区也就成为宋王朝依恃的重要财政地区之一。而在财政经济上的举足轻重，也就更增强了其社会政治上的突出地位。

政治上，从宋代设京东路起，就已把这一地区视之为屏藩京城的重要地区，其中今山东地区的许多州县如曹州等，便被直接列为京畿范围。仁宗时御史中丞张方平更把京东路称为“中国根干，畿甸屏蔽”。在宋代，宋王朝的许多重大政治措施的实施，多是首先从京东路试点或推行的。如北宋中期的王安石变法，京东路便是当时如青苗法、方田均税法、保马法、保甲法、将兵法等诸项新法的重要试验地和推广区。金代山东路不仅是金朝政府所依恃的中心地区，更是金朝北抗南扩的战略重地。一直到金朝后期，金朝政府在蒙古军步步进逼的情势下，欲弃汴南逃之时，平章政事兼都元帅国用安仍劝谏朝廷说：“山东富庶甲天下，臣略有其地，东连沂、海，西接徐、邳，南扼盱、楚，北控淄、齐。若銮舆少

① 苏辙：《栾城集・侯利建京东漕井亮采河东漕》。

② 李焘：《续资治通鉴长编》卷一六五，“庆历八年十二月”条。

③ 徐松：《宋会要辑稿・方域》一四之一七。

停，臣依赖威灵，河朔之地可传檄而定。”[1]至元代，更进一步把山东地区列入中央直接控制的“腹里”地区。尤其是在南北大运河贯通之后，今山东地区便进一步成为连接北方政治中心和南方经济中心的孔道之地。所以此后直至清朝时期，清人还极论山东政治地理的重要，称山东为“北门锁钥”之地，说：“盖其负山踞海，当水路孔道，以环卫神京，实为南北之锁钥。”[2]山东既为南北咽喉，十省通津之地，自古兵家必争。所以顾祖禹在《读史方舆纪要·论山东》一文中云：“若言今日咽喉，断以三齐为首。”又云：“吾尝俯仰古今，而知能为幽燕利害者，必于山东。”

由于政治经济地位之重要，所以从宋代起，历代王朝多派朝廷重臣出镇山东地区。以宋代历知青州之官员为例，先后任职青州的朝廷重臣即有赵昌言、寇准、曹彬、张齐贤、张知白、戚纶、韩亿、李迪、王曾、范讽、燕肃、赵概、张奎、叶清臣、富弼、范仲淹、文彦博、庞籍、余靖、欧阳修、赵抃、龚鼎臣、冯京、刘庠、王安礼、曾布、刘挚、吕嘉问、吕惠卿、曾孝蕴、张叔夜等人。金朝政府也是多派女真贵族或朝廷大臣出守山东，以历任益都府尹为例，就有移剌古、完颜昂、宗哲、阿麟、王伯龙、萧祚、完颜思敬、郑家、唐括安礼、徒单克宁、完颜璋、石抹荣、阿鲁欢、宗浩、夹谷璋、完颜守贞、蒙古纲、孛术鲁德裕、田琢等人。元朝亦莫不如是，如元初山东行省的主要官员即有耶律铸、张惠、廉希宪等人，元后期山东行省主要官员就有哈剌章、卜颜帖木儿、张晋、保保、普颜不花、王信、也速、申荣等人。在这些人物中，有不少杰出的政治家，更多的是学者和学界名流，他们到山东地区来任职，除了其政绩之外，其文学活动对山东文化的发展也有着积极的影响。如宋代著名的文学家、唐宋八大家之一的曾巩，于神宗熙宁年间任知齐州，除了他在齐州惩治霸道、均平赋役，积极推行青苗、均输、市易、免役、农田水利等项新法所为人称道外，其文学活动更名留青史。曾巩在齐州所创作的文学作品中，吟咏大明湖的诗就有十余篇，篇篇都浸透着作家对济南及其名胜的倾心热爱。他还主持修筑了大明湖畔的百花堤、汇波渠、汇波桥、水北门和北渚亭等，主持修建了在趵突泉北岸的泺源堂和历山堂，并写下了著名的《齐州二堂记》，其《咏趵突泉》等诗更为脍炙人口之作。继曾巩之后来到济南任齐州掌书记的苏辙，也有着突出的政绩和为人称道的文学活动。苏辙在济南居官三年，以其独特的观察和感受方式尽情地领略这里的自然风光，对济南及其附近的名胜古迹无不流连忘返，并写下了大量诗作，如描绘趵突泉夜景的《槛亭诗》、描写历史名泉的《舜泉诗》以及大量吟咏大明湖的诗作等。此时苏辙的兄长苏轼正在知密州任上，苏轼在密州也留下了大量的作品。其中兄弟俩的唱和之作如苏辙的

---

① 《金史·国用安传》。

② 张廷玉等：《清文献通考·舆地考·山东省》。

《超然台赋》和苏轼的《水调歌头·怀子由》，皆为千古绝唱。可以说，如曾巩、二苏在山东的这些文学活动，不仅成为山东文化宝库中的一个重要组成部分，而且对山东文化的发展起了极大的促进作用。

特别是随着山东地区经济、文化的发展与繁荣，也有大量人口移居山东。如宋初即有太原民万余家移居山东，北宋中期河北地区移居山东的人口竟数以百万计。尤其是金元时期，更成为古代以来几次大的民族融合与人文大同化的重要时期之一，这一时期的民族大融合为山东文化的发展注入了新的生机与持续发展的动力。新的有活力的民族文化的交汇与吸纳极大地推动着山东文化的发展。这一时期北方地区的女真、蒙古、畏兀儿、西夏、奚等各族人口大量移居山东地区，如入金以后，便有大量女真猛安谋克户迁居山东，几乎遍布山东各州县。海陵贞元迁都，即徙斡论、和尚、胡剌三国公、太保昂、詹事乌里野、辅国勃鲁骨、定远许烈、故梁国公勃迭等八猛安入居山东。金朝大规模的女真移民始于金太宗的天会年间，到熙宗皇统初年又移民入山东建屯田军，从而使山东地区的女真移民急剧增加。这些女真人与广大汉族长期和睦相处，以致许多后来改姓汉族姓氏或取汉族姓名，有的则连籍贯也改为山东迁居地，正像文献上所称的"占籍莱州""益都猛安人""棣州阳信人"等那样。如益都刘国杰家族本为女真望族，迁居山东后仍以宦业显，并成为著名的军功望族。故宇文懋昭《大金国志》云：金代女真各族"自本部族徙居中土，与百姓杂处"。到元代，则有更多的蒙古族、色目人、畏兀儿人等少数民族人口迁入山东，如成宗元贞初年，元朝廷便迁徙居住在缙山的乞里乞思等各族人口入居山东。其次大量的蒙古军、探马赤军等镇戍军以及屯田军也留居山东，元朝廷曾令这些军队"随地入社，与编民等"，迄今山东各地"下营""前营""后营"等地名的留存，便是这一时期元军驻戍定居山东的遗迹和证明。再有大批现任或卸任的官员及其家属，还有许多蒙古王公和贵族、功臣因分封山东以及在山东经商的回回商人等留居山东。如迁居山东而闻名者即有居住济宁路金乡县的军户蒙古族博颜歹亦札剌儿氏，居住莱州掖县的蒙古族察仍塔塔儿氏，居住曹州的色目人明安达耳氏，居住东昌路聊城县的塔不台氏，居住濮州鄄城县的琏赤氏等等，这些人户中的多数后来繁衍发展为这一时期的世家大族。如潍州昌邑即有秃满台家族、脱脱木耳家族、太那家族等。益都营丘有兀林答禧家族（其家族成员著名的官员还有兀林答阿鲁兀剌、兀林答徽、兀林答希靖等人）、合剌普华家族（该家族人丁兴旺，通过科举考试而做官的有多人，其中登进士第者即有九人，其家族成员如岳璘帖木尔、偰文质等皆在朝廷中担任要职）等。元代东阿札剌儿氏家族是元初大将木华黎的弟弟带孙的后裔，带孙曾受封为东阿郡王，其子孙遂世居东阿，并为东阿最为显赫的名门大族，该家族成员中如撒剌忽、忽鲁忽都、安僧登皆在朝廷官居要职。郓州东平有耶律氏家族，本是辽朝东丹王之后裔，其家族成员在金朝多所仕宦，延续至元朝有耶律有尚者，入仕为官，五莅国子监，为元代儒学大师。济州巨野则有按檀不花家族、相哥八剌家族等。另有德州宁津李世和家族（该家族本姓蒲察氏，数迁至宁津，金元时期有十余人入仕为官，其中李世和官德州路新军总管，李宝交官千夫长，李德柔官县令），还有兖州泗水泰富家族等。故清代学者顾炎武说："今代山东氏族，其出于金、元之裔者多矣。"[①]这些移民不仅对这一时期的民族融合产生着重大影响，而且随着各少数民族的迁入，也带来了他们的民族文化，引起了山东社会结构的显著变迁，促进着山东社会的多元化发展。经济上，农耕经济与畜牧经济进一步交融；政治上，封建地主阶级与北方大畜牧业主紧密地结合在一起。中原文化和女真族、蒙古族所代表的草原文化相互吸纳、互相融汇，极大地促进了山东传统文化的进一步发展，因此对丰富传统的山东文化的内容，促进山东文化的发展，无疑有着重大的历史意义。

另外，这一时期山东政治、经济、文化的发展，也吸引了不少全国各地的学者到山东来游学，使得山东成为人文荟萃之地。如北宋初年就有晋阳孙复、湖州胡瑗到泰山隐居讲学，与山东学者石介共同创立"泰山学派"，对"宋学"的创立和发展有着直接的重大影响。又如金元之际，著名学者元好问、算学家李杲、杂剧作者白朴等人即在东平等地游学。他们在山东的讲学，同样对山东文化的进一步发展起了积极的作用。在创造科技文化的历史进程中，山东人民自古以来就具有质朴勇敢、刻苦奋斗与勤谨睿智、善于发明的优良品德，同时兼具尚功利、崇伦理、尊传统、重创新的恢弘气度和积极进取的开拓精神，因此这一时期在各科学领域如传统的农学、水利学、天文历算学等方面，皆有为人称道的发明与创造。同时在其他领域如制瓷、冶炼、纺织以及机械制造等技术领域，也有令人称羡的重大突破，成就粲然，影响深远，成为山东文化发展史上最繁荣昌盛的时期之一。

结　语

要而言之，宋、金、元王朝政治上加强对山东的统治，对山东社会经济、文化的发展产生重大的影响，使"冠带衣履天下"的山东社会经济的发展进一步与王朝的财政需要紧密联系在一起，使源远流长、博大精深的山东文化与全国文化的发展紧密联系在一起，从而也使宋元及其以后的山东文化更显示出大一统文化的特色而弱化着地方色彩。

---

① 顾炎武：《日知录·姓》。

论宋代山东经济的发展

宋代是我国社会经济获得迅速发展的重要历史时期之一，由于生产发展不平衡，各地经济的发展存在一定差别，但均有程度不同的进步。通过更多更深入的区域经济研究，将有助于提高对宋代经济发展水平的再认识。因此，本文欲对宋代山东经济作区域性考察，具体估价宋代山东经济的发展水平及其在全国的地位，并就相关问题作初步探讨。

一、宋代山东的农业经济

以东部青州、西部郓州为区域中心的山东地区，从北宋初年起，即因其突出的政治、经济地理位置，被宋朝统治者视为藩卫京师的重要地区。宋太宗至道末年始在今山东地区设京东路，奠定了今山东行政区划的基本规模。神宗熙宁七年(1074)又分京东路为京东东路和京东西路，东路统八州一军，即青、密、沂、登、莱、淄、潍、徐州和潍阳军；西路统七州一府，即郓、兖、齐、濮、曹、济、单州和应天府。另属今山东境的博、德、棣、滨诸州则辖于河北东路。其中青、齐、沂、密、郓等州，号称“大藩”“剧郡”“重镇”，尤为宋朝统治者所重视。仁宗庆历年间御史中丞张方平即说过：“京东、西两路，中国根干，畿甸屏蔽，缓急所资，常须安静，以镇天下。”[①]因此，宋政府十分重视加强山东地区的地方行政建设。太祖建隆初年，改兖州为泰宁军，升棣州、单州为团练州。开宝五年(972)，升密州为安化军。太宗太平兴国二年(977)，改曹州定陶镇为广济军。淳化五年(994)，以青州控扼东鄙，改青州平卢军为镇海军。真宗景德初年，升齐州章丘县为清平军、淄州高苑县为宣化军。大中祥符年间，再升兖州为大都督府，另设京东五路巡检司。仁宗皇祐五年(1053)，更以曹州等并属畿内。宋朝统治者尤注重对山东郡守官员的选任。仁宗嘉祐五年(1060)即诏令：齐、密、登诸州，“自今令中书

① 李焘：《续资治通鉴长编》卷一五九，“庆历六年七月”条。

选人为知州"[①]。政治上的重视,也促使宋朝政府采取措施恢复和发展山东地区的社会经济。

自唐后期历五代十国,频繁的战乱曾对北方经济以严重摧残,致使人口流徙,土地荒芜,残破尤甚。直到太宗至道二年(996),如京师地区"周环二三〔十〕州,幅员数千里,地之垦者才二三"[②]。京东地区即多"膏腴未耕之处","济、兖间多闲田"。[③] 对此,宋政府先后采取措施,招抚流亡,劝导耕垦,有条件地实行轻徭薄赋政策,休养民力。太祖乾德四年(968)八月颁"劝栽植开垦诏",明令有能广植开垦者,"并只纳旧租,永不通检"。[④] 太宗太平兴国二年(977)二月诏曰:"东畿近年以来,蝗旱相继,流民甚众,旷土颇多……宜令本府设〔法〕招诱,至五年复旧。"[⑤]至道元年(995)六月又"诏募民请佃诸州旷土,便为永业,仍蠲三岁租,三年外输三分之一"[⑥]。这些措施加快了宋初山东地区农业经济的复苏与发展。

从真宗到神宗期间,由于宋政府的劝耕政策和劳动人手的复业,山东地区的抛荒之田得以大量垦辟。据神宗元丰三年(1080)的统计,当时今山东境内开垦的土地已达30万顷,其中民田29万余顷,官田万余顷。另还有大量职田、学田、庙田的垦辟。据统计,北宋时期京东路的职田数额占全国职田总数的9%,仅次于河北、陕西路,位居全国第三。学田自真宗天禧年间知兖州孙奭在孔庙建学,请拨农田10顷作学粮起,诸州建学赐田遂成定制。如仁宗时期,密州、博州、郓州等相继建学,朝廷皆赐学田。庙田有如兖州会真宫等,亦皆由朝廷赐闲田、荒田,募民垦种为蔬圃、粮地。齐州兴德禅院也有淤田30顷。还有如广济军、淄州、潍州亦多"圭田",也募民垦种。

尤其是荒地的开垦与水利兴修结合起来,使山东地区的许多贫瘠之地变为沃土膏壤。真宗大中祥符二年(1009),宋政府即派官员使臣"督京东路,导治积水"[⑦]。天圣二年(1024),又遣官主持疏凿曹、单诸州沟洫,募人浚治沟渠河堤。曹州等地多河渠池塘湮废之处,每以水患为害,仁宗明道二年(1033)诏曹州知州、通判及所属县令长,皆加"开治沟洫河道事"的职衔。神宗熙丰变法时期,宋政府颁布农田水利法,大兴水利,山东地区作为新法的试点和重点推广地区,农田水利事业又有大的发展。据统计,自熙宁三年至九年(1070～1076)底的短短

① 李焘:《续资治通鉴长编》卷一九二,"嘉祐五年九月"条。

② 李焘:《续资治通鉴长编》卷四〇,"至道二年"条。

③ 《宋史·食货志》。

④ 司义祖整理:《宋大诏令集·政事》。

⑤ 徐松:《宋会要辑稿·食货》一之一六。

⑥ 李焘:《续资治通鉴长编》卷三八,"至道元年六月"条。

⑦ 李焘:《续资治通鉴长编》卷七二,"大中祥符二年八月"条。

五六年间，京师府界诸路共兴修水利达 10793 处，受益田达 361178 顷(内官田 1915 顷)。其中今山东境内兴修水利 188 处，受益田面积约达 45390 余顷(内官田 286 顷)，居北方诸路之首。如济州有南李堰、潍州有马陵泊等处久为积水所淹，经浚治后，得良田 4200 余顷，每年可收菽、麦二三百万顷。又如无棣、乐陵、临津诸县，许多民田为水淹没，大片良田碱化，变成盐碱地。水利的兴修，使许多碱田得到改良。熙宁九年(1076)，权判都水监程师孟就说："京东西碱卤之地，尽成膏腴，为利极大。"[①]

为了发展农业，宋政府还在山东实行退牧还耕的政策。如郓州，自宋初以来，官府在此设牧马监，括大量民田为牧地，致"郓州牧地侵于民者凡数千顷"[②]，极大地损害了当地农民的利益。对此，宋朝廷官员中如包拯等人即极言牧地侵民之害，建议退牧还耕。故从真宗时期起，官府始逐步退还侵民之田。大中祥符三年(1010)八月，宋朝廷颁"郓州牧马地给与现佃户诏"，一次清还所侵民田 680 家。仁宗天圣元年(1023)，又诏废郓州牧马监，牧地"听民请佃"[③]。后来监牧地曾一度恢复，但到神宗时再废，所有牧地仍"听民出租"[④]。

宋政府还大力倡导和鼓励种植农作物优良品种。太祖建隆三年(962)，即赐"沂州民种粮"[⑤]。真宗大中祥符九年(1016)，诏京东、河北百姓"以车粂粜种粮者，缘河津渡勿收其算"[⑥]。天禧元年(1017)十月又诏，"莱州民愿以旧麦一斗，易官仓新麦为田种，从之。仍令京东转运遍谕诸州，许依此制"[⑦]。水利的兴修和优良品种的种植，使粮食亩产量逐年提高。当时山东各地的每亩单产少则一石，多则高达四五石。

农业经济的恢复也促使农林牧副业得以较快发展。青州所产梨、枣等水果，量多质佳，被列为贡品，兖州所产黄荆子、菱芰、茯苓、防风等，成为向官府必纳的"岁课"。濮州所产茜草也成为官府"和市"的主要之品。史称"山东养蚕之利，逾于稼穑"，"单州成武一邑桑柘，春荫蔽野"。[⑧] 官府浚修黄河等河道所需捍堤木，亦多从山东地区采伐供给。畜牧业在民间更获发展。仁宗时期，宋政府以官"马之孳息，不足以待国用"，特派人收市登州马匹。后又规定山东"民户以

① 徐松：《宋会要辑稿・食货》七之三。
② 《宋史・李昉传》。
③ 李焘：《续资治通鉴长编》卷一〇一，"天圣元年八月"条。
④ 李焘：《续资治通鉴长编》卷二五〇，"熙宁七年二月"条。
⑤ 徐松：《宋会要辑稿・食货》六八之二八。
⑥ 李焘：《续资治通鉴长编》卷八八，"大中祥符九年十二月"条。
⑦ 徐松：《宋会要辑稿・食货》六三之一六六。
⑧ 庄季裕：《鸡肋编》卷上。

物力养马，备非时官买”[①]，为宋朝实施“户马法”之端。神宗变法时，更把山东作为推行“保甲养马法”的首要地区。元丰五年(1082)，提点京东路刑狱霍翔报告朝廷说：“齐、淄等州民号多马，禹城一县养马三千，壮马居三之一。臣近因巡历密视，按民马虽土产，亦骨(格)〔胳〕高大，可备驰突之用。”[②]

另从宋代山东人口的较快增长，也从一个侧面反映了当时农业经济的发展。太宗太平兴国年间，京东路有人口60多万户，到神宗元丰年间即增长一倍半，达150多万户，占全国人口总数的7.5%，在诸路人口中居第五位，成为人口密度最大的地区之一，并由此深深地影响到后代山东人口发展的格局。

二、宋代山东的手工业经济

宋代山东的手工业经济，不仅如矿冶、纺织、煮盐等传统手工业这时有长足的进步，而且还兴起了一批新的手工业，如造船业、采石业、酿造业等。

宋代山东的矿冶主要有冶铁、冶银、冶金等行业，其生产水平比前代有显著提高，产量均增长十倍以至数十倍之多。兖州的莱芜监是当时全国闻名的冶铁四大监之一，规模甚大。所属铁冶18处，每处冶工1000余户。其他地区如登、莱、淄、齐、沂诸州亦为主要产铁之地，宋政府在这些地方均设有冶铁作坊和场务。各州冶务的经营最初以官营劳役制为主，如淄州冶务即多“以衙前主之”[③]。但后来由于经营不善，效益低下，“当役者率破产以偿”[④]。如“兖州道士冶，岁课铁二万余斤，主者尽力采炼，常不能及，有坐是破产者”[⑤]。甚如登州冶铁户“递年只将田产货卖，抱空买铁纳官”[⑥]。至此，知兖州梁适始行改革，将冶铁官营劳役制改为民营招募制，颇见成效，推而广之，山东各地的冶务渐得恢复。到神宗熙宁变法时，京东路转运使吴居厚上疏朝廷，要把莱芜监等收归官营，此举引起矿冶户和矿工的极大愤慨。徐州利国监冶户王冲聚众数千，联络莱芜监冶户，要在吴居厚到徐州之际，“篡取投诸冶，居厚闻之，间道而去”[⑦]，差一点酿成一场大暴动。因此，宋政府仍继续实行民营招募制。招募制的实行，进一步刺激着广大矿工的生产积极性，山东地区的铁产量得以逐年提高。据神宗元丰元年(1078)的官府年课统计数字，京东路年课铁67万斤，按当时的课税制度“二八

① 马端临：《文献通考·兵考》《马政》。
② 徐松：《宋会要辑稿·兵》二四之二一。
③ 曾巩：《隆平集·爱民》。
④ 《宋史·梁适传》。
⑤ 李焘：《续资治通鉴长编》卷六七，“景德四年十二月”条。
⑥ 包拯：《包拯集·乞开落登州冶户姓名》。
⑦ 《宋史·吴居厚传》。

抽分”计算，铁产量可达120余万斤。

冶铁业的发展，促进了铁器制造业的兴盛。当时山东各地曾涌现许多闻名远近的铁器制造作坊。如莱芜铁家吕氏，“募工徒，斩木锻铁，制器利用，视他工尤精密……凡东州之人，一农一工，家爨户御，其器皆吕氏作也”[①]。

宋代山东是黄金的主要产地。登、莱两州自太宗时始有采金工业，到仁宗“皇祐中，始大发。民废农桑，掘地采之，有重二十余两为块者，取之不竭”[②]，年产量达数千两之多。从仁宗天圣初年起，山东地区所产金，由官府“榷买”，严禁私人贸易。景祐初年，改为置官收市之制。元丰元年(1078)，宋政府收入金课总数为10710两，其中登州收入4700余两，莱州收入4870余两，两州合计达9570余两。登、莱、密诸州又是银的主要产地。因“密州民田产银”，“莱阳产银砂，民有私采者”[③]，宋政府遂亦置官收课，每年山东地区岁课银可达4400余两。

纺织业是山东地区的传统手工业。宋代山东是当时全国三大纺织业中心之一。民富桑蚕，逾于稼穑，曾被契丹人称为“绫绢州”。山东各地纺织作坊分官、民两大类，纺织品有绫、绢、棉、罗、绝、绸布、帛等种类。宋朝官营纺织基地共有6处，青州锦织院即其中之一。这里专门生产锦绮、鹿胎、透背等高级纺织品，主要供给京城皇室的需要。私营作坊及家庭织作遍布山东各地，不仅产量大，而且其中不乏精美上乘之品。如“单州成武县织薄缣，修广合于官度，而重才百铢，望之如雾，着故浣之，亦不纰疏”[④]。各州所产绢帛，时称“东绢”，亦被视为“天下第一”[⑤]。另各地多有上贡朝廷的精品。如青州贡仙纹绫，兖州贡大花绫，淄川贡绢，密州贡绢，滕县贡绢，博州贡平绢，济南府贡锦绢，潍州贡综丝素绝，曹州、东平府、滨州、乐陵、棣州、德州、恩州、景州将陵皆贡绢。真宗大中祥符九年(1016)，宋政府实行“和买绢”制度，便是首先从山东地区推行的。此后宋政府每年从山东“和买”的绢帛达30万匹左右。另于登、莱、密、沂等州“和市”端布，还有各地夏秋税“折纳布”等，其数量亦达数十万匹甚至更多。

纺织业的发展也促进了山东地区手工行业中封建生产关系的发展。据载，山东地区这时涌现具有一定规模、雇工生产的私营作坊，史称“京东机户”。也出现了经营纺织品的专业商贩。这都反过来刺激着纺织业的进一步发展。

宋代山东是海盐的重要产区，煮盐业发达。盐的生产当时由宋官府包揽，政府设场务经营，严禁私煮。密州、登州、青州、莱州、滨州等均设有盐场或盐

① 李昭玘：《乐静集·吕正臣墓志铭》。

② 吴曾：《能改斋漫录·登莱州产金》。

③ 《宋史·曾公亮传》、《荣諲传》。

④ 庄季裕：《鸡肋编》卷上。

⑤ 太平老人：《袖中锦》。

务。其中著名的场务有密州涛洛场,年产盐 3.2 万余石,滨州场年产 2.1 万余石,居各场务之前列。盐的运销亦由官府专营,"禁民私贩",称为"榷卖"。后来密州发生"岁饥民多盗鬻"[①]的事件后,宋政府始逐渐开放榷禁,"听人贸易,官收其算"[②]。这进一步刺激了山东产盐业的发展,如据知密州苏轼的统计,京东、河北两路盐税"祖额三十三万二千余贯,至熙宁元年,增至四十九万九千余贯",其中密州比"租额增二万贯"。[③]

山东多山,多丘陵,丰富的石料资源使山东成为宋代采石业和石料加工业的主要地区之一。真宗大中祥符七年(1014),朝廷建景灵宫圣像,即"遣内侍于莱州采玉石"[④]。在上贡朝廷的物品中,沂州贡钟乳石,淄州贡长理石,兖州贡云母、石墨,登州、莱州贡石器,益都贡石器和玉石。宋人杜绾撰《云林石谱》,他在罗列各地名石时即讲到:莱州石色青黯,透明斑剥,石理纵横,润而无声,土人取巧镌砻成器,甚轻,或为铛铫,又堪烹饪,有益于铜铁;淄州石质甚白,纹理遍有,斑点鳞鳞,如云气之状,土人镌治为方针斛诸器;密州产玛瑙石,纹如刷丝盘绕,石面成诸物,土人磨治为砑头之类,官府搜求,其价增数十倍;登州沙门岛多产黑白石,磨砻为棋子为上品;青州产红丝石,其质赤黄,红斑纹,如刷丝萦绕石面,琢为砚,与端砚、歙砚比美,为上器,又有紫石,琢为砚,人争用之。另据载,仁宗皇祐中,知青州范仲淹遣石工到淄川梓桐山,采石名为青金,"取以为砚,极发墨,颇〔类〕歙石,今东方人多用之,或曰'范公石'"[⑤]。制砚业因此成为当时山东的又一重要手工行业。

宋代山东的制瓷业亦获发展,今山东枣庄、德州、泰安、淄博等地,均有宋代瓷窑遗址的考古发掘和瓷器残件的出土,其中不乏精美上乘之作。酿造业中如酿酒业尤为兴旺,在青、密、淄、兖、济、单、濮、博、棣、德、恩、滨、沂、潍、曹、登、郓、齐各州,宋政府所设酒务达 130 余处。民间私营作坊就更多。其他手工业如缘河州县还兴起了造船业,仁宗庆历二年(1042),宋政府从山东调发战船赴河北,一次即达 500 艘。这都程度不同地反映了宋代山东手工业经济的发展。

三、宋代山东的商业经济

伴随着农业和手工业经济的发展以及国内外市场的日渐扩大,宋代山东成

① 李焘:《续资治通鉴长编》卷九五,"天禧四年二月"条。
② 马端临:《文献通考·征榷考》《盐铁》
③ 苏轼:《东坡全集·论河北京东盗贼状》。
④ 李焘:《续资治通鉴长编》卷八三,"大中祥符七年十月"条。
⑤ 王辟之:《渑水燕谈录·事志》。

为黄河下游商业经济比较繁荣的地区，这在当时山东的城镇商业和海内外商业交通的发展方面，最为显著。

宋代山东的城镇商业经济发展，在宋政府的商税收入中有充分的反映。宋朝的商税收入，主要是通过设在城镇中的商税机构“场务”征收的。据统计，宋政府在全国各地先后设立过1790多个商税场务。这些场务，多设于府、州、军、县城和县治以下的镇、市、津、渡、店、岸、桥等处，组成细密而完备的税收网络。其中宋政府在山东所设税收场务多达300余处。据宋政府的官方统计数字，神宗熙宁十年(1077)以前，商税年收入额在1万～3万贯的有密、登、莱、潍、曹、淄等州，年收入额在3万～5万贯的有青、齐、沂、兖、济、单、濮、滨等州，年收入额在5万贯以上的有郓、博、棣、德等州。其中商税收入额在5万贯以上的城市有博州、无棣、濮州、潍州、沂州、齐州城等，收入额在2万贯以上的城市有棣州、青州、高苑县城等，收入额在3万贯以上的城市有德州、郓州、密州城等。另有商税收入额在1000～5000贯的镇63个，收入额在5000～10000贯的镇7个。这些城镇多为内陆都市，处于商业往来的交通要冲，如郓州城、博州城近临广济河，与河南、河北地区交通便利，故商业活动往来频繁，城市商业经济由此发展起来。

山东地区内陆河道南北贯穿，东西交错，又有漫长的海岸线，故内河、海上商业交通发达。还在宋初，由于漕运的需要，宋政府即组织人力、物力，浚疏“广济河导菏水”，“自都城北历曹、济及郓，以通东方之漕”①。后又“调夫浚曹州冤句县右清河”，“再浚齐州清河”②，“自是齐鲁之舟楫皆至京师”③，开辟了山东地区与中原的内河商业交通。同时，山东半岛与南北沿海地区的海上商业交通也得以开辟。早在五代十国时期，由于军阀割据，南北陆路交通受阻，而促进了海上交通的发展，如后梁使臣当时即由陆路达吴越，“复命则备舟楫，出东海，至于登、莱”④，然后经山东陆路、水路而达开封。闽“每岁朝贡，泛海至登莱抵岸”⑤，亦由山东腹地至后唐首都。后晋时，吴越“使者常泛海以至中国，而滨海诸州皆置博易务，与民贸易”⑥。入宋以后，随着全国的统一，进一步开通了从山东半岛南往江浙、福建、两广，北往辽东的海上航运。太祖建隆年间，登州沙门岛的人户，即多“自备舟船，搬载女直〔真〕鞍马”⑦。密州商贾亦乘海道往辽东兴贩。真

① 李焘：《续资治通鉴长编》卷二，“建隆二年二月”条。
② 李焘：《续资治通鉴长编》卷一一三，“明道二年”条。
③ 马端临：《文献通考·国用考》《漕运》。
④ 《旧五代史·司马邺传》。
⑤ 《旧五代史·王审知传》。
⑥ 《新五代史·刘诛传》。
⑦ 徐松：《宋会要辑稿·食货》一七之一〇。

宗时期,曾几次令江淮转运司雇商船运粮粟,由海路往登、莱、潍、密诸州,以赈灾民。到北宋中期,山东沿海的商业贸易尤趋活跃,“登、莱、密负海之北,楚商兼辏”[①]。特别是密州,地当南北商贾交会之处,境临“大海之滨,其人烟市井,交易繁多,商贾所聚,东则二广、福建、淮浙之人,西则京东、〔西〕、河北三路之众,络绎往来”[②],密州板桥镇从而成为山东沿海地区的主要通商口岸之一。宋政府中因此有人提出了“高密海陼,宜置市舶以来贾人,收其赢余”[③]的建议,宋朝廷采纳之,遂于哲宗元祐三年(1088)于板桥镇置市舶司。密州市舶司成为宋政府管理海外贸易的五大专门机构之一,登、莱、密等地亦成为外国商贾来华贸易的重要地区。如新罗、高丽国的商人或者使节,“其舟船皆自登州海岸往还”[④]。他们到内地买卖货物时,宋政府还特令予以价格优惠。

两宋之际,山东地区的内地商业活动受战乱影响较大,但海上贸易依然活跃。南宋初年,“明、越濒海村落间,类多山东游民航海而至,以贩籴为事”[⑤]。南方商人也多由海道来山东经商,如“通、泰、苏、秀有海船民户,贪其厚利兴贩,前去密州板桥、草桥等处货卖”[⑥]。说明这时的海上贸易并没有因为宋金对峙而断绝,也正是在这个基础上,金元时期的山东对外贸易才获得更大的发展。

四、论宋代山东经济在全国的地位和作用

以上我们对宋代山东经济的发展作了扼要的概述。正是由于山东农、工、商经济的发展,决定了山东地区在宋代的重要地位,使之发挥着相当的作用。尽管如本文前面所述,中唐以后的北方战乱曾给山东乃至整个北方地区的社会经济以严重摧残,但由于原有的经济基础雄厚,社会环境一旦安定下来,恢复较快,发展迅速。事实上,五代后期的山东经济已基本恢复,故当时有“齐鲁之富,甲于四方”之说。后周等政权当时就把山东作为输粮的主要地区,“自大河入洛口,岁漕百万石”[⑦]至开封。北宋初期及其统一全国前后的几十年间,其财政区域主要限于山东及黄河流域地区。史载:“国初方隅未一,京师储廪仰给,惟京东、西数路而已,河渠转漕最为急务。京东自潍、密以西,州郡租税悉输沿河诸仓,以备上供。清河(即济水也)起清、淄,合黄河,历齐郡仓、梁山泊、济州,入五

① 《宋史·地理志》。

② 《宋史·食货志》。

③ 刘颁:《彭城集·知晋州郭茂恂可知密州制》。

④ 李焘:《续资治通鉴长编》卷一五八,“庆历六年五月”条。

⑤ 徐松:《宋会要辑稿·兵》二九之一一。

⑥ 李心传:《建炎以来系年要录》卷三六,“建炎四年八月”条。

⑦ 《旧五代史·绍威传》。

丈河，达汴都，岁漕百余万石。”[①]自此之后，每年由山东地区通过广济河运往京城的粮食，少则三四十万石，多则上百万石，另有绢帛杂物等。故太宗端拱二年(989)正月，直史馆王禹偁说：“今郡县虽多，要荒且远，除河北备边之外，民力可用者，惟东至登莱，西尽秦凤，南抵淮泗而已。此数十州者，中土之根本。”[②]仁宗庆历六年(1046)十二月，判大名府贾昌朝也说：“朝廷以朔方为根本之地，御备戎虏，取材用以馈军师者，惟沧、棣、滨、齐最厚。”[③]所以宋朝后来实行就粮军制，即把山东作为就粮军的主要聚屯地。仁宗皇祐年间河北屯驻、驻泊禁军，令归营就粮，即多“分屯于河南兖、郓、齐、濮、曹、济等诸州”[④]。宋政府裁减近边戍兵，也使“就食京东”[⑤]。而熙宁年间扩备兵力，宋朝政府仍以“京东地腴赋羡”，在山东增置了武卫禁军等，还多次海运山东谷粟往河朔地区以助军食。

山东地区又是宋政府迁徙移民和安置流民的主要地区。太祖开宝二年(969)，宋政府徙太原饥民万余家于山东。仁宗皇祐初年，“流民入京东者不可胜数”[⑥]，宋政府即令山东地方官府妥善安置。神宗熙宁元年(1068)，灾民流入山东者又数以10万计，各地官府亦设法赈济，并“于寺庙空闲处安泊”[⑦]。知青州欧阳修抚慰安置流民成绩尤著。哲宗元符二年(1099)，“流民遍及京东”，宋政府亦再令山东地方政府设法赈济，予以安置。徽宗宣和四年(1122)，仅德州、平原三地即安置流民上千户。

从社会经济综合实力的发展来看，宋代山东的社会经济也在全国占有重要的地位。如山东农业经济发展中，土地垦殖率和综合利用率一直位于全国前列。神宗熙丰年间全国大兴水利，包括山东在内的华北地区共兴修水利工程1500余处，受益田达14.4万余顷，平均每处受益田面积达96顷。江南地区兴修水利工程计8900余处，受益田21.4万余顷，平均每处受益田面积为23顷。因此南北比较，南方兴修水利的绝对数量虽超过北方，但水利工程的效益，北方却大大超过南方。

其次从物价上来看，仁宗宝元二年(1039)按物价低昂把全国各路定为三等，京东西、河北、淮南皆以物价低廉，被列为第一等地区。

再从手工业经济发展来看，矿冶业中铁的主要产地在华北地区，全国诸路铁的年产量，河北西路居第一位，河东路居第二位，京东路位居第三。而金产

① 江少虞：《宋朝事实类苑·漕河》。
② 李焘：《续资治通鉴长编》卷三〇，“端拱二年正月”条。
③ 徐松：《宋会要辑稿·方城》一四之一七至一八。
④ 李焘：《续资治通鉴长编》卷一五〇，“庆历四年六月”条。
⑤ 李焘：《续资治通鉴长编》卷一七〇，“皇祐三年四月”条。
⑥ 《宋史·地理志》。
⑦ 徐松：《宋会要辑稿·食货》六九之四一。

量，山东则占全国金产量的90%以上。又如纺织业，以绫、绢、绸三项为例，到北宋末年，山东地区每年向宋政府缴纳的绫、绢、绸税分别占全国纺织品赋税总额的41%、16%和13%。由此，山东地区成为宋政府绢帛收入最多最集中的地区之一。

另从宋政府的商税收入来看，神宗熙宁以前，京东路商税总额为51万贯，至熙宁十年(1077)即增加到近74万贯，商税年收入额在全国诸路中居第三位。其中密州的8处商税务，熙宁十年的商税收入额为8.7万余贯，在全国四京232个府、州、军中，除使用铁钱的四川部分州、县外，则位居全国之首。若南北相较，神宗熙宁以前华北地区的商税年收入额为282万贯，江南地区为220万贯。熙宁年间，华北地区的商税年收入额为2844万余贯，江南地区为1566万余贯。这从一个侧面反映了山东及华北地区综合经济实力的发展。

最后再从作为生产力发展重要指标之一的劳动人口增长来看，北宋及其以后的山东地区，人口增长一直位于全国的前列。宋代山东是全国人口最密集的地区之一，金代山东人口约占金朝境内总人口数的20%，在宋金对峙的百余年间，其人口增长速度也超过南方。

要而言之，宋代山东地区的社会经济在全国具有突出的地位，在北宋时期及其以后发挥着重要的作用。北宋以后的宋金对峙和元朝灭宋、统一全国，金、元的军事力量固然有优势之处，但也不能忘记了金、元政权所赖以对抗南宋、灭亡南宋的北方地区的雄厚经济实力，这种经济实力正是金、元政权发挥其军事优势的坚实基础。由此也启发我们，对学界提出的中国经济重心南移“到五代基本完成”，“南方的经济全面超过北方”以及宋代已是“北不如南”等观点，仍值得进一步研究。

（原载《山东大学学报(哲社版)》1993年第3期）

宋元山东市镇经济初探

市镇是我国古代社会经济发展到一定阶段的历史产物，市镇经济的兴隆标志着广大农村的商品经济和城乡商品市场一定程度的扩展。深入研究市镇经济的兴起与发展，对认识中国古代的商品市场经济、中国农村城镇化道路的历史发展特点以及探讨区域经济的发展及其影响等，都是不可或缺的重要内容之一。从中国市镇发展史上来看，宋元时期是我国古代市镇经济得以形成确立并获得初步发展的重要阶段。尤其是北方地区，正如学界已提及的，北宋时期北方地区的市镇经济发展具有明显的优势。但这一时期北方市镇经济发展的具体状况如何？有哪些突出的特点？市镇经济的勃兴对当时整个社会经济发展有哪些重要影响，以及制约市镇经济发展的主要因素是什么？南北市镇经济发展的差异是什么？诸如此类的问题，迄今的研究和论述或嫌薄弱，或尚付阙如。也有学者提及，直到清中叶为止，华北地区凡称“镇”者绝大部分仍以关津要道和军屯戍守之地受到瞩目，其经济意义则大都微不足道。对此，笔者认为要理清这些问题，有必要进行更深入细致的研究，包括区域性研究和具体历史时期的研究。故本文选择从自然地理条件到社会经济发展均具代表性和典型性的今山东地区为讨论范围，从一个局部对宋元时期的北方市镇经济作初步探讨，以期对认识上述问题有所裨补。

一

历史上，市镇的形成和确立经历了由地理概念、军政行政区划过渡到经济实体的演变过程。早期的镇与后起的市镇也有着明显的区别，正如学界早已论述的，从晋及十六国时期起，我国北方地区对某些驻戍军队的关塞要地或州县称为“镇”，后历北魏、北齐、北周、隋、唐一直到五代十国时期，尤其是唐末五代时期，各地先后设立了许多军镇（或称“方镇”），今山东地区当时即有平卢、天平、泰宁等军镇（或称“节镇”），其实质皆为割据一方的军政实体。但同时也有一些主要作为社会经济实体的乡村聚落、关津交通枢纽等市镇发展起来。如从隋唐时期起，今山东地区在隋开皇年间所置长清镇，唐贞观年间所置蓬莱镇，以及后来陆续兴置的两水镇、阳疃镇、罗峰镇、都里镇、东明镇、定陶镇、通许镇等，即主要都是因村落的发展作为经济型市镇置立的。自此，随着城乡商品市场经济的发展，加上原有市场制度的崩溃和新的市场制度的形成，一大批州县治以外的新市（最早或称“草市”）、集市得以在广大乡村间发展起来，逐渐形成了市镇经济。

特别是入宋以后，宋政府厘革前代弊政，其措施之一便是罢免带有割据性质的镇使、镇将等，前代以来的军镇体制遂完全解体废除。同时在人口众多、商业繁盛的地方仍保留镇的建置，并设立了许多新的市镇。还设“诸镇监官，掌警逻盗窃及烟火之禁，兼征税榷酤，则掌其出纳会计”①。自此确立制度：“民聚不成县而有课税者，则为镇，或以官监之。”②这一制度规定，实质上反映了当时新的市镇得以设立的三个基本条件，即：(1)“民聚”，说明置镇之地须有一定的人口规模。(2)“不成县”，说明置镇地一般位居重要的地理位置，即使还不能设县，但已经是一个区域的政治、经济、文化中心。(3)“有课税”，更反映出置镇地必定具有一定的工商业基础且达到一定的繁荣程度。故此，后人称“市廛会聚之区曰‘镇’”③。宋元时期的山东市镇正是在这样一些基本条件下形成并发展起来的。

从北宋初年起，以京东东、西路和河北东路为主要辖境的今山东地区，即由宋政府直接下诏陆续设立起若干市镇，并且随着市镇数量的不断增加而形成了一定规模范围的市镇网络。如建隆元年置临邑县福寿镇、临邑镇，三年置长清县丰齐镇，四年置东明县东明镇。开宝元年置禹城县商家桥镇、安仁镇，二年置刘宏镇、张家镇、固河镇、孙耿镇，三年置新市镇、泺口镇。太平兴国三年置奉符县静封镇，五年置东阿县利仁镇、冠氏县博宁镇。端拱中置武城县成武镇。至道中置平阴县宁乡镇。淳化四年置鱼台县黄队镇，五年置博兴县淳化镇。咸平六年置乐陵县咸平镇。大中祥符元年置沂水县苏村镇，奉符县太平镇、回銮镇，平阴县翔銮镇、迎銮镇，五年置蒲台镇。天圣三年置寿张县竹口镇。景祐二年置博兴县博昌镇，临邑县回河镇、曲堤镇、仁风镇，长清县齐河镇，平阴县景德镇、安陵镇，三年置禹城县安平镇、峄县兰陵镇，五年置阳信县西界镇。庆历四年置历城县历城镇、遥墙镇，五年置邹平县淄乡镇。皇祐四年置堂邑县回河镇、千乘县清河镇。至和元年置冠氏县桑桥镇。治平元年置无棣县无棣镇，二年置

① 徐松：《宋会要辑稿・职官》四八之九二。

② 高承：《事物纪原・镇》。

③ 乾隆《蒲台县志・乡镇》。

雷泽县徐村镇、冠氏县清水镇。熙宁三年置乐陵县杨攀口镇、会津镇，四年置鄄城县临黄镇，五年置仙源县邹镇、临清县永济镇，六年置乐陵县朱堪镇、安德县德平镇、招安镇，七年置乐陵县西保安镇。元祐元年置阳谷县安乐镇，二年置密州日照镇。政和初年，宋政府还对山东地区的市镇进行过一次较大规模的整顿，包括变更市镇名称、市镇革废等。如改聊城沙家镇为武水镇，改厌次七里渡镇为清河镇，改平原药家镇为安德镇，改新安镇为安平镇，改旧安定镇为安定镇，改东永和镇为永和镇，改丁家河镇为丰国镇，改三沙镇为合波镇，改李刚镇为滨海镇，改招安马家庄镇为永阜镇，改无棣剧口镇为分水镇，改掌家湾镇为河曲镇，改高唐新刘镇为齐城镇，改南刘镇为灵城镇，改商河义镇为宽河镇等。据宋人王存《元丰九域志》和徐松《宋会要辑稿》的记载，到北宋后期今山东地区先后设置的市镇数已达160余个。[①]

另据《宋会要》记载："神宗熙宁四年二月十八日，诏监单州酒税、太常丞、集贤校理赵彦若归馆，管勾画天下州、府、军、监、县、镇地图。"后熙宁九年八月六日，三司使沈括有"看详天下州、军、监、县、镇图，其间有未完具处，先曾别编次一本，稍加精详"[②]等语，则知这时的官修地图上已正式标出镇的位置，镇作为基层行政区划已经确立。自此至金元时期，山东地区的市镇续有废置，尤其是又陆续设置了不少新的市镇。如新置市镇即有北海县固底镇，渤海县滨海镇，沾化县永利镇，临沂县长任镇、向城镇，日照县涛洛镇，沂水县沂安镇、扶沟镇、洛镇，诸城县草桥镇，胶西县张仓镇、梁乡镇、陈村镇，历城县盘水镇、中宫镇、老僧口镇、王舍人店镇，临沂县新镇、安肃镇，齐河县晏城镇，章丘县普济镇、延安镇、临济镇、明水镇，禹城县新安镇、仁水寨镇、黎济寨镇，长清县赤庄镇、莒镇、李家庄镇、归德镇、丰济镇、阴河镇，淄川县张店镇、颜神店镇，邹平县齐东镇、孙家岭镇，莱阳县衡村镇、海仓镇、西由镇、移风镇，福山县孙夼镇，黄县马停镇，牟平县汤泉镇，文登县温水镇，东阿县木仁镇，阳谷县定水镇，汶上县柴城镇，平阴县安宁镇、固留镇、广里镇，金乡县昌邑镇，嘉祥县合来镇、山口镇，堂邑县侯固镇，历亭县土杲镇，临清县曹仁镇，高唐县许官镇等。由于缺乏完备而准确的文献记载，今天我们已很难弄清这一时期山东地区所设置的市镇究竟有多少，但据《金史·地理志》载，金代山东市镇的总数在160个以上。元代缺载，仅据文献中所载济南府属市镇有29个、山东中西部80县有市镇130个以上的片断推测，元代山东地区的市镇数目亦很可能超出宋金时期，亦据此可知宋元时期山东地区的市镇是呈发展趋势的。

宋元时期山东市镇的嬗变与设置，大体上可分为以下几条途径，并呈如下

---

① 参见王存：《元丰九域志》卷一至卷二，徐松：《宋会要辑稿·方域》一一至一四、《食货》一五。

② 徐松：《宋会要辑稿·方域》七之二七。

几方面特点：

第一，由乡村聚落发展、人口渐致众多而成为周邻村庄的地域中心而设置的镇。形成市镇的基本条件之一，便是在一定区域内具有一定规模的人口聚居。而宋元时期山东地区的人口增长是为人注目的。山东地区一直是历史上我国重要的人口分布区，虽然由于种种社会历史原因，山东人口在全国人口分布中的比例呈下降趋势，但宋元时期随着山东地区社会经济的恢复与发展，山东人口的增长却仍处于全国前列。据记载，北宋时期山东地区的人口已达800万人，在全国户口总数中所占比例已达9.3%，仅次于两浙路，与江西、江东、陕西、河北等路并列为全国前列。金代盛时的山东人口更达190万户、1300余万口，超过宋时最高水平，其人口比例已占金朝全国人口总数的19.26%，占中原地区（当时主要包括中都路、河北路、大名府路、南京路、河东路、京兆路、鄜延路及山东路，约占金朝全境面积的1/4左右）总户数824.46万户的23%。到元代，尽管金元之际的战争对山东人口发展的影响较大，但随着经济的恢复，人口的增长据估计仍大体维持在宋金时期的一般水平上，至少不会比宋金时相差太远。

因此，随着各地人口的普遍增长，许多中心型村庄聚落便随着人口的众多渐致发展起来，而后形成市镇。故宋元时期山东地区诸镇建置时，此类性质的市镇占有相当的比例，以致许多镇名仍保留某村某庄以及某乡的称呼。如沂水苏村镇、雷泽徐村镇、德州縻村镇、乐陵崔村镇、胶西陈村镇、莱阳衡村镇、平原药家庄镇、招安马家庄镇、长清赤庄镇、李家庄镇、聊城沙家庄镇、邹平淄乡镇、平阴宁乡镇等。

第二，由集市等商业中心或由盐铁等监冶场务所在地的商品经济发展而设置的镇。宋以前的市，只设于县治以上的都会，随着唐宋之际旧市制度的瓦解而形成了新的市场制度，与此同时一大批新的集市或商业中心在城市以外的乡村间发展起来，形成了乡村市的勃兴和商业经济的繁荣，更由此发展起了一批新的市镇。如“德州安德县渡黄河，南与齐州临邑县邻接，有灌家口草市一所”[①]，自唐代以来发展起来，先曾置为县，后省县置为镇。鱼台县鱼台镇，即由唐代以来的黄台市而置镇。沂水县苏村镇原亦为苏村市，亦后以商业发展、人口众多而置为苏村镇。雷泽县临濮也是以“四方商贾货鬻其中”而置为镇。其他因市而置镇的还有禹城新市镇、临沂土相公庄市镇等。

第三，由河津渡口、邸店、驿站等交通枢纽发展而设置的镇。交通也是市镇形成和发展的基本条件之一，因而这一时期的许多市镇便首先在诸如邸店、渡

① 王溥：《唐会要·州县改置》。

口、码头等一些重要的水陆交通运输冲要之地形成而昌盛起来。

尤其是山东地处黄河下游，自古水系发达，川泽广布，河流众多，其中即有济水（大清河）、小清河、马频河、沂水、沭水、淄水、潍水、胶水、泗水、南北运河、黄河等大的干流河道，诸河沿岸因有许多重要的交通口岸以供商旅往来，在这些地方也较易形成商业和人口规模，因此一大批市镇便是在这样的条件下发展起来的。如具代表性的市镇便有长山县的唐口镇、邹平县的赵岩口镇、乐陵县的杨攀口镇、厌次县的七里渡镇、寿张县的竹口镇、商河县的官口镇、历城县的泺口镇等。

宋元时期的山东地区又是陆路东来西往、南北沟通的重要孔道地区。如从宋代起，由开封通往山东半岛、横亘山东腹地的运输交通干线即已形成。当时从汴京至曹州、济州、兖州、淄州、青州、潍州、莱州、登州的交通干线就是宋官府的一条主要"官道"，举凡商旅兴贩、官员往来、使节遣派、官物递运以及外国贡使等，都必经此路。金、元都北京，山东地区的交通改变了以东西大道为主而成为以南北为主的格局，驿道更为通畅。如元代从景州入山东境到陵州（今德州）后，即有三条重要交通干线：一路由平原渡河经高唐、茌平、东阿、东平、济宁、鱼台、沛县至徐州。一路由陵州正东偏南经德州、禹城、济南、明水、淄莱、金岭镇、益都，从益都或经昌乐、潍州、崔官人、莱州、登州、宁海东行至海，或经盘阳、关店、高桥、司马、葛沟、沂州至邳州。一路由陵州正南行偏西，经东昌、阳谷、寿张、汶上到东平，或从寿张西南行至濮州、郓城、曹州至归德府，或从寿张、汶上到济州，东南行至徐州。另外还有各州与州之间、州与县之间、县与县之间的道路交通皆得开辟。各交通干线皆有与之相配套的驿站、邸店等，如元代在山东四通八达的驿道上，就设有驿站 54 处。这样一批驿站、邸店因之兴旺发达而形成市镇。

如淄州金岭镇，唐代以来即为金岭驿，金时升置镇，到元代便成为东西往来的重要驿站和著名的市镇。淄州张店镇原名黄桑店，位于齐州通往登莱地区的孔道之地，后有张姓人户在此建店经商，久而久之，"张家店"遂名扬四方，"黄桑店"之名反而销声匿迹了。其他如观城店、车轱辘店、车店、王舍人店、颜神店等，皆因之而升置为镇。又如元代淄州之驿台、盘阳站等，则皆"以民蕃聚"而升置为驿台镇、盘阳镇等。

第四，还有一些则是由区域政治中心而设置的市镇，这主要是指原来某些古城或原来曾设县为县治所在地、后撤县而设立的镇。例如于古城所设置的镇有济南历城镇、仙源邹城镇、武城成武镇、高唐齐城镇等。宋以前曾设县而后省废至宋金时在原县治地设镇的则有丰齐镇（唐为丰齐县）、归化镇（唐为归化县）、临济镇（唐为临济县）、武水镇（唐为武水县）等。而从北宋初年起撤县而改置为镇的则有蒲台镇、招安镇、安陵镇、阜城镇、临济镇、德平镇等等。

最后从宋元时期山东市镇的地区分布来看，则呈现山东西部地区的市镇分布密度远远高于东部地区的特点。假若我们从滨州经淄州到沂州画一直线，把山东地区划分为东、西两大部分，并分别统计一下两地区市镇总数的话，那么结果是山东西部地区的市镇数要占山东全部市镇总数的80%以上，其中又以鲁西北地区的市镇密度最大。这一分布特点与当时山东各地区社会经济发展的总体水平基本上是吻合的，也就是说这一时期山东经济的发达地区主要位于山东西部。故宋代判大名府贾昌朝曾在上书朝廷的奏疏中说："取财用以馈军师者，惟沧、棣、滨、齐最厚。"[①]金后期平章政事都元帅国用安则有"山东富庶甲天下"之叹。

二

新兴市镇的崛起，构成了这一时期山东地区独具特色的市镇网络。市镇作为新型经济实体和新兴市场，又与众多的乡村集市和州县城市构成一个多层次的、连接一个个大大小小经济区域的市场网络。市镇已作为联系乡村与城市、局部市场与区域市场、区域市场与全国统一市场的纽带，发挥着越来越重要的作用，尤其是更充分地发挥着其独特的经济功能，从而亦使市镇经济在宋元时期山东地区的整个社会经济结构中占有愈来愈大的比重。

如前所述，这一时期的山东市镇主要是因为商业经济的发展、作为商业聚落、以居间商业的繁盛而发展确立起来的，因此市镇的主要功能就是商品贸易和商品交换。作为山东地区市镇发展史上第一批商业型市镇，其基本特征就是商埠经济，基本商业形态则是以店铺贸易、转贩贸易和集市贸易为主。更由于发达的交通是商业发展的重要外部条件，故由此而兴起的新兴市镇也多分布在山东的诸水路、水运和东西陆路交通干道区域。如郓、博地区从北宋时期起，因处于水运颇为发达的广济河区域，复与河南、河北地区往来频繁，故这一地区的商业市镇经济尤为发达。而处于山东腹地交通干道地区的市镇，也因商旅往来频繁而呈现出商业活动繁盛的突出特点。如淄州张店镇，地处商贾往来必经之地，其兴也由商，发展繁盛亦由商，到金代已是重要的商埠之地。又如历城泺口镇，为"商人贸易之处"，"水陆辐辏，商贾所通"[②]，故一跃而为济南府地区的商业重镇。还有如历城中宫镇(今仲宫)，亦因南山一带"皆以此处为集场"[③]，也发展

① 李焘:《续资治通鉴长编》卷一六五，"庆历八年十二月"条。

② 于钦:《齐乘·风土》。

③ 于钦:《齐乘·村落》。

成为济南府以南地区的商业贸易中心。

宋元时期是山东海上交通颇为发达的时期，自宋初起就开辟了由登州、莱州、密州等地南往江浙闽广、北往辽东及高丽、东往日本的海上通道，商业活动也由此繁盛起来。如当时人即说："京东路所产，与夫江淮、二浙皆得以有无相易。"[①]密州板桥镇因此成为重要的对外通商口岸，即如知密州范谔所言："辖下板桥镇隶高密县，正居大海之滨，其人烟市井，交易繁多，商贾所聚，东则二广、福建、淮浙之人，西则京东、(西)、河北三路之众，络绎往来。"[②]成为当时北方沿海地区的重要海港，一直到金元时期兴盛不衰。其他重要的沿海市镇还有张仓镇、涛洛镇、信阳镇、草桥镇、梁乡镇、衡村镇、孙斧镇、海仓镇、丰国镇等。

毋庸讳言，当时各市镇的商品经济发展水平参差不等，但共同的特点，是都具有大小不同的商业规模，商品贸易和市场活动都较为活跃，这可以从当时官府从各市镇所征收的商税额中略见一斑。为便于说明，兹将北宋时期山东地区各市镇年商税征收情况列简表如下：

北宋时期山东地区各市镇年商税征收情况

商税额	市镇名称
100～500 贯	淳化、新镇、牡叶、马停、罗山、张郎、西界、三汊、通宾、盘河、麋村、将陵、新河渡口、马逮、三沙
501～1000 贯	清河、新安仁、旧安仁、普济、黎济寨、老僧口、李家店、胡家林、兰陵、力邵、毛阳、柏林、杨柳、关山、鲁桥、安定、徐村、太平、钦风、永利、脂角、宽河、蒲台、丁字河、水务、磁博、重兴、响化、窦保、东保安、西保安、广平、固河、张家渡
1001～5000 贯	博昌、文家港、刘宏、归苏、新县耿镇、旧县耿镇、新镇、新市、仁风、肃安、回河、曲堤、齐河、莒镇、龙山、遥墙、胡家羌、静、苏村、两水、诸桥驿、淄乡、陶唐口、金岭、孙家店、太平、竹口、安乐、景德、但欢、宁卿、北新桥、滑家口、合蔡、山口、黄队、新务、归仁、七里渡、达多、招安、东永和、旧安定、新安定、李则、蒲台、德平、怀仁、药家、乐安、兴利、夹滩、刘家、王馆店、板桥
5001～10000 贯	标竿口、工相公庄、陈村、永丰、马家庄、南盐务
10000 贯以上	信阳、涛洛、海仓、固底、赵岩口、傅家岸、丁字海、宁海

另据记载，当时山东地区诸州、县治所在城年商税额在 5000 贯以下的有近

---

① 李焘：《续资治通鉴长编》卷三六一，"元丰八年十一月"条。

② 李焘：《续资治通鉴长编》卷三四一，"元丰六年十一月"条。

50 个,年商税额在 5000～10000 贯的州、县城有近 30 个。由此可知诸如信阳、涛洛、海仓、固底、赵岩口、傅家岸、宁海诸镇的商税征收额已超过近 80 个州县城市。诸如陈村、永丰、马家庄、王相公庄、标竿口等镇的商税额也已超过山东地区近半数州县城。其中如信阳镇皆已超过密州、莒县、高密、安邱诸县城,海仓镇更超过莱州州治以及莱阳、胶水、即墨诸县税额的一倍以上。因此,从宋代起,山东地区亦成为历朝政府财政收入的主要地区。据记载,北宋神宗熙宁以前山东地区(即京东路辖境)的商税总额为 51 万余贯,至熙宁十年增加到 74 万余贯,商税收入跃居全国第三位。一直到元代,山东地区的商税额为 6.9 万余锭,亦仅次于辖境面积远远超过山东的江浙行省、河南行省,仍位居第三。故意大利旅行家马可·波罗亦在其旅行记中说:"山东运河沿岸地区的城市和市镇都是商业兴盛的地方,从这些地方征集的税收数额非常巨大。"[①]这从一个侧面反映了当时山东市镇商业经济的繁荣昌盛。

在商业型市镇蓬勃兴起的同时,山东地区这时也兴起了一批手工业型市镇,这亦根基于宋元时期山东地区农业和手工业产品商品化程度的提高。

自春秋战国以来,纺织业就是山东地区一直处于发展前列的传统手工业行业,到宋代更成为全国的三大纺织业中心之一,曾以民富桑蚕、逾于稼稿,被契丹人称作"绫绢州"。山东所产纺织品,统称"东绢",质量上乘,在全国范围内,与"蜀锦""婺罗"鼎足而立。故从宋代起,即有"山东养蚕之利,逾于稼稿"[②]之说。其中就有如郓州"蔽空桑柘不容田"[③],博州等地"民富蚕桑"[④],棣州诸地"桑麻之富,衣被天下"[⑤],曹濮一带"其民朴厚,好稼稿,务蚕织"[⑥],莱州等地"妇习绢纺之业"[⑦]等大量记载。还有诸如"君看齐鲁间,桑柘皆沃若。麦秋载万箱,蚕老簇千箔。余梁及狗彘,衣被遍城郭"[⑧]等大量歌咏山东纺织业繁盛的诗作。另从宋代起,山东各地上贡王朝政府的纺织精品中就有青州仙纹绫、兖州大花绫、淄州绫、密州绢、曹州绢、东平绢、德州绢、恩州绢、棣州绢、滕县绸绢、济南锦绢、博州平绢、潍州综丝素纯以及青、齐、郓、濮、淄、潍、沂、密、登、莱各州的平纯、端布等。金代山东西路所产丝、绵、绫、锦、绢以及夏津、临清、冠氏、朝城所产绉、绢等丝织品更是远近闻名。元代山东地区所产丝料成为元政府的主要赋

① 陈开俊等译:《马可波罗游记》,福建科学技术出版社 1981 年版,第 160 页。

② 庄季裕:《鸡肋编》卷上。

③ 司马光:《司马光集·奉和如乎公忆东平》。

④ 晁补之:《鸡肋集·张洞传》。

⑤ 苏轼:《东坡全集·王苟龙知棣州制》。

⑥ 孛兰盼等:《元一统志》。

⑦ 苏辙:《栾城集·木叶山》。

⑧ 延祐:《四明志》卷六。

税收入。山东也成为丝织品的主要出口地区。如四明地区“俗本不善桑蚕，其丝线织纴，皆仰贾人自山东、闽浙来”[①]。而这些纺织业又主要集中在广大乡村市镇。即如前举意大利旅行家马可·波罗在山东济南地区看到的情形：“这个城市管辖着帝国的十一个城市和为数相当多的村镇，这些都是一些商业昌盛的地方，尤其是丝绸业”，“这里丝的产量，多得出奇”。[②]

除纺织业以外，冶炼业、采石业、陶瓷业、酿造业、皮革业、煮盐业等手工行业亦相当繁盛。如元代山东盐运司(后改称“山东都转运司”)下辖设在诸镇的盐场即有永利、宁海、官台、丰国、新镇、丰民、富国、永阜、利国、固堤、王家冈、信阳、涛洛、石河、海沧、行村、登宁、西由、高家港等19场。从金代起，胶西板桥镇还是当时最大的造船业中心，仅海陵王南侵时从该地一次调用的战船即达600余艘。

因此，农业和手工业产品商品化程度的提高，为山东市镇的发展奠定了坚实的基础，成为各地市镇持续发展的基本条件，也是促使各商业型市镇、手工业型市镇等各类市镇形成的内在因素。而市镇经济的发展，以新的商品贸易渠道、新的商品交易方式替代着传统的乡村定期集市，从而形成比农村原有定期集市更高一级的市场，构成新的市场网络，反过来又极大地促进着农村商品经济的发展。尤其是市镇经济一旦形成，便与农村商品经济紧密联系在一起。一方面，市镇服务于乡村，成为周邻村庄的商品集散地，发挥其吸纳和扩散功能，促进着乡村间的物资交流和商品交换。市镇经济作为一种新兴的商埠经济，加速着乡村间的商业化，具有推动周围乡村地区经济发展的功能，亦一定程度上促使着四乡农村经营方式的变革。另一方面，市镇又服务于城市，各地市镇与州县城市等大中城市构成区域城镇群，成为州县城市的外延区域，从而为城市经济的壮大发挥着不可低估的作用。

三

市镇经济的繁荣与发展，也给宋元时期山东地区的社会政治、思想文化、风情民俗、民众生活等各方面以深刻的影响。由于市镇经济的迅速增长，不仅在工商业方面要超过某些州县城，而且有些市镇的居住人口甚至要超过当时的某些县。如北宋徽宗宣和四年知平阳府商守拙即上奏朝廷称：京东“其逐镇居民人烟，过去河东县分”[③]。故从北宋时期起，山东地区的许多市镇在成为一个区

① 宝庆《四明志·叙赋》。

② 陈开俊等译：《马可波罗游记》，福建科学技术出版社1981年版，第160～161页。

③ 徐松：《宋会要辑稿·刑法》一之三二。

域经济中心的同时，也逐渐成为一个区域的政治、文化中心，这些市镇因而成为宋元时期新置县或复置县或迁徙县的县治。

如北宋建隆四年升东明镇置东明县，升清平镇置清平县；太平兴国二年升定陶镇置广济军；至道二年升长清镇置长清县；咸平五年升通许镇置咸平县；景德三年升临济镇置清平军；元丰三年升招安镇置招安县；元祐三年于板桥镇置胶西县兼临海军使；元符二年升德平镇置德平县；政和三年升马家庄镇为永静军；金天会年间，升赵岩口镇置齐东县，升两水镇置福山县，升阳疃镇置栖霞县，升罗峰镇置招远县，升耿济镇置齐河县，合封圻、标杆两镇置济阳县；大定年间升日照镇置日照县，升蒲台镇置蒲台县；明昌年间升永利镇置利津县；贞祐年间升穆陵镇置穆陵县；元太宗时期，于青平镇置青城县；至元十二年升新(辛)镇置新县；至元十三年升辛寨镇置肥城县；至元十九年并田镇、索镇于驿台镇置新城县；大德元年升宁阳镇置宁阳县；延祐三年析沂水新寨镇置蒙阴县；另于平恩镇置邱县，于颜神店置行淄州并行淄川县等。

有许多市镇则因经济发展人口规模日渐扩大，文化建设等方面已有相当提高，许多县便由原县治迁徙到这些市镇。如北宋建隆三年，临邑县治即移治孙耿镇；开宝二年东阿县移治南谷镇，太平兴国二年徙治利仁镇，绍兴二年再徙治新桥镇；开宝五年奉符县移治岱岳镇；端拱初年清河县徙治永宁镇；太平兴国四年阳谷县移治上巡镇，景德三年再徙治孟店镇；景祐元年将领军移治长河镇；景祐四年博平县徙治宽平镇；熙宁二年乐陵县徙治咸平镇，元代再徙治富平镇；建炎初年，临清县移治于曹仁镇，元代再徙治王陵店镇；金大定七年寿张县徙治竹口镇；另有茌平县徙治兴利镇等。

还有许多市镇常常成为历代王朝政府设置其他行政机构的所在地。如宋朝于武水镇置都巡镇司，刘豫于齐东镇置夹河巡检司，金朝于板桥镇、张仓镇设榷场；元朝于涛洛镇设胶莱分司，于新市镇置长官司，于盘石镇置都水分监衙门，于颜神镇、堰镇诸镇设巡检司等。

与经济繁荣的同时，新兴市镇亦常常成为一个个或局部或区域的文化中心，如这一时期的许多文化教育设施乃至寺庙等宗教设施即多集中于这些市镇上。像颜神店镇从宋代即建有著名的范公书院，盘石镇在元代建有乡学，山口镇在金元时期为嘉祥县儒学所在地。至如寺庙更是遍及诸镇，如麇村镇有广教寺，田镇亦有广教寺，谷亭镇有观音寺，博昌镇有福君庙，龙山镇有禅静院和大清观，索镇有北大圣寺，回河镇有慈光寺，曲堤镇有弥勒寺，伦店镇有大安寺，张店镇有崇兴寺，临济镇有龙泉寺，王舍人店镇有回龙寺和兴龙寺，刘江店镇有延福寺，安乐镇有孟女庙和清凉寺，广平镇有炳灵公庙，晏城镇有金华寺和观音寺，中宫镇有醴泉寺，遥墙镇有慈氏寺，刘洪店镇有慈恩寺，延安镇有洞明宫，兰陵镇有皇基寺，沙河镇有大慈寺，安平镇有慈恩寺，关山镇有净觉寺，诸镇还多有关帝庙、三官庙、真武庙、圣母庙等等。

另外，每逢大的节日以及庙会、山会等，也多在这些市镇上举行，通过这些丰富多彩的文娱活动，人们藉此进行着信息、文化、思想以及情感等方面的交流。特别是许多市镇处于便利的交通孔道地区，对外交往的频繁，使之成为乡村间重要的信息渠道，由此而传播着新思潮、新文化、新习俗等，促进着乡村社会群体意识的增生并淡薄着人们的畛域观念，使各地市镇在文化教育、娱乐以及宗教信仰等方面更充分地发挥其社会综合功能。

因此，宋元时期山东市镇经济的兴起和发展，实质上反映着山东地区乡村城镇化的历史进程，从社会经济史的发展运动主要是城乡分离这个层面上来说，应该充分肯定山东市镇经济的形成在推动山东地区乡村城镇化方面的历史作用。同时需要指出的是，这一时期山东市镇经济的发展又带有较明显的历史局限性，主要之点在于市镇经济的发展还深受农村自然经济的束缚，市镇商业规模较狭小，因而发展潜力弱。有些市镇受原来经济基础的制约，还很难发生根本性的突破。有些则深受专业化商品生产的影响，波动起伏性较大。另外还有王朝政府的政策、政权更迭嬗变乃至战争、自然灾害等等因素，也不同程度地制约着市镇经济的发展。

（原载《山东大学学报（哲社版）》1998 年第 1 期）

宋元时期山东书院教育的创立与发展

书院教育肇创于唐、五代时期，历宋、元、明迄清末，赓续达千年之久，在中国教育发展史上具有特殊的地位。具备教育功能的书院从形式上来说，源于我国古代的私人讲学，因而是中国古代私学教育的高级形态或曰高级表现形式，但却又是一种全新的教育模式和学校制度，其办学形式、教学管理、组织结构、知识传授、人才培养以及文化传播诸方面，皆具有独到之处。故就其教育模式和教学功能来讲，既不同于官办之学，也与一般的私家学校有所区别，因而具有鲜明突出的历史特色，是中国封建社会后期具备较完善教育功能的新教学载体，对促进发展我国传统的教育文化具有重要的作用。

一般认为，书院教育最早源于郓州古讲堂。“孔子为中都宰，于此堂教授。兖州有孔子学堂零台。”[①]故长期以来，讲学论道之地称为“讲堂”“精舍”“精庐”等。其实，书院名实所副却是最早为修书、藏书之所。直到唐末、五代时期，始有具备教育功能之书院相继纷起。山东地区便是书院教育的主要发祥地之一。

一、宋代山东书院的创立

大约在唐末，青州临朐已有“李公书院”的建立。据明嘉靖《青州府志》载：“李公书院在（临朐）县之南。唐李靖读书处。一云靖从太宗征闾左，于此阅司马兵法。”另嘉靖《临朐县志》的记载，与此所记大同小异。唯史载语焉不详，使我们无法得知书院更详细的情况。而此时的书院或又称“学馆”，至五代十国时期得到进一步的发展。据《新五代史·石昂传》记载：“石昂，青州临淄人也。家有书数千卷，喜延四方之士。士无远近，多就昂学问，食其门下者或累岁，昂未尝有怠色。”这其实就是古代以来传统的私人开馆讲学，唯其沿着这一发展趋势而有书院教育的创兴。

① 王应麟：《玉海》卷一六一引《九域志》。

入宋以后，随着一般私人讲学的发展，书院作为一种新的教育形式也得到迅速发展。即如马端临在《文献通考》中所说：当时各地“前规后随，皆务兴起，后来所至，书院尤多。而其田土之锡，教养之规，往往过于州县学”①。

在讲到书院发展时，有宋初“四大书院”之说。但四大书院究竟指哪几所，却各说颇异。如马端临在《文献通考》中，把白鹿洞书院、石鼓书院、应天府书院、岳麓书院称为“天下四大书院”。王应麟在《玉海》中就把白鹿洞书院、岳麓书院、应天府书院和嵩阳书院称为“天下四书院”。范成大在《石鼓山记》中则把徂徕书院、金山书院、岳麓书院、石鼓书院称为“天下四书院”。还有其他一些说法不备举。

四大书院之称虽各说不一，但其中的几所书院却都与山东及山东学者有着密切的关联。

其一，应天书院。应天书院是北宋前期的一所著名书院，其院址便是宋初著名学者、楚丘（今山东曹县境）人戚同文旧居，并由戚同文之孙戚舜宾主持院务。据《宋会要》记载：

> 大中祥符二年二月二十四日诏：应天府新建书院，以府民曹诚为本府助教。国初有戚同文者，通五经业，高尚不仕，聚徒教授，常百余人。故工部侍郎许骧、侍御史宗度、度支员外郎郭承范、董循、右谏议大夫陈象舆、屯田郎中王砺、太常博士滕（《宋史》作“滕”）涉，皆其门人。同文卒后，无能继其业者。同文有子二人：维为职方员外郎，纶为龙图阁待制。至是，诚出家财即同文旧居建学舍百五十间，聚书千五百余卷，愿以学舍入官，令同文孙、奉礼郎舜宾主之，召明经艺者讲习。本府以闻，故有是命，并赐院额，仍令本府职事官提举。②

洪迈在《容斋随笔》一书中亦记其事说：

> 大中祥符二年，应天府民曹诚即楚丘戚同文旧居造舍百五十间，聚书数千卷，博延生徒，讲习甚盛。府奏其事，诏赐额曰“应天府书院”。命奉礼郎戚舜宾主之，仍令本府幕职官提举，以诚为府助教。宋兴，天下州府有学自此始。其后潭州又有岳麓书院。③

另据记载：戚同文幼事祖母以孝闻，遭世丧乱，不复仕，创睢阳书院，聚徒讲学，其生徒相继登科者50余人，践台阁者亦数十人，是宋初著名的书院教育家。④

其二，岳麓书院。据史载，岳麓书院初由潭州守朱洞、通判孙逢吉于太祖开

---

① 马端临：《文献通考・学校考》。

② 参见《宋史・戚同文传》《续资治通鉴长编》等文献记载。

③ 洪迈：《容斋随笔・州郡书院》。

④ 参见张光祖：《言行龟鉴・交际门》。

宝年间所建。但此后不久，随着朱洞、孙逢吉罢任离去，继任者对书院不予支持，“累政不嗣，诸生逃散，六籍散亡”，书院很快便停废了。直到咸平初年，新任潭州知州、郓城人李允则到任以后，始对书院加以修复、扩建，“崇大其规模，中开讲堂，揭以书楼，塑先师十哲之像，画七十二贤。允则复奏书院修广舍宇，生徒六十余人。请下国子监赐诸经释文义疏、史记、玉篇、唐韵”①，奠定了该书院日后发展兴盛的规模。著名学者、郓州巨野人王禹偁为此专门写了一篇《潭州岳麓山书院记》，以彰示后人。因此可以说，岳麓书院的兴盛与山东学人的深情厚谊是分不开的。正因如此，马端临在《文献通考》中把岳麓书院称为“郓州岳麓书院”。

其三，嵩阳书院。至道二年(996)赐名“太室书院”。景祐二年(1035)重修，由宰相、青州益都人王曾奏置院长，并改名“嵩阳书院”。据乾隆《登封县志》载：“太室书院，五代周时建。宋至道二年，赐名‘太室书院’，藏《九经》其中。是年，河南守臣上言甘露降书院讲堂。宋景祐二年，敕西京重修，更名‘嵩阳书院’。王曾奏置院长，给田一顷供爨。”正因为有王曾所奏请置院长、学田诸项，遂使嵩阳书院得以顺利平稳地发展而成为一所著名的书院。

其四，徂徕书院。该书院由山东著名学者石介所创办。石介，兖州奉符(今山东泰安东南)人，学者称“徂徕先生”。他26岁中进士，先后任郓州(今山东东平)、南京(今河南商丘)推官。因父母卒，辞官归乡，在徂徕山长春岭下耕读，兴办徂徕书院。招收生徒，讲授《易经》。“诸生时以百数”②，名闻遐迩。

其实，当时在北方地区影响一方的书院莫过于泰山书院。泰山书院是北宋初年在山东境内建立最早和最著名的书院之一。其创立者为“应举不第，退居泰山，聚徒著书”的孙复。孙复，字明复，晋州平阳(今山西临汾)人，“四举开封籍进士不第，退居泰山，学《春秋》”。③ 精儒学，尤长于《春秋》。学者称为“泰山先生”。他是在仁宗景祐二年(1035)应石介之邀来泰山讲学的。景祐四年(1037)，他在石介的帮助下，于泰安东岳庙东南柏林地建学馆称“信道堂”，授徒讲学，传道授业于其中。后柏林地并入东岳庙，学舍迁建于栖真观旧址，时称“泰山书院”。康定元年(1040)，石介亲撰《泰山书院记》碑文，镌刻在书院讲堂之西侧的石壁上，泰山书院之名随之鹊起。

泰山书院的主要建置有学舍、讲堂与书楼，即如石介所云：“聚先圣之书满屋，与群弟子而聚之。”④书院的教学内容以讲习儒家经典为主，尤重《春秋》和

---

① 光绪《湖南通志》卷六八，参见马端临：《文献通考·职官考》。

② 《宋史·马默传》。

③ 《宋史·孙复传》。

④ 石介：《徂徕集·泰山书院记》。

《周易》,兼及子、史之书。书院注重培养学生的“功业德行”以及“圣人之道”,即以圣贤之道传授弟子,亦要求弟子发扬圣贤之道。“乐先生之道,大先生之为”,以为“圣人之达者”,并要求学生将其道“传之于书,将使其书大行,其道大耀”。[①]书院开展深入的学术研究活动和广泛的学术交流,经常聘请当时的知名学者来院讲学。如郓州名儒士建中、曲阜学者孔道辅等人皆曾应邀到书院讲学。孙复本人则与后来官至卿相的山东学者王曾、蔡齐、李纮等人有密切交往,更扩大了书院的影响。

书院也培养了一批成就卓著的人才。像文彦博、姜潜、刘牧、张泂、祖无择、李缊、饶子仪、范纯仁、朱光庭等人,都是书院的高材生,他们或入仕为朝廷重臣,或以文章学术著称于世。泰州学子胡瑗曾长期在书院中学习和进行学术研究,为他后来的学术和教育生涯奠定了雄厚坚实的基础。他南归后,创建安定书院等,为师讲学,由此形成了著名的分斋教学法,即“苏湖教学法”,亦为宋代诸书院多采用的教学法之一。石介亦曾在泰山书院中治学,完成了《徂徕易解》《徂徕集》等专著。孙复亦著有《易经》《春秋尊王发微》《春秋总论》《睢阳子集》等专著。孙复与石介、胡瑗皆成为宋初著名学者,在学术史上号称“泰山三先生”。当时著名学者李觏曾有《送傅野》诗云:“国学先生石与孙,金铃木舌士林间。欲将天下观诸掌,之子从今上泰山。”[②]给予泰山书院以很高的评价。

除此之外,宋代山东还有益都白龙洞书院、莒州文学书院和卜子书院、曲阜尼山书院、滋阳颜子书院、汶上圣泽书院等诸书院的建立。只是在宋代庆历兴学之后,官学得到较快发展,书院的发展才暂时呈现沉寂。但书院作为民间创办的重要教育形式却与官学并行而不废,并从北宋以后呈日益发展之趋势。

二、金元时期山东书院教育的发展

金元时期山东地区的书院得到进一步的发展,呈现较繁荣的景象。尤其是元朝统治者对书院教育采取提倡鼓励的政策,曾诏令“先儒过化之地,名贤经行之所,与好事之家出钱粟赡学者,并立为书院”[③]。这便进一步促进了山东地区书院教育的发展,各地相继建起了许多新的书院。如,据明于慎行《兖州府志》引刘诜《曾子祠记》云:“皇元混一天下,世祖皇帝在位日久,诏书每下郡国,必以勉励学校、敦厚风俗为先。累世相承,教化大敷。又以明经修行取天下士,人心

① 石介:《徂徕集·泰山书院记》。

② 李觏:《直讲李先生文集·送傅野》。

③ 《元史·选举志》。

翕然，日趋于道，于是山东临沂县遂起曾子书院。”[①]书院数量急剧增加，书院教育呈日益扩大之趋势。在现知宋金元时期山东地区所建的42所书院中，金元时期创建或重建的书院即至少有34所，书院成为这一时期学校教育的重要形式，见下表。

金元时期山东书院建置一览表

名称	院址[②]	建置年代	备注
弦歌书院	武城县治南	金大定初建	元泰定间重建
状元书院	日照县城南15里	金大定十九年建	状元张行简建
鸣琴书院	单县琴台故址	金天会年间建	
思圣书院	费县西90里东阳村	元天历至至正十五年间建	里人王谦建
伏生书院	邹平县北18里	元至正十五年建	主簿杨温建
明诚书院	乐安城西1里	元至正年间建	人匠总管程鹏建
范文正公书院	邹平县西35里	元大德五年建	范仲淹读书处
闵公书院	沂水县闵公山	后至元元年前建	
闵子书院	历城东郊闵子墓侧	元天历年间建	邑人康宣建
历山书院	濮州鄄城历山下	元大德七年或稍后	千奴建
野斋书院	东阿县尚德乡	元至大三年后建	李谦故居
静轩书院	高唐州治西南	元至大至皇庆初年间建	阎复建
牛山书院	肥城西8里	元延祐二年后建	张起岩读书处
北麓书院	蒙阴城东北30里	元代所建	原为北麓书堂
雪林书院	朝城县治北	元至正年间或稍后建	楚惟善读书处
会斋书院	恩县故城内	元代所建	张汝卿读书处
王氏书院	沂州兰山城南	元延祐二年后建	解元王佐建
李氏书院	沂州兰山城南70里	元代所建	李炫讲学处
东山书院	费县旧故城	元皇庆二年建	邑人康复建
曾子书院	嘉祥县南武山下	元代所建	相传曾子读书处
颜鲁公书院	费县城东北	元代所建	颜真卿故居
育英书院	泰安	元至元四十年前建	原赵氏家塾

① 刘卫星主编：《郯城县志》附录《曾子词记》，深圳特区出版社2001年版，第999页。
② 均系史志记载的当时地址，里程亦以“里”计。

(续表)

名称	院址	建置年代	备注
崇义书院	濮州鄄城	元至正十三年建	崇喜建
洙泗书院	曲阜后街东北8里	元至元四年建	孔克钦建
尼山书院	曲阜东南60里尼山	元至元三年建	彭蟠建
性善书院	滕州州治西南	元延祐元年改建	御史任居敬建
子思书院	邹县城南门外	元大德间建	县尹宋璋建
长白书院	邹平县东10里长白山	元延祐二年之前建	张临讲学处
颜子书院	滋阳县南8里	唐颜公祠,后建为书院	
龙山书院	东平州龙山屯	元至元二十三年建	
诸葛书院	沂州兰山县城北20里	元代所建	
荀子书院	沂州兰山神峰山下	元代所建	
一贯书院	沂州郯城北门内	元元统年间建	
曾子书院	郯城县西60里磨山	元至正二年建	副提举管文通建

这一时期所建书院,沿袭前代规制,基本上仍分为官办、官督民办、私人兴办等三种类型。书院之名须取得朝廷批准或由朝廷赐额。主持书院院务的山长,或由朝廷直接委派任命,或由各地方官府聘任,或举荐乡贤学者担任。由于山长是书院的学术灵魂,他既要参加书院的教学及管理,又要从事学术研究,因此其学术水平、管理能力及知名度直接影响着书院的兴盛衰亡。所谓"书院惟大贤得以建置,惟名儒得以主持。非其人不能创,创亦不能久焉"①。如汶上圣泽书院,自宋元祐年间建立后,宋金之际毁于兵火,鞠为瓦砾,一直到元至元三十年(1293)始由东平教授马栎庵重建。由于马氏在当时的名望,受到当地官吏的重视,书院因之不断得到整修扩建。尤其是后来都水少监马之贞主持的一次对书院的大规模扩修,始奠定书院此后的发展基础。又如历山书院在建成后,首聘曹州学者范秀为师。弦歌书院被列为学官后,始聘济南学者潘通为书院山长。性善书院在列为学官以后,始举荐滕昂霄为山长。尼山书院重建后的第一任山长则为彭璠。其他书院皆循例多聘"硕儒"主持,这对书院发展至为重要。

从书院的建筑设施来看,这一时期重建或新建的书院均有程度不同的扩大完备,书院规模超过前代。如尼山书院,据虞集《尼山书院记》云:

尼山去曲阜东南六十里,今属滕州邹县,在滕北百里,邹东六十里。其

① 程钜夫:《雪楼集·东庵书院记》。

> 山五峰列峙，中峰则所谓“尼山”，启圣王夫人颜氏所祷而生圣人者。山皆石，其峰多苍柏，诸小木皆巨叶，霜露既降，绚如渥丹。升降各途，升之谷，草木之叶皆上起。降之谷，草木之叶皆下垂，无或交戾反刺者。其东崖有石洞，曰“坤灵之洞”，有圣人石像临水，与颜母山对。其北则防山，即圣人合葬其父母处也，今书院在其中。前有智源之溪，后有中和之壑，往昔奉尼山之神，曰“毓圣侯”。其左有夫子之宫焉。故宋庆历癸未孔子四十六代孙、袭文宣公、知兖州仙源县宗愿作新宫庙，有夫子之殿，有夫人之位，有讲堂，有学舍，有祭田。自是历宋金至于今盖三百余年矣，宫不知何年废。我国家奄有中夏，尊崇孔子之道，岁月浸久，典礼斯备。至顺三年岁壬申，五十四代孙、袭封衍圣公思晦用林庙管勾简实理言，请复尼山祠庙，置官师奉祠，因荐〔彭〕璠可用。事闻中书，送礼部议。奎章阁大学士喀喇公库时为尚书，力言其事当行，议上。至元二年丙子，中书左丞王公懋德率同列执政者白丞相，置尼山书院。以璠为山长。三年六月，至官，祓舍山中，罄竭私囊，继以假贷，具羊豕为酒，告山之神，召近邻乡父老，受神赐，告以兴废之故。明日，乡父老各以其人至。遂除荆棘，撤瓦砾，得殿及门之故基，诸舍之所在，次第而见，将告诸郡县而经营之。山东东西道肃政廉访司宁夏杨公讷、同知滕州事郝博罗领之，首出俸以为之先，而监州李彦博、邹县尹张士谦与郡邑之官属暨宗子克坚、袭曲阜令克钦、宗族子孙，凡齐鲁之境贤乡大夫、士民，出钱而劝成之……不数月而大殿成，殿门成，毓圣侯之祠成。学宫在庙之西，仿国子监制也。作观川亭于冲灵洞之上，相传以为夫子之在川上，盖在此云。继以塑绘圣贤之像成，乐器、祭器以次成。①

可谓规模空前，焕然一新。

又，崇义书院，初“南北为楹者九，东西广亦如之”，泰定间崇喜扩建书院，“捐金出粟，购材料命工，首成堂三门，颜曰‘亦乐’。寻买地三亩，创礼殿，额曰‘大成’，缔构坚固，丹碧黝垩，焕然巍然。既而棂星、周庄、斋馆、庖福次第毕备”②。

思圣书院建成后，“筑垣一周，中设讲堂三楹，像夫子以致瞻仰之诚。堂北构堂三楹，为经师讲授之所。稍南则东西各三楹，以处弟子员。前辟其门，以严出入，铺石为道，凡几级”③。已是颇具规模的一处书院。

其他如洙泗书院的基本建制有大成殿 5 间，祀先圣四配十二哲，东、西房各 3 间，前为讲堂 3 间，又前为书院门 3 间，四周缭以重垣。性善书院的建筑规制

---

① 虞集：《道园学古录》卷三六。

② 光绪《开州志·艺文》。

③ 光绪《费县志·艺文》。

是“右庙堂，祀孟子。左讲堂，翼以两斋”。洙泗书院的建筑有礼殿、讲堂、门庑、斋舍、庖厨等。弦歌书院扩建时亦“增构禅门、讲堂，别斋居学，宫室凡四十楹”。中庸书院有庙殿曰“诚明”，有后堂曰“率性”，有讲堂曰“崇贤”，有斋舍曰“慎独”等殿堂楼舍。由此几例可以看出，这一时期的山东书院大都承续“讲于堂，习于斋”的传统讲学古制。

另外，各书院都注重书籍的购买与收藏。书院之名为“书院”，最初即为藏书、校书或刻书之所。书院成为教育机构后，丰富的藏书成为教学的一个重要内容，书楼亦成为书院的重要设施。如汶上圣泽书院至元三年重修时，即注重书籍的购买和书楼的建造，“藏书千余卷，构亭讲诵”。历山书院初建时，亦以聚书为先，书院建成后，“聚书万卷”。会斋书院有书楼曰“万卷堂”，藏书尤为丰富。弦歌书院扩建时，“多置经籍于书院”。育英书院初创时亦把“聚经史，立教条”作为先务。故这时的一般书院建置格局都以讲堂、斋舍以及书楼作为主要组成部分。

诚然，书院的发展离不开一定的资金支持。这一时期诸书院几乎都有数量不等的学田作为书院的经济基础。而学田的置办，大体上来源两途，其一是官府划拨的官田、户绝田以及其他荒闲土地，其二是乡贤士大夫的私人捐助。前者如性善书院，据虞集《滕州性善书院学田记》所载：

> 郡有性善书院者。大德四年，前守尚敏作义塾州治之南，其屋四楹覆以瓦，其斋舍茅茨而已，延师以教郡人之子弟。出己俸以率州士，得钱五千缗，贷诸人取子息以供师弟子之食。明年，以礼教乡官地三顷给之。延祐元年，监察御史任居敬言于朝曰，昔滕文公尝闻性善之说于孟子，宜表义塾曰“性善书院”。朝廷用其言，性善书院列于学官，置山长以为之师。延祐二年，前守郑某改筑于滕之旧治，其宫之地凡八亩，右庙堂以祠孟子，左讲堂，冀以两斋以居业。张蒙古贷继成之，又给以使相乡户绝地二顷一十五亩、如市乡一十八亩。而铎之来也，于学校之事不敢后，既为深督其教养，修完其宫墙屋室，治其器用之未备，究子息之亡失，地之见侵者悉经理之。增给礼教乡官地五顷，合其旧有，凡为田十顷三十余亩，使滕县簿明安岱、山长滕昂霄行田表其畔，岁非甚侵，亦足以备用矣。①

又如子思书院，据王思诚《子思书院学田记》云：

> 邹之中庸精舍，即沂国公授受故址而为之者也。元贞初，邑尹司居敬始之。大德间宋尹彰终之。宋尹又首率好事者，鸠楮币二万缗敷于邑大姓，收其子以给祭，若延师费。延祐改元，刘尹遵礼虑学无田非久长计，始

① 虞集：《道园学古录》卷八。

割楮币一万五百二十三缗，买田一百八十五亩七分。二年，朝廷改为子思书院，设山长以司训导。曹尹彬又割楮币七千四百二十五缗，买田二百九十七亩，募民耕佃之，岁收其入，以廪师生，仍刻田之疆畔顷亩于石阴。是后，山长曹德辉、卜习吉，又相继买田十有六券，计八顷一十亩有奇。泰定丙寅，宣圣五十四代孙孔君思本来为山长，课讲之暇，召典者稽核学资，若田租之数，悉名存实亡，率为豪右之所假贷，洎民之所逋负，即条列其主名，复于有司，上于袭庆府，府移文宪司，宪司符知滕州事曹铎，严督邹之官吏，立期以征，时监县帖哥洎尹王思明、簿郑惟良、典史岳珪，相与协力办集，未几追已，完君又买田三券，计一顷八十有九亩，仍改募佃者，以革其弊。[①]

则子思书院之学田与性善书院不同者，乃官府放高利贷，取息买田以为学田。私人捐助土地作为学田者，则如崇义书院，即由书院扩建者崇喜捐金出粟，“买田四顷五十亩有奇，著于籍。延聘儒师，训迪士子，凡醴斋、膳饮、币帛、脯修之需，胥此出也”[②]。又历山书院，初有学田百亩，至千奴建“历山书院以成，聚书割田，继以廪粟，以曹人范秀为之师，其子弟与乡邻凡愿学者皆集。又虑食不足，率昆弟岁捐粟麦佐之”[③]。另如弦歌书院，由乡贤士王仲建书院时，即“买田三百亩，以供时祀，以廪师弟子员”[④]。

三、书院的教育功能及特色

书院作为宋元时期兴起的一种新的教育形式和学校制度，成为中国古代后期具备较完善教育功能的重要教学载体。在书院的发展过程中所形成的讲学、祭祀、藏书的规制，被称为书院教育的三大基本事业。作为教育机构的书院，其教学模式和人才培养模式也呈现出时代的特点。宋元时期的山东书院教育在教学内容上，既提倡学术研究，又注重培养生徒的道德修养。自宋代以来，由于书院是在为纠正官学教育中生徒求学主要为猎取功名、走科举出仕之路之弊端而发展起来的，因此，与官学培养人才的目的形成显著差异的是，书院把“修身、处事、接物之要”作为育人的基本准则，把“义理之学、修养之道”作为培养人才的指导思想。[⑤] 把讲学术以正人心、补官学之阙失，以人格教育、倡导学术、传授知识作为基本的人才培养模式。如李谦《圣泽书院记》所说：

---

① 孔继汾：《阙里文献考》卷三四。

② 光绪《开州志·艺文》。

③ 程文海：《雪楼集·历山书院记》。

④ 嘉靖《武城县志·弦歌书院记》。

⑤ 参见朱熹：《白鹿书院揭示》等文。

余闻德之不修，学之不讲，驰骛于文词之末，以邀声名，苟利禄为计，非圣人所讲之学。而居其堂，以贻其羞，是则可忧也。自今以始，当以圣贤之教为教，以圣贤之学为学，俾经为通儒，文为名家可也。①

又如李国风在《创建思圣书院记》一文中云：

三代之隆，塾于家，庠于党，序于遂，而学于国中，是天地而非学，亦无人而不学。三代而下，此制荡然。迨皇元受命，乃为定制，内而王圻，外而群邑，以及一乡一社，皆建学焉。守令季考之，部使者岁课之，故文化之行，靡间遐迩。今谦等之为是举也，其钦承国家右文之意乎？抑圣贤之道具在方策，非徒资夫口耳为利禄计也。身焉而修，家焉而齐，事焉而治，伦理焉而明，是之为学。苟欲慕其名，忘其实，谬迷其途，茫然不知求诸己，不惟弟子非所以学，而师亦非所以教也。岂建学之旨哉。②

自隋唐以来实行科举取士的制度，科举制虽然在选拔人才方面具有巨大的作用，但是科举制本身的弊端也日益显露，它所带来的负面作用也越来越突出，其中最主要的便是使学校日渐成为科举的附庸，使学校教育成为士子跻身官场的跳板。虽然也有如北宋王安石变法时改革学校教育等尝试，但是其禁锢士人的思想，引导士人趋于名利的种种弊端，是显而易见的。故自宋代以来，许多有识之士以及教育家便不断地揭露官学教育的腐败，批评官学育人之偏颇。如南宋绍熙年间吏部尚书赵汝愚言："中兴以来，建太学于行都，行贡举于诸郡，然奔竞之风胜，而忠信之俗微。亦惟荣辱升沉，不由学校；德行道艺，取决糊名；工雕篆之文，无进修之志。视庠序如传舍，目师儒如路人。季考月书，尽成文具。"③朱熹也指斥官学之弊端说：

所谓"太学"者，但为声利之场，而掌其教事者，不过取其善为科举之文而尝得隽于场屋之者耳。士之有志于义理者，既无所求于学，其奔趋辐辏而来者，不过为解额之滥，舍选之私而已。师生相视，淡然如行路之人，间相与言，亦未尝开以德行道艺之实，而月书季考者，又只以促其嗜利苟得、冒昧无耻之心。④

正是在这样的历史背景之下，诸有识之士大力倡办书院教育，诸位教育大师更明确地反对把书院办成攫取功名利禄的场所，反对专攻为科举所需的文辞之学，主张效法古代圣贤"教学为先"的优良传统，"以教化为先务"，以培养"得时兴道，事业满天下"的经世之才。所以，各书院尽管在教学中所设课程不尽相

① 万历《汶上县志》卷八。

② 光绪《费县志·艺文》。

③ 《宋史·选举志》。

④ 朱熹：《朱文公文集·学校贡举私议》。

同，但大体上包含了经学、史学、文学、小学、诗词等内容，尤以朱熹的《四书集注》为必读教材，或同时兼习其他课程。在这方面，历山书院的教学不仅在山东地区甚至在当时全国的书院教育中，也是极具特色的。据程文海《历山书院记》云：

> 历山书院以成，聚书割田，继以廪粟，以曹人范秀为之师，其子弟与乡邻凡愿学者皆集。又虑食之不足，率昆弟岁捐粟麦佐之。提刑公之封树在焉，则为书与昆弟约，谨蒸尝护松槚，相与为忠信孝悌之归。又与子侄约，凡胜衣者悉就学。暇日习射御，备戎行，曰毋荒毋逸，毋为不善以忝所生也。又曰：再舍而谒医，若疾何？复藏方书，聘定襄周文胜为医师，以待愿学者与乡之求其剂者。于是郡邑上其事，有司乃定名曰“历山书院”，俾范秀为学官而督教事焉。①

由上述可知，书院教育的宗旨是以“忠信孝悌”为本的。书院的教学内容是综合多学科的，书院教师既有文学之师，也有医学之师。生徒既学文又学医，还兼习军旅骑射。而主持医学教学法的医师，除教授弟子外，又接待求医问药的乡亲，兼有门诊与实际医疗活动。可以说，这是对宋代以来书院“分斋教学”的进一步发展。正如有学者指出的：“它为教学理论与教学实践的发展作出了贡献，而其所透示出的理论与实践相结合的原则，无论是对教学教育理论还是对思想文化的进步与发展，都具有重要意义。”②

在书院的教育管理方面也不断趋于规范化，确立形成了以山长为中心的教学管理体制。山长是书院的学术灵魂，他既参与书院的管理与教学，又要从事学术研究。山长的学术水平及知名度可直接影响到书院的兴盛荣衰，故当时各书院都注重山长的人选，且不说宋代的泰山书院和徂徕书院的创建者石介、孙复均为当时名儒，即到金元时期各书院都是多聘任名儒为山长。如尼山书院重建后聘临川学者彭蟠为山长，弦歌书院聘济南学者潘通为山长。其他著名山长有长白山书院山长张临，历山书院范秀，性善书院滕昂霄，洙泗书院孔希孟，子思书院曹德辉、孔涣、孔思本等。另外有时书院山长亦从官授，由礼部或行省选任，或州府教授兼任，但因此导致书院的官学化倾向。

在教学形式上，这一时期的书院是讲学与祭祀并重。讲学是书院教育的主要内容，其活动场所即为讲堂和斋舍。讲堂是老师的讲学论道之处，自宋代起即确立了“升堂讲说”和“分斋授课”的主要制度。斋舍是学生住宿和平时的自学场所，书院的教学除老师在讲堂的授课外，学生的大量时间还是在斋舍自学，或师生间的共同切磋及质疑问难。

---

① 程钜夫：《雪楼集》卷一二。

② 邓洪波：《历山书院特色考》，《教育评论》1992年第4期。

然而书院的教学活动并不局限在讲堂和斋舍之中。祭祀活动亦成为整个书院教育的一个重要组成部分，为教学活动的重要环节。书院的祭祀对象，首列先圣孔子，其次是孔子的弟子及历代圣哲。山东为先圣诞生地，历代尊崇孔子，有兴学立教的传统。宋真宗大中祥符元年，加谥孔子为"宣圣文宣王"，二年诏立孔子庙学舍。三年，重建讲堂，延师教授，以讲堂近于庙廷始名"庙学"。元武宗至大元年加封孔子为"大成至圣文宣王"，仁宗皇庆二年诏以周敦颐、二程、朱熹等10人从祀孔子庙。故自宋代以来，山东书院虽以祭祀孔子为主，但同时兼祀古代圣哲。如历山书院祭祀帝舜，性善书院祀亚圣孟子，伏生书院祀伏生，弦歌书院祀子游，闵子书院祀闵子，曾子书院祀曾子等。有的书院还以书院的创始人为祭礼对象，如长白书院祀张临，野斋书院祀李谦等。当然，书院祭祀并非简单的朔望参拜、执香行供，而是寓教于学的一种教学形式，也是书院教育的一个重要环节。如邹平伏生书院"每朔望〔由山长〕率里中长少会集祠下，恭奉祀事，诸生执经问难，济济可观"。通过祭祀活动，使书院生徒在"仰而瞻其容，俯而读其书"的氛围中，"思其人而慕其道"。[①] 在虔诚肃穆的祭拜活动中，日渐月磨，耳濡目染，自然能培养生徒对先贤的景仰与礼敬，培养生徒的道德与品质，提高其素养，所以当时书院"有教有祠者，非祠自祠、教自教也，盖教所以成德，以为后学之表，则祠亦为教设明也"[②]。亦正如程文海《历山书院记》所说："彼既知舜之当祀，必知舜之当法。"尤其是书院祭祀对象的多元化，即除祭祀孔子及圣哲外，还祭祀有功绩有操行的当地名哲先贤，"非其师弗学，非其学弗祭"[③]，因而使书院的祭祀比之官学中程序化的祭祀更富有教育意义。故书院祭。祀不仅成为一种感性教育，同时也是一种素质教育，充分体现了书院教育的特色。

（原载《齐鲁文化研究》第2辑，齐鲁书社2003年版）

① 万历《兖州府志·潘迪重修子思书院记》。

② 唐肃：《丹崖集·皇冈书院无垢先生祠堂记》。

③ 黄溍：《金华黄先生文集·送东川书院陈山长序》

宋元时期山东文化的隆兴

在中国文化发展过程中，作为多元一体的民族文化，先秦时期的诸地域文化在秦汉以后，随着大一统中央集权制的确立，无论是作为中华文化的主流文化还是非主流文化，皆逐渐融会形成一体的文化系统，使“华夏民族之文化，历数千载之演进，造极于赵宋之世”①。但是，这并没有窒碍地域文化的发展，反而在一定程度上为各地域文化的进一步发展开辟了更加广阔的空间，使得地域文化特征愈为凸显，并为各地域文化的最后定型奠定了深厚的基础。山东文化正以此为契机，从秦汉之降，在经历了魏晋南北朝时期多元民族文化的大融合之后，踵接隋唐之绪，适应社会政治、经济格局的变迁大势，迎来了民族文化进一步融合发展的新阶段，整体上凸显了从唐型文化转向为宋型文化的时代特色，成为山东区域文化发展史上的一个重要时期。宋、金、元时期的山东士人，在自觉反省、造微于心性，从宏观上来把握儒家经典的要旨、大义、义理之所在的新宋学建构过程中，在创建精致细腻的士大夫文化历程中，在市民文化的勃兴中，在教育与科技皆取得辉煌成就的时代氛围中，在吸收融合北方草原游牧文化的民族文化交融中，皆为中华文化的进一步发展作出了杰出的贡献，也促成了山东文化发展史上的又一隆盛期。

一、引领时代风气之先的学术文化

宋元时期，随着王朝政治中心的东移北上，山东地区从北宋时代就被直接纳入王朝政治统治重心的京畿地区，成为屏捍宋政权的军防重镇区。直至金元时期，山东地区无论是在地理位置抑或在政区设置上，均处于畿辅地带。故北宋山东因作为宋朝京畿之东部屏障，被时人称为“东畿”②，金元时期为屏捍京师

① 陈寅恪：《金明馆丛稿二编》，三联书店 2001 年版，第 277 页。

② 李焘：《续资治通鉴长编》卷七六，“大中祥符四年八月”条。

的咽喉之地，而被称为“腹里”[①]。特别是从北宋初年起，在确立王朝政治思想的过程中，在宋代学术文化或学界所称“新宋学”的创建中，进而延至金元时期多民族文化相互融合的发展进程中，都蕴含着山东文化以及山东籍学者的杰出贡献，也为源远流长的齐鲁文化发展树立了又一座丰碑。

1.尊经重道与宋学的奠基

今学术界所称“宋学”，是我国古代社会后期所创建的最为精致、最为完备的学术体系。自其萌兴以达昌盛，最后成为继汉学之后且与汉学迥然不同的哲学思想体系，从而成为宋代士大夫的杰出贡献，也是宋代文化发展的重要标志之一。然而，这一切却与山东传统文化的复兴，与山东学子尊经重道的学风及其文化贡献紧密地联系在一起。

山东地区是唐末五代直至宋初，在军阀割据、战乱不已的特殊环境中，传统学术保持最好的地区之一。此期一大批硕儒饱学之士，如楚丘戚同文、邹平田敏、济阴邢昺、历城田诰等，或讲学授徒，或著书立说，尊经重道，复兴儒学，皆名彰一时，影响四方。如：

戚同文（904～976），字文约，楚丘（今山东曹县东南）人，家世业儒，为人至孝，邑人杨悫在家乡兴学授徒时，即追随从学。他聪颖强记，勤奋刻苦，不到一年时间就毕诵“五经”，深得杨悫器重。之后将军赵直在宋州城内建睢阳学舍，礼聘戚同文主持学务。戚同文以其渊博学识，执教有方，遂使睢阳书院名闻遐迩，四方学子慕名而至，一时成为京东学子荟萃之地。而睢阳书院也培育出一大批优秀人才，先后登第为宦者即达五六十人，如宗度、许骧、陈象舆、高象先、郭成范、王砺、滕涉等，皆践台阁。其中最突出的还是培养出了在宋学创立阶段作为组织者和带头人的范仲淹。

范仲淹（989～1052），字希文，世家苏州吴县。其父范墉赴徐州任武宁军节度掌书记时，不幸病逝，其母谢氏贫困无依，便抱着年幼的范仲淹，改嫁淄州长山县河南村（今山东邹平长山镇范公村）朱文翰。他先在长山境之长白山醴泉寺寄宿读书，后到睢阳书院继续求学，苦读5年，进士及第，历官至参知政事。他广结天下英才，提振士风，为宋学建立作出了不可磨灭的贡献。而戚同文去世后，应天府民曹诚又在戚同文旧居旁，增筑学舍150余间，藏书数千卷，博延生徒，讲习甚盛，宋真宗亲自赐额“应天府书院”，由戚同文之孙戚舜宾主持院务，应天府书院也成为宋代著名的四大书院之一。

田敏（880～971），淄州邹平人，少通《春秋》之学。后梁末年举进士，历官至工部尚书，以太子少保致仕，卒于淄州别墅。据《宋史·儒林传》记载，田敏笃于

① 《元史·地理志》。

经学，详明典礼，曾奉诏勘校《九经》，颇以独见自任。《九经》校毕后，雕版刻印，广颁天下。田敏亦得周世宗褒扬，称其“详明礼乐，博涉典坟，为儒学之宗师，乃荐绅之仪表”[①]。

邢昺(932～1010)，字叔明，曹州济阴(今山东曹县西北)人。学识精博，太平兴国初年参加科举考试，被录为《九经》第一。历任国子监讲学、王府侍讲、翰林侍读学士等，官至礼部尚书卒。每讲授经书，多引时事为喻，揭示民间疾苦。并奉诏勘校诸经，着力于经义注疏，所著《论语正义》《尔雅义疏》《孝经正义》传于世，后收入《十三经注疏》。

孙奭(962～1033)，字宗古，祖为乐安(今山东广饶)大姓，后迁博州博平(今山东茌平)，又徙居郓州须城(今山东东平)。幼好读书，师从在博平收徒讲学的王彻，多受其教。以致王彻死后，学子们纷纷向孙奭请教疑难，尊之为师。端拱二年(989)以《九经》及第，历任国子监直讲、诸王府侍读、翰林院侍讲学士，官至礼部尚书，以太子少傅致仕卒。以经术上进，守道自处。宋太宗至国子监巡视时，孙奭为讲《尚书》而得赏赐。为仁宗讲解经史，必反复规讽，并作《无逸图》呈献，被仁宗奉为座右铭。尝奉诏与邢昺等校定诸经正义，多所勘误。真宗大中祥符年间奉命校勘《孟子》，作《孟子音义》，对《孟子》列入儒家经典及孟子地位的提高，起到了推动作用。

田诰，字象宜，自号“睽叟”，济南历城人，是宋初杰出的诗人和学者。宋人王辟之《渑水燕谈录》称他笃学好文，理致高古，诗作清丽。从学者常数百人，弟子中多有举进士而至显达者。为人特立独行，志在经世。尤好著述，据称有“著作百余篇传于世”，可惜皆佚失不传。

此外，临淄人贾同，史称其笃古好学，颇有时名，平生“以著书扶道为己任”[②]。济南历城人李冠，亦笃好经史，长于礼仪，得“同三礼”出身。淄川人王樵，庐居淄川梓桐山下，称“淄右书生”，晚号“赘世翁”，博通群书，不治章句，尤善《易》学，与贾同、李冠齐名，学者多从之。益都人李觉，曾为宋太祖讲《易经》，朝廷从臣皆列坐侍听，太平兴国五年(980)亦以《九经》举第。濮州雷泽人(今山东菏泽东北)高弁，从宋初著名隐士和学者种放学于终南山，喜言仁义，所为文章多祖“六经”及《孟子》。滨州渤海(今山东滨州)人胡旦，博学多识，长于经史。这些人物事例都说明，从五代十国至北宋初年，山东地区学风甚盛，为宋学首先在山东地区的萌兴，形成良好的文化生态环境。故后来为宋学奠基者之一的石介即说：“夫求圣人之道者，必自鲁始。鲁，周公之所封也，孔子之所出也。圣人

---

① 《宋史·田敏传》。

② 王辟之：《渑水燕谈录·说论》。

之道尽在鲁矣。之于鲁，然后圣人之道可得而见也。”[①]

宋初山东地区深厚的学术积淀和文化氛围，不仅决定了宋学首先萌生于此，也决定了宋学新的思想体系中更多地渗透着齐鲁传统文化的精华。宋史学界认为，宋学是在儒家思想同佛、道两家思想长期既相斗争又相渗透的情况下产生的。[②] 一方面，是佛家思想向儒家思想的渗透，即如陈寅恪先生所指出的："北宋之智圆提倡中庸，甚至以僧徒而号'中庸子'，并自为传以述其义。其年代犹在司马君实作《中庸广义》之前，似亦于宋代新儒家为先觉。"[③]另一方面，则是儒家思想向佛家思想的渗透，其中的代表就是与释智圆大体同一时代的山东儒士晁迥，他对宋代理学（宋学之一支）的形成发挥了尤为显著的作用。

晁氏是济州巨野的名门望族，不仅在北宋时期世代书香，为簪缨世胄，即使宋室南迁以后，仍然在江南保持着贵胄门第，晁氏一族就是从晁迥时发迹的。据《宋史·晁迥传》记载，晁迥历官至礼部尚书，以太子少保致仕。他早年受学于同乡著名学者王禹偁，以文章典赡而擅名于时，其著作有《翰林集》《道院集》《法藏碎金录》等。在《法藏碎金录》等著作中，晁迥继承唐代士大夫学习释道的遗风，对儒、释、道三家思想进行了认真的探索，论述了自己对三家思想的理解与认识，提出了三家相通互补的思想，为宋代学者树立了向释道百家学习的新学风，从而对宋学的形成发挥着重要的启蒙意义。

而在宋学的创建中，被学界称为宋初"泰山三先生"的孙复、胡瑗、石介等人，则起着奠基者的作用。而在过去的研究中，学界常常以理学（也称为"道学"）代替宋学，仅仅把石介等人的学术思想作为理学的来源予以论述，因此作为宋学奠基者的反而成为理学的附庸而存在，这是不符合历史实际的。实际上"泰山三先生"被黄宗羲《宋元学案》列之首位，便已充分说明了他们在宋学创建中的学术地位。

孙复（992～1057），字明复，学者尊称"富春先生"，晋州平阳（今山西临汾）人，因屡举进士不第，退居泰山，筑信道堂学舍（即泰山书院前身），专心于讲学授徒，世称"泰山先生"，石介等皆师事之。后在范仲淹、石介等推荐下，除秘书省校书郎、国子监直讲。所著有《易说》《春秋尊王发微》等，在经学上的贡献尤为时人所推重。欧阳修为其所作墓志即评论说："先生治《春秋》，不惑传注，不为曲说以乱经。其言简易，明于诸侯大夫功罪，以考时之盛衰，而推见王道之治乱，得于经之本义为多。"[④]孙复以言简意明的语言，来阐释《春秋》旨意，开创了

① 石介：《徂徕石先生文集·归鲁名张生》。

② 参见漆侠：《漆侠全集》第6卷，河北大学出版社2008年版，第144页。

③ 陈寅恪：《金明馆丛稿二编》，三联书店2001年版，第284页。

④ 欧阳修：《欧阳文忠公文集·孙明复先生墓志铭》。

宋初探索经学的新路子。

胡瑗(993～1059),字翼之,泰州海陵人,学者尊称为“安定先生”。《宋元学案》将其列为宋代学术第一人,称为《安定学案》。胡瑗年轻时,“家贫无以自给,往泰山,与孙明复、石守道同学,攻苦食淡,终夜不寝,一坐十年不归”①。范仲淹知苏州时建苏州州学,特聘请胡瑗为州学教授。后范仲淹好友滕宗谅知湖州建湖州州学,再聘胡瑗主管州学,使之成为当时全国最有名的学校,四方之士,云集受业。欧阳修在《胡先生墓表》一文对此称道:“自景祐、明道以来,学者有师,惟先生暨泰山孙明复、石守道三人,而先生之徒最盛。其在湖州之学,弟子去来常数百人,各以其经转相传授,其教学之法最备。行之数年,东南之士莫不以仁义礼乐为学。”②所著有《周易口义》《洪范口义》《春秋口义》等,因之其治学方法也被称为“胡氏口义”,为开创宋学及促进宋代教育的发展作出了杰出贡献。

石介(1005～1045),字守道,兖州奉符(今山东泰安)人。因“鲁之人不称其官而称其德,以为徂徕鲁之望,先生鲁人之所尊,故因其所居山,以配其有德之称曰‘徂徕先生’”③。他自幼胸怀大志,刻苦读书,与孙复、胡瑗同学并讲学于泰山书院,四方学子亦慕名而至。天圣八年(1030)进士及第,初任郓州(今山东东平)推官,继被辟为御史台主簿。及父母去世,返家服丧,躬耕徂徕山下,同时亦收徒讲学,以《易经》教授子弟。庆历三年(1043)复被召入京,任国子监直讲,与孙复、胡瑗一道在太学任教,使太学声望日隆,学者从之甚众。所著有《易解》《易义》以及《徂徕集》等。终生以复兴儒学自任,为学宗尚“六经”,讲学不拘古法。孙复以治《春秋》名世,所著《春秋尊王发微》一书与胡瑗“口义”相似,“不取传、注,其言简而义详”④。而石介对经学的阐发,同样是“不惑”传注,亦鲜明地体现出宋学的时代风貌。

“泰山三先生”的学术建树,奠定了宋学的基础,成为当之无愧的宋学奠基人。《宋元学案・泰山学案》即引宋人黄震语评价说:“宋兴八十年,安定胡先生、泰山孙先生、徂徕石先生始以师道明正学,继而濂、洛兴矣。”

宋学的建立,摆脱了汉儒以来的章句之学,宋学家们从儒经大局出发,直接通过对儒经本身作新的理解与阐释,发挥经学的义理所在,从实际出发创造了义理之学,所谓“求其义者,务推其意理”⑤,成为探索儒经的新途径。然而宋学建立的本义还不仅仅是对儒经义理的新探索,而是“通经致用”,把新阐释的经

① 黄宗羲:《宋元学案・安定学案》。

② 欧阳修:《欧阳文忠公文集・胡先生墓表》。

③ 欧阳修:《欧阳文忠公文集・徂徕石先生墓志铭》。

④ 晁公武:《郡斋读书志・春秋尊王发微》。

⑤ 欧阳修:《诗本义・何人斯》。

学学说应用到社会改革实践中去，使经学义理的探究深入到社会政治生活的广泛领域。宋学是在仁宗庆历新政时期基本形成的，宋学的创建者们即与庆历新政息息相通，甚至一身而二，直接投身到新政改革中，或政治思想上与新政休戚相关，因而使宋学的形成富有浓郁的时代特色。全祖望在《庆历五先生书院记》一文中即对此评论说：

有宋真、仁二宗之际，儒林之草昧也。当时濂、洛之徒，方萌芽而未出，而睢阳戚氏在宋，泰山孙氏在齐，安定胡氏在吴，相与讲明正学，自拔于尘俗之中。说者以为濂、洛之前茅也。亦会值贤者在朝，安阳韩忠献公、高平范文正公、乐安欧阳文忠公皆卓然有见于道之大概。左提右挈，于是学校遍于四方，师儒之道以立。[①]

宋学的创建对此后宋代学术的全面发展，影响至深。至北宋中期，荆公新学、关学、蜀学、洛学等著名学派的形成，标示着宋学达于鼎盛，并彰显出前期宋学的基本特征。如荆公学派即继承通经致用之学，从经学与社会实际中探索富国强兵之道，通过实践即政治变革以达治国之治。南宋浙东事功学派也继承了从实际、实用、实效出发探索经学的这一学风。甚至前期宋学的治学方法亦为后学所继承，如胡瑗治《易经》的方法，就为“洛学”小程所宗。

2.古文复兴与文风变革

在宋学的创建过程中，文风改革是学者们身体力行的一个重要方面。在承继唐代韩、柳遗风，反对言之无物的四六骈文，力主“文以载道”、恢复古朴文风的古文复兴运动中，山东士子亦作出了杰出的贡献。

古今学者皆已明确指出，北宋前期向晚唐五代时期弥漫文坛的祖尚六四、专务华靡文风提出挑战的古文复兴运动，是首倡于柳开，承上启下于王禹偁，而完成于欧阳修。特别是为清人吴之振《宋诗钞》评价为“独开有宋风气”而对宋初文风变革起着重要作用的，正是山东巨野士人王禹偁。

王禹偁(954～1001)，字元之，因晚年知黄州，故又世称“王黄州”。《宋史》本传称其“词学敏赡，遇事敢言，喜臧否人物，以直躬行道为己任”。其传世著作《小畜集》，为宋初作家作品中之翘楚。他以宗经复古为旗帜，继承韩愈、柳宗元“文以明道”的主张，进一步提出“夫文，传道而明心也”。把“句之易道，义之易晓”作为文章写作的基本原则，是北宋初期首先起来反对唐末以来浮靡文风、倡导平易朴素的优秀作家之一。他批评当时萎靡不振的文风，认为应从根本上予以变革。更把作文、传道与政治实践结合起来，作为论文、治世的基本准则。时人林逋《读王黄州诗集》盛赞他“纵横吾宋是黄州”。宋代文豪苏轼所撰《王元之

① 全祖望:《鲒埼亭集外编·庆历五先生书院记》。

画像赞并序》称道他“以雄文直道独立当世”。今人陈植锷在《试论王禹偁与宋初诗风》一文中也指出,王禹偁第一个提出“传道而明心”的文学主张,为诗文革新奠定了理论基础,是宋初提出向杜甫学习并身体力行的第一人。他最早提倡“句易道,义易晓”之说,开启以平易晓畅为特色的宋代散文的先声,使其成为北宋诗文革新运动的先驱,在中国文学史上产生了积极的影响。[①] 王禹偁当之无愧地成为引领宋代文学风气的先驱者。

继王禹偁之后,山东学者穆修是对宋初诗文革新运动作出杰出贡献的又一代表人物。

穆修(979～1032),字伯长,郓州汶阳(今山东汶上)人,自幼苦读,出口成诵。他治经不专注于章句,而必求于道之本源。真宗大中祥符初年登进士第,初为泰州司理参军,后补颍州文学参军,再徙蔡州,卒称“穆参军”。生平以古文见称于世,被时人视之为文坛旗手。《宋史》本传称他“性刚介,好论斥时病,诋诮权贵,人欲与交结,往往拒之”。他坚持志趣操守,不肯违心随俗。在宋初文坛崇尚杨亿、刘筠声偶之辞,“天下学者靡然从之”之时,“独以古文称”。为倡导古文,他曾四处募捐,刻印韩愈、柳宗元的文集数百部,亲自设肆出售,身体力行地扩大古文的影响。他之所以推崇韩、柳之文风,提倡韩、柳之古文,目的就在于弘扬为文之“古道”。对此,他在《答乔适书》一文中解释说:“夫学乎古者,所以为道。”又说:“道者,仁义之谓也。”穆修虽毕生以实际行动对晚唐五代以来的不良文风进行批判,力倡古文,但传世作品并不多。穆修的学生祖无择于庆历年间,搜集穆修所著诗、书、序、记等文,汇编为集,出资刊印,此即后来收入到《四部丛刊》的影宋钞本《河南穆公集》。清《四库全书总目》评价他“天资高迈,沿溯于韩、柳而自得之。宋之古文,实柳开与(穆)修为之倡。然(柳)开之学及身而止,(穆)修则一传为尹洙,再传为欧阳修。而宋之文章于斯极盛,则其功亦不鲜矣”。

其实在宋初的诗文改革运动中,对时文批判最激烈的,还要数“泰山三先生”之中坚石介。石介曾表示要“体被犀甲,头戴铁鍪,前后驰十万骑,胆气雄烈,无所畏恐”地与西昆派斗争,决心“与二三同志,极力排斥之,不使害于道”[②]。仁宗庆历二年(1042),石介与孙复先后入太学为国子监直讲,酷愤时文之弊,力振古道,反对侈靡浮艳的文风,倡导古文运动,即把骈文作为靶子予以激烈批判。石介作《怪说》一文,对追求辞藻华美、对仗声偶但却思想内容贫乏、缺乏生活气息的西昆体诗风的杨亿们大事挞伐,称提倡西昆体的诗人们是“盲天下人目,聋天下人耳,使天下目盲”的“怪说”,称专事“句读研巧、对偶得当”的骈体时

---

① 参见陈植锷:《试论王禹偁与宋初诗风》,《中国社会科学》1982 年第 2 期。

② 石介:《徂徕石先生文集・上孙先生书》《上范思远书》。

文是“刓锼圣人之经，破碎圣人之言，离析圣人之意，蠹伤圣人之道”[①]，其结果必定是“雕镂篆刻伤其本，浮华缘饰丧其真，于教化仁义、礼乐刑政则缺然无仿佛者”[②]。因此强调赋诗作文一定要像日月星辰自然运行一样有规则、有章法，“为文之旨”要在以教化仁义为本，根于礼乐刑政而后为之。力主文学应“明道”“致用”，倡复汉唐文风。他指斥“时文之弊”无非是以风雷为体，花木为象；辞华为质，韵句为数；声律为本，雕锼为饰；组绣为美，浮浅为容；华丹为明，对偶为纲，郑卫为声，而浮薄相扇，风流忘返，舍弃两仪、三纲、五常、九畴之根本；无复礼乐、孝悌、功业、教化、刑政号令之实质，因此君臣何由明，父子何由亲，夫妇何由顺，尊卑何由纪，贵贱何由叙，内外何由别？强调文章的内容要以道德为准绳，以教化为目的，把文章的政治作用直接和儒家的“三纲五常”联系起来，明确指出：

> 两仪，文之体也；三纲，文之象也；五常，文之质也；九畴，文之数也；道德，文之本也；礼乐，文之饰也；孝悌，文之美也；功业，文之容也；教化，文之明也；刑政，文之纲也；号令，文之声也；圣人，职文者也。君子章之，庶人由之，具两仪之体，布三纲之象，全五常之质，叙九畴之数，道德以本之，礼乐以饰之，孝悌以美之，功业以容之，教化以明之，刑政以纲之，号令以声之。灿然其君臣之道也，昭然其父子之义也，和然其夫妇之顺也。尊卑有法，上下有纪，贵贱不乱，内外不卖，风俗归厚，人伦既正，而王道成矣。[③]

与此同时，曾大力提携孙复、石介等人的范仲淹，亦是宋学建立过程中较早投身古文运动的。天圣三年（1025）在《奏上时务书》一文中，范仲淹就继王禹偁之后，再次提出改革“文弊”、变革文风的意见，并把文风改革提到砥砺社会风化这一政治原则之上，指出“国之文章，应于风化。风化厚薄，见乎文章”，认为“圣人之理天下也，文弊则救之以质，质弊则救之以文。质弊而不救，则晦而不彰。文弊而不救，则华而将落。前代之季，不能自救，以至于大乱”，强调文章实质所在关乎国家盛衰，批评当时“不追三代之高，而尚六朝之细”的西昆体。要求朝廷“敦谕词臣，兴复古道。更延博雅之士，布于台阁。以救斯文之薄，而厚其风化也”[④]，由此主张变革骈文、倡兴古文。他还认为当时诗坛之弊在于“仰不主乎规谏，俯不主乎劝诫”，提出诗歌应以“教化之声”“仁义之醇”承担规谏和劝诫的功能与作用等。[⑤] 因此，范仲淹在宋初古文运动中所作出的贡献亦是非常杰

---

① 石介：《徂徕石先生文集·怪说》。

② 石介：《徂徕石先生文集·上赵先生书》。

③ 石介：《徂徕石先生文集·上蔡付枢书》。

④ 范仲淹：《范文正集·奏上时务书》。

⑤ 范仲淹：《范文正集·唐异诗序》。

出的。

其他山东士子，如“笃学好文，理致高古”的田诰，“博学能文辞”的胡旦，以“著书扶道为己任”的贾同，“少卓逸有大志，好为古文”的刘潜，“诗文皆有为而作”的颜太初等，也都为宋初古文运动作出了大小不一的贡献。因此，说山东士人在宋代古文运动中发挥着中坚作用，山东地区为宋初古文运动的重心地区，是不为过的。

3. 诗文昌盛在山东

山东地区是《诗经》的发源地之一，自古有着浓郁的诗歌传统，长期以来保持着诗人荟萃的文学重心地位。入宋以后，在宋初学风、文风变革的促进下，诗文昌盛，群星璀璨，成为颇具鲜明地域特色的诗歌文学的重镇之一。

当代研究认为，在经过唐代诗歌的空前繁荣之后，诗歌创作在宋代山东地区仍保持着持久不衰的强劲势头，其中不仅有文集传世的文人士大夫留下了相当数量的诗作，即便是在民间，也有“诗社”之类的诗歌创作与欣赏团体出现，甚至市井商贩也纷纷附风弄雅，由此可见诗歌在山东地区的普及程度。① 据《宋史·文苑传》所载，北宋“有诗名”的山东文士就有郓州须城人赵邻几、密州高密人鞠常和鞠愉兄弟、淄州淄川人崔遵度、郓州汶阳人穆修、曹州定陶人刘潜、齐州历城人李冠、曲阜人颜太初、青州人孙唐卿、济州巨野人晁端友和晁补之以及晁咏之父子、济南人李格非和李清照父女等。临淄人王辟之所作《渑水燕谈录》中，则记载了除《宋史·文苑传》所录之外的山东诗人濮州鄄城张咏、济州巨野王禹偁、兖州奉符石介、滨州胡旦、青州寿光于焘、济南明水田诰、临淄麻仲英、青州寿光刘概、淄川王樵、淄川僧文幼、青州寿光张荷、临淄赵师民、青州张在、青州赵文度等。另据宋史学者程民生《宋代地域文化》一书根据《宋诗纪事》所录统计，宋代山东籍诗人多达70余位，诗人数量在北宋各路中居第五位，而在北方地区列第二位。由此显示出宋代山东诗歌文学创作在全国的重要地位。

在宋代山东诗人中，王禹偁不仅是宋初诗文改革运动的先驱之一，而且在诗歌方面也是开拓现实主义新路的代表性作家。钱锺书先生在《宋诗选注》中就指出：王禹偁在“北宋三位师法白居易的名诗人里——其他两人是苏轼和张耒——他是最早的，也是受影响最深的”②。《蔡宽夫诗话》亦云：“国初沿五代之余，士大夫皆宗白乐天诗，故王黄州主盟一时。”其实，王禹偁的诗风不仅宗白，而且也“效杜子美(甫)”。他所创作的《寒食》《清明》《新秋即事》《春居杂兴》《杏花》《村行》等诗，即多带有杜诗风格。

“泰山三先生”之一的石介，不仅在古文运动中批判清算浮艳萎靡的文风，

① 参见仝晰纲等：《齐鲁文化通史·宋元卷》，中华书局2004年版，第372页。

② 钱锺书：《宋诗选注》，人民文学出版社1989年版，第5页。

在诗歌方面也展现出其豪放诗风。他以诗歌为武器，评论时政。其传世之诗作中，大多是因时因事、关注时政有感而发的，抒发了其忧国忧民之忱。

特别是到仁宗时期，豪放诗派成为山东诗坛的主流。其中，以范讽、石延年、刘潜等为代表的诗人群体“东州逸党”（或称“京东诗人群”），即形成具有浓郁山东地域文化特色的诗歌流派。

“东州逸党”之名来源于宋代诗人、颜子48世嫡孙颜太初的长篇五言诗《东州逸党》。据《宋史·颜太初传》称：“山东人范讽、石延年、刘潜之徒喜豪放剧饮，不循礼法，后生多慕之，太初作《东州逸党诗》”以讽之，故有是称。“东州逸党”的成员大多官位不高，甚至是布衣之士，但却关心国计民生，敢做敢言。为文不尚浮艳华丽，更不片面追求形式而为内容空洞的骈体文，特别是在诗作方面独树一帜。宋人叶梦得《石林燕语》卷七载：“天圣、宝元间，范讽与石曼卿皆喜旷达，酣饮自肆，不复守礼法，谓之‘山东逸党’，一时多慕效之。”曾任金乡知县的宋城（今河南商丘）人石延年和济南人范讽、曹州定陶人刘潜，以及历城人李冠和李芝、淄川人王樵、临淄人贾同、安丘人董储等，都具有豪迈放逸、不拘礼法、气魄宏阔、慷慨任气等特点，故能聚合交游，形成独特的诗风。他们还与当时影响颇大的泰山学者石介及京城诗人梅尧臣、苏舜钦、欧阳修等联系密切，南北呼应，朝野相通，因此尽管受到一些非议，却在诗坛引起很大反响。石延年的诗作即被推称为“诗之豪者”。石介的学生杜默，更是当时“粗豪”诗风的典型。苏轼曾说：“石介作《三豪诗》，略云‘曼卿（石延年）豪于诗，永叔（欧阳修）豪于文，杜默豪于歌也’……吾观杜默豪气，正是京东学究饮私酒，食瘴死牛肉，醉饱后发者也。”①此说诙谐而委婉，但却道出了山东诗坛的“豪放”风气。

同时，诸多客籍山东的著名文人欧阳修、曾巩、苏轼、苏辙、黄庭坚、陈师道等，或为官，或旅游，都与山东士人有着交游唱酬。如欧阳修于熙宁元年（1068）知青州，曾巩于熙宁五年（1072）知齐州，苏辙于熙宁六年至八年（1073～1075）任齐州掌书记，苏轼于熙宁七年（1074）先后知密州、登州，黄庭坚于元丰四年（1081）监德州、德平等地时，不仅与当地文人士大夫唱和切磋，而且着力提携青年才俊，这对提高山东诗歌的水平，起到了巨大的推动作用。如苏轼知密州时，慕安丘学者董储之名，曾专门访其故居，拜访董储之子董希甫，并题诗董储故居之壁。尤其是他出任密州知州前后，更有一批山东文人士大夫追随其身边，师法其文风，遂形成了北宋后期山东诗坛上居于重要地位的“苏门弟子”群体，代表人物即有晁补之、李格非等人。

晁补之（1053～1110），字无咎，自号“归来子”，巨野人，是苏门最著名的弟

① 胡仔：《苕溪渔隐丛话》前集卷二五。

子之一，与张耒、秦观、黄庭坚齐名，并称为“苏门四学士”。晁补之的乐府诗颇具影响，所作《豆叶黄》《芳仪怨》等传诵一时。李昭玘评价其诗风“气豪博，辨博俊敏”[①]。《四库全书总目》亦称其“诸体诗俱风骨高骞，一往俊迈”。

李格非，字文叔，济南人，熙宁九年(1076)进士，《宋史》本传称其“苦心工于词章，陵轹直前，无难易可否，笔力不少滞”。其诗作得到南宋诗人刘克庄的赞赏，称其诗“高雅，条鬯有义，味在晁(补之)、秦(观)之上”[②]。

与诗坛的繁荣相比，宋代山东地区的曲词创作成就更巨。作家辈出不穷，群星璀璨。据崔海正《宋代齐鲁词人概观》对山东籍词人的统计，北宋时期传世著名词人就有30余人。[③] 前举程民生《宋代地域文化》一书也有对宋代全国各路著名词人的统计，山东著名词人按数量在北宋诸路中位列第五，在北方诸路中则位居第一。特别是涌现了两位彪炳词坛的杰出作家李清照与辛弃疾，一为婉约派大师，一为豪放派巨匠。

李清照(1084～1155)，自号“易安居士”，济南人，李格非之女。18岁时嫁密州诸城太学生赵明诚。赵明诚(1081～1129)，字德甫，出身于当地望族，酷嗜金石书画。他仿照欧阳修《集古录》体例而撰的《金石录》，是宋代金石学的奠基作品之一。李清照自幼熟读经史，博学强记，尤好诗词。《宋史·李格非传》就称她“诗文尤有称于时”。所著有《易安居士集》《易安词》等均已佚，今存《漱玉词》为后人所辑。她兼擅诗、词、文、赋，尤以词作成就最高，不仅在中国文学史上享有不朽地位，在世界文学史上也享有盛誉。20世纪80年代，国际天文学会即用李清照之名命名水星上的一座环形山，是世界上第一次以中国古代女诗人的名字命名天体。

辛弃疾(1140～1207)，原字坦夫，改幼安，别号“稼轩居士”，济南历城人。忠义气节，是其引以为豪的家族传统。他一生与抗金救国紧密联系在一起，生活在国家民族灾难深重的时代，这也成就了其政治家、军事家同时也是文学家的历史地位。他善于诗文，而尤以词名世，是两宋词坛大家中最多产的词人。其词题材丰富，艺术感染力强，其中多表达家国之忧、抗金复土之志，表现英雄气概和高远理想之作。词风中浸润着其家族文化与齐鲁文化传统的基因，继承并发展了北宋以来的旷达超逸的豪放词风，与苏轼并称“苏辛”，有《稼轩集》传世。《宋史》本传称他“豪爽尚气节，识拔英俊，所交多海内知名士”，与江南著名学者陈亮、朱熹、洪迈、刘过等交游甚笃，结下了深挚的友谊，也得到了他们的高度赞赏。朱熹即称誉他“卓荦奇才，疏通远识。经纶事业，有股肱王室之心。游

① 李昭玘：《乐静集·上眉阳先生》。

② 刘克庄：《后村诗话》卷七。

③ 参见崔海正：《宋代齐鲁词人概观》，中国文联出版社2000年版，第24页。

戏文章，亦脍炙士林之口”[①]。特别是辛弃疾将“东州壮士”的慷慨豪纵之风带到江南词坛，融入微词宛转的南国风韵，极大地提高了宋词的审美境界。时人刘辰翁评价他说：“斯人北来，喑呜鸷悍，欲何为者？而谗摈销沮，白发横生，亦如刘越石。陷绝失望，花时中酒，托之陶写，淋漓慷慨，此意何可复道！”[②]刘克庄亦赞扬说：“公所作大声鞺鞳，小声铿鍧，横绝六合，扫空万古，自有苍生以来所无。其秾纤绵密者亦不在小晏、秦郎之下。”[③]其词作在宋代词坛上堪称一座巍峨的高峰，不愧为一代词坛领军人物，也不愧为中国文学史上的文学巨擘，更成为矗立在中国文学史上一座不朽丰碑。

两大流派的两位大师同时出现于一地，这在当时其他地域是绝无仅有的，亦由此彰显出宋代山东词坛之辉煌。清代山东学者王士禛就说：“张南湖论词派有二：一曰婉约，一曰豪放。仆谓婉约以易安（李清照）为宗，豪放惟幼安（辛弃疾）称首，皆吾济南人，难乎为继矣。”[④]

二、南北政治对峙期的文化交融

宋元时期，尤其是两宋之际，山东地区一大批名门世家与文人士子南下。同时北方的契丹族、女真族和蒙古族亦相继南下，欲“以弓马之利取天下”，先后入主中原。山东地区由此成为南北朝之后我国北方草原游牧文化和中原农耕文化交汇的重要地区，促进了齐鲁传统文化的进一步南传北渐。多区域多元民族文化的相激相荡，不仅极大地促进了山东文化的发展，而且继续扩大着齐鲁传统文化的影响，使此期的山东文化更呈现出生气勃勃、气象万千的时代特色。

1. 士人南迁与南孔文化的影响

两宋之际，随着宋政权的南迁，山东地区大批名门世家与文人士子随之南下，客观上为齐鲁传统文化的南传创造了条件。北宋时期，宋学的中心在北方，学派代表人物也多集中于北方。但随着宋朝政治中心的南迁，学术文化中心亦随之南移。如理学，“中兴以来，始盛于东南”[⑤]。而在南宋理学发展过程中，南迁的山东士大夫便发挥了重要的作用与影响。如：

马伸，字时中，山东东平人，哲宗绍圣四年(1097)进士，为成都郫县丞。徽宗崇宁初年，因范致虚攻击洛学大师程颐以邪说乱朝政，河南府下令驱赶程颐

① 朱熹：《晦庵集·答辛幼安启》。

② 刘辰翁：《须溪集·辛稼轩词序》。

③ 刘克庄：《后村先生大全集·辛稼轩集序》。

④ 王士禛：《花草蒙拾》《婉约与豪放二派》。

⑤ 马端临：《文献通考·选举考》。

门人，从学程颐者所剩无几。而此时马伸却毅然前往拜程颐为师，程颐怕连累他，再三推辞，马伸却愿弃官就学，使程颐深受感动，嘉其有志，特收为徒。此后马伸师从程颐就学，用三年时间学毕《中庸》。南渡后，擢为殿中侍御史抚谕荆湖广南，又改卫尉少卿，寻加直龙图阁。据《宋史》本传载："（马伸）天资纯确，学问有原委，勇于为义，而所韫深厚，耻以自名。居官，晨兴，必整衣端坐，读《中庸》一遍，然后出莅事。每曰：'吾志在行道。以富贵为心，则为富贵所累，以妻子为念，则为妻子所夺，道不可行也。'故在广陵，行箧一担，图书半之。山东已扰，家尚留于郓。常称：'孔子言，志士不忘沟壑，勇士不忘丧其元。今日何日，沟壑乃吾死所也。'"身体力行地宣传义理之学，影响颇大。

又山东人焦瑗，字公路，从学于程颐，精于学业，为时人所誉，南渡后迁居明州。据黄宗羲《宋元学案》记载说，明州学人因"其所言多与杨氏（时）合，于是日益请业，而吾乡之洛学遂日盛"。《学案》还引史浩《史忠定集》之言说："先生以布衣入钱塘，声称满朝。丞相赵丰公方振洛学，已起用和靖、汉上诸老，欲荐先生，力辞不可，丰公至，尊礼之。已而先生来寓大涵之麓，居人颇藉藉道。先生家居必修容，虽见妻子不少惰，出与物接，动必中礼，后生辈多远之，而习为夷居之流者甚且非笑之，而先生不顾也。已而渐有从之者，望之俨然，即之温然，则已心折。及详叩其议论，则有大过人者，始皆顾附讲席，而信丰公之誉为不虚。及先生殁，而弟子遵其礼法，如先生无恙时。虽极贵显者，其容止庄敬，衣冠端严，人之见之，不问皆知其为先生弟子也。"[①]由此可见焦瑗当时影响之大。

还有东平人刘芮（1108～1178），字子驹，号顺宁，世守家学，不求闻达。南渡后居于湘中，虽生活贫困，却志于学问，师事南宋著名经学家和湖湘学派创始人胡安国，深得其学，所修粹然纯正，著《顺宁集》20 卷。杨万里曾评价其人其学说："子驹长于嗜古，短于谐今；工于料理，拙于售世。遇合之诎而幽独之伸，流靡之憎而强毅之悦。故其人落落，其心忧忧。初若不可亲，而久乃不可离。"[②]其弟子张栻、张构后皆为南宋著名思想家。

再有鲁人林宪，字景思，初寓吴兴，后徙居临海。从学于尹淳的弟子徐度。学业精湛，有《雪巢小集》，被称为"有得于和靖（尹淳）之教者"[③]。

而在南下山东士大夫中，对南宋文化发展有着重大影响并作出杰出贡献的，其实还要举李清照和辛弃疾。他们的文学创作，极大地影响了南宋文学的发展。甚至在语言方面，也在很大程度上影响了南宋学者，这正如后来元人虞集为周德清《中原音韵》一书所作序言中所说的："辛幼安自北而南，元裕之（好

① 黄宗羲：《宋元学案·刘李诸儒学案》。
② 黄宗羲：《宋元学案·元城学案》。
③ 黄宗羲：《宋元学案·和靖学案》。

问)在金末国初,虽词多慷慨,而音节则为中原之正,学者取之。"特别是北方地区的戏曲、曲艺、音乐艺人等,此时也多流落南方,直接融入并促进了南方民间艺术文化的创新和发展。时人严灿《观北来倡优》诗即曰:"见说中原极可衰,更无飞鸟下蒿莱。吾侬尚笑倡优拙,欲唤新翻歌舞来。"[①]生动地描写了北方民间艺人在南方的活动。耐得翁《都城纪胜》即记载:"杂扮,或名杂旺,又名纽元子,又名技和,乃杂剧之散段。在京师时,村人罕得入城,遂撰此端,多是借装为山东、河北村人,以资笑。今之打和鼓、捻梢子、散耍皆是也。"[②]由此可以看出,这些说唱艺术的发展显然也与包括山东地区在内的北方移民南迁有关。

尤其是在南迁山东士人中,被今天学术界所特别关注且富有研究成果的,是南宋建炎三年(1129)孔子第48世孙、衍圣公孔端友奉孔子和亓官夫人楷木像、朝廷所颁赐的奉祠铜印、诰敕以及家谱等,随宋政权南迁并族居衢州,由此形成的孔氏南宗并逐渐凝结为的孔氏南宗文化。

史称衍圣公孔端友及其族人在获朝廷赐家衢州后,即于绍兴六年(1136)在衢州州学大成殿内设立孔氏南宗家庙,以例祭祀。并于绍兴六年和绍兴八年(1138)两次获朝廷赐田且免除赋税,以供按时祭祀并赡养南宗孔氏族人。宝祐元年(1253),鉴于家庙借用州学不利于祭祀和陈列等活动,衢州知州孙子秀奏请朝廷并拨款,正式建立了位于衢城东北的颇具曲阜家庙规制风格的孔氏南宗菱湖家庙,龙图阁大学士、礼部尚书赵汝腾为之碑记。景元元年(1276),菱湖家庙毁于兵燹,衍圣公孔洙即将孔子和亓官夫人楷木像等重要文物移至己家,以家为庙,后建家庙于城南。孔氏南宗家庙的历代修葺,是不绝于斯的孔氏文化的鲜明体现。与孔氏南宗家庙相并存的,是南宗孔府的长期延续及其孔氏族人的政治、经济、文化贡献。绍兴二年(1132),衍圣公孔端友去世后,高宗即诏以其子孔玠为右承奉郎袭封衍圣公,形成南渡后的衍圣公传承体制。此后南宋朝廷共赐封孔氏南宗的四代嫡长孙先后袭封衍圣公。到元至元十九年(1282),孔子第53世孙孔洙将衍圣公爵让与曲阜族弟孔治,南宗自此失去爵位,衍圣公爵复归曲阜孔氏族裔。

但南孔并没有因此销声匿迹,其后裔们仍或通过参加科举入仕,或通过恩例授官,以及经济上享有的赐田免差徭等,保持着望族身份而名贤辈出,使南孔文化不断发扬光大。据现代学者徐映璞的《孔氏南宗考略》记载统计,孔氏南宗在南宋时期即有名贤26名,在元代有名贤33名。其中入仕为宦者,多能继承发扬儒家倡导的政治思想,重视社会教化,主张宽仁爱民,恪尽职守,任职一方,造福百姓,在政治上有所作为。特别是南宗士人中多任学官,他们积极投身当

① 陈起:《江湖小集·严灿华谷集·观北来倡优》。

② 耐得翁:《都城纪胜·瓦舍众伎》。

地学校教育，创办书院等，在推动学校教育与文化发展中扮演着重要角色。同时也涌现一批饱学之士，许多南宗士人皆著述颇富。如：为开创南宗基业发挥重要作用的孔氏族长孔传，所著就有《杉溪集》《洙南野史》《孔氏六帖》《东家杂记》《孔子编年》《阙里祖庭记》等，其中《孔氏六帖》作为对白居易《白氏六帖》的补充与完善，后人合刊为《白孔六帖》，具有较高的学术价值，同时也具有突出的文献学价值。又如曾任柯山书院山长的第50世孙孔元龙所著有《柯山讲义》《论语集说》《鲁樵斐稿》以及《洙泗言学》等，其中《洙泗言学》就被其师、著名理学家真德秀评价为"使学者之所以为学"之作。

总之，孔氏南渡及其孔氏南宗文化，无论在孔氏家族史还是在中国文化史上，皆具有重要影响和不可磨灭的历史意义。吴锡标等著《孔氏南宗与浙西南社会变迁研究》一书即论述认为："南渡过程中，孔氏族人充分展现了孔氏家族始终秉持的诗礼精神、忠义襟抱以及勇者气局，真可谓惊天地、泣鬼神。孔氏南迁并赐家衢州，使衢州成为闻名遐迩的'东南阙里''南孔圣地'。然而，我们必须看到，这一事件不仅仅是衢州之幸事，而且是浙西甚至是南方地区之幸事。从教育层面上说，孔氏之南渡使浙西南士人和民众得以与'圣裔'为邻，近距离地仰其风神、闻其教诲、观其风范。从学术层面上说，孔氏之南渡推动了浙西南地区以儒学为核心的学术发展、文化交流，促进了中原文化与浙西南文化的融合与发展，从而极大丰富了当地文化的内涵。从社会文明层面上说，孔氏之南渡使广大的浙西南士民如沐春风，底蕴深厚的孔氏宗族文化与当地各望族的宗族文化形成一股合力，对民风民俗和社会环境的改善发挥了良好的示范作用，对推动当地的文明进步和社会发展产生了重大作用。所有这些，从不同侧面展现了南孔文化的丰富内涵和历史影响。"①

2.金元王朝的"汉法政治"与北方儒学复兴

金元时期是我国历史上又一次民族大融合时期，也是民族文化交融的重要时期。一方面是中原文化对北方草原游牧文化的影响与吸收，另一方面是北方草原游牧文化对中原文化的影响与融合。

宋金对立时期的山东地区，长期处于双方军事前沿接触地带，而随着金军对山东的全面占领以及大批猛安谋克户徙移山东，从而使山东地区成为女真文化与齐鲁传统文化相互学习、相互融合的重要地区。金朝统治者南下过程中，曾在其新占领的中原地区极力维护和推行女真文化，如强令削发、禁穿汉服等，但却逐渐接受中原文化。因此，金朝前期，金朝统治者一方面规定"事无大小，一依本朝旧制"②；但另一方面，又不得不采取与新占领区相适应的政策，逐渐形

① 吴锡标、刘小成、张慧霞：《孔氏南宗与浙西南社会变迁研究》，浙江大学出版社2010年版，第1页。

② 《金史·太宗本纪》。

成多种制度并存的局面。金熙宗时期的政治改革，就明令宣布废除女真勃极烈制，采用汉官之制，任用汉人为官，使一大批汉族士大夫进入女真统治层。在生活方式乃至生产方式上，也逐渐向中原看齐，对南迁的猛安谋克“计口授地”，使金朝的封建地主土地占有关系得到快速发展，逐步瓦解着猛安谋克制。以致广占土地的女真贵族也都“尽令汉人佃莳，取租而已。富家尽服纨绮，酒食游宴”①，逐渐演变为封建地主，事实上促进了民族融合与文化交融。当金世宗询问山东猛安谋克的生活情形时，大臣唐括安礼即奏对说：“猛安人与汉户，今皆一家，彼耕此种，皆是国人。”②已清楚地表明即使在女真统治者眼中，女真人与汉人已没有多大区别。特别是倾慕中原文化的金章宗，即位前就熟读《尚书》《孟子》等儒家典籍，即位后更规定按时祭祀前代帝王，“变夷狄风俗，行中国礼乐”③，“又数问群臣汉宣综核名实、唐代考课之法，盖欲跨辽宋而比迹于汉唐”④，以此显示金王朝是继承中原王朝的正统统治。这些皆已表明女真封建化的基本完成。

而在中原文化与女真文化的融合过程中，山东儒学及其传统文化无疑对金朝政治有突出的影响。特别是在宋廷南迁，中国的学术中心南移后，北方的学术文化却在山东、河北、河南各地士大夫的着力弘扬之下，始终延续发展而未断绝。故《金史·文艺传》序云：“世祖以来，渐立条教。太祖既兴，得辽旧人用之，使介往复，其言已文。太宗继统，乃行选举之法，及伐宋，取汴经籍图，宋士多归之。熙宗款谒先圣，北面如弟子礼。世宗、章宗之世，儒风丕变，庠序日盛，士由科第位至宰辅者接踵。当时儒者虽无专门名家之学，然而朝廷典策、邻国书命，粲然有可观者矣。金用武得国，无以异于辽，而一代制作能自树立唐、宋之间，有非辽世所及，以文而不以武也。”⑤

通过科举入仕金朝的山东士大夫，在金代政治生活中发挥着尤为突出的作用。金章宗时东平东阿人张万公为御史中丞，时蒙古屡犯北方边境，章宗欲发兵出击，张万公便以儒家安民思想为出发点，劝说章宗“劳民非便”而罢兵。明昌年间有司建议在西北临潢至泰州之间开筑壕堑以备兵，但由于风沙太大，开挖后不久即被风沙填平，三万余人数年未成，张万公为此又奏请“劳民之久，恐伤和气”而罢之。山东、河北一带因干旱严重、粮价腾贵，当时任参知政事的张万公便再上书朝廷“修饬人事。方今宜崇节俭，不急之务、无名之费，可俱罢

① 《金史·食货志》。
② 《金史·唐括安礼传》。
③ 刘祁：《归潜志·辩亡》。
④ 《金史·章宗本纪》。
⑤ 《金史·文艺传》。

去”。金章宗不仅听纳其建议，并依张万公所言下诏罪己。又如曹州济阴（今山东曹县西）人贺扬庭，天德三年（1151）进士及第，因刚直果断、敢于直言受到金世宗的赏识。他任山东东西路提刑使时，亦以儒家伦理为察事标准，疾恶扬善，受到人们的尊敬。再如济南人范拱，字清叔，深于《易》学，世宗大定年间任为太常卿，有人建言另议“五岳”祭祀时，他以违背儒家精神而予以反对。由此可见，提倡儒家思想是当时山东士大夫参政议政的出发点和归宿，无疑对金朝政治统治有着积极的影响。

特别是山东地区为儒学的发源地，入金以后的山东士大夫们皆能身体力行，坚守齐鲁文化传统，着力弘扬儒学。如平阴人王去非，字广道，谥号“淳德”，自少倾心儒学，为文章而不喜欢为科举考试的应景之作。他对六经、诸子百家之书，无所不窥，务求融会贯通，深得义理。又杂读老庄、释氏诸书，采纳其理要之旨而贯穿融合到儒学之中，要在本于“修身养性之道，自信而力行之”[①]。大定年间，他居乡里讲学授徒，继承韩愈、欧阳修的道统思想，以尧、舜、周、孔之道为诸儒倡，其品格和学问受到时人的尊崇，故四方之士，翕然向风，追随者不下数百人。他的弟子周驰，亦长于经学词赋，“资性古雅，而以襟量见称”，更通过自己的讲学授徒来影响乡里，颇有声望，“乡人强以子弟从之学”[②]。王去非的学生中，最闻名的还是金朝一代名士党怀英与赵沨。党怀英（1134～1211），字世杰，号竹溪，泰安州奉符（今泰安）人，工诗善文，“当时称为第一，学者宗之”[③]，是明昌年间的文坛盟主。与其齐名的赵沨，东平人，“甚有时誉”[④]，官至应奉翰林文字兼史馆编修官。尤擅长书法，与同为书法名世的党怀英齐名，时人号称“党赵”。

之后对金代文化发展作出建树的还有高霖、张暐与张行简父子、李世弼与李昶父子、张特立等学者。

高霖，东平人，大定二十五年（1185）进士，以父忧归乡里，教授生徒，常有数百人。

张暐，字明仲，莒州日照人。博学多识，正隆五年（1160）进士，章宗时拜礼部尚书，在朝倡导儒家仪礼，居家课子孙儒经。《金史》本传即载：张暐“斋居与子行简讲论古今，诸孙课诵其侧，至夜分乃罢，以为常。历太常、礼部二十余年，最明古今礼学，家法为士族仪表”[⑤]。其子张行简，亦聪颖力学，淹贯经史，大定

① 党怀英：《醇德王先生墓表》，《全辽金文》，山西古籍出版社 2002 年版，第 1053 页。

② 元好问：《中州集・迂斋先生周驰》。

③ 《金史・党怀英传》。

④ 《金史・赵沨传》。

⑤ 《金史・张暐传》。

十九年(1179)中进士第一，除应奉翰林文字，历擢翰林修撰、礼部郎中、礼部侍郎、礼部尚书兼侍讲、同修国史等，累迁太子太傅、翰林学士承旨，所撰有《礼例纂》等，对弘扬儒家礼仪文化贡献颇大。故《金史》赞曰："张暐、行简世为礼官，世习礼学。其为礼也，行于家庭，讲于朝廷，施用于邻国，无不中度。古者官有世掌，学有专门，金诸儒臣，唯张氏父子庶几无愧于古乎。"[①]

李世弼，东平须城(今山东东平)人，少"从外家(即东平刘挚家族)受孙明复《春秋》，得其宗旨"[②]。宣宗兴定二年(1218)，与其子李昶同科考试入选，李昶中第二甲第二名，他中第三甲第三名，时人把他们父子比作汉代刘向、刘歆父子。李氏父子皆以治《春秋》而名显一时。李世弼中第后没有做官，晚年教授于东平府学。李昶入仕为官，至吏礼部尚书。据《元史》本传载，他对元初朝廷"品格条式，选举礼文之事，多所裁定"，对元代制度礼乐的制定贡献颇多，所著有《春秋左氏遗意》《孟子权衡遗说》等。

张特立，字文举，号"中庸先生"，曹州东明人，泰和三年(1203)中进士第，初任宣德州司候，复调莱州节度判官，不赴。《宋元学案》将他与刘宿、李简等人列为程颐在北方的续传弟子。金末山东东平一带为文士们的汇聚之地，张特立因此在东平聚徒传授程氏之《易》学，并和友人相互切磋研究理学。莱芜学者李简在《学易记》序言中说：岁壬寅(1242)，"予自泰山之莱芜挈家迁东平时，张中庸(特立)、刘佚庵(肃)二先生与王仲徽辈方聚诸家《易》集解而节取之，一相见遂得厕于讲席之末，前后数载，凡读六七过，其书始成"[③]。

入元以后，元朝统治者加快实施"汉法政治"的步伐，世祖忽必烈即采纳许衡所上《时务五事》的建议："北方之有中夏者，必行汉法乃可长久。"[④]因势利导，进行了一系列的"汉法政治"改革。其中主要的措施之一，就是兴学立教、推重儒学，把兴学立教作为执政之首务，以"宣政化、励风俗为先"[⑤]。中统初年，命置诸路学校官，山东各路也皆置教授、学正、学录官等学官，还设医学、阴阳学等。并要求各地亲民官"以学校为先务、教养为己任"，"务兴学校，以平易治之"。[⑥]下诏崇奉孔子，建孔子庙学。尤其是如元仁宗更大肆尊孔崇儒，即位之初即命官员到曲阜以太牢祭祀孔子，以宋儒周敦颐、程颐、程颢、张载、邵雍、司马光、朱熹、张栻、吕祖谦以及元儒许衡从祀孔子庙，把儒学作为维护统治秩序的官方哲学加以尊崇，规定各级州县学校以及各类私学都要把程朱理学作为基本教材。

① 《金史·张行简传》。
② 黄宗羲：《宋元学案·泰山学案》。
③ 李简：《学易记》卷首。
④ 苏天爵：《元文类》卷一三，许衡《时务五事》。
⑤ 《元史·不忽木传》。
⑥ 《元史·谙都剌传》。

还实行优免儒户的政策，在原来的“凡业儒者，试通一经，即不同编户，着为令甲”的政策基础之上，进一步规定“从实分拣”儒户户籍，凡“能通文学者，依例免差”，并且规定“诸色人户下子弟读书，深通文学者，免本身杂役”[①]。这对笼络人心是极为有成效的。特别是元朝统治者大力倡导佛、道，通过移风易俗，收拾人心，也促进了山东地区的佛教与道教信仰日趋兴盛。

3.东平府学及其文化影响

金元之际的政权递嬗，对当时社会政治、经济、文化等各方面皆予以深刻的影响。在这一动荡的历史大潮中，以东平府学为核心的东平地区成为北方地区的重要文化学术中心，这既有历史的因素，也有时势的机遇，但根本原因还是基于山东地区悠久的文化传统。

山东地区的学校教育历史悠久，宋代以前就已经比较发达。史称隋唐以后，自“京邑达乎四方，皆启黉校。齐、鲁、赵、魏，学者尤多，负笈追师，不远千里，讲诵之声，道路不绝。中州儒雅之盛，自汉、魏以来，一时而已”[②]。入宋之初，宋朝统治者即确立了“兴文教”的基本国策，故有宋一代，先后有三次大规模的兴学运动。而山东地区作为京畿重要地区，从真宗大中祥符末年兖州知州孙奭于孔庙创建兖州学，即开宋代地方兴学之先河。此后宰相王曾罢相回家乡任知青州创办青州学，知莱州李定创建莱州学，王曾再建郓州学，齐州知州李恭新建齐州学，博州知州徐爽建博州学等，就使山东地区的官学教育渐具规模，并涌现一批著名教育家。其中曹州济阴（今山东菏泽）人邢昺就是北宋前期教育界的元勋之一，密州诸城人赵挺之进士中第后，被选任登州、棣州州学教授，成绩卓著，后至相位。

入金以后，金初两代皇帝太祖、太宗都重视科举取士，金世宗更倾心教育与选士，大定年间兴学教化蔚然成风，一直延替至章、宣二朝，故史称“世宗、章宗之世，儒风丕变，庠序日盛”[③]。其中益都、济南、莱州、密州以及东平等地所置学，规模都较大。特别是金代制度明确规定，各府、州、县各级官学及各学学生皆有一定名额，定制全国府学24所，生员900余人。其中山东地区的益都府学50人，济南府学40人，而东平府学则为60人，是学生人数最多的地方官学之一。因此有金一代，山东官学中即以东平府学最为昌盛。金正隆宰相刘长言，泰和之后的宰相平章政事张万公、参知政事高霖、平章政事侯挚等，皆出自东平府学。一所学校能出数位宰相，足见其学术地位之高和影响之大。

但东平府学自金贞祐以后便逐渐荒废，直到金元之际严实入主东平后才重

① 陈高华点校:《元典章·户口条画》。

② 《隋书·儒林传序》。

③ 《金史·文艺传序》。

现辉煌。

严实（1182～1240），字武叔，泰安长清人，宋金之际蒙古军南下攻金之时，趁机起兵，后降蒙古，入据东平建东平行省，后被授予东平路行军万户。严实虽系武人出身，但深知兴教办学培养人才对于维护社会安定和发展一方经济的重要性，因此喜欢结交儒士文人，以致"士子有不远千里来见者"。金亡以后，流落在各地寻找出路的儒士文人不少都被严实及其继任者、其子严忠济所收容，一时间各地名士如宋子贞、王盘、康晔、李昶、刘肃、张特立、徐世隆、张旷、商挺、杜仁杰、元好问等都集中于东平，甚至金代衍圣公孔元措也被接到了东平，"故东平人物之盛为诸道最"。[①]

为兴教办学，严实对东平府学进行了修缮，聘请当时名士宋子贞为行台详议官兼提举学校，延请康晔、王盘、商挺、杜仁杰等为教授，著名诗人元好问则被礼聘主持东平府学考试，著名文学家张养浩也曾任东平府学正。严实去世后，严忠济复将府学予以重修，增建了礼殿、贤廊等，其他如"栖书之阁、豆笾之库、堂宇斋馆，庖湢庭庑，故事异举而崇饰倍之"[②]。学校条件的完善，不仅改善了在学任教学者们的工作、生活条件，更吸引了一大批优秀生徒入学。

在东平府学的学者中，对弘扬学术、传承儒家文化作出贡献并影响较大者，有康晔、李昶、王盘以及元好问等人。

康晔，字显之，号淡轩，高唐人。其师为同郡人阎咏，承安中擢词赋第一，官至应奉翰林文字，所著有《复轩集》。康晔正大元年（1224）擢词赋进士甲科，金亡北归，受聘于东平，在府学任儒林祭酒并讲授《书》经，所著有《淡轩文集》。其弟子阎复在《乡贤祠记》一文中，曾论其学问、操守说："至若淡轩先生之笃信好学，六经子史无所不窥，发为词章，仁义之言蔼如也。平居论学，言必称师。其诲人则曰：'予不足法，当以希圣、希贤自期。'又尝云：'圣人之道，自徐行后长者始。盖以操行为先，文艺为末。世之言醇儒者，率以先王为首称。'"[③]可知康晔非常重视对学生儒家操行的培养，以古圣先王为准则。在文、道关系上坚持"操行为本，文艺为末"的主张，体现出与急功近利的应举之学明显不同的气象。康晔培养了众多的学生，亦如阎复在《乡贤祠记》中所说："自复斋徐公（世隆）接武始，国子祭酒、集贤学士周砥，翰林学士承旨李谦，江西行省参政、翰林学士承旨徐琰，翰林供奉、淮东提刑按察使孟淇，礼部尚书、集贤大学士张孔孙，集贤学士刘琵，国子司业杨桓，吏部尚书、翰林学士夹谷之奇，扬历馆阁者十余人，司风宪、握郡符暨不求闻达者尚众。"

① 苏天爵：《元朝名臣事略·太常徐公》。

② 元好问：《元好问全集·东平府新学记》。

③ 阎复：《乡贤祠记》，李修生编：《全元文》，凤凰出版社2006年版，第250页。

李昶，字士都，李世弼之子。金亡后依附东平严实，擢为行军万户府知事。严忠济时升为经历官，后为东平府学教授。其居东平二十多年，身边聚有大批问学者，“鲁诸生执经受业者，前后非一”[①]，可见其影响之大。

王盘，字文炳，号鹿庵，广平永年人，金正大四年《易》经进士。蒙古攻金时，避乱于淮、襄间。元太宗八年(1236)，北归投奔严实，被聘为师。严忠济作新府学，聘王盘为西序教官。他在学术渊源上与理学关系密切，曾随金朝经学名家麻九畴学。而麻九畴“初因经义学《易》，后喜邵尧夫(邵雍)《皇极书》，因学算数，又喜卜筮、射覆之术”，并“为文精密奇健，诗尤工致”[②]。《宋元学案补遗》将麻九畴列为邵雍续传，王盘又被列为麻氏门人，从中可见王盘之深厚学术渊源。而在学术上，王盘不仅熟习邵雍数理之学，而且还接触到了程朱之学，史称其“程朱性理之书，日夕玩味，手不释卷，老而弥笃”[③]，为理学在北方地区的传播作出了贡献。

特别值得提及的是著名学者元好问在东平府学的筹建、教学与管理中所作出的贡献。元好问(1190～1257)，字裕之，号遗山，山西秀容(今山西忻州)人。太宗十年(1238)至东平，被礼聘校试诸生文。所著《东平府新学记》，是其教育思想的重要阐发，特别强调教化是治国根本。

东平府学培养了许多杰出的人才，其中大多出仕为元朝中央和地方各级政府的官员，在元初政坛上发挥了重要作用。同时作为学者，他们又在经学、文学、史学等各方面作出了杰出贡献。如至元二十年(1283)时任山东东西道提刑按察使的胡祗遹即说：“今内外要职之人才，半出于东原府学之生徒。”[④]元代著名学者袁桷也称元廷的翰林院与国子监之职诰令、授经籍者，东平之士十居六七，说：“郓之得人，号称至盛。而阎(复)、徐(琰)、李(谦)、孟(祺)，世名以四杰焉。”[⑤]

阎复(1235～1312)，字子靖，号静轩，高唐人。幼入东平府学，师事康晔，“康大器之”。学成后先为东平行台书记，后经王盘荐举为翰林应奉文字，累迁翰林学士承旨、知制诰、修国史，晋荣禄大夫，遥授平章政事致仕。时人袁桷说：“自至元至于大德，更进迭用，诰令典册，则皆阎公所独擅。”称他“在翰林最久，

---

① 苏天爵：《元朝名臣事略·尚书李公》。

② 《金史·麻九畴传》。

③ 苏天爵：《元朝名臣事略·内翰王文忠公》。

④ 胡祗遹：《泗水县重建庙学记》，李修生编：《全元文》，凤凰出版社 2006 年版，第 359 页。

⑤ 袁桷：《清容居士集·翰林学士承旨荣禄大夫遥授平政事赠光禄大夫大司徒上柱国永国公谥文康阎公神道碑铭》。

赞书积几，高下轻重，拟议精切，诵以为楷"[①]。阎复还先后上疏奏请于京师建宣圣庙、恢复曲阜守冢户、设置孔林洒扫户、设置祀田以及大德元年加封孔子至圣封号等，为元代文化事业的发展建树颇多。

徐琰(？～1301)，字子方，号容斋，东平人。在东平府学结业后，先任陕西行省郎中，后累迁江南浙西肃政廉访使，召拜翰林学士承旨。《宋元学案补遗》称其"有文学重望，江南人士重之"[②]。

李谦(1234～1312)，字受益，世称"野斋先生"，东阿人。据《元史》本传记载，他早在东平府学就学时，即"日记数千言，为赋有声"，曾专门从李昶治《春秋》，从康晔学《书经》，与徐世隆、孟祺、阎复等齐名。学成后先为东平府学教授，慕其声名，各地学子纷纷赴东平府学就读，故府学一时"生徒四集"。后被荐入朝为应奉翰林文字，累迁翰林承旨。为世祖、成宗、武宗、仁宗四朝元老，深受器重。在至元、大德年间，他与孟祺、阎复、徐琰"并以文学、政事为世典型"，被时人尊称为东平"四大老"。为文"醇厚有古风，不尚浮巧，学者宗之"[③]。现存元代山东地区的儒学记，如《重修高唐庙学记》《重修成武庙学记》《冠州庙学记》《重修济州庙学记》《重修泰安州庙学碑记》等，即多出其手。李谦弟子众多，据《宋元学案补遗》所载，其学生中闻名于时者即有曹伯启、李之绍、王构等人。

孟祺(1231～1281)，字德卿，宿州符离(今属安徽)人。据《元史》本传记载，他自幼"早知问学，侍父徙居东平。时严实修学校，招生徒，立考试法，祺就试，登上选"[④]，为"东平四杰"之一。初辟东平行台书记，由廉希宪、宋子贞荐擢为国史院编修官，累历应奉翰林文字、山东东西道劝农副使、嘉兴路总管等，为政首以兴学为务，创立规制颇多，影响一方。

东平府学其他有成就者还有张孔孙、杨桓、夹谷之奇、刘赓、马绍、申屠致远等人，使东平成为元初名副其实的人才之地，更成为当时北方地区的教育文化中心，在对有元一代社会政治、教育文化的发展产生巨大影响的同时，也极大地促进了山东传统文化的发展。《元史·宋子贞传》就记载说：东平府学复建之初，"四方之士即闻风而至，故东平一时人材多于他镇"。及后"康晔、王盘为教官，招致生徒几百人。出粟赡之，俾习经艺。每季程试，必亲临之。齐鲁儒风，为之一变"。[⑤]

特别是当时南北各地礼乐文物荟萃于此，大批歌伎乐工归依而至，遂使东

① 袁桷：《清容居士集·翰林学士承旨荣禄大夫遥授平政事赠光禄大夫大司徒上柱国永国公谥文康阎公神道碑铭》。

② 《宋元学案补遗》卷二。

③ 《元史·李谦传》。

④ 《元史·孟祺传》。

⑤ 《元史·宋子贞传》。

平成为当时大都之外又一个重要的杂剧曲艺文化中心，涌现一批优秀杂剧作家，使宋元之际新兴的杂剧艺术在此获得了长足的发展，对元代戏曲艺术的发展影响颇大。据时人钟嗣成《录鬼簿》所载，当时活跃在东平戏曲舞台上的优秀剧作家即有杜仁杰、高文秀、张时起、顾仲清、张寿卿、李好古、赵良弼、陈无妄等。杜仁杰是金元之际的散曲大家，他诗文俱佳，而尤以散曲名世，又是东平府学的主要人物之一，在他的影响和带动之下，东平地区涌现了一大批优秀的散曲作者。而其中成就最高的是东平人高文秀，时人把他与号称“元曲四大家”之首的关汉卿相比，称为“小汉卿”。

此外，棣州康进之、益都王廷秀、长清杜善甫、济南张养浩、章丘刘敏中、汶上曹元用等戏曲家，亦先后在东平或求学，或任职，或任教，或游历，从不同方面共同推动了东平作为杂剧艺术中心的较快发展。而随着其中一部分人后来出仕或游历江南等地，起到了使北剧南移的桥梁作用，对杂剧艺术在全国的推广和流布，乃至形成有元“一代之文学”，皆发挥了极大的促进作用。

三、道、佛并隆与民间的多元神祇信仰

自唐代以后，王朝统治者在倡导儒学的同时，对佛、道也持支持和提倡的态度，从而在政治思想领域呈现出儒、道、佛三家由相互排斥到同存共荣的发展趋势。入宋以后，由三教并兴所演化融会形成的宋学，面貌一新而有别于汉唐之学，开启了中国思想史上的新阶段。而到金元时期，儒、佛、道进一步合流，促进了道、佛并隆，形成了全新的道教流派全真教，佛教之禅宗派也盛极一时，民间多元神祇信仰日趋普遍。这其中，山东地区的传统文化对此期的三教合流有着重大影响，而三教合流又进一步丰富了山东区域传统文化的内涵。

1.道教尊崇与全真道的兴隆

山东道教文化有着悠久的历史和丰富的内涵。山东地区是早期道教的发祥地，又是后期道教的发展地，在中国道教史上具有重要的地位。现代学术研究表明，唐宋时期特别是入宋以后，是道教发展的又一高峰期。而两宋之际则是前后道教发展的明显分界线，北宋道教仍然沿袭隋唐以来的旧传统，以道法为主体。而入金以后，以炼养为主的全真道等新道派产生，从而使道教的发展呈现出更加丰富多彩的面貌。[①]

自宋初起，朝野上下即尊崇道教。开宝二年(971)二月，宋太祖即诏“前代祠宇各兴崇修”[②]，各地遂陆续大规模重修或新建道观。如在沂山，建隆三年

① 参见任继愈主编:《中国道教史》，上海人民出版社 1990 年版，第 472 页。

② 徐松:《宋会要辑稿》礼二〇之一。

(962)朝廷即专门下诏,由官府大规模扩建东镇庙,前后建道舍90余楹,在其附近又陆续兴建60多座道观,形成山东著名的道观密集区。在崂山,就有道士刘若拙,自号"华盖先生",早年修道于四川罗浮山,后到崂山,太祖亦拨巨资为其修建道场,这就是崂山著名的太平宫、太清宫和上清宫三座道观。刘若拙的弟子单州单父(今山东单县)人甄栖真,字道渊,号"神光子",史称其"博涉经传,长于诗赋"①,举进士不第后,遂弃其业,以读道家书自乐,至崂山师从刘若拙,后出游京师入建隆观为道士,与刘若拙一样,遂为宋初著名的道士。此后宋朝历代统治者大多恪守太祖尊崇道教的方针,使道教获得不断的发展,并出现了真宗和徽宗时期尊崇道教的两次高潮。

掀起北宋历史上第一次崇道高潮的宋真宗,为粉饰太平,夸示功业,先后举行了东封泰山、西祠汾阴、尊崇圣祖、广建道观等一系列活动,这客观上促进了北宋道教的发展。而山东地区作为最主要的受益区,道教在此期获得较快发展。到宋真宗末年,山东地区的道观数量已超过都城东京开封、河北、河东、陕西等其他北方地区,而成为北方道教最为繁荣的中心。这一时期山东地区以泰山和位于曲阜的寿丘,道教发展最为突出,呈现出与原有道教中心崂山、沂山鼎足而立的趋势。真宗封禅之后,泰山神加号为"仁圣天齐王",后又被尊为"东岳天齐仁圣帝"。张君房奉命编撰《云笈七签》时,已把泰山列为道教三十六洞天之第二位,正式把泰山众神融入到道教神仙体系之中。真宗还把历代帝王封禅泰山的行宫奉高宫更名为"会真宫",改建为道观,在泰山兴建或扩建了天贶殿、昭真观、天书观、乾元观、真君观等道教建筑。对后世影响颇大的泰山道教神碧霞元君崇拜,也从此逐渐发展起来。而道教在曲阜寿丘的异军突起,则主要得益于真宗在该地尊崇被赵氏统治者所编造尊崇的号称"上灵高道九天司命保生天尊大帝"的"圣祖"与"圣祖母",因而在寿丘大规模兴建景灵宫、太极观等宫观共1320余区,景灵宫也成为与开封玉清昭应宫并驾齐驱的最为宏大的道教建筑之一,曲阜因此还改名为仙源县。

到宋徽宗时期所掀起的北宋历史上规模更大的崇道高潮,山东地区仍然是最主要的受益者,特别是许多山东道教人物此间获得朝廷礼遇与青睐而颇为活跃。如滨州道士刘卞功被赐号"高尚真人";濮州雷泽道士魏二翁被召见京城;临沂道士贾文也因获皇帝召见、赐紫衣而得以于蒙山阳广建殿宇,聚徒传道;濮州临泉(今山东鄄城境)道士王老志亦被诏封"洞微先生",成为当时山东道教的代表性人物。

尤其是这一时期山东道教的地域分布有了新的变化。继崂山之后,胶东滨

① 《宋史·甄栖真传》。

海地区又崛起了以昆嵛山为中心的道教新区。昆嵛山地区既有山海相连的秀丽风光,又富蕴神仙道教文化底蕴,早在魏晋南北朝时期,这里就已有道教活动。唐、五代时期,这里修建了三清殿等道观,传说五代著名道士陈抟还曾云游至此。北宋初期,牟平道士于知雄被真宗钦封为汶阳管内都道正,赐号“洞微大师”。到北宋后期,麻姑信仰在胶东滨海地区的推广,成为推动这一地区道教发展的强大动力。而昆嵛山就是传说中麻姑得道成仙之地,是麻姑信仰的发祥地之一。徽宗政和六年(1116),宋廷封麻姑为“虚妙真人”。重和元年(1118)又在昆嵛山扩建其庙为显异观。以昆嵛山为中心的道教文化的迅速传播,对促进山东地区道教的发展,特别是为全真道的创兴奠定了基础。

全真道的创始人是陕西咸阳人王重阳(1112~1170),其家世殷富,胸怀大志,却因仕途受挫,放浪形骸,后潜心修道。金大定七年(1167)夏,来到道教文化底蕴深厚的山东,以昆嵛山为中心,收马钰、孙不二、谭处端、丘处机、王处一、郝大通、刘处玄等“全真七子”,在登、莱、宁海三州先后建立三教七宝会、三教金莲会、三教三光会、三教玉华会和三教平等会等全真道下层民众组织,即史称的“三州五会”,成为全真道创教的标志,从而也使昆嵛山成为全真道的真正发祥地。

全真七子中影响最大的是丘处机。丘处机拜师后,一直追随在王重阳身边直至其仙逝。随后,丘处机经磻溪、龙门多年苦修,道业大成。金明昌二年(1191)东归山东栖霞,以故居为基,建滨都观。金泰和三年(1203)二月任全真掌教。1219年,携弟子西行觐见成吉思汗,于雪山之阳为成吉思汗进讲“为治之方”和“长生久视之道”①,深得信重,授命权掌天下道教,成为富有创新精神的一代宗师。特别是他在继承王重阳道教思想的基础上,结合自身的修炼实践与传教经验,对全真道进行了全面革新,最终使全真道在元初成为影响最大、信众最多、声誉最好的道教宗派。同时丘处机秉持“三教合一”的立教宗旨,身体力行,在金元统治阶层中大力宣传中原文化,使之加深对中原文化的了解与接纳,对弘扬中原文化起到了积极作用。

而在全真教兴起之前,在北方地区还兴起了两个新的道教宗派,即太一道与真大道。太一道由河北卫州人萧抱珍创立于金天眷年间(1138~1140),大道教则由山东乐陵人刘德仁创立于金皇统二年(1142)。据《元史·释老传》记载,太一道是因为“传太一三元法箓之术,因名其教曰太一”。据此可知该道派是在对符篆派方术和教义予以利用改造的基础上建立发展起来的。此道创立后,“远迩向风,受箓为门徒者,岁无虑千数”②。虽主要流传于河南、河北一带,但在

① 《元史·丘处机传》。

② 王恽:《秋涧集·太一二代度师先考韩君墓铭》。

山东地区亦有广泛流传。太一道的三代祖萧志冲就是博州堂邑(今山东聊城)人。萧志冲原名王志冲,因太一道掌教都要改姓萧氏,故成为法嗣后改姓“萧”。其父王守谦世代为农,家资丰阜,当闻听太一教以符箓度世厄后,就与家人一起投至萧抱珍门下,求为弟子,并将家产几乎全部捐给了教派,由此也反映出该教派对当时山东地区的影响。元代山东地区如嵫阳县(今山东兖州)嵫山即建有太一道宫观太玄观。

大道教的创始人刘德仁(1122～1180)是山东乐陵人,号“无忧子”,“年七岁,读道经,悟‘虚其心,实其腹’之语,遂割弃尘累,飘然为物外游,因抵淄川颜城瓮口谷南,爱其山水,铲其荆棘,平其坳垤,乃建堂宇”[①]而传道。据《元史·释老传》概括该道派宗旨说:“其教以苦节危行为要,而不妄取于人,不苟侈于己。”因此“受其教戒者,风靡水流,散在郡县”[②]。山东地区也成为大道教的主要传播地域。刘德仁以后,大道教还有几位掌教,或为山东人,或长期在山东传教,而对促进山东道教发展作出了贡献。一位是三祖张信真,青州乐安(今山东广饶)人,号“希夷子”,掌教20余年,使大道教平稳发展。还有一位是五祖郦希成,他在任掌教前就长期在山东传教,他的弟子薛德悟还在肥城创建天和观,另一弟子孟德平在东平创建尧帝延寿宫。再有一位是十二祖张清志,亦长期在山东各地游历传教。大道教曾盛极一时,流传至元代汇入全真道。

全真教与大道教以及太一教形成了金元时期道教的三大新教派,也使我国道教发展进入了一个全新时期。

2.“香火”盛衰在山东

在中国佛教史上,隋唐时期佛教完成了其中国化历程,并随着儒、佛、道“三教合一”,成为中华文化中的一个重要组成部分。到宋元时期,进一步进入持续稳定发展的阶段。从王朝政权与佛教的关系来说,这一时期既不同于六朝时期以佛教为“国教”的情形,也没有出现“三武一宗”灭佛那样的极端现象,历朝统治者对佛教基本采取既扶植利用又在一定程度上予以限制的政策,使国家政权与佛教的关系大体上处于良性发展的状态。

入宋以后,宋太祖鉴于后周世宗灭佛给社会安定带来的消极影响,对佛教采取了比较缓和的政策。如普度童行、派僧人赴西域求经、刻印《大藏经》、兴修佛寺等,扶植佛教的发展。同时,也采取一些限制措施,如诏“禁民铸铁为佛像、浮屠及物无用者”[③],限制各地度僧数额等。太宗亦以“浮屠氏之教有裨政治”,

---

① 转引自陈智超:《许昌天宝宫访碑记》,《中国史研究动态》1986年第6期。

② 虞集:《道园学古录·真大道教第八代崇玄广化真人岳公之碑》。

③ 李焘:《续资治通鉴长编》卷一三,“开宝六年春正月丁酉”条。

而“营佛事,创梵宫”[①],参拜寺院。真宗还著有《崇释论》,认为佛、儒学说“迹异道同”,其宗旨都在劝善禁恶,为此大力支持译经事业,大营佛事,优待中外僧侣等。史称仁宗“禅学亦自高远”[②],曾赐御书给长清灵岩寺。此后的英宗、神宗、哲宗也都把佛教视为可以利用的思想统治工具而予以提倡。当然佛寺扩大,浮食增加,影响到国家的赋役财政时,统治者也要对其予以限制,约束寺院扩建,限制僧尼数量。

入金以后,金朝统治者继续实行优礼僧侣、鼓励兴建寺院等政策。尤其是在金世宗时期,随着金朝统治进入全盛时期,更多地实施保护佛教的政策,山东地区的佛教因此获得较大发展。而元朝统治者虽以藏传佛教为国教,但对汉地佛教并不排斥,还多次颁布诏旨,明确寺院地位、豁免寺院粮徭、保护寺院财产等。其中如元世祖忽必烈就带头崇佛,元成宗亦广建佛寺并布施财物,遂使“天下人迹所到,精蓝胜观,栋宇相望”[③]。宋元时期山东地区的佛教就是在这样的大环境下获得发展的。

这一时期山东地区的佛教发展,很大程度上亦得力于统治阶级的重视与扶持。如齐州开元寺,北宋初年即得到宋朝皇室的特别关照。开元寺主持明教大师词演曾奉宋太祖三弟赵廷美之牒,赴升州(即今江苏南京)取大部头的《杂宝经》一藏共计 5048 卷,予开元寺收藏,由此反映出开元寺在北宋初佛教界的较高地位。又如北宋熙宁六年(1073),汶上县宝相寺便从皇室“求得佛牙一肢、舍利数百颗”等圣物,安放于寺内太子灵踪塔地宫,说明该寺与皇室的关系十分密切,并得到了其扶持。再如济南福寿禅院,其主持妙岩大师雨公,在金代受到金朝驸马都尉及公主的邀请,入元以后又受到元朝统治者的召请,说明该寺院始终得到金元统治者的重视。而佛教的繁荣,得到统治者的扶持固然重要,但最终还要取决于广大僧众对佛教信仰的孜孜追求与信众的不懈支持,故而出现像长清灵岩寺数百年兴盛不衰的著名寺院。

长清灵岩寺始建于十六国时期,隋唐时期臻于极盛,是山东地区一所著名的寺院。唐武宗会昌灭佛时一度受到挫折而衰落,入宋以后渐得恢复,到仁宗庆历年间已是拥有寺观房屋 540 余间、僧众 100 余人、行童 150 余人的颇具规模的寺院。到熙宁年间,或如苏辙《灵岩寺》诗中所云:“居僧三百人,饮食安四体。”[④]总之已是当时山东一所较大规模的寺院。熙宁三年(1070),朝廷诏令灵岩寺由甲乙住持改为十方住持,这对灵岩寺的发展有着特殊的意义。因为灵岩

① 王昶:《金石萃编·太宗重修铸镇州龙兴寺大悲像并阁碑铭》。

② 马永卿:《嬾真子录》卷二。

③ 张养浩:《归田类稿·时政书》。

④ 苏辙:《栾城集·灵岩寺》。

寺住持由朝廷敕差，这是宋代寺院制度中被赋予最高等级和待遇的一种住持制度，表明灵岩寺在当时佛教界的地位已经大大上升。同时，灵岩寺的住持制度由甲乙徒弟院改为十方住持院，也意味着灵岩寺所属佛教宗派已发生变化。因当时由甲乙住持的寺院往往属于律宗，而十方住持的寺院则属于禅宗不同宗派，由甲乙改为十方就意味着灵岩寺由律宗寺院改为了禅宗寺院。灵岩寺在十方住持制下，可以选聘不同宗派的全国高僧大德前来住持，这就使山东佛教门派更加丰富多彩，不仅对灵岩寺本身而且对整个山东佛教的发展都具有重要意义。①

特别是熙宁六年(1073)，"仰天玄公禅师以云门之宗，始来唱道，自是禅学兴行，丛林改观，是为灵岩初祖"，禅宗南宗中的云门宗由此传入济南地区。且从此以后，"法席或虚，则请名德以主之，而不专一宗"。② 政和四年(1114)，临济宗黄龙派初祖慧南大师的再传弟子妙空即出任灵岩寺住持，长达28年。他在此创起转轮藏，修建了钟鼓楼、海会塔等建筑，收回了灵岩寺被四周占去的赐田，使灵岩寺香火更旺。尤其是其所传黄龙派教义，使山东地区在当时取得了佛学理论上的领先地位。妙空圆寂后，同属黄龙派传人的道询应邀于金皇统元年(1141)接任灵岩寺第9代住持。他"玄学渊深，勤于接物，初机请益，循循忘倦，于是四方翕然，谓获宗匠。学者响慕道风，踵至筹室，自兵火以来未之有也"③，使灵岩寺再次大振。灵岩寺的第10代住持是法云，对灵岩寺发展也有很大贡献，他住持灵岩寺"未越三载，宗风大振，响风而远近归之"④。直至金明昌年间20代主持广琛禅师，其传皆临济宗，可知临济宗在灵岩寺长期占据重要地位。

除临济宗外，禅宗之曹洞宗派在山东地区也有广泛传播。如金大定年间住持灵岩寺的惠才禅师就是曹洞宗高僧大明宝的弟子，而曹洞宗在山东的传播则是从北宋后期开始的，主要得力于僧道楷的推动。

道楷(1013～1118)，俗姓崔，蔡绦《铁围山丛谈》称其为"淄川之村夫"，也有记载说他是沂州人(又有费县人和沂水人两说)，世称"芙蓉禅师"。幼学神仙道术，后游学京城，于述圣院出家。熙宁六年(1073)试《法华经》合格得以剃度，次年受具足戒后四方游历。在舒州白云山海会寺拜谒曹洞宗投子义青，并随侍其左右。后返回家乡，弘法于沂州仙洞山。此后的20多年中，先后住持洛阳龙门招提寺、郢州大阳山寺、随州大洪山寺等。大观元年(1107)诏命其住持东京天

---

① 参见安作璋主编:《济南通史·宋金元卷》，齐鲁书社2008年版，第448～449页。

② 党怀英:《灵岩寺记》，马大相:《灵岩志》卷三，山东友谊出版社1994年版，第49页。

③ 李鲁:《灵岩寺定光禅师塔铭》，张金吾:《金文最》卷一一〇，中华书局1990年版，第1581页。

④ 陈寿恺:《灵岩开山祖师像图记》，马大相:《灵岩志》卷三，山东友谊出版社1994年版，第47页。

宁万寿寺，他却因淡泊名利而一再推辞徽宗所赐紫袈裟及“定照禅师”之号，故“坐以违制罪”，编管淄州。到淄州后，“道侣从之学者益炽”。元祐年间被谪居沂州的官员刘奉世出资在沂州芙蓉湖畔买田建造草庵，请道楷住持，“四方衲子归之，俄成丛林”[①]。政和七年（1117），该寺得赐额“华严禅寺”。道楷为曹洞宗在山东的传播与兴盛作出了巨大贡献。

从金末起，临济宗在山东地区衰微不振，而曹洞宗却呈现强盛之势。元宪宗五年（1255），曹洞宗高僧万松行秀的弟子德方出任长清灵岩寺第25代住持，对寺院发展作出了贡献。此后至元年间的第30代住持净肃禅师、大德初年的第31代住持觉达禅师、第32代住持福海、第33代住持普就、第34代住持智慧和元末的第39代住持义让等，都属曹洞宗。曹洞宗学说的传播与弘扬，进一步表明了山东佛教此期获得的发展。

3. 多元神祇信仰与“袄教”传习

宋元时期的山东地区，多元化神祇信仰习俗得以流行，成为此期下层民众文化获得发展的时代特征。而山东地区的这种多元化神祇信仰，正如宋代学者张方平所说，是比较普遍的，所谓“僧徒谶戒，里俗经社之类，自州县、坊市至于军营，外及乡村，无不向风而靡，所由来者渐矣”[②]。尽管民众的这种多元化宗教信仰，被统治者视之为旁门左道甚或邪教，但山东人“畏神”而“信神”之多元宗教信仰的普遍流行，则是不争的事实。如被统治者称为“淫祠”的山神庙、水神庙、城隍庙以及历史人物祠庙等，当时就遍布山东各地。

尤其是从山东地区的自然地理来看，地貌基本呈现以山地丘陵为骨架、平原盆地交错环列的大势，不仅有鲁中南山地丘陵区，还有胶东丘陵区，故山脉众多，水系发达，另外还有漫长的海岸线与广阔的近海海域，由此形成名目繁多的山神、水神、海神崇拜。据元人于钦《齐乘》所记，众多山神，庙中就有潍州西之孤山庙，山神被赐封为广陵侯；密州南之常山神，宣和年间被封为灵济昭应王；莒州南之马耆山神祠，政和四年敕额惠感庙；沂州之艾山神，元丰三年封灵镇侯，政和五年赐额昭应；苍山南之苍山神，元丰三年封丰德侯，政和六年赐额灵丰；费县之蒙山庙，熙宁八年赐额灵显庙，山神初封潜应侯，元祐七年进封公，大观二年封昭济王，政和五年封昭济惠民王；邹县之峄山神，大中祥符元年封灵严侯。当然在众多的山神中，地位最高、影响最大的还是东岳泰山神。

水神庙在山东地区的分布也非常广泛，大抵内地各州县乡村多建龙王庙，沿海地区则多有海神庙。如临朐宋初所建海庙，“去海才二三里”。登州蓬莱

① 王彬：《随州大洪山崇宁保寿禅院十方第二代楷禅师塔铭》，傅增湘：《宋代蜀文辑存》卷四〇。

② 张方平：《乐全集·论京东西河北百姓传习妖教事》。

阁,“本海神庙基,宋治平中郡守朱处约以其地太高峻,移庙西置平地,于此建阁”[①]。另外,流经山东的黄河,因多有决溢冲注泛滥之患,故沿岸州县之民笃信黄河河神并建庙祭祀。宋神宗元丰五年(1082)还特别下诏,令“应沿黄河神济夫人并称显灵神妃,以灵津庙为额”[②]。

至于城隍庙,于钦《齐乘》说“随郡皆有,亦不烦载”。而历史人物崇拜,主要是为祭祀历代帝王圣贤、忠臣烈士等所建功德庙,数量尤为众多。北宋时期山东地区除孔、孟等儒家名人的祠祭之外,《齐乘》中所记宋代予以修缮和新建的历史人物祠庙就有20余处,故于钦在《齐乘·人物志》序言中说:“齐自太公之后,管、宴诸贤,圣门高弟,与夫汉世大儒郑康成诸公,三国人才之冠琅琊诸葛,高节盖世北海管宁,此而不书,顾彼之取,何其谬哉!”

与此同时,民间秘密宗教也颇为流行。民间秘密宗教在宋代文献中多被称为“妖术”“妖教”“妖法”或“左道”等。即如仁宗庆历六年(1046)张方平所说:山东之民“多信妖术,凡小村落,辄立神祠”[③]。史籍中所称山东人崇信的“妖教”或“左道”等,大体上指的就是为官方所认可甚至予以积极扶持的道、佛正统宗教之外的民间秘密宗教信仰与多元神祇信仰。这种神祇信仰,常为统治者所忌讳而着意防范,其根本原因就在于其容易成为民众反抗官府的工具。如北宋庆历五年(1045),即有孔直温等人在徐、濮一带“挟妖法诱军士为变”,孔直温等事败被诛后,其在濮州的信徒“复有谋叛者,民相摇惊溃”[④]。提点京东路刑狱使吕居简得其首恶诛之,事情才没有闹大。此后,以贝州宣毅卒王则为首的信教徒众以“《五龙滴泪》等经及图谶诸书,言释迦佛衰谢,弥勒佛当持世”,串联组织信众,“党连德、齐诸州”,密谋起事。庆历七年(1048)十一月,王则据贝州叛,在山东的信徒积极响应。“齐州禁兵马达、张青与奸民张握等,得剑印于妖帅,欲以众叛,屠城应则。”京东路安抚使富弼“密牒齐州”知州刘参作紧急部署后,秘密调集一府吏卒,将密谋参加起事的士卒全部擒获,齐州的兵叛始被扼杀。事后,各“州郡大索妖党,被系者不可胜数”[⑤]。

然而这并没有阻止秘密宗教在民间的传播。熙宁年间,又有青州人杨和真在青州及其附近地区“传习妖教”。还有李逢等人在沂州一带“挟图谶妖妄书以相摇惑”。郓州也有“奸民为妖”,“揭帜城隅,著妖言其上,期为变,州民皆震。俄而草场白昼火,盖所揭一事也,民又益恐”[⑥],后为知州杜纮擒获。元丰年间,

① 参见于钦:《齐乘》卷一至卷五。

② 李焘:《续资治通鉴长编》卷三二九,“元丰五年八月壬寅”条。

③ 李焘:《续资治通鉴长编》卷一五九,“庆历六年十月”条。

④ 李焘:《续资治通鉴长编》卷一五七,“庆历五年十一月辛卯”条。

⑤ 李焘:《续资治通鉴长编》卷一六三,“庆历八年二月”条。

⑥ 《宋史·杜纮传》。

沂州、徐州等地仍多有“妖贼”活动，其同党沂州程棐、傅晖等人还因向宋廷告发而得到赏赐。政和年间，山东、河北交界地区的恩、沧、清州一带更“累有夜聚晓散公事”。无棣县百姓张用等人就在当地传播“妖教”，“各为烧香受戒，夜聚晓散，男女杂处，互相作过”等。[①]

此种情形一直延续到金元时期，并呈现分布区域广阔、信徒众多、涉及社会层面广、持续时间长、政治目的性强等特点。金代山东地区的“红袄军”，之所以“皆衣红纳袄以相识别”，究其实，其依凭的政治思想和组织形式，应类似于宋代以来弥勒教性质的民间宗教。元末农民起义就是通过白莲教组织发动的。而白莲教即以烧香聚众为组织形式，宣扬天下大乱、弥勒佛下生、明王救世的思想，与宋代“烧香受戒，夜聚晓散”的秘密宗教可谓一脉相承的。

此外值得一提的是，宋元时期山东地区还有各种民间社团组织性质的活动。此种社团组织大体有两类：一类是官逼民反、逼上梁山者；另一类是好逸恶劳、打家劫舍者。其活动自然也有两面性，一方面是组织起来结成会社来对抗官府，保护自己的权益；另一方面是横行地方，或为虎作伥，有着危害社会的一面。对这样一些民间社团组织，从宋代起，统治者就对之实行坚决取缔镇压的政策。如仁宗庆历元年(1041)十一月朝廷诏：“如闻淄、齐等州民间置教头，习兵仗，聚为社。自今为首处斩，余决配远恶军州牢城。仍令人告捕之，获一人者，赏钱三十千。”[②]熙宁五年(1072)，曾巩任齐州知州时，“历城、章丘民聚党数十，横行村落间，号‘霸王社’，椎埋盗夺，篡囚纵火，无敢正视者。公悉擒致之，特配徒者三十一人，余党皆遁”[③]。

金元统治者对此类民间社会也是“寻踪捕影，不遗余力”，予以坚决取缔镇压的。元朝统治者在对山东地区的政治统治与军事控制中，即多次诏令没收山东地区汉族人口的军器兵马，并不准汉人畋猎、习武、聚众结社、夜间点灯以及祈神赛会等，并用“连坐法”镇压各地人民的各种反抗活动。

总之，宋、金、元时期山东民间的多元宗教文化信仰，对明清时期乃至近代山东社会都有重大的影响。尤其是秘密宗教作为民间文化的主要组成部分，与佛、道等正统宗教鼎足而立，成为探讨山东区域文化不容忽视的一个重要方面。

---

① 徐松：《宋会要辑稿·刑法》二之七四。

② 李焘：《续资治通鉴长编》卷一三四，“庆历元年十一月甲寅”条。

③ 杜大珪：《名臣碑传琬琰之集》卷四九，曾肇《曾舍人巩行条》。

齐鲁英杰与中华学术

迄今的齐鲁文化史研究表明，齐鲁文化是中国传统文化的主要来源和重要组成部分，山东地区也就成为中华学术文化的主要策源地和最主要的发展重心地区，在中华学术的核心儒、释、道三家的形成发展进程中，齐鲁英杰对中华学术文化的发展贡献卓越，厥功甚伟。

在齐鲁地区诞生的儒家学说，从西汉董仲舒提出“罢黜百家，独尊儒术”而获得王朝统治者的大力倡导以后，便成为中华学术之主流思潮，确立起了在思想学术领域的主导地位，成为我国古代思想文化的核心及意识形态的基础。不仅儒家学说的创始人孔子得到历代的尊崇，被不断地加封增谥，而且孔子嫡裔、孔子后学也备受隆崇与优渥，乃至继承并发扬孔子思想、卓力宣传孔子学说，作为孔子之后儒家学派最重要代表人物的孟子，其地位也在魏晋以后不断升高，唐宋时期已是孔、孟并提，到元代更被尊封为“亚圣”。而容纳儒家思想学说的先秦元典文献，也由汉代的“五经”逐渐发展到两宋时期的“十三经”，并确立其经典地位，其地位之尊崇、影响之深广，是其他任何传统文化典籍所无法比拟的。尤其是在儒学的经学化、玄学化、理学化乃至儒、释、道融合的长期发展过程中，无不显露着历代山东士子对阐扬与传播儒学所作出的杰出贡献。

中华道教同样有着悠久的历史和丰富的文化内涵。齐鲁地区不仅是早期道教的发祥地，更是后期道教的重要发展及创新地。据《后汉书·襄楷传》记载，早在东汉时期，就有琅邪（今山东临沂）人宫崇向朝廷奏上同乡于吉所得《太平青领书》，此即后为道教经籍之一的《太平经》。还有一部名为《周易参同契》的道教经典，也早在青州一代传布，说明道教是最早形成和流行于齐鲁滨海地区的。实际上，先秦时期齐鲁地区的阴阳五行学、黄老思想等，皆成为道教创制的主要思想来源。

魏晋南北朝时期，在诸如琅玡王氏、清河崔氏、高平郗氏、泰山羊氏、曲阜孔氏等世家大族的倾力推动下，尤其是经北方天师道的首领寇谦之对天师道教义的改造，从而创立新天师道，使道教文化有了长足的发展。由于新天师道适应了鲜卑拓跋氏政治统治的需要，在司徒崔浩等人的大力支持下，受到最高统治者的尊崇而成为官方宗教。陈寅恪先生即认为，寇谦之创立新天师道与其曾随父居山东海滨有关，而清河崔氏本为天师道世家，崔浩师事寇谦之、受其法术是极自然的事。

到唐宋时期，泰山、崂山、蓬莱等地已成为闻名全国的道教圣地，也涌现了一批著名高道。如隋唐时期琅琊人王远知（528～635），受业于南北朝时期著名的道教思想家陶弘景，潜心修炼，道业高深。史称其“道迈前烈，声高自古”，卒谥“升真先生”，为隋唐时期道教主流学派茅山宗的著名宗师，其众多弟子中如王轨与潘师正等人，分别传授茅山宗于全国南北各地。

现代道教研究史也表明，唐宋时期是道教发展的又一高峰期，两宋之际则是前后期道教发展的明显分界线。尤其是宋、金、元时期以炼养为主的全真道等新道派的产生，从而使道教文化呈现出更加丰富多彩的面貌和丰富的内涵。其中以登州栖霞人丘处机为首的“全真七子”及其所创全真道，在金元时期成为全国影响最大、信众最多、声誉最好的道教宗派，并与山东乐陵人刘德仁（1122～1180）所创大道教以及河北卫州人萧抱珍所创太一教形成了金元时期道教的三大新教派，使我国道教发展迈入一个全新阶段，并一直影响到明清时期。

被近代学者梁启超称为“中国知识线和外国知识线”第一次接触的佛教文化，早在汉代即逐渐传入我国，并开始了与中国传统文化的相互融合，至隋唐时期便完成了其中国化历程，实现了佛学本土化，并随着儒、佛、道的“三教合一”，亦成为中华传统文化中的一个重要组成部分。而山东地区就是佛教文化传播较早的地区之一，也是儒、佛、道三家相互融合的重要地区，一大批齐鲁英彦更为儒、佛、道三家合一作出了杰出贡献。

迄今的齐鲁佛教文化发展史研究也表明，还在汉魏时期，佛教便开始在山东地区传播，十六国时期已形成了以泰山为中心的主要信众区，进入北朝后佛教寺院更几乎遍及齐鲁全境，齐州、青州等地亦成为寺院最集中的地区，香火旺盛，高僧辈出。据《高僧传》《比丘尼传》等佛教文献记载，此期有较大影响的齐鲁高僧即有40余人。其中北魏名僧、清河（今山东平原）人惠始（？～约438），就被称为“佛教东传高句丽第一人”。昙超（418～492，今山东武城人），则是继惠始之后对佛教东传作出较大贡献的又一人。

隋唐时期山东各地更盛行建寺、译经、造塔、摩崖造像等佛事活动，涌现了诸如齐州山庄（今山东济南）人义净（635～713，俗姓张，字文明）、曹州南华（今山东东明）人义玄（？～866，俗姓邢）、临淄（今山东淄博）人善导（613～681）、东莱（今山东莱州）人慧日（680～748）等精通佛理的高僧。义净曾海外求法游学达25年，带回梵本经律近400部，先后参与编定了《大周刊定众经目录》，翻译了《华严经》等佛教经典，尤其是他根据自身经历所撰《南海寄归内法传》《大唐西域求法高僧传》等典籍，更成为研究7世纪南亚地区和南洋各国历史、地理的宝贵史料。义玄曾住持著名的禅宗临济院，潜心佛学研究，提出了“三玄”“三要”“四料拣”“四宾主”及“四照用”等佛学思想，使临济宗成为禅宗五大宗派中势力最大的一派，不仅盛行于晚唐，而且直到宋代也是最为发达的流派。善导则是唐前期净土宗著名的高僧与奠基者，被认为是净土宗的实际创始人。慧日亦曾游历东南亚地区70余国，到天竺“礼谒圣迹，寻求梵本”，被唐玄宗赐号“慈愍三藏”，为净土宗一代宗师。

宋元时期，随着佛教完成其中国化进程，以及儒、佛、道的“三教合一”，山东地区的佛教传播进一步兴隆，禅宗尤盛极一时。不仅这时禅宗南宗中的云门宗传入济南等地，禅宗之曹洞宗派也获得广泛传播。其中齐鲁高僧沂州（今山东临沂）人道楷就为曹洞宗在山东地区的传播作出了巨大贡献。僧侣与信众丰富的佛事活动也留下了寺塔、崖龛、石窟造像等众多佛教文化遗迹。如济南历城柳埠的神通寺、长清的灵岩寺以及青州的龙兴寺等等。神通寺早在隋唐时期便被称为“三齐名刹”。长清灵岩寺始建于十六国时期，隋唐时期臻于极盛，宋元时期得到进一步发展，是齐鲁之地同时也是北方地区一所著名的寺院，与天台国清寺、江陵玉泉寺、南京栖霞寺号称“天下四绝”。

而学术界在论述中华传统学术发展史时，不仅儒、释、道并提，更常并提两大主流学术派别：一曰汉学，一曰宋学。汉学与宋学两大学术流派在其长期发展中，虽然并不局限于某一个区域，但却都是发轫于山东之地而后扩展到全国而为大一统学术的。

早在秦代，秦朝统治者即注重对山东地区的巡行与安抚，而且重用儒生，信任方士，封禅泰山，重视利用齐鲁文化维护巩固其政治统治。后来虽有“焚坑”事件的发生，但正如学界指出的，书虽焚而学未绝，士遭坑而儒未废。而且儒学仍立博士之官，并开启汉代经学博士所职之先河。即如《汉书·儒林传》所云“秦焚书，《易》……独不禁，故传授者不绝也”；《汉书·艺文志》说“《诗》遭秦而全者，以其讽诵，不独在竹帛故也”。特别如《史记·儒林传》所云“鲁中诸儒尚讲诵习礼乐，弦歌之音不绝”，说明虽经严酷文化专制政策的摧残，但齐鲁学术之文脉并未中断，因得以在入汉以后反而获得长足的发展。尤其是在汉武帝时期以“独尊儒术”为核心的崇儒活动发轫及发展进程中，齐鲁儒生发挥了开创者和奠基者的作用，使以儒家思想为核心的齐鲁学术由此成为中华学术之主流思潮，齐鲁学术传统更得以长期流传，并长期引领一个又一个时代的学术风尚。

据《史记·儒林列传》所载，汉武帝时采纳齐人公孙弘的置博士弟子员、开经艺之试等建议，这对推动儒学发展居功至伟。而西汉时期儒家经学系统之奠基，则基本上是由齐鲁学者完成的。据《史记·儒林列传》所载，自汉初传授儒家五经的8位大师中，即有传《诗》者鲁人申培公和齐人辕固生、传《书》者齐人伏胜、传《礼》者鲁人高堂生、传《易》者齐人田何、传《春秋》者齐人胡毋生等7位齐鲁学者。而齐人公羊高所创公羊学在汉代官学中的学术地位则一直不曾动摇。到东汉时期，在今古文经学之争中，虽然齐鲁学者在经学传授谱系中的垄断地位不复存在，但却仍然扮演着举足轻重的重要角色。最为人称道的就是东汉后期的两位齐鲁经学大师任城樊（今山东济宁）人何休与北海高密（今山东高密）人郑玄，前者被称为今文经学的领袖人物，后者被称为"古文经学大师"，均为汉代经学的集大成者。特别是郑玄融古汇今，遍注群经，所创"郑学"成为中国经学史上的一座丰碑。之后有魏晋之际的齐鲁名士东海郯（今山东郯城）人王肃，其学术思想独树一帜，自成一家，堪与"郑学"相比肩者，史称"王学"。特别是曹魏正始年间以山阳高平（今山东金乡）人王弼为核心人物的"正始玄学"的创立，造诣至深，影响至大，其对儒、道经典的诠释，改变了汉儒治学的繁琐方法而着重阐发哲理，可以说在一定程度上直接影响了宋学的创立，堪称中国哲学思想史上的又一里程碑。

而在经历了魏晋南北朝多元民族文化的大融合之后，踵接先秦秦汉齐鲁文化传统之余绪，适应社会政治、经济、文化格局变迁之大势，唐宋时期的齐鲁文化再次迎来了中华民族文化进一步融合发展的新阶段，整体上凸显了从汉唐文化向宋明文化转型的时代特色，成为山东文化发展史上的一个重要时期。此期的山东士子们在自觉反省、造微于心性，从宏观上来把握儒家经典的要旨、大义、义理之所在的新宋学及学界所称"宋明理学"的建构过程中，在创建精致细腻的士大夫文化的历程中，在市民文化的勃兴中，在教育与科技皆取得辉煌成就的时代氛围中，在吸收融合北方草原游牧文化的民族文化交融中，皆为中华文化的时代发展作出了杰出的贡献，也促成了山东文化发展史上的又一隆盛期。

唐代的齐鲁士人，整体上受魏晋玄学影响较小，而主要保持了东汉以来古文经学派的学风，注重经学传统的文化传承，表现出以诗书传家、积极入世治世的进取精神。特别是唐前期，经过世籍琅琊的颜师古和孔子后裔孔颖达等人对儒家经典的考订与注疏，结束了南北经学义例的长期纷争，完成了经学义疏的统一，也促成了儒学内部的统一，对此后中国学术思想的进一步发展有着重大意义。同时濮州鄄城（今山东鄄城）人王元感和琅琊王氏之后王方庆的疑经思潮及其经学成就，在经学界也发生着重大而深远的影响。

入宋以后，由儒、道、佛相互排斥到同存共荣的三教并兴所演化融会形成的宋学，呈现出崭新面貌而有别于汉唐之学，开启了中国学术史上的新阶段。而山东地区深厚的学术积淀和文化氛围，不仅决定了宋学首先萌生于此，也决定了宋学新的思想体系中更多地渗透着齐鲁传统文化的精华。在宋学的创建中，被学界称为宋初“泰山三先生”的孙复、胡瑗、石介及其学术建树，使之成为宋学当之无愧的奠基人。《宋元学案·泰山学案》即引宋人黄震之语评价说：“宋兴八十年，安定胡先生、泰山孙先生、徂徕石先生始以师道明正学，继而濂、洛兴矣。”宋学的建立，摆脱了汉儒以来的章句之学，宋学家们从儒经大局出发，直接对儒经本身作新的理解与阐释，发挥经学的义理所在，从实际出发创造了义理之学，成为探索儒经的新途径，同时也“通经致用”，把新阐释的经学学说应用到社会改革实践中去，使经学义理的探究深入到社会政治生活的广泛领域，因而使宋学的形成富有浓郁的时代特色，也直接影响着明清时期山东地区“经世致用”实学思潮的风起云涌。

明清时期，从明清之际到清乾嘉时期，从游学山东的顾炎武，到济阳人张尔岐、邹平人马骕、曲阜人孔广森、栖霞人郝懿行、曲阜人桂馥、安丘人王筠等等领军人物的涌现，尤其是他们在诸学术领域所取得的高深造诣，极大地推动了齐鲁学术文化的繁荣发展，更为明清时期中华传统学术文化的大总结作出了杰出贡献。

钱穆先生曾在《中国历史精神》一文中这样说过：“中国各地区的文化兴衰，也时时在变动，比较上最能长期稳定的应该首推山东省。若把代表中国正统文化的，譬之如西方的希腊，则在中国首先要推山东人。自古迄今，山东人比较上最有做中国标准人的资格。他们最强韧，最活跃，大圣人、大文学家、大军事家、大政治家，各种典型人物都有。既能平均发展，还能长时期维持不坠。”[①]这从一定层面上客观评价了齐鲁文化与齐鲁英杰的历史地位，揭示了齐鲁学术对推动中华文化进步的巨大成就，赞颂了齐鲁英杰对中华学术发展所作出的杰出贡献。

（原载《人文与自然》2013年第4期）

① 钱穆：《钱宾四先生全集》第29卷，（台北）东大图书公司1981年版，第129页。

深入挖掘平阴文化丰富内涵
倾力打造文化平阴靓丽形象

适值济南市大力推进“加快科学发展，建设美丽泉城”之时，“济南文化旅游大讲堂·走进平阴”系列活动在平阴隆重举行。走进平阴，使人亲身感受到平阴文化旅游玫瑰花般的绚丽多彩；走进平阴，更使人深刻了解济南大文化旅游圈的丰富内涵；走进平阴，也令人们进一步领略山东乃至全国文化旅游事业的欣欣向荣。“走进平阴”活动必将对进一步挖掘平阴历史文化资源、引领平阴文化旅游产业发展具有积极推动作用，有利于进一步确立平阴的文化旅游地位，勾勒平阴的文化旅游坐标，挖掘平阴的文化旅游资源，塑造平阴的文化旅游形象，服务平阴的整体文化旅游建设，也必将对整个济南地区的文化旅游产业大发展产生深刻影响。

2012 年 2 月发布实施的国家《“十二五”时期文化改革发展规划纲要》，明确提出五年内“深化文化体制改革，推动社会主义文化大发展、大繁荣，进一步兴起社会主义文化建设新高潮，努力建设社会主义文化强国”的战略任务，强调“面对经济发展方式加快转变、社会结构深刻调整的新形势，推动全民族文明素质提高，发挥文化引领风尚、教育人民、服务社会、推动发展的任务更加紧迫”。这成为发展区域文化旅游产业的极大推动力，成为区域文化旅游产业发展的战略机遇期，同样为平阴文化旅游产业的快速发展提供契机。在全国文化旅游产业快速发展的大环境下，平阴的社会经济发展，不仅要靠经济立县，靠旅游富县，更要靠文化强县。正像国家《“十二五”时期文化改革发展规划纲要》所说：“当今世界，文化地位和作用更加凸显，越来越成为民族凝聚力和创造力的重要源泉，越来越成为综合国力竞争的重要因素，越来越成为经济社会发展的重要支撑，丰富精神文化生活越来越成为我国人民的热切愿望。”一个国家是如此，一个区域更是如此。

早在 2011 年 3 月发布实施的国家“十二五”经济社会发展总体规划中，就已明确提出县域产业发展思路，强调要“发挥县域资源优势和比较优势，科学规划产业发展方向”，并明确提出“加强文化产业基地和区域性特色文化产业群建设”的文化产业建设总体目标。而要发挥平阴的县域资源优势和比较优势，加强平阴的县域文化旅游产业基地和区域性特色文化旅游产业群建设，特别是进一步挖掘平阴历史文化资源，引领平阴文化旅游产业的发展，须重视以下四个方面：

一是紧密依托县域丰沛文化资源。要发展平阴的文化旅游产业，无疑要立足于平阴的文化资源。但要进一步摸清平阴的文化资源家底，明确哪些资源可以用来发展平阴的文化旅游产业，哪些资源可以打造成高端文化旅游产品而具有区域影响力乃至全国以至于国际影响力，就是要进一步研究确立平阴的“县域资源优势和比较优势”。文化学研究表明，文化资源包括历史人物、文物古迹、民俗、建筑、工艺、宗教信仰、语言、戏曲、民族文化传统，以及以价值观为核心的精神、心理因素等。不仅有历代遗留积聚下来的历史文化资源，也包括近当代形成的近代文化资源，甚至在今天的社会经济建设中，还会源源不断地形成积聚新的文化资源。因此要进一步把握平阴县域文化产业资源形成发展的历史、现状和潜力。事实上，平阴具有深厚的历史文化资源基础。据相关文献记载和已有的研究表明，“平阴”之名早见于《左传》，以地处古东原北部群山之阴、济水之南而得名。早在东汉建武初年即已置县（或谓隋大业二年设县），距今已有1900（即便是隋代建县也有1400）多年的历史，是山东70多个千年古县之一，也是济南6大古县之一。文化资源学研究也表明，千年古县是最重要的优势县域文化资源。千年古县作为传统文化最基本的存贮单元，无不文化积淀深厚、文化内涵丰富，在这里不仅涌现众多的历史文化名人，而且保存了大量的历史文化遗产。这些历史文化遗产不仅体现着历代人们对自然环境和人文环境的认识水平，而且记录着人们在长期历史进程中所形成的价值观和审美观。故能历千年而不衰，成为历史变迁的见证，也成为文化延续传承的重要载体，更成为宝贵的历史文化遗产资源，具有历史、文化、社会、经济、艺术以及科学等多元价值。直至今天，在平阴境域即分布着众多的文物古迹，有着丰沛的文化旅游资源。早在20世纪80年代初，被确定为县级重点文物保护单位的就达22处；2010年确定的县级第二批非物质文化遗产名录已达25项。其中，东阿镇福牌阿胶制作工艺名列国家级“非遗”名录，东阿镇福牌阿胶制作工艺和王皮戏也名列省级“非遗”名录。特别是从地缘文化环境来看，平阴地处今济南、泰安、聊城交汇处，与肥城、东平、东阿、长清等县（市）区接壤。历史上的平阴，春秋战国时期，先为鲁地，后为齐邑。秦汉时期，则先属济北郡，又属泰山郡。三国魏晋时期，先属魏兖州刺史部，再属晋济北国。隋大业二年（606）重置平阴县，属济北郡。唐贞观元年（627）起归属郓州，开元二十九年（741）改隶济州，开成二年

(837)再改隶东平。五代十国时期复属郓州。宋明时期长期隶属东平府，清雍正十三年(1735)再属泰安府。直至新中国成立后再历经变迁最终归属济南市。此种上千年的建置隶属及其境域变迁，就使平阴文化汇纳了众多地域文化因子，形成独具特色的原生态文化面貌。如在宗教文化方面，平阴就具有儒、释、道、基督、伊斯兰教五教共存的独特宗教文化资源，有元代四大道教名观之一的云翠山南天观、全国三大天主教圣地之一的胡庄天主教堂以及翠屏山唐塔、宝峰古寺等。特别是这些皆潜移默化地影响人们的生活、生产、节日、礼仪习俗，民间游艺、文学、故事乃至言语等等方面。同时，上千年的历史发展，也使平阴具备了独特的文化面貌，集中展现了齐鲁文化崇德尚礼、诚信和谐、务实尚变、与时俱进的文化特色，鲜明体现了中华民族厚德载物、自强不息的民族精神。因此，悠久的历史和深厚的文化也使平阴具备了独特的文化区位优势。要着力发挥这种独特的文化区位优势和竞争优势，进一步破除文化单一政治属性的束缚，确立文化经济属性的观念，紧密依托县域丰沛文化资源发展平阴的文化旅游产业。

二是深入发掘资源深厚文化内涵。文化资源学研究表明，历史文化资源是一种特殊资源，一方面具有持久性、传承性、创新性以及效能的最大性等特征，具有可多次开发和重复利用的特点。但另一方面，又具有地域性、稀缺性、有限性、脆弱性等特征，有可替代性与地域差异性的突出特点。因此要做好平阴文化资源的保护与开发，充分利用平阴的历史文化资源以服务于社会经济建设大局，把平阴的资源优势转化为产业优势，这就要进一步摸清家底、加强学术研究。我们看到，通过多年的文物普查、资源调查等，可以说平阴的文化资源家底已摸得差不多了，但深入研究则远远不够，甚至差距颇大。现有的研究也多数处于低水平，高端研究成果还不多。还有众多薄弱之处，甚至空白点等待填补。已有太多的事例表明，没有深入研究的文化旅游产品开发，往往都是低层次的、粗糙的，也是没有持久力的，往往是昙花一现，很快即被冷落、遗弃、忘记，更何谈持续性发展和科学发展？前举国家《“十二五”时期文化改革发展规划纲要》中即指出：“我国文化发展的质量和水平还不高，文化建设的布局和结构不尽合理，制约文化科学发展的体制机制障碍尚未完全破除。面对人民群众精神文化需求快速增长的新形势，我国文化产品无论是数量还是质量，都还不能很好满足人民群众多方面、多层次、多样化的精神文化需求，进一步解放和发展文化生产力、提高文化产品和服务供给能力的任务更加紧迫。”当然这是就全国状况而言的，但若就各个具体区域来说，情况可能更是如此。因此要发掘现存平阴历史文化资源的深厚内涵，把资源优势转化为产业优势，就是要牢固树立文化意识和学术意识，重视对各类文化资源进行深入细致的研究。像历史名人，无疑是可供开发利用的重要文化资源之一。但利用、开发历史名人文化资源，不能仅仅停留在对历史名人的一般介绍或者保护一下名人遗迹就可以了，而是要围绕某位历史名人采取各种措施，如召开学术研讨会、加强媒体宣传造势等，开展深入细致的学术研究和宣传工作，挖掘历史名人内在的文化内涵及相关联的文化事象、文化影响，将其融入到整个区域文化开发之中。如2008年在平阴孝直镇展洼村所发现的明代“和圣柳下惠故里”石碑以及现存最为完整的《展氏族谱》，可初步证明展洼村就是和圣柳下惠的故里，为此县里决定兴建和圣文化园，打造和圣文化品牌。但仅仅建一个和圣园是不够的，还必须有对和圣文化的深入研究和大力宣传，才能把和圣文化打造成为大家接受并拥有知名度的品牌文化产品。与此同时，还要关注历史人物籍贯的争议问题。例如据明嘉靖《泰山志》记载：“柳下惠墓，在(泰安)州治东南一百里，至今村人尚多展姓者，村名曰柳里村。”故新泰市宫里镇西柳村早就建有和圣园，恢复“和圣故里”“柳下书堂”等遗址，成为新泰重要的文化旅游景点之一。另据清嘉庆李兆洛纂《凤台县志·营建》记载：今安徽省利辛县展沟镇柳林村传说是春秋时期鲁国大夫展禽(柳下惠)坐怀不乱的地方，因此亦或被视为展禽故里，也被安徽着力予以宣传。鉴于此，平阴要建和圣文化园，首先就要做好充分的研究、论证以及宣传工作。其他平阴历史名人文化资源如秦汉之际的黄石公、金元时期之“平阴三贤”等，都是平阴县域重要的历史名人文化资源。虽然这些人的遗迹或墓葬现已列入县重点文物保护单位，但相关的学术研究却远远不够。因此，有必要深入挖掘此类文化资源及其文化内涵，加强相关领域的学术文化研究，以服务于平阴的整体文化旅游建设事业和文化旅游产业开发。

三是着力打造魅力多彩文化景观。据文化景观学理论，文化景观是在人类社会的历史成长中产生发展起来的，是人们按照自己的需要，利用自然界所提供的材料，有意识地在自然景观之上创造出来的景观。正如美国人文地理学家卡尔·苏尔在其文化景观学奠基之作《景观形态学》一书中所说：“文化是催化剂，自然是媒介，文化景观是结果。”文化景观可分为技术体系景观和价值体系景观两大组成部分。技术体系景观是指经人类加工而产生的技术的、器物的、非人格的、客观的地理实体，如景点、公园、度假村、公共事业等具象景观；而价值体系景观则是指人们在加工自然、塑造自我的过程中形成的规范的、精神的、人格的、主观的东西所构成的具有地域特色的意象事物，如民俗、语言、宗教信仰等非具象景观。而从文化遗产的角度来看，人文自然景观的价值载体不仅包括实体型的自然遗产和物质文化遗产，还包括非物质文化遗产。平阴现已确定保护的非物质文化遗产就有25项。2013年又评选出景色优美、具有悠久历史文化而又富有新时期时代特色，并享有较高知名度与美誉度，为群众所喜爱的云翠山、洪范池、书院泉、大寨山、胡庄圣母山教堂、翠屏山、圣母山生态观光园、王楼县委旧址、玫瑰湖湿地、玫瑰园十大景区(点)。这就形成一批集中反映和浓缩县域文化的标志性工程,以及集文化、旅游、教育为一体的文化旅游产业基地,成为文化旅游产业可持续性发展的重要载体。但这还远远不够,要构建平阴特色的文化旅游产业基地和区域性特色文化旅游产业群,重要途径之一就是要进一步打造魅力多彩的文化景观。为此可根据已确定的打造"山水园林城、泉城后花园"的发展规划,重点打造玫瑰湖湿地、龙冈梦幻谷、东阿古城、贤子峪等大文化景观,由此平阴的文化景观建设必将呈现集群效应,取得文化旅游产业的可持续性发展。

四是规划发展强势特色文化产业。县域文化旅游产业学研究表明,发展县域文化旅游产业必须选准突破口与切入点,突出县域内历史、人文、自然、风俗等文化资源特色,着力打造县域文化旅游高端品牌,规划发展强势特色文化旅游产业。平阴具有独到的自然地理资源优势和人文资源优势,正像县领导所讲的,"我们有山、有水、有文化"[①]。这无疑成为发展平阴强势特色文化旅游产业的有利资源基础。但是要进一步谋划好,制订切实可行的长远发展规划。各地文化旅游产业发展经验也表明,文化与产业相结合、文化与旅游相结合、文化与创意相结合、文化与科技相结合,就成为发展县域文化旅游产业不可忽视的切入点,就能够形成县域文化资源优势和竞争优势。而要发展平阴县域特色文化旅游产业,就要最大限度地保护和利用优势文化资源,发展重点文化旅游产业。对此,可借鉴各地成功的文化旅游产业发展经验,主要依托文化园区和重点文化旅游项目建设,以推进整体文化旅游产业的发展,着力发展强势文化旅游产业,开拓文化旅游产业增值空间。平阴现已决定"深度挖掘、整合、提升旅游资源,培育特色旅游品牌,加快龙冈梦幻谷、阿胶古城、玫瑰湖湿地等重点项目建设,打造省级旅游强县和旅游目的地城市"[②],确定了"建设大项目,发展大旅游,锻造大产业"的工作思路。还将"加快总投资 51 亿元的龙冈梦幻谷、阿胶古城、玫瑰湖湿地等项目建设,力争通过深度整合提升旅游资源,建成 2 个以上 4A 级景区、3 个以上 3A 级景区、4 个以上 2A 级景区,争创省级旅游强县"[③]。特别是借助中国(平阴)玫瑰旅游节这样的大型活动,加上扩大玫瑰种植规模,加快玫瑰资源开发,建立玫瑰湖国家湿地公园等,就能紧紧依托县域文化优势资源,依托地域特色文化,打造县域文化旅游产业品牌,形成市场占有率高的知名文化旅游品牌。这种由点及面的文化旅游产业开发,无疑有利于进一步打造玫瑰文

① 见平阴县委书记朱红方答网友提问,大众网济南 2012 年 2 月 27 日讯。

② 见平阴县县长朱云生《2012 年政府工作报告》。

③ 见平阴县政府网站《平阴以产业突破引领全面突破,三年突破规划好路径》。

化这一强劲品牌。此外像集农业展示、生态观光、休闲娱乐于一体，占地2万亩的圣母山生态农业观光园也初步建成，且被评为2A级景区，现已连续举办6届海棠花会和3届圣母山紫云珠葡萄采摘节。园区内的胡庄教堂是全国三大天主教堂之一，每年5月“圣母月”期间，朝圣观光游客据称就有一二十万人。因此，下一步就是借助这种资源优势，全方位开发，把这一品牌倾力打造成精品，使平阴文化旅游产业进入建设大项目、构建大产业、塑造大品牌的高速发展期。另外，文化旅游产业的发展，最终要依赖于文化旅游消费市场，所以还要加强宣传促销，采取灵活多样的营销手段等。各地成功的文化旅游产业开发也表明，要打造县域文化旅游产业品牌，就要依托县域文化优势资源，紧紧围绕地域特色文化，树立高端品牌战略意识和精品意识，打造市场占有率高的知名文化品牌，增强文化旅游产品的核心竞争力，形成稳定的文化旅游市场竞争优势。

总之，正像国家《“十二五”时期文化改革发展规划纲要》所讲的：“‘十二五’时期是全面建设小康社会的关键时期，也是促进文化又好又快发展的关键阶段。”深信平阴的文化旅游产业必将如春天的玫瑰，孕育着生机与希望，绽放得更彩、更丽、更香、更艳！把平阴打造成山东文化旅游强县也指日可待！

山东学术史论要

——浅析山东传统学术的基本内涵及其贡献

何谓“学术”？就其本意来讲，学，效也；术，法也。梁启超在《学与术》一文中曾解释说：“学也者，观察事物而发明其真理者也；术也者，取所发明之真理而致诸用者也。”[①]近代著名翻译学者严复也在其所译《原富》一书中作案语论道：“盖学与术异，学者考自然之理，立必然之例，术者据既知之理，求可成之功。学主知，术主行。”[②]但今指学术，则一般概括为系统而专门的学问。

关于学术的内涵，实则包罗宏广。明清之际的方以智颇具独创性地把学术划分为三类：一曰质测之学（即自然科学）；二曰通几之学（即哲学）；三曰宰理之学（即社会政治学）。而清代以来学者们论学术，尤其强调义理、考据与词章之学。当代学者论学术，又有更进一步的理解。如著名哲学文化史家张岱年先生就指出：“总起来说，中国传统学术包括哲学、经学、文学、史学、政治学、军事学、自然科学以及宗教、艺术等等。”[③]这与当今学术界所论文化范畴大体接近。正像著名中国思想史学者和历史学家蔡尚思先生所说：“中国文化的主要部分即是中国学术。”[④]李学勤先生也说：“学术史的考察研究，是探讨中国文化本质的核心课题。”“最近在学界的文化研究热中，很多人致力研索中国文化的起源与形成，更使古代学术史的探究具有特殊意义。”[⑤]从这样的学术视角说来，学术实则涵盖了学术界所论文化内涵的主要部分。由此也可以笼统地说，学术乃文化，只是文化的含义比之学术可能更要广阔得多。

因此，虽可统而笼之地说学术乃文化，但毕竟不能把学术简单地等同于文化。实际上，要从文化角度对学术内涵作出确切而鲜明的界定与概括，亦是非

① 梁启超：《饮冰室合集·文集》之二十五（下），中华书局1988年版。

② ［英］亚当·斯密著，严复译：《原富》，商务印书馆1981年版，第348页。

③ 张岱年：《张岱年全集》第8册，河北人民出版社1996年版，第181页。

④ 蔡尚思：《中国文化史要论》，湖南人民出版社1979年版，第1页。

⑤ 李学勤：《简帛佚籍与学术史·自序》，江西教育出版社2001年版。

常困难的一件事。对此，蔡尚思先生曾这样说过："一个国家的学术文化，离不开历代的主要人物和主要图书，我们可以从此二者看出学术文化的基本内容。"[①]张立文先生也说："中国学术史面对的不是人对宇宙、社会、人生之道的体贴和名字体系或人对宇宙、社会、人生的事件、生活、行为所思所想的解释体系，而是直面已有的中国哲学家、思想家、学问家、科学家、宗教家、文学家、史学家、经学家等的学说和方法系统，并藉其文本和成果，通过考镜源流、分源别派，历史地呈现其学术延续的血脉和趋势。这便是中国学术史。"[②]张国刚先生更进一步主张："对学术史进行整体的研究，并不意味着兼收并蓄、主次不分，而只能将历代学者、学术著述、学术思想中典型的、具有较大影响以及见解独树一帜的事例作为重点研究对象。"[③]我们认为，由山东历史上各期颇具学术继承创新性的历史人物所具有的治学宗旨、治学思路、治学方法、治学范围、学术成就，以及由此形成的学术源流、学术派别与有代表性的学术事件、学术活动等，便汇聚成山东各期学术思潮及学术演变的总和，构成为山东学术史研究的主要对象与基本内容，亦由此构成为源远流长、内容繁富的山东学术发展史。但是要将内涵繁富的山东学术史缕述清楚，自然也是一件非常困难的工作。为此我们认为，要能比较有条理地或简明扼要地论述山东学术发展史，大体上可以蔡尚思、张立文、张国刚诸先生所持研究视角，从山东历史人物、文献著述及其学术思想这几个主要方面入手，予以梳理把握。

一、历史人物

山东地区为中华文明重要发祥地之一，自古以来人文鼎盛，英才辈出。截至目前，学术界已对山东历史人物进行了卓有成就的研究，试举两种大型专著论之。其一是安作璋先生主编的《山东通史》，该书采用以综述、典志、列传、图表为基本体例的综合体来记述山东历史，书中即以传记形式著录了近800位山东历史人物，并对这些人物的生平事迹进行了较为详实的论述。其二是王志民先生主编的《山东重要历史人物》，该书在主编的精心策划下，亦"经过专家学者多方讨论，最后确定了近800位人物事迹收入本书"。且该书坚持"厚今薄古的原则，在收录人物中，古代人物仅占了3卷，而近现代人物占了5卷"。[④] 而《山东通史》收入的则主要是古代人物，两者正好可以互为补充。

① 蔡尚思：《中国文化史要论》，湖南人民出版社1979年版，第1页。

② 张立文：《中国学术的界说、演替和创新》，《中国人民大学学报》2004年第1期。

③ 张国刚、乔治中等：《中国学术史》，东方出版中心2002年版，第9页。

④ 王志民主编：《山东重要历史人物·前言》，山东人民出版社2009年版。

实际上，有文献记载的山东历史人物数以千计。据我们编纂《新编山东历史人物大辞典》(已完稿待出版)时普查的情况，有文献记载且有一定学术成就的山东古代历史人物即有4000多人，现当代历史人物也至少有四五千人。因此，在学术史研究中如何面对如此众多的历史人物即成为必须首先解决的课题。我们初步认为大致可从两个方面予以探讨：首先可按照今之学科划分，根据其生平事迹、主要学术贡献，类分为思想、政治、军事、文学、艺术、史学、宗教、文献、教育以及科技等几大领域予以记述论说。然后再按照其学术成就及历史影响，从学术贡献的层面进一步划分为诸如领军人物、杰出人物、一般人物等不同类型进行论述评价。

如在哲学思想领域，就有先秦时期以孔子、孟子、荀子等为代表的先秦儒家学派，以墨子为代表的墨家学派，以庄子为代表的道家学派，以邹衍、邹奭为代表的阴阳五行学说，以慎到、田骈、接子为代表的黄老学派，以宋钘、尹文、倪说为代表的名家学派等，秦汉以后除邹阳、倪宽、贡禹、仲长统、王肃、王弼、颜之推、吕才、王元感、石介、焦竑、张尔岐等居于学术前沿且为当时整个哲学思想发展作出创新性贡献的领军人物之外，还有一大批为山东学术思想发展作出不同贡献的思想家和学问家。

再如在文学领域，就有诸如东方朔、王粲、孔融、刘桢、徐干、祢衡、左思、曹植、鲍照、萧统、徐陵、颜延之、王僧孺、何子朗、刘勰、储光羲、孟云卿、段成式、和凝、韩熙载、王禹偁、晁补之、李清照、辛弃疾、周密、党怀英、杜仁杰、刘敏忠、张养浩、康进之、高文秀、罗贯中、边贡、李攀龙、谢榛、李开先、冯惟敏、贾三近、殷士瞻、王世禛、宋琬、赵执信、丁耀亢、宋琬、田雯、李澄中、宋弼、蒲松龄、孔尚任等各领风骚的杰出人物。

当然从学术领域的整体来说，山东历史人物中最多的是那些有一定学术成就历史地位、历史影响一般的学者。尽管他们不是领军人物，可能也算不上杰出，但却是山东学术史上不可或缺的重要组成部分。尤其需要指出的是，历代山东学者的学术成就及其学术贡献，实际上主要集中体现在两个方面：一是其学术成果(即著述)，二是其自身的学术实践。大体说来，前者主要集中在文史哲以及农业、医学、历算学等科学领域，山东现存的学术著述主要就是他们的学术贡献。后者则主要集中在政治、军事学领域，即有些历史人物虽然因其丰富的社会实践活动、社会地位及影响而有着历史文献的记载，但却基本没有留下自己的著述。我们认为，此类历史人物的实践活动实为重要的学术成就。如齐桓公、齐威王、孟尝君、田单、主父偃、公孙弘、终军、陈汤、诸葛丰、魏相、丙吉、萧望之、匡衡、贡禹、华歆、程昱、王导、羊祜、王猛、崔浩、房玄龄、马周、刘宴、庞籍、蔡齐、吕夷简、王旦、王岩叟、张万公、侯挚、张行简、严实、铁铉、毛纪、王象干、邢玠、傅以渐、冯溥、刘统勋、郭琇、吴坛、靳辅、左宝贵等军政人物大多如此。

正是山东历代先贤的学术实践及其学术成果，如繁星点点，共同组成了山东地区光辉灿烂的学术星空。对此，钱穆先生在论述中国历史上的地理、文化与人物时，曾这样说过："中国各地区的文化兴衰，也时时在变动，比较上最能长期稳定的应该首推山东省。若把代表中国正统文化的，譬之如西方的希腊，则在中国首先要推山东人。自古迄今，山东人比较上最有做中国标准人的资格。他们最强韧，最活跃，大圣人、大文学家、大军事家、大政治家，各种典型人物都有。既能平均发展，还能长期维持不坠。"[①]这在一定层面上客观评价了齐鲁英杰与山东学术的历史地位。

二、文献著述

山东为文物之邦，人文荟萃之地，故历代学者的传世著述，篇帙尤富。据著名文献学家王绍曾先生主编的《山东文献书目》著录：凡经部 720 部，4781 卷，内不分卷者 102 部；附录 528 部，985 卷，内不分卷者 7 部。史部 1426 部，7686 卷，内不分卷者 340 部；附录 388 部，1043 卷，内不分卷者 126 部。子部 725 部，6026 卷，内不分卷者 117 部；附录 367 部，1096 卷，内不分卷者 57 部。集部 2336 部，9519 卷，内不分卷者 428 部；附录 43 部，165 卷，内不分卷者 20 部。丛书 65 部，3818 卷，内不分卷者 1 部。以上经、史、子、集四部共计 5208 部，28012 卷，内不分卷者 987 部；附录 1326 部，3289 卷，内不分卷者 210 部(丛书部数、卷数不计在内)。[②] 因该书目对山东先贤所存刻本、稿本、抄本之传世著述均在收录之例，可以说比较全面地反映了自先秦以迄清末山东先贤的著述概况及其学术成就。事实上，绝世亡佚(或者并没有完全亡佚)的山东先贤著述要比传世著述多得多。[③]

在山东先贤的传世著述中，既有中华文化之元典，也有各学术领域之菁华，学术价值整体较高，向为学术界尤其是文献学界所瞩目。[④] 即如王绍曾先生在《山东文献书目》序言中所说："这样一大批珍贵的善本书如宋、金、元、明刻本，明活字本、稿本、影宋、影元抄本，明抄本，清抄本，名家题跋批校本等，为今后整

---

① 钱穆：《钱宾四先生全集》第 29 卷，(台北)东大图书公司 1981 年版，第 129 页。

② 参见王绍曾主编：《山东文献书目》，齐鲁书社 1998 年版，第 8～9 页。

③ 笔者在参撰《齐鲁文化通史》时，曾对宋元时期山东先贤的著述做过大略统计，史载此时山东籍作家的著述有六七百种，但传世之作仅二百六七十种(参见安作璋、王志民主编：《齐鲁文化通史・宋元卷》，中华书局 2004 年版，第 424～439 页)。而对那些名亡而实存的散佚文献，或可继续学习清代学者马国瀚，进一步用辑佚手段予以抢救复现。

④ 如韩寓群主编之《山东文献集成》的整理出版，即主要以此为文献版本依据。

理山东文献，创造了有利的条件。”为此王绍曾先生举例说：“史部书中最为版本家所称道者，一为唐颜师古撰《汉书注》100 卷，北宋景祐刻本，《百衲本二十四史》中的《汉书》即据此本影印；二为宋孔传撰《东家杂记》2 卷，宋刻递修本，《续古逸丛书》中的《东家杂记》即据此本影印；三为宋赵明诚《金石录》30 卷，宋淳熙龙舒郡斋刻本；四为宋晁公武《昭德先生郡斋读书志》4 卷、《后志》4 卷。这后两种书，都是海内孤本，现已收入《古逸丛书三编》。”子部书中如周辛钘撰《文子》（一名《通玄真经》）12 卷，有宋刻本，《四部丛刊》的《通玄真经》即据此本影印。集部书中如宋张咏《乖崖先生文集》12 卷，有宋咸淳五年伊赓崇阳县斋刻本，《续古逸丛书》即据咸淳本影印。宋王禹偁《王黄州小畜集》30 卷，有宋绍兴十七年黄州刻递修本，《四部丛刊》二次印本，即据宋本配吕无党抄本影印。”因此王绍曾先生还特别强调说：“在这些文献中最可贵的是大批稿本、抄本（写本）、名家题跋批校本，足以拾遗补缺，对校勘有重要作用。这些新发现的一大批稿本、抄本，无异深山得宝。”“对山东文献来说，其价值之巨大，不亚于敦煌石窟的发现。”①

尤其是这些传世文献中，既有典册高文，也不乏清词丽句，又多议论博雅，道资弼教，寓规鉴，广见闻，实大有益于今天的山东文化事业建设，值得进一步去整理传承与阐释利用。《山东文献集成》的出版，可谓这一工作的良好开端。

三、学术思想

宏而观之，山东学术作为中华学术文化的重要组成部分，其发展也是一脉相承，与中国学术发展趋势相一致；但微而论之，山东学术史则又有其自身的学术面相和发展特色。根据山东社会历史的变迁以及学术转换等外缘、内因，同时借鉴学术界对中国学术史的研究成果，我们把山东传统学术思想发展划分为以下六期：

其一为先秦时期山东学术思想的百花齐放。此期主要学术思想成就是儒学、墨学、道学、阴阳五行学、兵学等中华元典的原创并凝成为中华学术文化之骨干。其二为秦汉时期山东学术思想的基本奠基。此期主要学术思想成就是儒学的经学化与儒术独尊。尤其是在西汉时期以“独尊儒术”为核心的崇儒活动发轫及发展进程中，山东学者发挥了开创与奠基的作用，使儒学确立起在思想学术领域的主导地位，成为我国古代思想文化的核心及意识形态的基础。而东汉郑玄融古汇今所创“郑学”则堪称中国经学史上的一座丰碑，并最终奠定了

① 参见王绍曾主编：《山东文献书目·序言》，齐鲁书社 1998 年版，第 18～24 页。

后世所称“汉学”的基础。其三为魏晋时期山东学术思想的会通。此期主要学术思想成就是玄风大昌，独树一帜。尤其是曹魏正始年间以山阳高平（今山东金乡）人王弼为核心人物的“正始玄学”的创立，学术造诣至深，思想影响至大，其对儒、道经典的诠释，改变汉儒治学的繁琐而着重阐发哲理，在一定程度上直接影响了后世所称“宋学”的创立，堪称中国哲学思想史上的又一里程碑。其四为隋唐时期山东学术思想的融突和合。主要学术思想成就是儒、佛、道合一。此期山东学者主要保持了东汉以来古文经学派的学风，尤注重经学传统的文化传承，表现出以诗书传家、积极入世治世的进取精神。特别是经过世籍琅琊的颜师古和孔子后裔孔颖达等人对儒家经典的考订与注疏，结束了南北经学义例的长期纷争，完成了经学义疏的统一，促成了儒学内部的统一，对此后我国学术思想的进一步发展有着重大意义。同时鄄城人王元感和琅琊王氏之后王方庆的疑经思潮及经学成就，对经学发展也有深远影响。其五为宋明时期山东学术思想的造极。主要学术思想成就是宋学崛盛，新说日滋。此期由儒、道、佛相互排斥到同存共荣的三教并兴所演化融会形成的宋学，呈现出崭新面貌而有别于汉唐之学，开启中国学术发展史上的新阶段。而山东地区深厚的学术积淀和文化氛围，不仅决定了宋学首先萌生于此，也决定了宋学新的思想体系中更多地渗透着山东传统文化的精华。其中被学界称为宋初“泰山三先生”的孙复、胡瑗、石介及其学术建树，当之无愧地成为宋学的奠基人。《宋元学案》即引宋人黄震之语评价说：“宋兴八十年，安定胡先生、泰山孙先生、徂徕石先生始以师道明正学，继而濂、洛兴矣。”[①]宋学的建立，摆脱了汉儒以来的章句之学，成为探索儒学的新途径，同时把新阐释的经学学说应用到社会改革实践中去，使经学义理的探究深入到社会政治生活的广泛领域，使宋学呈现出浓郁的时代特色，直接影响着此后山东地区“经世致用”实学思潮的兴起。其六为清及近代山东学术思想的延续变革。主要学术思想成就是标榜实学，经世致用。此期因张尔岐、马骕、孔广森、郝懿行、桂馥、王筠等领军人物的涌现，尤其是他们在学术领域所取得的精深造诣，极大地推动了山东学术文化的繁荣发展。这一时期的经世之学，不仅在对传统学术自我扬弃又发展创新的过程中成就卓著，从而把实学思潮推向一个新的高度，而且其启蒙思想也实际成为实学的终结与向近代学术转型的起点。

以上各期山东学者的重要学术贡献，就在于能长期引领学术风尚，开一代学术思潮之先。梁启超在《清代学术概论》一书中曾总论中国学术思潮发展史说：“凡‘思’非皆能成‘潮’；能成潮者，则其‘思’必有相当之价值，而又适合于其

① 黄宗羲：《黄宗羲全集》第3册，浙江古籍出版社1999年版，第108页。

时代之要求者也。凡‘时代’非皆有‘思潮’，有思潮之时代，必文化昂进之时代也。其在我国自秦以后，确能成为时代思潮者，则汉之经学，隋唐之佛学，宋及明之理学，清之考证学，四者而已。”[①]而在学术界公认的中华学术文化的核心儒、释、道形成发展进程中，即充分显现了山东学者的学术实践及其学术思想对中国学术思潮发展的卓著贡献。

首先，自先秦时期在齐鲁地区诞生的儒家学说，从西汉董仲舒提出“罢黜百家，独尊儒术”而获得王朝统治者的大力倡导以后，便成为中华学术之主流思潮，确立起在思想学术领域的主导地位，成为我国古代思想文化的核心及意识形态的基础。不仅儒家学说的创始人孔子受到历代的尊崇，被不断加封增谥，孔子嫡裔、孔子后学亦备受隆崇优渥。乃至继承并发扬孔子思想、卓力宣传孔子学说，作为孔子之后儒家学派最重要代表人物的孟子，其地位也在魏晋以后不断升高，唐宋时期已是孔、孟并提，到元代更被尊封为“亚圣”。而容纳儒家思想学说的先秦元典文献，也由汉代的“五经”逐渐发展到两宋时期的“十三经”，并最终确立其经典地位，其学术地位之尊崇、思想影响之深广，是其他任何传统文化典籍所无法比拟的。

其次，山东道家对中华道教的发展同样有着杰出的贡献。山东地区不仅是早期道教的发祥地，更是后期道教的重要发展及创新地。据《后汉书·襄楷传》记载，早在东汉时期，就有琅邪（今山东临沂）人宫崇向朝廷奏上同乡于吉所得《太平青领书》，此即后为道教经籍之一的《太平经》。还有一部名为《周易参同契》的道教经典，也早在青州一代传布，说明道教最早形成流行于山东滨海地区。实际上，先秦时期齐鲁地区的阴阳五行学、黄老思想等，皆成为道教创制的主要思想来源。

魏晋南北朝时期，在琅玡王氏、清河崔氏、高平郗氏、泰山羊氏、鲁郡孔氏等世家大族的倾力推动下，尤其是经北方天师道的首领寇谦之对天师道教义的改造，从而创立新天师道，使道教文化有了长足的发展。由于新天师道适应了鲜卑拓跋氏政治统治的需要，在司徒崔浩等人的大力支持下，受到最高统治者的尊崇而成为官方宗教。陈寅恪先生即认为，寇谦之创立新天师道与其曾随父居山东东莱海滨有关。而清河崔氏本为天师道世家，崔浩师事寇谦之、受其学术是极自然的事。[②]

唐宋时期的泰山、崂山、蓬莱等地已成为闻名全国的道教圣地，涌现一批著名高道。现代道教研究史也表明，唐宋时期是道教发展的又一高峰期，两宋之际则是前后期道教发展的明显分界线。尤其是宋、金、元时期以炼养为主的全

① 梁启超：《清代学术概论》，上海古籍出版社 1998 年版，第 1 页。

② 参见陈寅恪：《金明馆丛稿初编》，三联书店 2001 年版，第 1～46 页。

真道等新道派的产生，从而使道教文化呈现更加丰富多彩的面貌和丰富的内涵。其中以登州栖霞人丘处机为首的“全真七子”及其所创全真道，在金元时期成为全国影响最大、信众最多、声誉最好的道教宗派，并与山东乐陵人刘德仁所创大道教以及河北卫州人萧抱珍所创太一教形成了金元时期道教的三大新教派，使道教发展迈入一个全新阶段，并一直影响到明清时期。

再次，被梁启超称为“中国知识线和外国知识线”[①]第一次相接触的佛教文化，自汉代传入我国后，就开始了与中国传统文化的相互融合，至隋唐时期基本完成了其中国化历程，实现了佛学本土化，并随着儒、佛、道的“三教合一”，成为中华传统文化中的一个重要组成部分。而山东地区不仅是佛教传播较早的地区之一，也是儒、佛、道三家相互融合的重要区域。早在汉魏时期，佛教便开始在山东地区传播，十六国时期已形成了以泰山为中心的主要信众区，进入北朝直至唐宋时期，佛教寺院更几乎遍及山东全境，齐州、青州等成为寺院最集中的地区，香火旺盛，高僧辈出。据《高僧传》《比丘尼传》等佛教文献记载，此期有较大影响的齐鲁高僧即有 40 余人。其中北魏名僧、清河（今山东平原）人惠始被称为“佛教东传高句丽第一人”。唐代齐州山庄（今山东济南）人义净海外求法游学达 20 余年，带回梵本经律近 400 部，其根据自身经历所撰《南海寄归内法传》《大唐西域求法高僧传》等文献，更成为研究 7 世纪南亚地区和南洋各国历史、地理的宝贵史料。曹州南华（今山东东明）人义玄所创之临济宗不仅是唐代禅宗五大宗派中势力最大的一派，而且直到宋代也是最为发达的流派。临淄人善导则是唐前期净土宗著名的高僧与奠基者，被认为是净土宗的实际创始人。东莱（今山东莱州）人慧日曾游历东南亚地区 70 余国，被唐玄宗赐号“慈愍三藏”，为净土宗一代宗师。历城柳埠的神通寺、长清的灵岩寺及青州的龙兴寺被称为“三齐名刹”。尤其是灵岩寺不仅是北方地区最著名的一所寺院，而且与天台国清寺、江陵玉泉寺、南京栖霞寺号称“天下四绝”。

总而言之，山东历代学者以其精湛的理论建树和浩瀚的学术著述，构建起独特的理论传统和思维模式，汇聚为优秀的思想精华和人文精神，不仅使山东地区成为中华学术文化的主要策源地和最主要的发展重心地区，而且山东学术也成为中国传统学术文化的主要来源和最重要的组成部分，故山东学术对中华学术文化取得的巨大成就贡献卓越，厥功甚伟。

迄今，随着山东历史文化研究的深入发展，尤其是一批重大研究成果所奠定的雄厚学术基础，编纂一部内容详实的山东学术史，即指日可待。

---

① 梁启超：《中国近三百年学术史》，东方出版社 2004 年版，第 9 页。

后 记

本编之能顺利锓梓，首获山东大学历史文化学院学术委员会与院办公会会议决议资助，作为山东大学历史学书系之一，复得方辉教授、陈尚胜教授、赵兴胜教授、张友臣教授、胡新生教授、刘玉峰教授、马新教授、范学辉教授、谭景玉教授等同仁关切督促之助，更藉包培荣、王永水、张芃、张玥明诸君予札稿扫描打印、整理缀辑、补葺校勘之力，故拙作实由众力所集成。凡此襄助玉成之情，匪能言表，惟尽绵薄于学术方为谢忱。

张熙惟谨识于燕山居

2015 年 5 月 6 日